Anzenbacher
Einführung in die Ethik

Arno Anzenbacher

Einführung in die Ethik

PATMOS

Die Deutsche Bibliothek – CIP-Einheitsaufnahme
Ein Titeldatensatz für diese Publikation ist bei
Der Deutschen Bibliothek erhältlich.

Gesamtherstellung: B.o.s.s Druck und Medien, Kleve
ISBN 3-491-69028-5

Vorwort

In der vorliegenden Arbeit geht es um eine Einführung in die *philosophischen Grundlagenprobleme* der Ethik. Thema der folgenden Erörterungen sind also nicht Normenprobleme bestimmter Praxisbereiche, etwa der Ökologie, der Gen- und Reproduktionstechnologie, der Wirtschaft, Politik oder Sexualität. Vielmehr wird versucht, den *Begriff des Ethischen bzw. Moralischen* zu bestimmen und zu differenzieren. Wir nennen die Disziplin, in die hier eingeführt wird, *Fundamentalethik* oder *allgemeine Ethik*. Die Kenntnis der grundlegenden Fragestellungen dieser Disziplin ist Voraussetzung für die diversen *speziellen Ethiken*. Bevor man die Ethik bestimmter Praxisbereiche erörtert, sollte man wissen, worum es in der Ethik prinzipiell und allgemein geht. Erst dann kann man die ethische Fragestellung auf bestimmte Praxisbereiche anwenden und Probleme spezieller Ethiken differenziert untersuchen.

Wir versuchen in dieser Einführung, das *systematische* Anliegen mit dem *historischen* zu verbinden. Einerseits soll systematisch in die Hauptthemen der Fundamentalethik eingeführt werden. Andererseits gilt es, die wirkungsgeschichtlich wichtigsten ethischen Theorien zu skizzieren, also auf die historisch maßgeblichen Positionen der philosophischen Ethik einzugehen. Wir wählen dabei folgende Vorgangsweise:

- Wir gehen aus vom *alltäglichen, vorwissenschaftlichen Vorverständnis* des Moralischen (Abschnitt 1).
- Dieses Vorverständnis wird in den Abschnitten 2 bis 7 *philosophisch-systematisch rekonstruiert*. In dieser Rekonstruktion werden wir uns vor allem (jedoch nicht ausschließlich) mit den klassisch gewordenen Hauptpositionen der Ethik von PLATON bis HEGEL beschäftigen. Wir skizzieren zentrale Argumentationen der Klassiker und beziehen diese systematisch aufeinander. Daraus sollte sich einerseits ein Überblick über das Problembewußtsein der klassisch gewordenen philosophischen Ethik und andererseits eine differenzierte Rehabilitation des alltäglichen Vorverständnisses ergeben.
- Im Abschnitt 8 setzen wir uns mit den für die Gegenwart maßgeblichen Positionen auseinander, welche dieses Resultat tendenziell in Frage stellen und *relativieren*. Wir beziehen uns dabei paradigmatisch auf MARX, NIETZSCHE, FREUD und LORENZ und diskutieren deren Ethikverständnis auf dem Hintergrund der erarbeiteten Systematik.

- Der Abschnitt 9 stellt *Neuansätze* der Ethik vor und setzt sie in Beziehung zum Problembewußtsein der klassischen Ethik. Dabei werden wir uns vor allem mit den wertethischen, existentialistischen und diskursethischen Ansätzen beschäftigen.
- Im Abschnitt 10 wird eine Einführung in einige Fragestellungen der *analytischen Ethik* geboten.

Zur Eigenart philosophischer Erörterungen gehört es, daß man in ihnen kaum völlig Neues, Unbekanntes oder Überraschendes erfährt. Es ist vielmehr ihr Ziel, daß das, was man irgendwie immer schon weiß, genauer, differenzierter und präziser begriffen wird. Darum beginnen wir unsere Erörterungen beim alltäglichen Vorverständnis. Die Ergebnisse, zu denen die Überlegungen führen, sind insofern für jeden überprüfbar, als jeder selbst moralisches Subjekt und darum mit Problemen des Ethischen befaßt und vertraut ist. Jeder kann selbst beurteilen, ob er in diesen Versuchen, den Begriff des Ethischen zu bestimmen und zu differenzieren, die Rekonstruktion seines eigenen moralischen Bewußtseins zu entdecken vermag.

In gewisser Hinsicht ist diese *Einführung in die Ethik* eine Fortsetzung meiner *Einführung in die Philosophie* (^{4}1992), da sie aus dem umfassenden Rahmen der Philosophie die philosophische Ethik herausgreift und zum Thema einer spezielleren Einführung macht. In der didaktischen Aufbereitung folge ich der Gestaltung, die sich in der ersten Einführung bewährt hat. Es ist unvermeidlich, daß sich die beiden Einführungen an manchen Stellen thematisch überschneiden. Da es für manche Partien der Ethik-Einführung vorteilhaft ist, weitere philosophische Zusammenhänge zu kennen, verweise ich öfters auf die entsprechenden Abschnitte der Philosophie-Einführung. Ich zitiere sie mit »EP«.

Ich danke Herrn Priv.-Doz. Dr. Karl Anton Wohlfarth sowie Frau Christine Tossmann für ihre Hilfe bei der Erstellung der Listen und Register und Frau Gundelinde Stoltenberg sowie Herrn Rudolf Loch für die Schreibarbeit.

Mainz, im Sommer 1992 *Arno Anzenbacher*

Inhalt

1 Vorverständnis

In unserer Alltagssprache gibt es eine Vielzahl von Wörtern, die wir verwenden, *um Moralisches auszudrücken*. Sie fungieren im alltäglichen Diskurs als *moralische Wörter*.

Wir denken etwa an die Wortpaare »gut - böse«, »gerecht - ungerecht«, »human - inhuman«, »edel - gemein«, »selbstlos - egoistisch«, aber auch an die Wörter wie »sollen«, »dürfen«, »geboten«, »verboten«, »erlaubt«, »Pflicht«, »Gewissen«, »Verantwortung«, »Sünde«, »Schuld«, »Reue«, »Sühne«, »Tugend«, »Laster«, »Vorsatz«, »Treue«, »Verrat«, »Vorwerfbarkeit« etc. Allerdings verwenden wir derartige Wörter oft auch in außermoralischer Bedeutung. So etwa sprechen wir von einem guten Tormann, einem edlen Wein sowie vom Sollen oder Dürfen im Kontext von Gebrauchsanweisungen oder Kochrezepten. In der Regel können wir aber ohne Schwierigkeiten angeben, wann wir diese Wörter in moralischer und wann wir sie in außermoralischer Bedeutung gebrauchen.

Die Tatsache, daß wir moralische Wörter im allgemeinen problemlos verstehen und verwenden, zeigt, daß wir in unsere alltägliche Kommunikation ein *Vorverständnis des Moralischen* einbringen, das wir auch ohne weiteres bei unseren Mitmenschen voraussetzen. Ohne ein derartiges Vorverständnis wäre nicht einzusehen, daß moralische Diskurse überhaupt möglich sind und funktionieren.

1.1 Elemente des Vorverständnisses

Die relativ problemlose Verwendung moralischer Wörter im alltäglichen Diskurs setzt voraus, *daß wir ein einigermaßen konsistentes und übereinstimmendes Wissen um die Bedeutung des Moralischen als Vorverständnis besitzen*. Ohne diese Voraussetzung wären die moralischen Wörter nicht kommunikativ und die moralischen Sprachspiele könnten nicht funktionieren. Dabei mag es durchaus sein, daß sich dieses Vorverständnis bei genauerer Analyse als vage, ungenau und mißverständlich erweist. Immerhin ist es so konsistent und übereinstimmend, daß es - in Grenzen freilich - in unseren alltäglichen moralischen Diskursen funktioniert. Die folgende Aufzählung einiger Elemente dieses Vorverständnisses ist der Versuch einer (eher groben) Bestandsaufnahme.

1.1.1 Die moralische Bewertung

Es geht zunächst einfach um die Tatsache, *daß wir unseren eigenen Handlungen und den Handlungen anderer einen moralischen Wert zuschreiben.* Wir unterstellen der menschlichen Praxis eine moralische Bedeutung. Wir beurteilen (eigene und fremde) Handlungen als gut oder böse, wir loben oder tadeln, billigen oder mißbilligen sie. Wir bewerten aber auch *Personen* moralisch: Wir nennen sie gut oder böse, moralisch oder unmoralisch, gewissenhaft oder gewissenlos. Schließlich bezieht sich unsere moralische Bewertung auch auf *soziale Gebilde,* etwa auf Verhältnisse im sozialen Bereich, auf Institutionen, Strukturen, Ordnungen und Gesetze, die wir als gerecht oder ungerecht, human oder inhuman beurteilen.

Dabei betrifft die moralische Bewertung offenbar *primär die Handlungen und sekundär Personen und soziale Gebilde.* Wir beurteilen Personen moralisch auf Grund ihrer Handlungen und soziale Gebilde, weil sie Resultate von Handlungen sind und durch Handlungen gestaltet werden können.

Es scheint, daß sich die moralische Bewertung im eigentlichen Sinn immer auf etwas spezifisch Menschliches bezieht. Man spricht zwar auch vom bösen Stier, vom treuen Hund, der falschen Schlange, der diebischen Elster und sogar vom mörderischen Knollenblätterpilz. Dabei dürfte es sich freilich nicht um eine moralische Bewertung im eigentlichen Sinn handeln, sondern eher um anthropomorphe Deutungen tierischen oder pflanzlichen Verhaltens. Allerdings sind manche Ethologen der Meinung, daß sich in solchem Verhalten stammesgeschichtliche Vorformen menschlicher Moralitätsbewandtnis zeigen.

1.1.2 Gewissen

Wenn wir menschliches Handeln moralisch bewerten, setzen wir stets voraus, daß die handelnden Personen *zum Gebrauch der Vernunft gelangt* sind und *um die Differenz von Gut und Böse wissen.* Damit ist ein Zweifaches gemeint:

- Wir setzen voraus, daß jeder irgendwie weiß, *was gut und was böse ist,* zumindest in einem allgemeinen Sinne, womit nicht ausgeschlossen ist, daß man im einzelnen durchaus unterschiedlicher Meinung über Gut und Böse sein kann.
- Wir setzen weiter voraus, *daß jeder auf jeden Fall weiß, daß das Gute zu tun und das Böse zu unterlassen ist.* Es geht hier um das Wissen, daß der moralische Anspruch des Guten einen *unbedingten Verpflichtungscharakter besitzt.*

Dieses allgemeine Wissen um Gut und Böse, das wir im Umgang mit Menschen spontan und problemlos voraussetzen, nennen wir alltagssprachlich *Gewissen.* Der Gewissensbegriff des alltäglichen Diskurses mag sich bei genauerer Analyse als undifferenziert und mehrdeutig erweisen. Sein Bedeutungskern dürfte aber in diesem doppelten Wissen liegen.

1.1.3 Freiwilligkeit

Beurteilen wir menschliches Handeln moralisch, so setzen wir immer voraus, daß der Handelnde in einem bestimmten Sinn *Herr seiner Handlung* ist. Er entschloß sich selbst zum Handeln und zwar zum So-Handeln. Er hätte auch anders handeln oder die Handlung unterlassen können. Er kann etwas für sein Handeln. Darum rechnen wir Personen ihr Handeln zu, was allerdings voraussetzt, daß sie »zurechnungsfähig« sind. Wir gehen also davon aus, daß es in der Regel an uns liegt, wie wir handeln. Nur so können wir uns und andere als *schuldig* betrachten und bestimmtes Handeln vorwerfen, loben oder tadeln. Kann eine Person nichts für ihr Handeln, so gerät die moralische Bewertung dieses Handelns offenbar in eine Krise. Die moralische Bewertung von Handlungen setzt den Gesichtspunkt der *Freiwilligkeit* voraus. In unserem alltäglichen Vorverständnis betrachten wir uns selbst und andere in einem moralisch bedeutsamen Sinn als *frei,* d. h. als fähig, sich selbst zu entscheiden.

Wir gehen also in unserem Vorverständnis davon aus, daß menschliches Handeln nicht wie das sonstige Naturgeschehen notwendigerweise aus naturhaft vorgegebenen Determinanten resultiert, also in naturwissenschaftlich erklärbarer bzw. prognostizierbarer Weise auf ein gewisses Input als Output folgt. Vielmehr rechnen wir es der handelnden Person zu, weil sie sich frei so entschieden hat, obwohl sie sich auch anders entscheiden hätte können. Andererseits liegt es uns in der Regel fern, Naturereignisse moralisch zu bewerten, da ihnen diese personal zurechenbare Freiwilligkeit fehlt.

1.1.4 Verantwortung

In »Verantwortung« ist »Antwort« impliziert. Jemanden als verantwortlich für sein Handeln betrachten heißt (über die Gesichtspunkte des Gewissens und der Freiwilligkeit hinaus), *von ihm erwarten, daß er vernünftig antworten kann auf die Frage, warum er so und nicht anders gehandelt hat.* Wir billigen Handlungen dann, wenn wir sehen, daß sie einer vernünftigen Rechtfertigung fähig sind, d. h. wenn die Begründungen, die der Handelnde äußert, einsichtig und nachvollziehbar sind. Dieser Verantwortungsaspekt enthält zwei Gesichtspunkte:

- Er zeigt, *daß wir die Frage, was gut und was böse ist, für diskursfähig halten.* Wir können über diese Frage vernünftig miteinander sprechen. Wir setzen also voraus, daß die Bestimmung von Gut und Böse weder völlig irrational zu erfolgen hat, noch einfachhin Sache der beliebigen, bloß privaten Meinung ist, sondern auf rationale Argumentation verweist.

- Außerdem zeigt sich, *daß das Böse, das Unmoralische, immer irgendwie den Charakter des Vernunftwidrigen besitzt.* Es läßt sich nicht vernünftig rechtfertigen. Man tut es »wider besseres Wissen und Gewissen« und kann es darum nicht verantworten. Wenn wir böse handeln, geben wir einer Neigung, einer Leidenschaft nach, von der wir wissen, daß ihre Befriedigung (zumindest jetzt und unter diesen Umständen) nicht zu verantworten ist. Wir tun dann etwas, *was wir möchten, aber nicht sollten.*

1.1.5 Der soziale Bezug

In unserem alltäglichen Vorverständnis steht die moralische Bewertung von Handlungen, Personen und Verhältnissen zumeist in einem *mitmenschlichen bzw. sozialen Bezug.* Das moralische Urteil betrifft häufig das Verhältnis der eigenen Bedürfnisse und Interessen zu den Bedürfnissen und Interessen anderer. Es verweist insofern auf Grundbedingungen des friedlichen und humanen Zusammenlebens von Menschen und damit auf Fragen der *Gerechtigkeit.* Das kommt etwa in der interkulturell verbreiteten *Goldenen Regel* zum Ausdruck, die im alltäglichen Vorverständnis plausibel erscheint. Im Sprichwort lautet sie: »Was du nicht willst, daß man dir tu', das füg' auch keinem andern zu!« Damit wird die Forderung ausgedrückt,

- daß Menschen sich wechselseitig als gleichwertig achten und anerkennen sollen und
- daß jeder in seinem Handeln berücksichtigen sollte, daß andere Menschen so wie er selbst Bedürfnisse und Interessen haben.

Weithin anerkannte moralische Normen wie z. B. »Nicht morden!«, »Nicht ehebrechen!«, »Nicht stehlen!«, »Nicht lügen!«, »Vater und Mutter ehren!« erläutern diese Grundforderung im Hinblick auf grundlegende Themen der Beziehungen zwischen Menschen.

Wir wollen damit nicht sagen, daß moralische Bewertungen ausschließlich diesen zwischenmenschlichen bzw. sozialen Bezug betreffen. Ohne Zweifel gibt es auch ein *moralisch relevantes Verhältnis des Menschen zu sich selbst.* Außerdem wird heute mit Recht betont, daß wir moralische Pflichten gegenüber den *nichtmenschlichen Lebewesen* sowie gegenüber der *leblosen Natur* haben. In religiös geprägten Gesellschaften spielen Pflichten gegenüber der *Gottheit* eine große Rolle. Dennoch ist unser alltägliches Vorverständnis des Moralischen vor allem bestimmt durch den zwischenmenschlich-sozialen Bezug. Damit hängt auch die eigentümliche *Affinität* zusammen, die offenbar *zwischen dem Moralischen und dem Rechtlichen* besteht. In unserem Vorverständnis fließen die moralische und die rechtliche Bedeutung von Wörtern wie z. B. »Recht und Unrecht«, »Gerechtigkeit«, »Norm«, »Pflicht«, »Verbrechen«, »Vergehen«, »Schuld« etc. vielfach ineinander.

1.1.6 Selbstwert

Die moralische Qualifikation eines Menschen (als gut oder böse, rechtschaffen oder gemein) besitzt einen besonderen Stellenwert, der sich von anderen Qualifikationen (z. B. intelligent, geschickt, gebildet, charmant, wohlhabend) prinzipiell unterscheidet. Er hängt eng zusammen mit dem unbedingten Verpflichtungscharakter des Gewissens (1.1.2). Die moralische Qualifikation betrifft in einzigartiger Weise *den Wert und die Würde eines Menschen als Mensch.* Einerseits geht es dabei um das Bewußtsein des *eigenen* Werts, also um die Selbstachtung, andererseits um den Wert und die Achtung einer Person in den Augen der *anderen.*

Haben wir uns durch unser Handeln moralisch disqualifiziert, so gerät die Achtung, die wir vor uns selbst haben, in eine Krise. Wir wissen im »schlechten Gewissen« um unseren selbstverschuldeten Unwert. Vor den andern verlieren wir auf Grund dieser moralischen Disqualifikation unser Gesicht, unser Ansehen; wir wissen uns bloßgestellt und haben Grund, uns zu schämen.

Damit sind einige Elemente des alltäglichen Vorverständnisses des Moralischen herausgestellt. Es scheint, daß wir im alltäglichen Diskurs moralische Wörter nur dann sinnvoll verwenden können, wenn wir einen Sinnzusammenhang voraussetzen, der diese Elemente umfaßt. Wir wiesen allerdings bereits darauf hin, daß dieses Vorverständnis nur bedingt konsistent ist und einer genauen Analyse kaum standhält. Aufgabe der philosophischen Fundamentalethik ist es, die in diesem Vorverständnis enthaltenen Voraussetzungen kritisch aufzuklären, zu präzisieren und – wenn nötig – zu korrigieren. In diesem Sinn geht es um eine philosophische Rekonstruktion des alltäglichen Vorverständnisses.

1.2 Etymologische Hinweise

Wir bezeichnen das Thema unserer Disziplin als das *Ethische,* das *Moralische* bzw. als das *Sittliche.* Etymologisch haben wir es also mit drei sprachlichen Bezügen zu tun.

Das griechische Wort *êthos* bedeutet zunächst, bezogen auf die Tiere, deren Weideplatz oder Stall sowie deren Lebens- und Verhaltensweise. Übertragen auf den Menschen meint *êthos* den durch Gemeinschaft und Herkommen bestimmten Ort des Wohnens und insofern auch alles das, was im Rahmen gemeinsamen Wohnens Brauch und Sitte ist. Von hier aus gewinnt das Wort die Bedeutung des auf die gemeinsame Sitte bezogenen Charakters des einzelnen und meint schließlich überhaupt die Handlungsweise, die Einstellung und die Gesinnung von Personen.

Das lateinische *mos,* von dem sich »Moral« herleitet, bedeutet ursprünglich »Wille«. Des weiteren meint es vor allem den (von Göttern oder Herrschern) den Menschen auferlegten Willen, also Vorschriften und Gesetze, und dann die herkömmlichen Sitten und Gebräuche *(mores)*. Im Zuge dieser Bedeutungsentwicklung meint *mos* schließlich, so wie *êthos,* auch den persönlichen Lebenswandel, die Gesinnung, den Charakter und die Gesittung des einzelnen.

Das deutsche Wort *Sitte* ist mit den griechischen Wörtern *êthos* und *éthos* (= Gewohnheit, Sitte) sowie mit dem lateinischen *suescere* (sich gewöhnen, gewohnt sein, pflegen) verwandt. Alle diese Wörter verweisen auf einen indogermanischen Reflexivstamm, der »sich zu eigen machen«, »nach eigener Art leben« bedeutet. »Sitte« meint also ursprünglich das auf Grund des Herkommens Gewohnte.

Wir sehen, daß die Etymologie zunächst in den *sozialen Kontext* verweist, in welchem das Ethische, Moralische bzw. Sittliche ursprünglich als die gemeinsame Sitte, als Herkommen, Brauch, Gewohnheit und Gesetz der Gemeinschaft eingebettet ist. Erst später erhält die Bedeutung dieser Wörter jenen *subjektiv-individuellen* Aspekt persönlicher moralischer Gesinnung und Charakterprägung.

Im folgenden verwenden wir den Ausdruck »Ethik« für die wissenschaftliche Erörterung moralischer Sachverhalte. Die Bedeutung der Ausdrücke »Moralität«, »Sittlichkeit« und »Ethos« werden wir im Zuge der weiteren Erörterungen präzisieren. Das Akjektiv »moralisch« und das Substantiv »Moral« gebrauchen wir in einem weiten Sinn für Sachverhalte, die mit dem Thema zu tun haben, das wir in 1.1 erörterten.

Zusammenfassung 1

- Der alltägliche Gebrauch moralischer Wörter zeigt, daß wir in unsere Kommunikation ein gemeinsames Vorverständnis des Sittlichen einbringen.
- Elemente dieses Vorverständnisses:
  - Menschliches Handeln und (auf Grund ihres Handelns) Personen sowie (als Resultate des Handelns) soziale Gegebenheiten werden moralisch bewertet.
  - Es wird vorausgesetzt, daß jeder irgendwie um die Grunddifferenz von Gut und Böse weiß (Gewissen).
  - Moralisch relevantes Handeln gilt als freiwillig; wir fassen es als Ergebnis freier Entscheidung und rechnen es dem Handelnden zu.
  - Personen werden als verantwortlich für ihr Handeln betrachtet, d. h. es wird erwartet, daß sie auf die Frage, warum sie so gehandelt haben, vernünftig antworten können.

- Die moralische Bewertung steht primär im mitmenschlich-sozialen Bezug, als dessen plausible Grundformel die Goldene Regel gelten kann.
- Die moralische Qualifikation bezieht sich auf den Wert der Person vor sich selbst und den andern.

- Die Etymologie der Wörter »ethisch«, »moralisch« und »sittlich« verweist auf die ursprüngliche soziale Einbettung des Moralischen in gemeinsamen Sitten, Bräuchen, Gesetzen und Traditionen.

2 Empiristische Ethik

Wir beginnen den Gedankengang der fundamentalethischen Systematik, indem wir uns auf einige Grundgedanken und Hauptpositionen der empiristischen Ethik beziehen. Wir wählen diese Vorgangsweise, weil seitens der empiristischen Philosophie immer wieder zentrale Elemente des skizzierten alltäglichen Vorverständnisses des Moralischen in Frage gestellt wurden. Die empiristische Aufklärung der Moderne führte in mancher Hinsicht zu einer *Destruktion der eigenständigen Bedeutung des Moralischen.* Sie tendiert dazu, menschliche Praxis als Resultat empirischer Wirkungszusammenhänge zu fassen, das deterministisch bestimmt ist.

2.1 Empirismus und Praxis

Die wirkungsgeschichtlich maßgebliche Epoche der empiristischen Aufklärung war das 17. und 18. Jahrhundert. Ihre Hauptvertreter waren Briten: F. BACON (1561-1626), Th. HOBBES (1588-1679), J. LOCKE (1632-1704) und D. HUME (1711-1776). Diese Klassiker begründeten eine philosophische Tradition, die in mehreren Varianten bis in die Gegenwart bedeutsam ist.

Typisch für die diversen Ausprägungen des Empirismus ist folgende *Grundtendenz* (vgl. EP 3.2.3):

- Als *erkenntnistheoretische* Position vertritt der Empirismus die Auffassung, *die (sinnliche) Erfahrung (Empirie) sei die einzige Erkenntnisquelle.* Eine von dieser wesentlich verschiedene geistig-vernunfthafte Erkenntnis wird nicht angenommen.

  Was man in der nicht-empiristischen (metaphysischen) Philosophie als eigenständige geistig-vernunfthafte Erkenntnis betrachtet, wird empiristisch auf (sinnliche) Empirie reduziert bzw. durch Mechanismen der Reflexion, Abstraktion, Assoziation und Kombination empirischer Elemente erklärt.

- Dem entspricht in der empiristischen *Anthropologie* die Tendenz zur *Ablehnung der eigenständigen,* nicht auf die sinnlich-animalische Ebene rückführbaren *Wirklichkeit des menschlichen Geistes.* Die Unterscheidung von Mensch und Tier hat dann nur mehr graduelle und nicht mehr prinzipielle bzw. wesentliche Bedeutung.
- In der *Ontologie* tendiert der Empirismus zum *Materialismus.* Das sinnlich-empirisch Erfahrbare ist das Materielle und nur dieses ist nach empiristischer Auffassung erkennbar bzw. wirklich.

Der neuzeitliche Empirismus hängt eng zusammen mit der *Emanzipation der modernen Naturwissenschaften.* Diese verstanden sich zunächst als empirische, am Paradigma der Mechanik (insofern: mechanistisch) orientierte Einzelwissenschaften (z. B. Astronomie, Physik, Chemie) und konnten in dieser methodischen Abstraktion enorme Fortschritte erzielen. Dieser Erfolg legte es nahe, *auch die menschliche Praxis mit Hilfe empirisch-mechanistischer Methoden zu erforschen.* Man faßte also das Handeln methodisch als einen naturalen Vorgang, der – analog physikalischen oder biologischen Prozessen – Objekt einer quasi naturwissenschaftlichen Erkenntnis werden kann. *Psychologie* und *Soziologie* entstanden als empirische Wissenschaften aus dem Bestreben, Psychisches und Soziales in diesem Sinne mit naturwissenschaftlichen Methoden zu erforschen. Im Zuge dieser Entwicklung entstanden die diversen *empirischen* (z. B. psychologischen, soziologischen, aber auch biologischen) *Handlungstheorien.*

Wir können das Grundproblem derartiger methodisch-empiristischer Handlungstheorien mit einem einfachen Beispiel illustrieren, das G. PRAUSS ([3]1989, 213–216, vgl. EP 3.1.1) bietet: Ich lasse einen Stein auf einen weichen Boden fallen. Er schlägt in den Boden eine Delle. Die Größe der Delle hängt offenbar ab von den Eigenschaften des aufprallenden Steins (Größe, Wucht) und von der Beschaffenheit des Bodens. Wir können sagen: Die Delle ist *Auswirkung* der *Einwirkung* des Steins und der *Gegenwirkung* des Bodens. Dabei hängen Einwirkung, Gegenwirkung und Auswirkung so zusammen, daß man, wenn man zwei davon kennt, das Dritte berechnen kann. Mit diesen drei Größen ist der Raum abgesteckt, innerhalb dessen empirische Wissenschaften forschen. Sie erforschen letztlich immer *empirische Wirkungszusammenhänge* dieser drei Größen. Dabei ist es unwesentlich, wie differenziert diese Größen bestimmt werden und ob es sich dabei um astronomische oder um infraatomare Größen handelt. Entscheidend ist, daß immer Empirisches durch Empirisches erklärt wird und Einwirkung, Gegenwirkung und Auswirkung empirische Gegebenheiten sind (vgl. Abb. 1).

Empirische Handlungstheorien haben die Tendenz, menschliches Handeln (Praxis) im Sinne empirischer Wirkungszusammenhänge zu fassen. Die Handlung wird interpretiert als *Resultat* (Auswirkung, Sukzedensereignis, Output) *einer Einwirkung* (Stimulus, Input) *»von außen«* (Umwelt) *und der* (durch seine Verfaßtheit bedingten) *Gegenwirkung* (Reaktion, Response) *des Handelnden* (des Agens). Wird das naturwissenschaftliche Modell des empirischen Wirkungszusammenhangs konsequent angewandt, so erscheint die Handlung als die *naturnotwendige Folge* der beiden Voraussetzungen (Antezedensbedingungen) äußere Einwirkung und Verfaßtheit des Agens. Würden wir beide Voraussetzungen genau kennen, so wäre die Handlung prognostizierbar. Sie ist das naturkausal erklärbare Sukzedensereignis der beiden Antezedensbedingungen. Insofern wird Praxis im Modell des empirischen Wirkungszusammenhangs *deterministisch* erklärt.

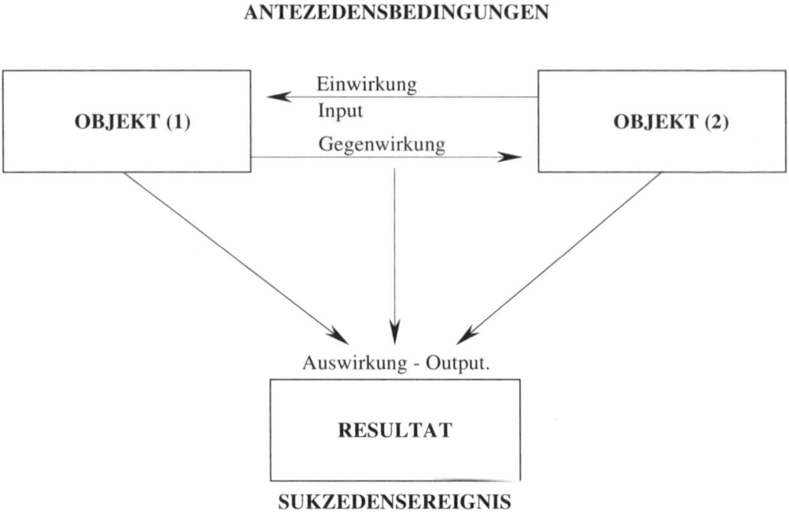

Abb. 1: Der empirische Wirkungszusammenhang

Die empirisch-humanwissenschaftliche Forschung erarbeitete eine Fülle psychologischer (z. B. Psychoanalyse), soziologischer (z. B. Systemtheorie) und biologischer (z. B. Ethologie) Theorien, die das Anliegen verfolgen, einerseits die Verfaßtheit der einwirkenden Umwelt und andererseits jene des Agens zu differenzieren und kategorial in den Griff zu bekommen. Manche Terme dieser Theorien sind längst in unsere Alltagssprache eingesickert. Spricht man von Triebstruktur, Aggression, Komplex, Frustration, Konditionierung, Verstärkerfunktion, Kompensation, Konfliktfähigkeit, Umweltkomplexität, Systemzwang etc., so gebraucht man Ausdrücke, die auf Terme von Theorien verweisen, in denen Praxis als empirischer Wirkungszusammenhang interpretiert wird (vgl. Abb. 2).

Niemand kann bestreiten, daß menschliche Praxis *in vieler Hinsicht empirisch bedingt* ist und darum legitimerweise Thema empirischer Humanwissenschaften werden kann. Ohne Zweifel wurde durch deren Forschung unser Wissen um den Menschen und sein Handeln außerordentlich erweitert. Die diversen Theorien wiesen vielfältige Aspekte dieser empirischen Bedingtheit auf. Sie entwickelten Arbeitshypothesen, die helfen können, menschliches Handeln in gewissen Hinsichten zu erklären und zu beeinflussen, Mitmenschen mit mehr Verständnis zu begegnen, durch die Veränderung von Voraussetzungen Dysfunktionalitäten der Praxis zu überwinden sowie erziehend bzw. heilend auf Menschen einzuwirken, also Möglichkeiten der Therapie wahrzunehmen.

Philosophisch problematisch wird die Sachlage erst dann, wenn man den *methodischen Empirismus* dieser Humanwissenschaften als einen *philosophischen Empirismus* interpretiert und behauptet, *menschliche*

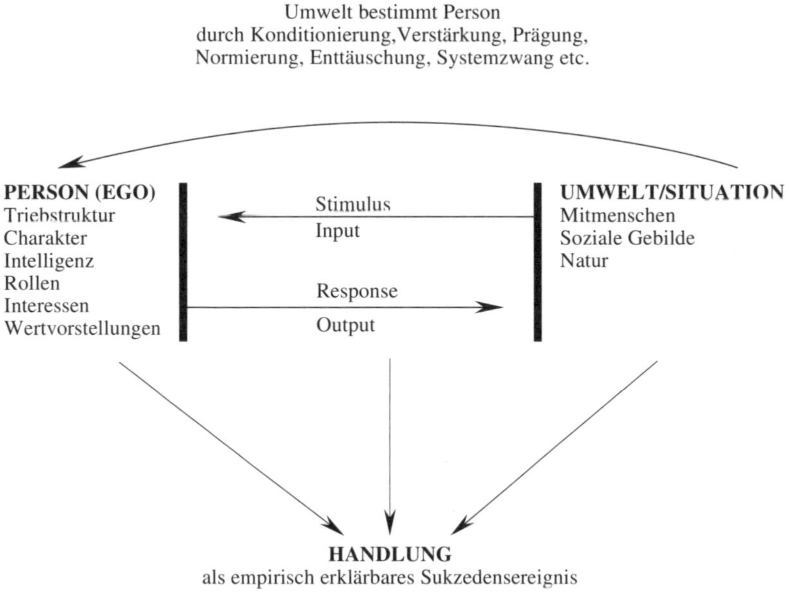

Abb. 2: Handlung als empirischer Wirkungszusammenhang

Praxis gehe darin auf, ein empirisch-humanwissenschaftlich erklärbarer naturaler Wirkungszusammenhang zu sein, und könne insofern wie anderes naturales Geschehen als notwendige Konsequenz (Wirkung) empirischer Antezedensbedingungen (Ursachen) gefaßt werden. Eine solche philosophisch-empiristische Position widerspräche diametral unserem alltäglichen *Vorverständnis des Moralischen:*

- Praxis, gefaßt als naturkausal-deterministisches Resultat empirischer Antezedensbedingungen, schließt *Freiwilligkeit* (1.1.3) im Sinne moralischer Zurechenbarkeit aus.
- Damit verliert die *Differenz von Gut und Böse* (1.1.2) ihre moralische Tragweite. An ihre Stelle treten Differenzen wie z. B. gesund–krank, normal–abnorm oder funktional–dysfunktional.
- Ebenso löst sich der alltagssprachliche Sinn von *Verantwortung* (1.1.4) auf.

Viele Vertreter empirischer Humanwissenschaften praktizieren zwar in ihrer Wissenschaft einen *methodischen Empirismus,* lehnen aber den *philosophischen Empirismus* ab. Insofern beanspruchen sie nicht, menschliche Praxis überhaupt und im ganzen mit empirischen Methoden zu erklären, sondern lediglich partiell hinsichtlich bestimmter Aspekte. Im folgenden verweisen wir auf zwei Psychologen, die nicht nur methodisch, sondern auch philosophisch Empiristen sind.

H. ROHRACHER reduziert Praxis konsequent auf die Ebene eines naturalen Wirkungszusammenhangs und gelangt dabei zu einer völligen Destruktion der moralisch bedeutsamen Freiwilligkeit:

> »Was für ein Entschluß schließlich zustandekommt, hängt von der Art und Stärke der beteiligten Triebe und Interessen ab. Der Entschluß entsteht aus den vorangegangenen Vorgängen; er ist durch sie bestimmt, er ist ihr notwendiges, naturgesetzliches Resultat. Freiheit in dem Sinne, daß der Mensch bei der gegebenen Situation auch zu einem anderen Entschluß kommen könnte, besteht nicht; das Wollen ist durch die Art der Persönlichkeit determiniert [...]« ([13]1988, 549) Darum »geschieht« dem Menschen das Handeln, »wie ihm das Altwerden geschieht«. »Was der Mensch in seinem Leben getan hat, hat er [...] gar nicht eigentlich selbst getan, sondern es ist ihm geschehen, daß er es tat.« (1926, 109)

B. F. SKINNER, ein amerikanischer Behaviorist, hält eine Technologie des menschlichen Verhaltens für ebenso möglich wie eine physikalische oder biologische Technologie und tritt dafür ein, das »Gefühl von Freiheit und Würde« des »autonomen Menschen«, das er als Fiktion entlarvt, zu überwinden und die Menschen einer umfassenden technologischen Verhaltenskontrolle zu unterstellen.

> Das bestimmte Verhalten eines Menschen ergibt sich nicht aus »Verantwortungs- oder Pflichtgefühl« oder aus »Loyalität oder Achtung anderen gegenüber [...], sondern weil seine Mitmenschen sein Verhalten durch wirksame Kontingenzen prägten«. »Die Verhaltensweisen, die als gut oder schlecht und als richtig oder falsch eingestuft werden, sind nicht auf Tugendhaftigkeit oder Schlechtigkeit, auf einen guten oder schlechten Charakter oder auf ein Wissen um Gut und Böse zurückzuführen; sie sind zurückzuführen auf Folgewirkungen, zu denen eine Vielzahl von Verstärkern gehört, darunter auch die verallgemeinerbaren verbalen Verstärker ›Gut!‹, ›Schlecht!‹, ›Richtig!‹ und ›Falsch!‹« (1973, 118)

2.2 Hedonismus

Als *empiristische Ethik* bezeichnen wir jene Tradition der Ethik, welche die menschliche Praxis ausschließlich als empirischen Wirkungszusammenhang interpretiert. Von ihren antiken Ursprüngen an tritt die empiristische Ethik als *Hedonismus* auf.

Hedonismus (von gr. *hedoné* = Lust, Freude) ist die Auffassung, *das menschliche Handeln sei ausschließlich motiviert durch den Gewinn von Lust und die Vermeidung von Unlust.* Man spricht insofern von der *Lust-Unlust-Motivation* der Praxis. *Jede empiristische Ethik ist prinzipiell hedonistisch orientiert.* Wir sahen (2.1), daß der Empirismus als erkenntnistheoretische Position ausschließlich die (sinnliche) Erfahrung als Erkenntnisquelle kennt. Analog dazu kennt er als *ethische* Position keine anderen Beweggründe (Motive) des Handelns als die *Befriedigung empirisch-naturaler, sinnlicher Affekte,* Neigungen bzw. Triebe im weitesten Sinne. Diese Befriedigung hat den Charakter der Lust. Lust als Triebbefriedigung bestimmt in der empiristisch-hedonistischen Ethik den Wert des Handelns. Das sittliche Gute ist das Lustvolle. Der *Sinn der Praxis* liegt demnach in der Realisierung eines *Lust-Unlust-Kalküls.*

Die *Vernunft* steht im hedonistischen Konzept im Dienst dieses Lust-Unlust-Kalküls. Sie ist durch die Lust-Unlust-Motivation *instrumentalisiert* und hat die Aufgabe, *den Lust-Unlust-Kalkül zu optimieren.* Ethik wird damit *Lebenskunst.* Ihre Aufgabe ist es, Regeln anzubieten, die im Sinne eines positiven Lust-Unlust-Kalküls ein möglichst lustvolles Leben ermöglichen.

KANT charakterisierte die Funktion der hedonistisch instrumentalisierten Vernunft folgendermaßen: Die Vernunft im Dienst des Lust-Unlust-Kalküls stellt hinsichtlich der Praxis *technische* und *pragmatische* Überlegungen an.

- Die *technischen* Überlegungen geben an, wie (mit welchen Mitteln) wir die wünschenswerten Ziele möglichst effizient und sicher erreichen können. Sie bieten insofern »Regeln der Geschicklichkeit«.
- Die *pragmatischen* Überlegungen betreffen die Ziele, die man wählen sollte, um im Lust-Unlust-Kalkül möglichst positiv abzuschneiden. Sie liefern insofern »Ratschläge der Klugheit« (GMS BA 40ff.).

Entscheidend ist dabei, daß der Vernunft im hedonistisch-empiristischen Konzept keine eigenständige Bedeutung zukommt. Sie wird nicht aus sich selbst Bestimmungsgrund von Praxis, sondern immer nur in hedonistischer Instrumentalisierung. Wir werden sehen, daß hier der Angelpunkt der Hedonismuskritik KANTS liegt.

Diese hedonistische Grundorientierung führte in der Tradition der empiristischen Ethik zu äußerst differenzierten Positionen. Vor allem im Zuge der empiristischen Aufklärung und des utilitaristischen Denkens wurde versucht, auf empiristisch-hedonistischer Basis den egoistischen Ansatz zu überwinden, die altruistisch-soziale Dimension des Sittlichen zu begründen und so Ethiktheorien zu entwickeln, welche sich dem alltäglichen Vorverständnis annähern. Wir wollen uns im folgenden mit einigen wirkungsgeschichtlich wichtigen Positionen der empiristischen Ethik beschäftigen.

2.3 Der antike Hedonismus

Zur Exposition greifen wir auf zwei Varianten des antiken Hedonismus zurück. Der SOKRATES-Schüler ARISTIPP VON KYRENE (ca. 435–365) gilt als einer der ersten konsequenten Hedonisten unserer Tradition. Er lehrte, die Lust, gefaßt als *positive, konkrete, aktuelle Lust,* sei der einzige Handlungszweck und insofern das Gute, wie die unlustvolle Beschwerde das einzig Schlechte sei. Ziel des Handelns sei ein möglichst *lustvolles Leben.* ARISTIPP sieht allerdings, daß nur der Lust wirklich genießen kann, der frei von Sucht und Hörigkeit über dem Genuß steht. Ethik ist insofern *Lebenskunst,* die Ratschläge zur Führung eines möglichst guten, d. h. möglichst genußvollen und beschwerdefreien Lebens erteilt.

Auch bei EPIKUR (341–270) sind Lust und Unlust die einzigen Motive menschlichen Handelns. Er akzentuiert jedoch seinen Hedonismus anders als ARISTIPP. In seiner ethischen Lebenskunst geht es nicht um möglichst viele konkret-aktuelle Lusterlebnisse, sondern um dauerhafte *Lust in Ruhe,* also um ein möglichst erschütterungs- und beschwerdefreies, positiv gestimmtes Leben, um ein Leben in *Ataraxie.* Außerdem unterscheidet EPIKUR *höhere und niedere Lüste,* wobei er die höheren (dauerhafteren) eher der Seele, die niederen (flüchtigeren) eher dem Leib zuordnet.

Ataraxie (gr. *tarásso* = schütteln, in Unruhe versetzen; das privative *a* verneint) meint einen physischen und psychischen Ruhezustand, also ein Leben in körperlicher Gesundheit und in ruhiger Harmonie der Leidenschaften. EPIKUR sieht, daß ein Übermaß starker, aktueller Lüste gesundheitsschädliche Auswirkungen und außerdem seelische Erschütterungen nach sich ziehen kann. Man handelt sich dann für flüchtige Genüsse langwierige Beschwerden und Verdießlichkeiten ein. Darum ist es nach EPIKUR ein Ratschlag der Klugheit, im Lust-Unlust-Kalkül eher auf Ataraxie zu setzen.

Beide Positionen des antiken Hedonismus sind *egoistisch* orientiert, d. h. es geht ihnen unmittelbar um die Optimierung des Lust-Unlust-Kalküls des Handelnden selbst. Der in der Tradition der empiristischen Ethik immer wieder unternommene Versuch, höhere und niedere Lüste zu unterscheiden, um so zu einem *qualifizierten Hedonismus* zu gelangen, führt zu folgendem prinzipiellen Problem: Im Grunde lassen sich Lüste empiristisch nur durch Ratschläge der Klugheit im Hinblick auf den Lust-Unlust-Kalkül qualifizieren. Offenbar gibt ein konsequenter Empirismus kein Kriterium an die Hand, das über derartige Klugheitsüberlegungen hinaus eine absolute ethische Wertung der diversen Lüste zuläßt.

2.4 David Hume

D. HUME (1711–1776) gilt als ein Hauptvertreter des Britischen Empirismus. Seine Lehre hatte eminente wirkungsgeschichtliche Bedeutung für die Entwicklung der modernen empiristischen Ethik bis zur Gegenwart. Für HUME war es klar, *daß das Phänomen des Moralischen im Rahmen eines egoistischen Hedonismus nicht erklärt werden kann.* Darum entwickelte er auf konsequent empiristischer Basis eine nicht-egoistische Ethiktheorie. Wir versuchen, ihren Grundgedanken zu skizzieren.

Die beiden ethischen Hauptwerke HUMES sind das mit *Of Morals* (1740) betitelte dritte Buch des *Treatise of Human Nature* sowie die *Enquiry concerning the Principles of Morals* (1751). Die im folgenden zitierten Texte stammen aus der *Enquiry.*

2.4.1 Der Gegenstand der moralischen Billigung

HUME geht von einer einfachen empirischen Überlegung aus. Er fragt: *Was beurteilen Menschen gemeinhin als moralisch?* Was wird moralisch geschätzt, gelobt, gebilligt?

> Zur Erreichung unseres Zieles werden wir ein ganz einfaches Verfahren anwenden: wir werden den Komplex geistiger Eigenschaften zergliedern, die das ausmachen, was man im gewöhnlichen Leben als *persönliche Schätzbarkeit* [personal merit] bezeichnet; wir werden jedes geistige Merkmal ins Auge fassen, das einen Menschen zum Gegenstand der Achtung und Zuneigung, oder aber des Hasses und der Verachtung macht, jede Gewohnheit, jedes Gefühl und jede Fähigkeit prüfen, die als Aussage über einen Menschen Lob oder Tadel einschließt und in jeder rühmlichen oder unrühmlichen Darstellung seines Charakters und Wesens auftreten kann. Das bei uns Menschen durchweg vorhandene empfindliche Feingefühl auf diesem Gebiet gibt dem Philosophen ausreichende Gewißheit, daß er sich bei der Aufstellung seiner Liste nie erheblich vergreifen kann oder irgendwie Gefahr laufen wird, die Objekte seiner Betrachtung verkehrt einzuordnen [. . .]. (8 f.)

Dieses Verfahren führt zu folgendem Resultat: Wir schätzen und loben Menschen dann moralisch, wenn sich diese Menschen durch ein bestimmtes *Wohlwollen gegenüber ihren Mitmenschen und der menschlichen Gesellschaft* auszeichnen und bestrebt sind, ihnen durch ihr Handeln zu nützen und zu ihrem Glück beizutragen. Die moralische Billigung bezieht sich also auf Einstellungen, Haltungen und Handlungen, *die nicht egoistisch, sondern altruistisch und sozial motiviert sind* und sich insofern am Wohl der anderen und am Nutzen der Allgemeinheit orientieren. Derartige Einstellungen, Haltungen und Handlungen werden mit Freude und Wohlgefallen betrachtet, und darin besteht die moralische Billigung.

> Alles in allem genommen scheint des demnach unbestreitbar, daß nichts die Schätzbarkeit eines Menschen mehr heben kann als ein stark ausgeprägtes Gefühl des Wohlwollens und daß zum wenigsten ein Teil solcher Schätzbarkeit auf die Tendenz zurückzuführen ist, die Belange unserer Gattung zu fördern und der menschlichen Gemeinschaft zum Glück zu verhelfen. Man richtet den Blick auf die segensreichen Wirkungen einer solchen Charakteranlage, und alles was einen so günstigen Einfluß hat, ein so erstrebenswertes Ziel fördert, wird mit Wohlgefallen und Freude wahrgenommen. Die sozialen Tugenden betrachtet man nie losgelöst von ihren förderlichen Tendenzen, und nie gelten sie als unfruchtbar und nutzlos. Das Glück der Menschen, die Ordnung der Gesellschaft, das Einvernehmen in den Familien, der gegenseitige Beistand unter Freunden wird stets als Wirkung ihrer milden Herrschaft über die Herzen der Menschen angesehen. (17 f.)

2.4.2 Sympathie und moralisches Gefühl

Wir sind folgendem Sachverhalt konfrontiert: Altruistische und soziale Einstellungen, Haltungen und Handlungen gefallen uns, bereiten uns Freude, d. h. wir billigen sie. Ebenso mißfallen uns egoistische und asoziale Einstellungen, Haltungen und Handlungen; wir betrachten sie mit Abscheu und Unlust und mißbilligen sie. Dieses Grundphänomen der moralischen Billigung ist nach HUME interkulturell und allgemeinmenschlich. Es hat offenbar mit der *psychischen Konstitution* des Menschen zu tun. Aber warum reagieren wir positiv auf das sozial Nützliche und negativ auf das sozial Schädliche? Zweifellos *weil uns das Wohl der Mitmenschen bzw. das allgemeine Wohl nicht gleichgültig ist.* Damit aber zeigt sich, daß wir in unserer Motivation keineswegs nur egoistisch am je eigenen Nutzen orientiert sind, sondern auch altruistisch und sozial am Nutzen der Mitmenschen und der Allgemeinheit.

> Wenn demnach die Nützlichkeit eine Quelle des moralischen Gefühls ist, und wenn diese Nützlichkeit keineswegs immer im Hinblick auf das Ich in Betracht gezogen wird, so folgt, daß alles, was zum Glück der Allgemeinheit beiträgt, sich unserer Billigung und unserem Wohlgefallen unmittelbar nahelegt. Damit haben wir ein Prinzip, das die Entstehung der Sittlichkeit zum größten Teil erklärt. (61)

Wie aber läßt sich dieser Sachverhalt auf der Basis empiristischer Voraussetzungen fassen? Die empiristischen Rekonstruktionen des zitierten Prinzips verweist in die Psychologie des Gefüges *sinnlich-empirischer Affekte* (Triebe, Gefühle, Neigungen, Leidenschaften), die HUME im zweiten Buch des *Treatise (On passions)* ausführlich analysierte. Wie aber sollen sich derartige Affekte zur Erklärung eines Prinzips eignen, das in der moralischen Billigung am Allgemeinen orientiert ist und vom eigenen Vorteil absieht? Sind diese Affekte nicht so durch die Lust-Unlust-Motivation bestimmt, daß sie zwangsläufig egoistisch-hedonistisch sein müssen? Außerdem: Fluktuieren diese Affekte nicht ständig mit den Situationen, Personen und Gegenständen, um die es geht, so daß auf dieser Basis jene *steady and general points of view* gar nicht möglich sind, die wir in der Moral antreffen? HUME versucht, diese Probleme durch die Konstruktion der *extensiven Sympathie als Basis des moralischen Gefühls* zu lösen. Wir wollen die Schritte dieser Konstruktion skizzieren:

- Es werden *zwei Klassen von Affekten* unterschieden, *direkte* und *indirekte.* Die *direkten* entstehen unmittelbar durch Objekte, die in uns Lust oder Unlust hervorrufen und insofern als Güter oder als Übel gefaßt werden. Die Lust-Unlust-Motivation der direkten Affekte (z. B. Begehren und Abscheu, Kummer und Freude) ist egoistisch-hedonistisch bestimmt.
- Die *indirekten* Affekte beziehen sich in der Regel auf *Personen* und zwar insofern indirekt, als diese Personen auf Grund bestimmter Eigenschaften *(Qualitäten)* in uns Gefallen bzw. Mißfallen hervorrufen. Lust und Unlust treten also hier vermittelt auf. Indirekte Affekte sind insofern *dreistellig:* Das *Selbst* bezieht sich in ihnen affektiv auf eine *Person* auf Grund einer dieser Person eignenden *Qualität.*

- Es gibt nur zwei indirekte Affektpaare, *Stolz-Demut* und *Liebe-Haß*. Bei Stolz-Demut geht es um das *eigene Selbst,* das auf Grund bestimmter Qualitäten gefällt (Stolz) oder mißfällt (Demut). Bei Liebe-Haß geht es um *andere Personen,* die auf Grund von Qualitäten gefallen (Liebe) oder mißfallen (Haß).
- Wir sind daran interessiert, daß unsere indirekt-affektiven Wertungen mit denen unserer Mitmenschen übereinstimmen, daß also z. B. die Qualitäten, auf die wir persönlich stolz sind, nicht bloß subjektiv, sondern *intersubjektiv* als schätzenswerte Eigenschaften gefallen. Die Intersubjektivität verleiht den wertenden Affekten Objektivität und überwindet Beliebigkeit und Willkür. Darum *sympathisieren* wir mit den Affekten anderer und mit den in ihnen liegenden Wertungen, d. h. wir fühlen uns in ihre Affekte ein und lernen so die Ansichten und Gefühle der anderen kennen. Daraus folgt: »Jemand, der tugendhaft ist, wird stolz sein können auf sich selbst und damit liebenswert für andere; und er wird andere lieben, die darum liebenswert sind, weil sie auf sich selbst stolz sein können.« (SCHRADER 1984, 186)
- Die *Sympathie* (hier nicht gefaßt als Wohlwollen, Mitgefühl oder Mitleid, sondern) als das Sich-Einfühlen in die Affekte anderer leistet also eine *kommunikative Vermittlung* der Affekte und bewirkt eine *Generalisierung* und *Objektivierung* der affektiven Wertung, eben jene unparteiischen *steady and general points of view,* die nicht mehr unmittelbar egoistisch sind.
- Durch diese sympathetische Vermittlung wird erklärt, warum uns Qualitäten als persönlich schätzenswert und tugendhaft gefallen, die am *Wohl und Nutzen der Mitmenschen und der Allgemeinheit orientiert sind.* Der Affekt, der sich wohlwollend und mitfühlend auf dieses Ziel richtet, ist das *moralische Gefühl (moral sentiment)* und wird (im weiteren Sinn) ebenfalls »Sympathie« genannt.

> Der Begriff Moral schließt ein allen Menschen gemeinsames Gefühl ein, das einen und denselben Gegenstand der generellen Billigung empfiehlt und eine durchgängige, oder fast durchgängige Übereinstimmung der menschlichen Meinungen und Entscheidungen darüber zuwege bringt. Dieser Begriff schließt gleichzeitig ein Gefühl ein, welches so universell und umfassend ist, daß es sich auf alle Menschen erstreckt und das Tun und Verhalten selbst der Fernstehendsten zum Objekt der Billigung oder Mißbilligung macht, je nachdem dieses Tun mit der einmal anerkannten Norm des Rechts übereinstimmt oder nicht. Diese beiden Erfordernisse sind nur für das hier betonte Gefühl der Menschenliebe charakteristisch. (120)

Das moralische Gefühl bildet sich also im Rahmen der indirekten Affekte auf Grund kommunikativ-sympathetischer Vermittlung. Es bewirkt, daß wir an tugendhaften (altruistischen, sozial-nützlichen) Qualitäten und Handlungen Freude (Lust) und Gefallen finden, d. h. sie billigen, während wir lasterhafte Qualitäten und Handlungen affektiv ablehnen (Unlust) und mißbilligen. Das moralische Gefühl wird also als ein *besonderer Typus der Lust-Unlust-Motivation* charakterisiert. Zwar geht es auch hier letztlich um die je-eigene, subjektive Lust und Unlust (Hedonismus), aber so, daß deren Objekt nicht (im egoistischen Sinne) der eigene Vorteil ist, sondern das allgemeine Wohl.

Auf diesem Hintergrund bestimmt HUME auch die moralische Bedeutung der *Gerechtigkeit* als Tugend. Das Interesse an gerechten Regeln und

Zuständen ergibt sich aus einem (egoistischen) *Nutzenkalkül:* Wir sind so verfaßt, daß wir unsere Interessen in sozialer Kooperation effizienter realisieren können als isoliert. Dazu kommt, daß wir unsere Bedürfnisbefriedigung unter mäßigen Knappheitsbedingungen sichern müssen und außerdem eher egoistisch eingestellt und nur in Grenzen großmütig sind. Darum müssen unsere sozialen Kooperationen durch intersubjektiv anerkannte und wirksame Konventionen geregelt sein, durch welche das Begehren der einzelnen um des gemeinsamen Nutzens willen eingeschränkt wird. Damit ergibt sich die Idee der Gerechtigkeit als eines Zustandes, in welchem die Interessen der einzelnen auf den gemeinsamen Nutzen hin koordiniert sind.

> Somit beruhen die Gesetze der Billigkeit oder Gerechtigkeit durchaus auf der besonderen Zuständlichkeit und Lage, in die der Mensch versetzt ist, und verdanken ihr Zustandekommen und ihre Geltung dem *Nutzen,* der der Öffentlichkeit aus ihrer pünktlichen und regelmäßigen Beobachtung zufließt. Man gestalte an irgendeinem wichtigen Punkt die Lage der Menschen um, man schaffe größten Überfluß oder bittersten Mangel, man senke in die Menschenbrust vollkommene Mäßigung und Güte oder vollkommene Raubgier und Bosheit, so zerstört man, indem man die Gerechtigkeit ganz und gar *nutzlos* macht, zugleich ihr eigentliches Wesen ganz und gar und hebt ihre Verbindlichkeit für die Menschen auf. (24 f.)

Allerdings verliert man in größeren sozialen Kontexten diesen Zusammenhang von Gerechtigkeitsregeln und eigenem Nutzen leicht aus den Augen und neigt dazu, die Regeln um des eigenen Vorteils willen zu verletzen. Hier kommt nach HUME wieder die *Sympathie* ins Spiel und bewirkt jenen allgemeinen, unparteiischen Standpunkt, der mit dem allgemeinen Nutzen sympathisiert und gerechte Handlungen und Einstellungen moralisch billigt. Dann lieben wir andere, weil sie gerecht sind, und können auf unsere eigene Gerechtigkeit stolz sein.

> Die Notwendigkeit der Gerechtigkeit für den Bestand der Gesellschaft ist die alleinige Grundlage für diese Tugend, und da kein moralisches Gut eine höhere Achtung genießt, dürfen wir folgern, daß dies Moment der Nützlichkeit im allgemeinen die größte Wirkungskraft hat und über unsere Gefühle die stärkste Herrschaft ausübt. (43)

2.4.3 Gefühl und Vernunft

HUMES Ethik ist *empiristisch,* da sie die Praxis letztlich völlig durch (sinnliche) Affekte, Neigungen bzw. Gefühle bestimmt sein läßt. Sie ist *hedonistisch,* da sie (auch im Fall der sympathetischen Vermittlung) ausschließlich die Lust-Unlust-Motivation kennt. Die *Vernunft* hat gegenüber den empirischen Affekten eine untergeordnete, *instrumentelle* Funktion. Sie stellt Tatsachen fest und erkundet die geeignetsten Mittel zur Erreichung der Handlungsziele. Im Grunde bietet sie für die Praxis lediglich Regeln der Geschicklichkeit und Ratschläge der Klugheit (2.2). Die moralische Zielsetzung und Wertung jedoch erfolgt affektiv bzw. emotional. Insofern ist die Ethik HUMES eine *Gefühlsmoral.*

> So lassen sich die getrennten Gebiete und Aufgaben der *Vernunft* und der *Neigung* leicht feststellen. Jene vermittelt die Erkenntnis des Wahren und Falschen, von dieser stammt das Gefühl für Schönes und Häßliches, Laster und Tugend. Die Vernunft nimmt die Dinge ohne Zusatz und Abstrich so wahr, wie sie sich in der Natur tatsächlich verhalten, die Neigung besitzt eine produktive Kraft und schafft sozusagen eine neue Welt, indem sie alle Objekte der Natur durch die dem inneren Gefühl entnommenen Farben verschönt oder verhäßlicht. Die Vernunft, weil kühl und uninteressiert, ist kein Motiv zum Handeln und lenkt nur den durch den Trieb oder die Neigung übermittelten Impuls, indem sie uns das Mittel aufweist, das Glück zu erlangen oder dem Unglück aus dem Wege zu gehen. Die Neigung, die Lust oder Unlust weckt und dadurch Glück oder Unglück wirkt, wird damit ein Motiv zum Handeln und ist der erste Antrieb oder Impuls zum Streben oder Wollen. Von den erkannten oder vorausgesetzten Umständen und Verhältnissen aus führt uns die Vernunft zur Ermittlung des Verborgenen und Unbekannten; die Neigung läßt, nachdem uns alle Umstände und Relationen vor Augen gestellt sind, aus dem Gesamteindruck ein neues Gefühl der Billigung oder Mißbilligung in uns aufkeimen. (145 f.)

Erinnern wir uns an die eingangs skizzierten Elemente unseres *alltäglichen Vorverständnisses* des Moralischen! Wir können vier Punkte nennen, in welchen die Ethik HUMES mit diesem Vorverständnis in Konflikt gerät:

(1) *Freiwilligkeit.* Wir gehen im alltäglichen Vorverständnis davon aus, daß Praxis auf Grund von Freiwilligkeit moralisch relevant, zurechenbar und zu verantworten ist (1.1.3). Bei HUME schließt die Gefühlsmoral moralisch relevante Selbstbestimmung aus Freiheit prinzipiell aus. Das Handeln resultiert notwendigerweise aus der vorgegebenen psychisch-affektiven Organisation der Person, ihrer Anlagen bzw. ihres Charakters.

Da Vernunft nur als (durch Neigung) instrumentalisierte und nicht als eigenständige (KANT: »reine«) Vernunft ins Spiel kommt, ist Praxis vollständig durch die empirische Lust-Unlust-Motivation der Neigungen (Affekte, Triebe, Gefühle etc.) motiviert. Auch das moralische Gefühl ist ein empirischer Affekt. Wie ich handle, hängt dann von der Stärke und der psychischen Konstellation meiner Neigungen ab, etwa von der Frage, wie stark das moralische Gefühl innerhalb der Organisation meiner psychischen Charakterkonstellation ist. Das moralische Urteil kann sich also bei HUME nicht auf die verantwortliche Freiwilligkeit persönlicher Handlungen und Einstellungen beziehen, sondern lediglich auf die Beschaffenheit der psychisch-empirisch vorgegebenen Konstellation der Person, aus welcher sich deren Handlungen und Einstellungen gewissermaßen mechanisch ergeben. Darum ist Praxis letztlich nicht moralisch zurechenbar; ich hätte nicht anders handeln können, bin für dieses Handeln eigentlich nicht moralisch verantwortlich und kann nichts dafür. Wohl können diese Konstellationen durch Lob und Tadel, Lohn und Strafe beeinflußt und verändert werden (z. B. in der Erziehung). Aber diese Beeinflussung erfolgt ohne freiwillig-verantwortliche Entscheidung der Person; sie vollzieht sich als empirischer Wirkungszusammenhang (2.1) innerhalb der Lust-Unlust-Motivation.

(2) *Universalität.* Im alltäglichen Vorverständnis fassen wir den moralischen Gesichtspunkt im Sinne der Verpflichtung, das eigene Wohl mit dem Wohl der anderen bzw. dem allgemeinen Wohl zu koordinieren (1.1.5). Es ist insofern der Gesichtspunkt unparteiischer, objektiver und zugleich rational-diskursfähiger (1.1.4) Universalität. HUME versucht, diesen Gesichtspunkt durch die kommunikative, sympathetische Vermittlung der indirekten Affekte empirisch zu rekonstruieren. Aber die empirische Universalität, die er damit gewinnt, bleibt zufällig und kann dem moralischen Universalitätsanspruch nicht genügen.

HUME versucht, den egoistischen Hedonismus durch die sympathetische Einfühlung in die wertenden Affekte der Mitmenschen zu überwinden und so die unparteiische Universalität des Moralischen (die Sympathie mit dem allgemeinen Wohl) zu erreichen. Aber die sympathetische Vermittlung kann letztlich nur die durchschnittlich-faktischen Werteinstellungen bestimmter gesellschaftlicher Gebilde beibringen, also bestenfalls das Universalitätskonzept eines bestimmten, soziologisch konstatierbaren Ethos. Der moralische Gesichtspunkt begnügt sich aber in seiner rationalen Diskursivität nicht mit der empirischen Vorgegebenheit bestimmter Ethosformen, sondern überprüft diese Ethosformen auf ihre Richtigkeit hin. Er nimmt das Prinzip dieser moralischen Überprüfung nicht als etwas empirisch Vorgefundenes hin, sondern trägt es in sich als Prüfstein aller Normen, Regeln und Grundsätze, die empirisch-faktisch mit moralischem Anspruch auftreten. Dieses moralische Universalisierungsprinzip ist empirisch nicht rekonstruierbar.

(3) *Unbedingtheit.* Im alltäglichen Vorverständnis fassen wir den moralischen Anspruch als unbedingte Verpflichtung (1.1.2). Diese Unbedingtheit zeigt sich auch in der Selbstwertbewandtnis des Moralischen (1.1.6). Trotz der differenzierten Ausgestaltung der Sympathie-Theorie erscheint es unmöglich, diese unbedingte Pflichtbewandtnis des Moralischen im Rahmen einer konsequent hedonistischen Position zu rekonstruieren. Der moralische Anspruch kommt nur als ein (im Sinne der Lust-Unlust-Motivation) empirisch bedingter Anspruch in Sicht.

Wohl überwindet HUME jenen unmittelbar egoistischen Hedonismus, den wir bei ARISTIPP und EPIKUR vorfanden. Dabei ist aber folgendes zu bedenken: HUME fundiert die sympathetische Vermittlung in den indirekten Affekten Stolz-Demut sowie Liebe-Haß, die zunächst durchaus egoistisch motiviert sind. Was die sympathetische Vermittlung auslöst, ist das subjektive Bedürfnis, Qualitäten zu besitzen, auf die wir stolz sein können, weil sie uns in den Augen anderer liebenswert machen. Dabei handelt es sich natürlich vor allem um altruistisch oder sozial bestimmte Qualitäten, denn vor allem diese machen uns liebenswert für andere. Wir können also das in unseren indirekten Affekten wirkende Bedürfnis (Lust-Unlust-Motivation) nur befriedigen, wenn wir Qualitäten dieser Art *generell* anerkennen. Damit aber zeigt sich, daß das moralische Gefühl, das aus der sympathetischen Vermittlung folgt, letztlich durchaus (wenn auch in vermittelter Weise) egoistisch-hedonistisch bedingt ist.

(4) *Gerechtigkeit* ergibt sich bei HUME aus dem wohlverstandenen Eigeninteresse der Menschen angesichts ihres gegebenen Zustandes. Sie regelt (als Recht) die Kooperation im Hinblick auf den sozialen Nutzen und sympathisiert (als Tugend) mit diesen Regelungen und mit dem allgemeinen Wohl. Aber HUME kann nicht zeigen, wie sich der allgemeine Nutzen *distributiv* (d.h. hinsichtlich der Verteilung) zu den Interessen der einzelnen Personen verhalten soll bzw. ob der vorrangige Zweck gerechter Regelungen und Einstellungen das Wohl einer jeden Einzelperson oder aber die (additive) Maximierung des sozialen Nutzens ist.

Es geht um die Bestimmung des Zwecks der Moral, den HUME als die allgemeine Nützlichkeit charakterisiert. In 1.1.5 suchten wir zu zeigen, daß unser alltägliches Vorverständnis (z. B. in der Goldenen Regel) dazu tendiert, das Wohl eines jeden Menschen in unbedingter Wechselseitigkeit als Zweck zu betrachten, so daß es immer ungerecht ist, den sozialen Nutzen so zu fassen, daß in seiner Verwirklichung Einzelpersonen bloß als Mittel behandelt und zu Disposition gestellt werden. Aber dieses Vorveständnis setzt voraus, daß die Person (und zwar prinzipiell jede menschliche Person) absoluter Zweck (KANT: »Zweck an sich selbst«) aller moralischen Praxis ist. Das aber läßt sich im Rahmen einer empiristischen Ethik nicht stringent begründen.

Diese vier Überlegungen skizzieren einige der wichtigsten Probleme, die sich nicht nur in der Position HUMES, sondern im Grunde in jeder konsequent empiristischen Ethik ergeben. Wohl wurde der ehtische Ansatz HUMES im Zuge der weiteren Entwicklung der empiristischen Ethik in vielfältiger Weise verfeinert und modifiziert. Die genannten Probleme stellen sich jedoch immer wieder. Es zeigt sich, daß der empiristische Ansatz in beträchtliche Spannungen zu unserem alltäglichen Vorverständnis führt. Wir werden auf die umrissenen Fragestellungen noch oft zurückkommen.

2.5 Utilitarismus

Der Utilitarismus (von lat. *utile* = nützlich) ist die bedeutendste Strömung innerhalb der neueren empiristischen Ethik. Er schließt an die Ethik des Britischen Empirismus (2.1) an, vor allem an die Positionen von Th. HOBBES, D. HUME und A. SMITH (1723-1790). Als sein Begründer gilt J. BENTHAM (1748-1832; *An Introduction to the Principles of Morals and Legislation,* 1789). Zu den Klassikern des Utilitarismus zählen weiters J. St. MILL (1806-1873; *Utilitarianism,* 1863) und H. SIDGWICK (1838-1900; *Methods of Ethics,* 1875). Während der ersten Hälfte unseres Jahrhunderts war der Utilitarismus heftig umstritten. Seit etwa 1950 gab es eine Reihe von Versuchen, ihn zu erneuern und weiterzuentwickeln. Allerdings entstand parallel dazu auch eine breite Utilitarismuskritik. Die Diskussion ist nach wie vor aktuell.

2.5.1 Allgemeine Charakteristik

Mit »Utilitarismus« bezeichnet man heute ein ziemlich breites Spektrum von Positionen der philosophischen Ethik, die sich in mehrerer Hinsicht unterscheiden können. Dennoch ist eine Charakterisierung jener zentralen Auffassungen möglich, die als typisch utilitaristisch gelten. Wir folgen O. HÖFFE (Hg., 1974, 7–11), der die utilitaristische Grundposition als die *Kombination von vier Prinzipien* darstellt. Diese Prinzipienkombination soll die Möglichkeit bieten, *Handlungen und Normen auf empirisch-rationaler Basis moralisch zu beurteilen.* Die Grundposition impliziert zwar einen empiristischen Standpunkt, nicht aber eine differenzierte anthropologische und fundamentalethische Fundierung, wie sie etwa von HUME versucht wurde. Als normative Ethik möchte der Utilitarismus ein relativ einfaches, empirisch griffiges Kriterium der moralischen Beurteilung anbieten. Skizzieren wir die Prinzipien im einzelnen! Wir beziehen uns dabei nur auf die moralische Beurteilung von *Handlungen.*

(1) *Konsequenzenprinzip.* Die moralische Beurteilung von Handlungen erfolgt ausschließlich auf Grund der zu erwartenden *Handlungsfolgen, Konsequenzen* oder *Auswirkungen.* Es gibt also keine Handlungen, die *in sich,* also auf Grund gewisser ihnen immanenter Eigenschaften und unabhängig von ihren Folgen moralisch richtig oder falsch sind, sondern das moralische Urteil über Handlungen bezieht sich genau auf das, *was die Handlungen bewirken.* Man nennt dieses Prinzip auch *Teleologieprinzip (von gr. télos* = Zweck, Ziel, Folge) und unterscheidet teleologische Positionen von *deontologischen* (von gr. *dei* = man soll, man muß).

Deontologische Positionen nehmen an, daß Handlungen *in sich selbst,* also auf Grund ihrer immanenten Beschaffenheit und unabhängig von ihren Folgen moralisch oder unmoralisch sein können. So etwa könnte ein Deontologe behaupten, ein Mord, eine Vergewaltigung, ein Diebstahl oder eine Lüge seien auf jeden Fall in sich selbst und unabhängig von ihren Folgen unmoralisch, z.B. weil sie in sich widernatürlich sind oder einem unbedingten allgemeinen Moralprinzip widersprechen. Der Utilitarist als Teleologe bzw. Konsequentialist lehnt derartige immanente Beurteilungen ab und macht die moralische Beurteilung aller Handlungen von *Konsequenzenkalkülen* abhängig. – Man beachte, daß »Teleologie« im Kontext der Naturphilosophie eine ganz andere Bedeutung hat (vgl. EP 2.4.4.2).

(2) *Utilitätsprinzip.* Nach welchen Kriterien sind die Handlungskonsequenzen zu beurteilen? Der Utilitarist antwortet: Kriterium ist der *Nutzen,* die Utilität der Handlungskonsequenzen für die Verwirklichung des *in sich Guten.* Im Konsequenzenkalkül ist also zu überlegen, wieweit die

Handlungsfolgen die Verwirklichung des in sich Guten zu befördern vermögen.

Der Utilitarismus bezieht also die Utilität, von der er seinen Namen hat, nicht wertnihilistisch und willkürlich auf völlig beliebige Zielsetzungen, sondern auf ein in sich Gutes als höchsten Wert oder höchstes Gut *(summum bonum)*. Das Utilitätskriterium verweist also auf eine Theorie des in sich Guten.

(3) *Hedonismusprinzip*. Als empiristische Position kann der Utilitarismus das in sich Gute nur hedonistisch bestimmen. Es besteht in der *Befriedigung der menschlichen Bedürfnisse und Interessen*, also in der *Lust*, der *Freude*, dem (hedonistisch verstandenen) *Glück*. Auf die Frage, um welche Bedürfnisse und Interessen es dabei zu gehen habe, antworten die meisten Utilitaristen *tolerant:* Jeder bestimmt in seinem Lebensplan seine Präferenzen und damit das Profil seines hedonistischen Kalküls. Das in sich Gute ist das menschliche Glück. Worin es bestehen soll, bestimmt jede Person für sich selbst.

Damit pluralisiert sich das hedonistisch gefaßte Gute in die praktisch unbegrenzte Vielfalt subjektiver Präferenzen, Neigungen und Interessen. Ausschlaggebend für das in sich Gute des Utilitarismus ist also nicht der *qualitative Gehalt* des Glücks, sondern die *Quantität des Glücksgefühls* unabhängig vom qualitativen Gehalt. Die Befriedigung, die ein Pornofan durch einen besonders harten Pornofilm erlebt, ist insofern durchaus kommensurabel mit der Befriedigung des Beethovenverehrers bei einer grandiosen Fidelio-Aufführung. So hatte bereits BENTHAM versucht, einen rein *quantitativen Hedonismuskalkül* zu entwickeln, der von allen qualitativen Differenzen absieht und Freude bzw. Leid (nach Intensität, Dauer, Gewißheit, Nähe) homogen quantifiziert. Im Unterschied zu BENTHAM versuchte MILL einen *qualitativen Hedonismus* zu vertreten, z. B. auf Grund der Differenz von geistigen und sinnlichen, höheren und niederen Freuden bzw. Bedürfnissen. Er nahm damit ein Motiv auf, das wir bereits bei EPIKUR kennenlernten. Berühmt wurde MILLS Aussage, es sei besser, »ein unzufriedener Mensch als ein befriedigtes Schwein« zu sein. Damit dürfte MILL zwar recht haben; fraglich bleibt es jedoch, ob eine derartige moralisch relevante qualitative Differenzierung des Hedonismus unter empiristischen Voraussetzungen möglich ist.

(4) *Sozialprinzip*. Im Anschluß an die Positionen von HUME und SMITH lehnt der Utilitarismus den egoistischen Hedonismus ab. Im moralischen Kalkül geht es nicht bloß um das Glück des Handelnden selbst, sondern um das Glück *aller von der Handlung Betroffenen*, um das »größtmögliche Glück der größtmöglichen Zahl« (BENTHAM) und letztlich um den sozialen Nutzen aller Menschen überhaupt. Bereits die Klassiker bezogen auch die Tiere in diese soziale Perspektive ein und plädierten für das Glück aller empfindenden Wesen. Dabei wird der soziale Nutzen in der Regel *quantitativ-additiv* interpretiert: Es geht im Konsequenzenkalkül um die größtmögliche soziale *Nutzensumme* bzw. um den größtmöglichen *Durchschnittsnutzen*.

Ein typisches Beispiel für diese quantitativ-additive Argumentationsweise ist die Berechnung des Sozialprodukts als Summe der produzierten Waren und Dienstleistungen in der Nationalökonomie. Nimmt man an, daß Waren und Dienstleistungen Bedürfnisse befriedigen und insofern Nutzencharakter haben, so stellt sich das in Preisen berechnete Sozialprodukt als exakt quantifizierte Nutzensumme dar. Weiters läßt sich der Durchschnittsnutzen als Sozialprodukt pro Kopf bestimmen. Eine utilitaristisch orientierte Wirtschaftsethik wird alle Maßnahmen als moralisch gut bewerten, welche das Wirtschaftswachstum steigern, da damit die Nutzensumme bzw. der Durchschnittsnutzen erhöht werden. Dabei ist klar, daß diese quantitativ-additive Argumentationsweise nicht in der Lage ist, Probleme der gerechten Verteilung zu berücksichtigen.

FRAGE	**KRITERIUM**	**PRINZIP**
Wie sind Handlungen (Aktutilitarismus) bzw. Regeln (Regelutilitarismus) zu beurteilen?	teologisch: Folgen Konsequenzen	**KONSEQUENZEN-PRINZIP**
Wie sind die Konsequenzen zu beurteilen?	Nutzen hinsichtlich des Guten	**UTILITÄTSPRINZIP**
Was ist das Gute?	Erleben von Lust, Vermeidung von Unlust (positiver und negativer Nutzen)	**HEDONISMUSPRINZIP**
Wie ist der Nutzen richtig zu bestimmen? Was ist das Rechte?	Maximierung des Guten für die Betroffenen (Nutzensumme, Durchschnittsnutzen)	**SOZIALPRINZIP**

Abb. 3: Die moralische Beurteilung im Utilitarismus

Wir überblicken damit jene Prinzipienkombination, die das utilitaristische Kriterium der moralischen Beurteilung bildet. Bezüglich der Handlungen können wir es folgendermaßen zusammenfassen: »Handlungen sind genau dann moralisch richtig, wenn ihre Folgen für das Glück aller Betroffenen optimal sind.« SIDGWICK formuliert das Kriterium des Utilitarismus als Kriterium eines empiristischen Hedonismus folgendermaßen:

> Nach ihm haben wir in jedem einzelnen Fall alle Freuden und Schmerzen, die sich als wahrscheinliche Ergebnisse der verschiedenen sich darbietenden Alternativen des Verhaltens vorhersehen lassen, zu vergleichen und diejenige Alternative anzunehmen, die geeignet scheint, zum größten Glück im ganzen zu führen. (Methods, Kap. IV, § 1, zitiert nach HÖFFE, Hg. 1975, 74)

2.5.2 Aspekte der Utilitarismusdiskussion

Da der Utilitarismus sich überwiegend als Position der empiristischen Ethik versteht, treffen auf ihn jene Bedenken zu, die wir im Anschluß an HUME darlegten (2.4.3). Wir wollen im folgenden auf einige Gesichtspunkte der neueren Utilitarismusdiskussion hinweisen. Dabei ist klar, daß wir uns auf Problemskizzen beschränken müssen, die auch nicht annähernd die Differenziertheit der Diskussion wiederzugeben vermögen.

(1) *Handlungs- und Regelutilitarismus.* Wir charakterisierten in 2.5.1 das utilitaristische Kriterium im Hinblick auf *Einzelhandlungen.* Die Utilitarismuskritik wies aber mit Recht darauf hin, daß es unserem alltäglichen Vorverständnis diametral widerspricht, die moralische Beurteilung von Handlungen (wie z. B. Mord, Vergewaltigung, Diebstahl, Lüge) *in jedem Fall* von einem utilitaristischen Konsequenzenkalkül abhängig zu machen. Einerseits erscheinen uns gewisse Handlungen (wie die genannten) oft unmittelbar als unmoralisch und andererseits spielt es für den allgemeinen Nutzen zweifellos eine große Rolle, ob gewisse *Regeln* (Normen) soziale Akzeptanz und Geltung beanspruchen können oder nicht; ein konsequenter *Handlungsutilitarismus* aber scheint generell die Tendenz zu haben, derartige Regeln zu *destabilisieren,* da er jede Einzelhandlung seinem Kalkül unterwirft. Um diesem Einwand zu entgehen, lehnen viele Utilitaristen den Handlungsutilitarismus ab und vertreten einen *Regelutilitarismus.*

> *Der Handlungsutilitarismus* besteht in der Auffassung, daß die Richtigkeit oder Falschheit einer Handlung anhand der guten oder schlechten Konsequenzen dieser Handlung bestimmt werden muß. Der *Regelutilitarismus* besteht in der Auffassung, daß die Richtigkeit oder Falschheit einer Handlung anhand der guten oder schlechten Konsequenzen einer Regel bestimmt werden muß, derzufolge jeder die Handlung in ähnlichen Umständen ausführen soll. (J. J. C. SMART in: SMART/WILLIAMS 1973, 9)

Das regelutilitaristische Beurteilungsverfahren erfolgt also *zweistufig*:

- Einzelhandlungen müssen mit Handlungsregeln übereinstimmen (1. Stufe).
- Handlungsregeln sind im Sinne des utilitaristischen Kalküls zu beurteilen (2. Stufe).

Die regelutilitaristische Position wurde vor allem von J. O. URMSON und R. B. BRANDT in die Diskussion gebracht, aber auch schon, zumindest partiell, von MILL vertreten. Es ist allerdings umstritten, ob die Unterscheidung von Handlungs- und Regelutilitarismus tatsächlich einen Fortschritt darstellt:

- Ist der *Handlungsutilitarist* konsequent Konsequentialist, so wird er *möglichst alle* relevanten Handlungskonsequenzen in seinem Kalkül zu berücksichtigen suchen. Er wird also auch berücksichtigen, welche Konsequenzen sich für den sozialen Nutzen ergeben, wenn Einzelhandlungen Handlungsregeln stabilisieren oder destabilisieren. Ließe er diese Konsequenzen unberücksichtigt, wäre er ein inkonsequenter Konsequentialist.

- Ist der *Regelutilitarist* konsequent Konsequentialist, so wird er in seinem Kalkül die Konsequenzen stabiler Handlungsregeln mit den Konsequenzen ihrer eventuellen Nichtbefolgung im konkreten Einzelfall verrechnen müssen. Ist er dazu nicht bereit, so betreibt er eine »Regelanbetung« (SMART), die nur mehr *deontologisch* zu begründen ist.

(2) *Das hedonistische Wertprinzip.* Viele Utilitaristen folgen BENTHAM in der Auffassung, man habe den hedonistischen Grundwert (Lust, Freude, Glück) nur quantitativ (also auf Grund seiner Intensität, Dauer etc.) zu fassen und von allen qualitativen Differenzen abzusehen. Diese Auffassung, der bereits MILL widersprach (2.5.1), führt vor allem in zwei Schwierigkeiten:

- Wie sollen die qualitativ so völlig heterogenen Lustarten quantifiziert und *für den utilitaristischen Kalkül kommensurabel* gemacht werden? Schon BENTHAMS hedonistischer Kalkül erwies sich als völlig unpraktikabel.
- Zweifellos plädiert unser alltägliches Vorverständnis (mit MILL) für einen *qualitativ differenzierten* Hedonismus. Aber wie soll dieser auf empiristisch-utilitaristischer Basis begründet werden?

Nach einem bekannten Wort BENTHAMS ist Kegeln ebenso gut wie Gedichtelesen, wenn die Quantität des Vergnügens gleich groß ist. Diese Position suchte SMART (18ff.) mit dem Beispiel des Elektrodenmenschen zu widerlegen. Nehmen wir an, man setze einem Menschen mehrere Elektroden ins Gehirn und diese seien in der Lage, in ihm unterschiedliche Lustgefühle zu erzeugen. Nehmen wir weiters an, er könne diese Elektroden beliebig ein- und ausschalten. Es wäre immerhin denkbar, daß der Elektrodenmensch auf diese Weise in den Genuß beträchtlicher Quantitäten von Lustgefühlen, Vergnügungen und Zufriedenheit käme. Aber sollen wir ein derartiges Glück uns selbst und unseren Mitmenschen wünschen? Läßt sich das in sich Gute des utilitaristischen Hedonismusprinzips nach Art des Glücks des Elektrodenmenschen denken? Offenbar nicht. Aber warum nicht? Nach SMART besteht (eigentliches) Glück nicht bloß in Zufriedenheit, sondern wir müssen außerdem die *Ursachen der Zufriedenheit gutheißen können.* Nach B. WILLIAMS ist das im Rahmen des Utilitarismus aussichtslos:

> Aber mit *welchem* Maßstab sollte man von einem utilitaristischen Standpunkt aus diesen zusätzlichen Faktor des Gutheißens jeweils anwenden? Von einem streng utilitaristischen Standpunkt aus gibt es dafür keine Grundlage außer weiteren Graden von Befriedigung, die es aber nicht geben kann, andernfalls das Problem nicht entstünde. (1979, 78)

Ohne Zusatzannahmen, die empiristisch-utilitaristisch nicht rekonstruierbar sind, scheint also das Wertprinzip des Utilitarismus auf eine Summe letztlich inkommensurabler Vergnügungen bzw. auf eine positive Bilanz völlig heterogener Lust- und Unlusteinheiten hinauszulaufen.

Damit hängt folgende Überlegung zusammen: *Ist es überhaupt das hedonistisch bestimmte Glück, das wir im glückenden Leben erstreben?* Ergibt sich die Integrität glückenden Menschseins nicht eher im Verwirklichen von Lebensplänen, im Verfolgen von Sinnzielen, im Eingehen und Bewähren von Bindungen?

Wir wollen dem Utilitarismus zugestehen, daß alle sich lohnenden Pläne auf die eine oder andere Weise zum Glück beitragen müssen. Es geht nur darum, daß selbst dann, wenn das wahr ist, nicht folgt, daß diese Pläne ihrerseits Pläne für das Streben nach Glück sind. Man muß an andere Dinge glauben oder sie zumindest wollen oder mit ihnen ein wenig zufrieden sein, damit von irgendwo das Glück kommen kann. (WILLIAMS 77)

(3) *Teleologische Prognose.* Der Utilitarismus fordert, daß wir in der moralischen Beurteilung der Handlungs- und Regelalternativen die alternativen Konsequenzenmengen prognostizieren und auf den Nenner eines Kalküls bringen. Wir hätten also *prognostizierte alternative Weltzustände* miteinander zu vergleichen. Es wird vielfältig darüber diskutiert, inwieweit diese Forderung überhaupt erfüllt werden kann. Mit welchen Wahrscheinlichkeiten operieren derartige teleologische Prognosen? Wie kann das (für die Konsequenzenmengen relevante) Handeln anderer prognostiziert werden? Dazu kommt folgender Gesichtspunkt: Offenbar bin ich nicht nur verantwortlich für mein Handeln als solches, sondern auch für das, *was ich zulasse und nicht verhindere.* Fasse ich diese Verantwortung (WILLIAMS: »negative Verantwortung«) konsequent konsequentialistisch, so ufert meine Verantwortung letztlich ins Unermessliche aus, da sie praktisch alle Sachverhalte der Welt umfaßt. Damit löst sie sich aber zugleich als konkrete Verantwortung auf.

(4) *Gerechtigkeit.* Das Problem, um das es hier geht, zeichnete sich bereits bei HUME ab (2.4.3) und stellt sich in jeder Spielart empiristischer Ethik. In der Utilitarismusdiskussion erlangte es große Bedeutung. Das Sozialprinzip des Utilitarismus faßt den sozialen Nutzen *additiv-quantitativ* als *Nutzensumme* oder *Durchschnittsnutzen.* Damit aber wird der Gesichtspunkt der *distributiven* (verteilenden) *Gerechtigkeit* bzw. der *Fairneß* ausgeblendet. Im alltäglichen Vorverständnis jedoch spielt eben dieser Gesichtspunkt eine eminente Rolle.

Worum es geht, kann leicht mit Beispielen illustriert werden: Es ist denkbar, daß das Sozialprodukt einer Nation dann am höchsten ist, wenn man zuläßt, daß eine Minderheit im Zustand extremer Marginalisierung lebt (»Zweidrittelgesellschaft«). Dennoch neigen wir dazu, einen solchen Zustand für unsozial und ungerecht zu halten. Ohne Gerechtigkeits- bzw. Fairneßprinzip scheinen Sklaverei, Diktatur, Rassismus etc. dann legitimierbar zu sein, wenn sie zur Maximierung der Nutzensumme beitragen. Auch Rechtsbeugungen, z. B. die Verurteilung offenkundig Unschuldiger, könnten so gerechtfertigt werden, etwa im Sinne der Devise des Kajafas: »Ihr bedenkt nicht, daß es besser für euch ist, wenn ein Mensch für das

Volk stirbt und nicht das ganze Volk zugrunde geht.« (Joh 11,50) – Die wirkungsgeschichtlich zweifellos wichtigste Kritik am utilitaristischen Gerechtigkeitsdefizit lieferte J. RAWLS (*A Theory of Justice,* 1971).

Der Utilitarismus kann diese Kritik vor allem durch zwei Argumente abschwächen:

- *Das regelutilitaristische Argument:* Es spricht einiges dafür, daß gerechte und faire Regeln sich auf die Dauer günstig auf die soziale Nutzensumme bzw. den Durchschnittsnutzen auswirken. Der Gerechtigkeit scheint also eine gewisse nutzenmaximierende Tendenz zuzukommen. Andererseits haben ungerechte bzw. unfaire Regeln längerfristig oft nachteile Folgen.

  So können Rechtsbeugungen eine für den Gesamtzustand der Gesellschaft äußerst nachteilige Rechtsunsicherheit bewirken. Unterdrückungsmaßnahmen und Freiheitsbeschränkungen provozieren Widerstand, Unruhen und revolutionäre Bewegungen. Die Marginalisierung von Bevölkerungsgruppen erhöht die Kriminalität und schafft soziale Spannungspotentiale.

- *Das Grenznutzenargument:* Faßt man die Nutzensumme als die Summe der subjektiv-hedonistisch verstandenen Nutzenfunktionen, dann läßt sich zwischen der Nutzensumme und der Nutzenverteilung ein gewisser Zusammenhang aufweisen. Der Grund liegt im abnehmenden Grenznutzen.

  Nehmen wir an, wir hätten 100 reichliche Menus an 100 hungrige Personen zu verteilen. Wir sehen sofort, daß es für die Nutzensumme nicht gleichgültig ist, wie wir bei der Verteilung vorgehen, ob wir also etwa alle 100 Menus einer einzigen privilegierten Person oder je 10 Menus 10 Personen geben, während 90 nichts erhalten, oder aber ob wir je 1 Menu jeder der 100 Personen zuteilen. Denn der Privilegierte, der alles bekommt, kann vermutlich nur den Nutzen eines Menus voll genießen; schon beim zweiten Menu ist er so gesättigt, daß dessen Nutzen abnimmt. Analoges gilt für die 10, die je 10 Menus erhalten. Insofern ist die Nutzensumme zweifellos am größten, wenn jeder ein Menu erhält. Allerdings läßt sich dieses Beispiel nicht auf alle Verteilungsprobleme übertragen. Welche Verteilung jeweils zur größten Nutzensumme führt, hängt von den empirischen Gegebenheiten ab.

Beide Argumente sind *empirisch.* Sie besagen *nicht,* daß Gerechtigkeit unbedingt und auf jeden Fall, also *deontologisch* der Fall sein soll, sondern weisen darauf hin, daß Gerechtigkeit unter Umständen zur Maximierung der sozialen Nutzensumme beitragen kann, obwohl es moralisch gar nicht um die Gerechtigkeit, sondern um die Nutzensumme geht. Insofern bleiben diese abschwächenden Argumente für unser moralisches Vorverständnis unbefriedigend. Diese Sachlage führte dazu, daß manche Utilitaristen Gerechtigkeits-, Fairneß- bzw. Gleichheitsprinzipien als *Ergänzung* ihrer ethischen Theorie angenommen haben. Allerdings lassen sich derartige deontologische Prinzipien auf dem Boden einer empiristischen Ethik nicht begründen.

Als Beispiel kann der *Präferenz-Utilitarismus* bei P. SINGER (*Practical Ethics,* 1979, dt. 1984) dienen. SINGER führt in seinen Utilitarismus ein »Prinzip der gleichen Erwägung von Interessen« ein, das als Gleichheits- bzw. als Gerechtigkeitsprinzip fungiert.

> Das Wesentliche am Prinzip der gleichen Erwägung von Interessen besteht darin, daß wir unseren moralischen Überlegungen gleiches Gewicht geben hinsichtlich der ähnlichen Interessen all derer, die von unseren Handlungen betroffen sind. (32) Worauf das Prinzip in Wirklichkeit hinausläuft, ist folgendes: Interesse ist Interesse, wessen Interesse es auch immer sein mag. (32f.) Diese andere Version des Utilitarismus beurteilt Handlungen nicht nach ihrer Tendenz zur Maximierung von Lust und Minimierung von Leid, sondern nach dem Grad, in dem sie mit den Präferenzen der von den Handlungen oder ihren Konsequenzen betroffenen Wesen übereinstimmt. [...] Nach dem Präferenz-Utilitarismus ist eine Handlung, die der Präferenz irgendeines Wesens entgegensteht, ohne daß diese Präferenz durch entgegengesetzte Präferenzen ausgeglichen wird, falsch. (112)

(5) *Teleologie und Moraltheologie.* Im Rahmen der katholischen Moraltheologie kam es im Anschluß an B. SCHÜLLER (*Die Begründung sittlicher Urteile,* 1973) zu einer partiellen Utilitarismus-Rezeption. Oft wird die Gruppierung als *teleologisch orientierte Moraltheologie* charakterisiert. Der einschlägige Grundgedanke SCHÜLLERS läßt sich folgendermaßen zusammenfassen:

- Das biblische *Liebesgebot* fungiert als (letztlich deontologisches) *Moralprinzip,* das implizit auch Gerechtigkeitsprinzip ist. In ihm drückt sich der unverfügbare Wert, die Würde und die Selbstzweckhaftigkeit jeder menschlichen Person aus.
- In Funktion dieses Moralprinzips vollzieht sich die ganze moralische Argumentation *teleologisch.*

SCHÜLLER nennt drei Kennzeichen seiner teleologischen Ethik:

> (1) die sittliche Richtigkeit aller Handlungen bestimmt sich ausschließlich von ihren Folgen für das Wohl und Wehe aller Betroffenen; (2) die Liebe (im Sinne von Röm 13,8–10) ist letzter Bestimmungsgrund für die sittliche Richtigkeit aller Handlungen; alle sonstigen ethischen Prinzipien müssen als partikuläre Ausformungen dieser Liebe angesehen werden; (3) die Liebe des Menschen hat ihren verbindlichen Maßstab an der Gutheit oder am Wert dessen, worauf sie sich jeweils bezieht. ([3]1987, 289)

Außerhalb der katholischen Moraltheologie würde man eine Position, die so starke deontologische Elemente impliziert, vermutlich nur im weiteren Sinn als teleologisch bezeichnen. Im moraltheologischen Diskurs hat sich die Bezeichnung jedoch eingebürgert.

Die Überlegungen, die wir über einige Versuche anstellten, im Rahmen des Empirismus eine Grundlegung der Ethik zu leisten und Theorien der ethischen Argumentation zu entwickeln, machten folgendes deutlich: Zwar kann die empiristische Ethik eine Fülle wichtiger Gesichtspunkte vermitteln. Sie stößt aber auch an Grenzen, die besonders dort offenkundig werden, wo sie unabweisbar unserem alltäglichen Vorverständnis des Moralischen widerspricht.

2.6 Der »sitzende Sokrates«

Wir können das Grundproblem, in welches die empiristischen Versuche, menschliche Praxis zu verstehen und zu erklären, führen, mit einem Bild illustrieren, das sich in PLATONS Dialog *Phaidon* findet. SOKRATES ist im Gefängnis. Er muß in Kürze den Giftbecher trinken und verbringt die Stunden, die ihm bis dahin bleiben, im philosophischen Gespräch mit seinen Freunden. Im Laufe dieses Gesprächs berichtet er auch von den Erfahrungen, die er in seiner Jugend mit »empiristischen« Theorien seiner Zeit machte, und wie wenig geeignet sie ihm erschienen, die grundlegenden Probleme des Menschseins zu verstehen und zu erklären.

> Nun, eines Tages hörte ich, wie jemand vorlas aus einem Buch des Anaxagoras [...]. Es war der Satz: »Der Geist ist es, der als Prinzip der Ordnung waltet und aller Dinge Urgund ist.« Da freute ich mich über diesen Urgrund und in gewissem Sinn schien es mir eine gute Lösung, daß man im »Geist« den Urgrund der Dinge sehen dürfe. Ich dachte, wenn dies der Wirklichkeit entspreche, daß dann der Geist als Prinzip der Ordnung alles ordne und jede Einzelheit so ausgestalte, wie sie am besten ihren Zweck erfüllt [...]. So dürfe denn im Sinne dieser Lehre das Fragen eines Menschen, mag es sich um ihn selbst, mag sich's um anderes Sein bewegen, nur dem gewidmet sein, was absolut vollkommen und zweckmäßig ist. Notwendig aber müsse dann derselbe Mensch ein Wissen auch vom Minderwertigen haben, nachdem ein und derselbe Wissensakt auf beides sich erstreckt. So überlegte ich - und wurde froh. (46, 97 b–d, Übers. F. DIRLMEIER)

Allerdings erwies sich die Lektüre des ANAXAGORAS für SOKRATES als herbe Enttäuschung:

> Da war es mir [...] ein Sturz aus hochgesteigerter Erwartung, als ich beim Weiterlesen sehen mußte, wie da ein Mensch den »Geist« gar nicht zur Wirkung bringt und ihm auch keinerlei Ursächlichkeit in Hinsicht auf die Gliederung des Seienden zuschreibt, statt dessen aber Dinge wie die Luft, den Äther und das Wasser und sonst noch manches krause Zeug als Grund bemüht. (47, 98 b–c)

Im folgenden führt SOKRATES diese »empiristische« Erklärungsweise des ANAXAGORAS mit dem berühmten Bild des »sitzenden Sokrates« ad absurdum. Warum sitzt SOKRATES im Gefängnis? Warum ist er nicht geflohen, obwohl er die Möglichkeit dazu hatte? Läßt sich dieses Im-Gefängnis-Sitzen empiristisch als physisch-naturaler Wirkungszusammenhang, als Resultat empirisch aufweisbarer Antezedensbedingungen hinreichend erklären? Lassen sich die Entscheidungen der Athener Richter für die Todesstrafe und der verantwortlich-freie Entschluß des SOKRATES, dieses Urteil anzunehmen, im Gefängnis zu bleiben und nicht zu fliehen, auf den Nenner einer empirisch-deterministischen Kausalerklärung bringen? Oder sprengt das Problem der Praxis prinzipiell jedes empirische Erklärungsmodell?

Und sein [des ANAXAGORAS] Gehaben, es machte mir so ganz den Eindruck, als wollte jemand sagen, daß Sokrates bei allem seinen Handeln sich nach dem »Geiste« richte - und dann, bei dem Versuch, jeweils die Gründe für mein Handeln anzugeben, sagte -, zunächst einmal, daß ich im Augenblick deshalb hier sitze, weil ja mein Leib aus Knochen und aus Sehnen aufgebaut sei und weil die Knochen fest sind und Bänder haben, die Gliederung bewirken, und weil die Sehnen so beschaffen sind, daß sie gespannt und nachgelassen werden können, und weil sie doch die Knochen rings umgeben zusammen mit dem Fleische und der Haut, die um das Ganze ist. Da nun die Knochen beweglich in den Kapseln hängen, so seien es die Sehnen, die es mir, sich lockernd oder spannend, eben möglich machten, daß ich die Glieder biege - und deshalb säße ich mit eingekrümmten Beinen hier. Und daß ich mit euch Reden führe: auch dieses könnte er mit Gründen, die nicht viel anders aussehen, deuten. Er könnte da von Lauten, Luftbewegungen, Gehöreindrücken und hundert anderen Sachen sprechen, und an dem einzig wahren Grund vorübergehen -, daß die Athener zu dem Schlusse kamen, es wäre besser, über mich das »schuldig« auszusprechen, und daß es somit auch bei mir beschlossen ist, nichts könne besser für mich sein als hier zu sitzen und nichts gerechter als da zu bleiben und das hinzunehmen, was sie als Strafe angeordnet haben. Denn, ach bei Hund! ich dächte diese Sehnen, diese Knochen wären längst schon im Gebiet von Megara, vielleicht auch in Böotien, beschwingt vom Wahne der Zweckmäßkgkeit - wenn ich es nicht für rechtlicher und anständiger gehalten hätte, anstatt zu fliehen und davonzulaufen, vom Staate jene Strafe hinzunehmen, die ihm richtig erschien. (98 c–99 a)

SOKRATES bezieht sich hier auf physiologische Erklärungsvorschläge für die Praxis seines Im-Gefängnis-Sitzens. Er könnte sich ebenso auf empirische Erklärungsvorschläge (»Gründe«) aus dem Bereich der Psychologie, der Soziologie oder der Ethologie beziehen, also etwa auf Charakterkonstellation, Komplexe, Konditionierungen, Verstärkungen, System-Umwelt-Gegebenheiten etc. Im Grunde reduzieren alle diese empirischen Erklärungsversuche Praxis auf einen physisch-empirischen Wirkungszusammenhang. Dabei mögen derartige Erklärungs- und Begründungsversuche durchaus in der Lage sein, *notwendige* Bedingungen von Praxis aufzuweisen. Aber die eigentliche Pointe des Im-Gefängnis-Sitzens des SOKRATES erreichen diese »Gründe« ebensowenig wie die Knochen, Sehnen, Bänder und Kapseln des ANAXAGORAS.

Nein, so etwas als »Gründe« hinzustellen, ist recht komisch. Sagt man dagegen nur, ich wäre ohne dies, gemeint sind Knochen, Sehnen und so weiter, nicht imstande, das auszuführen, was ich möchte, so wäre es in Ordnung. Indes, daß all mein Handeln auf diesem Körperlichen ruhe - obwohl doch angenommen war, daß ich mich nach dem »Geiste« richte -, nicht aber darauf, daß ich mich für das Zweckentsprechendste entscheide, das wäre eine starke, ja grenzenlose Leichtfertigkeit des Ausdrucks. Verstünde man doch stets zwei Dinge klar zu scheiden: den eigentlichen Grund und die Bedingungen, ohne die der Grund nicht Grund sein kann. (99a-b)

Zusammenfassung 2

- Der neuzeitliche Empirismus hängt mit der Entwicklung der modernen Naturwissenschaften zusammen, die bestrebt sind, auch den Menschen, seine Erkenntnis und seine Praxis mit naturwissenschaftlichen Methoden zu erforschen. Die empiristische Ethik faßt das menschliche Handeln als naturkausal determinierten, empirischen Wirkungszusammenhang.
- In empiristischer Sicht ist Praxis ausschließlich durch die empirische Lust-Unlust-Motivation motiviert. Insofern sind empiristische Ethiktheorien prinzipiell hedonistisch. Die Vernunft motiviert nur als durch die Lust-Unlust-Motivation instrumentalisierte Vernunft.
- Während der antike Hedonismus (ARISTIPP, EPIKUR) unmittelbar egoistisch gefaßt wurde, entwickelte HUME auf der Grundlage seiner Sympathietheorie einen sozialen Hedonismus. Das moralische Gefühl wird zwar hedonistisch gefaßt, sympathisiert aber mit dem Wohl der Mitmenschen und dem allgemeinen Nutzen.
- Die empiristische Ethik kann in mehreren Hinsichten das alltägliche Vorverständnis des Sittlichen nicht rekonstruieren. Das gilt vor allem für die Gesichtspunkte der Freiwilligkeit der Praxis, des moralischen Universalitäts- und Unbedingtheitsanspruchs sowie der distributiven Gerechtigkeit.
- Der Utilitarismus ist eine empiristische Theorie der Normenbegründung. Demnach sind Handlungen (oder Regeln) genau dann moralisch richtig, wenn ihre Folgen für das Glück aller Betroffenen optimal sind. Die Utilitarismusdiskussion wies eine Reihe von Defiziten dieses Ansatzes auf. Sie beziehen sich vor allem auf den Konsequentialismus, das hedonistische Wertprinzip und auf das Gerechtigkeitsproblem.

3 Moralprinzip und freier Wille

Es zeigte sich, daß die empiristische Ethik auf Grund ihrer Voraussetzungen nur sehr beschränkt in der Lage ist, unser alltägliches Vorverständnis des Moralischen philosophisch zu erklären und zu rekonstruieren. Die Möglichkeiten, auf dem Boden des Empirismus zu einem befriedigenden Begriff des Moralischen zu gelangen, stoßen an enge Grenzen (vgl. 2.4.3 und 2.5.2). Als wirkungsgeschichtlich wichtigste und auch heute aktuelle Alternative zur empiristischen Ethik bietet sich die Ethik von I. KANT (1724–1804) an. Eines der zentralen Anliegen KANTS war der Aufweis, daß sowohl unsere theoretische Erkenntnis als auch unsere Praxis Voraussetzungen implizieren, die den Rahmen einer jeden empiristischen Philosophie sprengen. Wir skizzieren im folgenden Abschnitt die Grundzüge der Ethik KANTS, der wir in der Entfaltung unseres fundamentalethischen Themas auch systematisch folgen.

Wir beziehen uns dabei auf folgende Schriften KANTS: *Kritik der reinen Vernunft* (KrV, 1781, 1787), *Grundlegung zur Metaphysik der Sitten* (GMS, 1785), *Kritik der praktischen Vernunft* (KpV, 1788), sowie *Metaphysik der Sitten* (1797), deren ersten Teil die *Metaphysischen Anfangsgründe der Rechtslehre* (MSR) und deren zweiten Teil die *Metaphysischen Anfangsgründe der Tugendlehre* (MST) sind.

3.1 Transzendentalphilosophie

Man nennt die kritische Philosophie KANTS, in deren Rahmen auch seine Ethik steht, Transzendentalphilosophie. Bevor wir uns mit den eigentlichen ethischen Fragestellungen beschäftigen, sollten wir uns mit dem zentralen Motiv der Transzendentalphilosophie vertraut machen. Es geht in der folgenden Überlegung nicht um eine Fragestellung der Ethik als solcher, vielmehr um eine Vorfrage, deren Klärung zeigen soll, in welchem Rahmen das Problem des Moralischen ethisch behandelt werden muß. Wir wollen dabei so vorgehen, daß wir nicht streng dem Gedankengang folgen, den KANT in der ersten Kritik (KrV) entfaltet. Wir versuchen vielmehr, in freier philosophischer Überlegung den Einstieg in die Transzendentalphilosophie aufzuweisen und nachzuvollziehen. KANT wollte mit diesem Schritt zeigen, daß der Empirismus als philosophische Position nicht haltbar ist, *daß vielmehr Empirisches notwendigerweise Nicht-Empirisches voraussetzt.* Insofern führt uns der Einstieg in die

Transzendentalphilosophie zu einer *metaphysischen* Position. Wir werden sehen, daß eine befriedigende philosophische Aufklärung des Moralischen nur auf dem Boden einer Position möglich ist, die wenigstens einige metaphysischen Voraussetzungen zuläßt (vgl. dazu EP 3.1).

Das Wort »transzendental« stammt ebenso wie »transzendent« vom lat. *transcendere* (aus *trans* und *scandere*) = überschreiten, übersteigen. Als Gegenbegriff fungiert oft »immanent« (von lat. *immanere* = in etwas bleiben, in etwas enthalten sein). Insofern ist das Transzendentale und das Transzendente das einen Bereich bzw. eine Bereichsimmanenz Übersteigende, Transzendierende. Den Unterschied zwischen »transzendental« und »transzendent« bei KANT werden wir weiter unten erörtern.

3.1.1 Transzendentale Differenz

Wir beginnen unsere Überlegungen mit der Erörterung eines Sachverhalts, den wir (im Anschluß an E. HEINTEL) *transzendentale Differenz* nennen können. Worum es geht, zeigen wir anhand einer einfachen Reflexion dessen, was wir mit der Rede von *Erfahrung* meinen. Unser Erfahrungsbegriff nötigt uns zu unterscheiden

- zwischen dem *erfahrenden Subjekt* und
- all dem (d.h. dem Inbegriff dessen), was diesem Subjekt *in der Erfahrung objektiv gegeben* und insofern *Gegenstand der Erfahrung* ist.

Im Begriff der Erfahrung sind Subjekt und Objekt unterschieden und aufeinander bezogen.

Dieser auf den ersten Blick unproblematische Sachverhalt enthält eine philosophisch folgenreiche Pointe, die wir durch ein Bild illustrieren wollen. Es ist das Bild von *Auge und Gesichtsfeld.* Wir verstehen dieses Bild analog zu der eben skizzierten Unterscheidung: Das erfahrende Subjekt verhält sich zum Inbegriff dessen, was ihm in der Erfahrung objektiv gegeben ist, wie das Auge zum Gesichtsfeld. Dabei fallen zwei Dinge auf:

- Das Auge ist in diesem Bild *Bedingung und Voraussetzung des Gesichtsfeldes.* Ohne das sehende Auge gäbe es kein Gesichtsfeld. Erst durch das sehende Auge wird das Gesichtsfeld möglich. Das Auge ist insofern *Bedingung der Möglichkeit* des Gesichtsfeldes.
- Das Auge *kommt in seinem Gesichtsfeld niemals vor.* Es ist also gerade nicht einer der Gegenstände des Gesichtsfeldes.

Dieses Bild findet sich im *Tractatus logico-philosophicus* L. WITTGENSTEINS (1889–1951), der es eben zu dem Zweck einführte, den Sachverhalt der transzendentalen Differenz zu illustrieren (EP 4.4.2). Wir lesen:

> Wo in der Welt ist ein metaphysisches Subjekt zu merken?/ Du sagst, es verhält sich hier ganz, wie mit Auge und Gesichtsfeld. Aber das Auge siehst du wirklich *nicht.* Und nichts *am Gesichtsfeld* läßt darauf schließen, daß es von einem Auge gesehen wird. (5.633)

Damit können wir den zentralen Gedanken verdeutlichen, um den es im Begriff der transzendentalen Differenz geht: So ähnlich wie das Auge Bedingung und Voraussetzung seines Gesichtsfeldes und alles dessen ist, was im Gesichtsfeld vorkommt, *ist das erfahrende Subjekt Bedingung und Voraussetzung des Inbegriffs dessen, was ihm in der Erfahrung gegeben ist, also aller Erfahrungsobjekte bzw. aller empirischen Gegenstände unserer gesamten Erkenntnis.* Und wie das Auge niemals in seinem Gesichtsfeld vorkommt, so ist auch das Erfahrungssubjekt *kein empirischer Gegenstand im Rahmen dessen, was ihm in der Erfahrung gegeben ist.* Nennen wir den Inbegriff dessen, was in der Erfahrung objektiv zur Gegebenheit zu kommen vermag, *Erfahrungswelt,* so können wir sagen: Das Subjekt ist Bedingung und Voraussetzung der objektiven Erfahrungswelt. Es ist aber ebensowenig Teil der Erfahrungswelt, wie das Auge Teil seines Gesichtsfeldes ist.

Selbstverständlich ist damit nicht gemeint, daß das Subjekt im Vollzug seiner Erfahrung die Dinge irgendwie erzeuge, hervorbringe oder erschaffe. Auch das Auge schafft nicht die Dinge des Gesichtsfeldes. Gemeint ist vielmehr folgendes: Objekt ist etwas immer nur *für ein Subjekt,* d. h. sofern es durch die Erkenntnis (Erfahrung) des Subjekts gegenständlich ist. In diesem Sinn bedingt das Subjekt die ganze objektive Erfahrungswelt wie das Auge das Gesichtsfeld. Wir erkennen die Dinge nur, indem wir sie erfahrend zu Objekten machen, also sie vergegenständlichen. Vom Seienden *an sich selbst,* also gewissermaßen jenseits seiner Objektivierung in unserer Erkenntnis, kann nur grenzbegrifflich die Rede sein. Analog zur *transzendentalen* Reflexion auf die Bedingungen der Möglichkeit der Erfahrungswelt *im Subjekt* fragt die *ontologische* Reflexion nach den Bedingungen der Möglichkeit der Erfahrungswelt *im Sein.* In beiden »Fahrten« des Philosophierens »transzendiert« die Fragestellung die Erfahrungswelt und ihre Objekte (vgl. EP 1.8.3).

Gegen die These, das Subjekt der Erfahrung komme in seiner Erfahrungswelt ebensowenig vor wie das Auge im Gesichtsfeld, könnte man folgendes einwenden: *Können wir nicht doch das Subjekt zu einem Objekt der Erfahrung machen und tun wir das nicht ständig?* Offenbar können wir nicht nur unser äußeres Erscheinen zum Gegenstand unserer Erfahrung machen, sondern reflektierend auch unsere Erfahrungen, Gefühle, Wünsche, Interessen und Vorverständnisse wahrnehmen, sie vergegenständlichen und damit zu Objekten machen. Oder im Bild: Wenn wir in den Spiegel schauen, sehen wir das Auge *im Gesichtsfeld.*

Dazu kommt, daß die *empirischen Humanwissenschaften,* etwa die Psychologie, Soziologie und Biologie eine Fülle empirischer Theorien des Subjekts, der Persönlichkeit, des psychischen Systems, des Bewußtseins, der Erkenntnis, des Lernens und des Wissens anbieten. In derartigen Theorien wird doch, so scheint es, das Subjekt als ein Objekt der Erfahrung behandelt und erforscht.

Derartige Einwände verfehlen letztlich immer das Problem, um das es geht. Bleiben wir im Bild: Das Auge, das wir im Spiegel sehen, *sieht nicht* und hat darum kein Gesichtsfeld. Es ist vielmehr Gegenstand im Gesichtsfeld des Auges, das in den Spiegel schaut. Dieses (auch sein Spiegelbild) sehende Auge kommt aber in seinem Gesichtsfeld gerade nicht vor. Übertragen wir das Bild: Alle sogenannten *inneren Erfahrungen,* in denen wir uns reflektierend unser psychisches Erleben zum Gegenstand machen, aber auch alle jene Erfahrungen, in denen wir vom (eigenen oder fremden) äußeren Erscheinen und Verhalten Rückschlüsse auf das Psychische vornehmen, führen uns zurück zu jener Differenz, von der wir ausgingen: zur *Differenz von erfahrendem Subjekt und den Gegenständen der Erfahrung.* Wie das Auge im Spiegel kein sehendes Auge ist, sondern ein Objekt im Gesichtsfeld, das ein sehendes Auge als Bedingung voraussetzt, so ist auch das reflektierte oder sonstwie empirisch erschlossene Psychische kein erfahrendes Subjekt, sondern Objekt einer Erfahrung, welches ein erfahrendes Subjekt voraussetzt. *Die Objekte der inneren Erfahrung gehören wie die Objekte der äußeren Erfahrung zum Inbegriff unserer objektiven Erfahrungswelt.* Sie setzen insofern ein erfahrendes Subjekt voraus, dem sie gegeben und für welches sie Gegenstände sind. Und dieses erfahrende Subjekt kommt in diesem Inbegriff ebensowenig vor wie das Auge im Gesichtsfeld. Vielmehr setzt es sich diesem Inbegriff als dessen notwendige Bedingung voraus.

Darum unterscheidet KANT zwischen *transzendentalem und empirischem Ich,* dem »Ich, der ich denke« und dem Ich als »gedachtes Objekt« (KrV B 155, vgl. B 403 ff.). Das empirische Ich ist das Ich, das nicht als Subjekt fungiert (wie das gesehene Auge nicht sieht), sondern in vielfältiger Weise zum Gegenstand innerer und äußerer Erfahrung wird. Alles was empirische Humanwissenschaften über den Menschen aussagen können, betrifft dieses empirische Ich als Gegenstand der Erfahrung. Das transzendentale Ich jedoch ist das Ich genau insofern, als es nicht Objekt, sondern Subjekt der Erfahrung ist, sich also gegenüber aller Erfahrungsobjektivität, auch gegenüber dem empirischen Ich, als Bedingung der Möglichkeit voraussetzt, wie sich das Auge als Bedingung der Möglichkeit des Gesichtsfeldes voraussetzt. Darum entzieht sich das transzendentale Ich prinzipiell jedem Zugriff empirisch-humanwissenschaftlicher Objektivierung. Denn in aller Objektivierung ist ein erfahrendes, objektivierendes Subjekt am Werk, das freilich als solches gerade nie Objekt der Erfahrung wird.

Wir können das transzendentale Subjekt und die Bestimmungen, in denen es Bedingung und Voraussetzung und Erfahrung ist, *Transzendentalität* nennen. Wir sehen: Transzendentalität kann nicht in der Weise objektiv sein wie die Objekte, die sie bedingt. *Erfahrung selbst* läßt sich nicht denken nach Art der Dinge, die *in der Erfahrung* gegeben sind. Die Vermittlung der Gegenstände in der Erkenntnis ist nicht einer der in ihr vermittelten Gegenstände. Verstehen wir unter dem *Metaphysischen* dasjenige, was selbst nichts Empirisches ist, aber als Bedingung der Möglichkeit empirischer Objektivität vorausgesetzt werden muß, dann können wir Transzendentalität etwas Metaphysisches nennen.

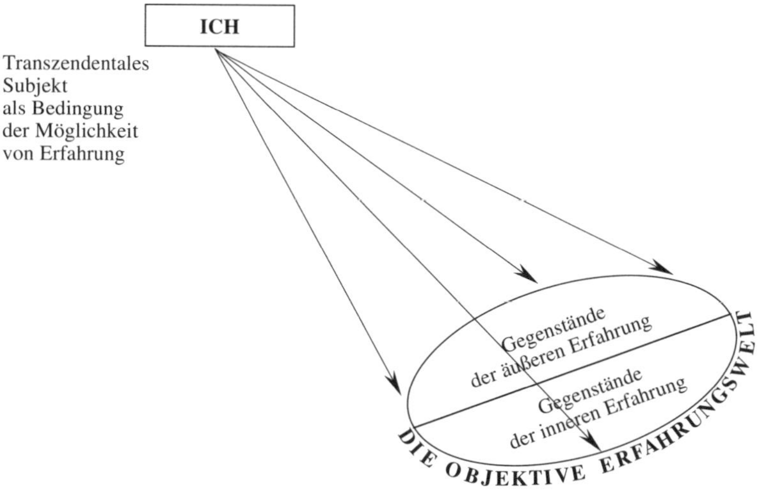

Abb. 4: Die transzendentale Differenz

Dazu kommt folgender Gesichtspunkt: Menschliche Transzendentalität vermittelt die objektive Erfahrungswelt wesentlich *sprachlich*. Man spricht insofern von *sprachlicher Welthabe*. Der Mensch ist ein Wesen, das Sprache hat (gr. *zôon lógon échon*). Unser Weltbezug vollzieht sich in Sprache (vgl. EP 4.5). Wohl können wir *bestimmte* Sprache objektivieren und als objektiv Gegebenes (z. B. linguistisch) erforschen. Allerdings setzen wir dann notwendigerweise nicht-objektivierte, transzendental fungierende Sprache voraus, denn nur in ihr können wir die bestimmte, objektivierte Sprache untersuchen.

Der folgende Text listet die Vielfalt der Aspekte auf, die mit der menschlichen Sprachlichkeit ins Spiel gebracht sind: Als sprechendes Wesen hat der Mensch (im Unterschied zum Tier)

> »die Fähigkeit, Prädikate und Sätze zu bilden und zu verbinden«, »über Vergangenes, Gegenwärtiges und Zukünftiges, über Mögliches und Wirkliches Urteile zu fällen, sie auszutauschen und zu tradieren; die Fähigkeit zu generalisieren und zu abstrahieren, zu argumentieren und zu schließen, in Alternativen zu denken und Hypothesen aufzustellen«, »die Fähigkeit, sein Leben über die jeweilige Einzelsituation und den Augenblick hinaus unter allgemeine leitende Ziele zu stellen, Grundsätze der Orientierung und Beurteilung zu schaffen und abzuändern«, »die Fähigkeit der Diskussion, der Vereinbarung und Verständigung«. (FORSCHNER 1989, 4 f.)

Die philosophische Tradition nannte diese nicht-empirische, sprachlich verfaßte Transzendentalität den menschlichen *Geist* bzw. die menschliche *Vernunft* (gr. *nous,* lat. *intellectus*).

Aber wird Transzendentalität nicht notwendigerweise *selbst zum Objekt,* wenn wir sie im Begriff der transzendentalen Differenz denken und zur Sprache bringen? Unsere Überlegung machte deutlich, daß Transzendentalität *nicht direkt Objekt sein kann.* Vielmehr hat die *transzendentale Reflexion,* in welcher wir Transzendentalität zur Sprache brachten, folgende Grundstruktur: Sie geht aus von dem, *was direkt Objekt ist,* und fragt von diesem aus nach den Bedingungen der Möglichkeit empirischer Objekte. In diesem Rekurs auf die Bedingungen der Möglichkeit bringt die transzendentale Reflexion Transzendentalität *indirekt* zur Sprache. Im Bild von Auge und Gesichtsfeld: Das Auge ist zwar nie direkt Gegenstand in seinem Gesichtsfeld, sondern dessen Bedingung und Voraussetzung. Aber vieles am Gesichtsfeld läßt indirekt Rückschlüsse zu auf das Auge und seine Beschaffenheit, z.B. die Perspektivität des Gesichtsfeldes.

Hier läßt sich zeigen, warum KANT in diesem Kontext das Wort »transzendental« und nicht »transzendent« verwendet. Als *transzendent* gilt ein Gegenstand, der außerhalb einer bestimmten Bereichsimmanenz liegt, aber im Grunde ebenso Gegenstand ist wie die bereichsimmanenten Gegenstände. In dieser Weise stellten sich manche Philosophen des Rationalismus das Metaphysische (z. B. Gott) als transzendenten Gegenstand vor. Davon grenzt sich KANT mit *transzendental* ab. Transzendentalität ist gerade nicht Gegenstand nach Art der erfahrungsimmanenten, empirischen Gegenstände, sondern kommt nur indirekt, eben als Bedingung der Möglichkeit zur Sprache.

> Ich nenne alle Erkenntnis transzendental, die sich nicht sowohl mit Gegenständen, *sondern mit unserer Erkenntnisart von Gegenständen, insofern diese a priori* [= nicht-empirisch] *möglich sein soll,* überhaupt beschäftigt. (KrV B 25)

Das Problem, wie etwas zur Sprache gebracht werden kann, das prinzipiell nie empirisch-objektiv gegeben ist, ist so alt wie die Metaphysik. In aller Metaphysik geht es darum, Nicht-Empirisches, Nicht-Sinnliches, Nicht-Physisches in vernünftig-stringenter Weise zur Sprache zu bringen. Ein wichtiges Beispiel für die philosophisch präzise Bewältigung dieses Anliegens ist die in Antike und Scholastik ausgearbeitete Theorie der *analogen Rede,* die mit der durch die transzendentale Reflexion vermittelte Rede von Transzendentalität vieles gemein hat (vgl. EP 5.1.2.2 und 8.2.1.2).

3.1.2 Transzendentale Bestimmungen

Die transzendentale Reflexion zeigt, *daß Empirisches notwendigerweise Nicht-Empirisches voraussetzt.* Damit sprengt die transzendentale Reflexion den Rahmen jedes Empirismus (2.1). In *anthropologischer* Hinsicht können wir dieses Ergebnis folgendermaßen ausdrücken: Der Mensch gehört zwar als körperlich-leibhaftiges, sinnlich-animalisches Wesen wesentlich zur physisch-empirischen Natur. Er geht aber nicht darin auf, Naturwesen zu sein, sondern *transzendiert in der vernunfthaft-geistigen Bewandtnis der Transzendentalität diese physisch-empirische*

Natur. Dabei ist Transzendentalität keine isolierte, abgetrennte Substanz, sondern *leibhaftig da* und auf Grund ihrer Sprachlichkeit immer schon in die *dialogische* und *soziale* Beziehung zu Mitmenschen getreten.

Diese Einheit von Natur- und Vernunftwesen, von empirischem und transzendentalem Ich, als welche die menschliche Person wirklich ist, ist freilich keine bloß unmittlebare Einheit, sondern eben durch die transzendentale Differenz betroffen. Auf Grund dieser transzendentalen Differenz ist die Person gewissermaßen immer auf dem Sprung, sich (als empirisches Ich) sich selbst (als transzendentalem Ich) als Objekt entgegenzusetzen. Nach KANT:

> *Ich,* als Intelligenz und *denkend* Subjekt, erkenne *mich* selbst als *gedachtes* Objekt, sofern ich mir noch über das in der Anschauung gegeben bin, nur, gleich anderen Phänomen, nicht wie ich vor dem Verstande bin, sondern wie ich mir erscheine [. . .]. (KrV B 155)

In der »Kritik der reinen Vernunft« ging es KANT um die Frage, *in welcher Bestimmung Transzendentalität als Bedingung der Möglichkeit von Erfahrung vorausgesetzt werden muß.* Wir können das Ergebnis folgendermaßen zusammenfassen (vgl. EP 3.3.2):

(1) Als *transzendentale Sinnlichkeit* formt Transzendentalität das Empfindungsmaterial (»das Mannigfaltige der Erscheinung«, B 34), zu *anschaulichen Gegenständen.*

(2) Der *transzendentale Verstand* bewirkt, daß das sinnlich Anschauliche durch die transzendentalen *Begriffe* (Kategorien) gedacht und durch die transzendentalen *Grundsätze* in Erfahrungszusammenhänge gebracht werden kann.

(3) Als *reine* (d.h. von der Sinnlichkeit unabhängige) *Vernunft* erzeugt die Transzendentalität *regulative Vernunftideen,* die unsere Erfahrungserkenntnis auf *Erfahrungstotalitäten,* also auf systematische Einheiten der Erfahrung hinordnen. So verweist die Idee der *Seele* regulativ auf die systematische Einheit der inneren Erfahrung, die Idee der *Welt* auf jene der äußeren und die Idee *Gottes* auf das Ideal der systematischen Einheit und absoluten Vollständigkeit der Erkenntnis überhaupt.

(4) Oberste Bedingung aller objektiven Erkenntnis ist das, was KANT die *transzendentale Apperzeption* nennt, das reine *Selbstbewußtsein,* das letztlich die Einheit der gesamten Erkenntnis (die *ursprüngliche Synthesis*) vom Subjekt her begründet.

> Das: *Ich denke,* muß alle meine Vorstellungen begleiten können. [. . .] Denn die mannigfaltigen Vorstellungen [. . .] würden nicht insgesamt *meine* Vorstellungen sein, wenn sie nicht insgesamt zu einem Selbstbewußtsein gehörten, d.i. als meine Vorstellungen [. . .] müssen sie doch der Bedingung notwendig gemäß sein, unter der sie allein in einem allgemeinen Selbstbewußtsein zusammenbestehen *können,* weil sie sonst nicht durchgängig mir angehören würden. (KrV B 131ff.)

KANT suchte in der ersten Kritik zu zeigen, daß Transzendentalität in dieser Bestimmung Bedingung der Möglichkeit *theoretischer Erfahrungserkenntnis* ist. Damit können wir unseren einleitenden Exkurs über den Begriff der Transzendentalphilosophie abschließen und uns der eigentlichen Fragestellung der Ethik zuwenden: Hat die transzendentale Differenz Konsequenzen für die menschliche *Praxis?* Ermöglicht die Transzendentalphilosophie eine den empiristischen Versuchen überlegene Grundlegung der Ethik? Betrachten wir die genannten Bestimmungen der Transzendentalität, so sehen wir, daß es bei dieser Frage weder um die transzendentale Sinnlichkeit noch um den gegenstandskonstitutiven Verstand noch um das Selbstbewußtsein als solches geht. Wenn Transzendentalität praktisch relevant wird, dann offenbar nur als *reine, ideensetzende Vernunft.*

3.2 Das Moralprinzip

Die empiristische Ethik geht davon aus, daß der Mensch ausschließlich als sinnlich-empirisches Wesen zu fassen ist. Seine Praxis ist darum vollständig durch die sinnliche Lust-Unlust-Motivation (hedonistisch) bestimmt, und seine Vernunft kommt dabei nur als (durch die Lust-Unlust-Motivation) *instrumentalisierte* Vernunft ins Spiel (vgl. 2.2 und 2.4.3). Nun zeigte aber die transzendentale Differenz (3.1.1), daß der Mensch nicht darin aufgeht, sinnlich-empirisches, natural-animalisches Wesen zu sein, sondern daß er in der vernunfthaft-geistigen Bewandtnis der Transzendentalität diese sinnlich-empirische Ebene übersteigt (transzendiert). Aus der Tatsache der transzendentalen Differenz scheint zumindest die Möglichkeit zu folgen, *daß die empirische Lust-Unlust-Motivation nicht die einzige Motivation unserer Praxis ist,* sondern daß es eine von der Lust-Unlust-Motivation prinzipiell verschiedene transzendentale Motivation geben könne, d. h. *eine Motivation aus reiner, nicht sinnlich-instrumentalisierter Vernunft.* Es könnte also sein, daß unsere Praxis im Zeichen einer *doppelten Motivation* steht: einer *sinnlich-empirischen* (Lust-Unlust-Motivation) und einer *transzendentalen* (Motivation aus reiner Vernunft). Damit aber sind wir bei der Ausgangsfrage von KANTS zweiter Kritik (KpV) angelangt:

> Hier ist also die erste Frage: ob reine Vernunft zur Bestimmung des Willens für sich allein zulange, oder ob sie nur als empirisch-bedingte ein Bestimmungsgrund desselben sein könne. Nun tritt hier ein durch die Kritik der reinen Vernunft gerechtfertigter, obzwar keiner empirischen Darstellung fähiger Begriff der Kausalität, nämlich der der *Freiheit,* ein, und wenn wir anjetzt Gründe ausfindig machen können, zu beweisen, daß diese Eigenschaft dem menschlichen Willen (und so auch dem Willen aller vernünftigen Wesen) in der Tat zukomme, so wird dadurch nicht allein dargetan, daß reine Vernunft prak-

tisch sein könne, sondern daß sie allein und nicht die empirisch-beschränkte, unbedingterweise praktisch sei. (KpV A 30)

3.2.1 Der Kategorische Imperativ

Wir wollen im folgenden hypothetisch vorgehen. Gesetzt den Fall, Transzendentalität als reine (also nicht durch die Lust-Unlust-Motivation empirisch instrumentalisierte) Vernunft wäre aus sich selbst praktisch und damit hinreichender Bestimmungsgrund des Willens; welche Konsequenz ergäbe sich dann für das Verständnis der menschlichen Praxis? Folgendes wurde bereits klar: Wäre reine Vernunft aus sich selbst praktisch, so ergäbe sich für die Praxis eine *doppelte Motivation;* wir hätten also *zwei Typen von Bestimmungsgründen* des Willens zu unterscheiden:

- Die *empirischen* Bestimmungsgründe der Lust-Unlust-Motivation, also die *sinnlichen Neigungen* (Affekte, Triebe, Gefühle, Leidenschaften). Daß wir im Sinne dieses Typus empirisch motiviert sind, ist unbestritten. Wir sahen aber, daß jede empiristische Ethik meint, dieser Motivationstypus sei der *einzige* und bestimme die Praxis *ausschließlich.*
- Der Typus eines *nicht-empirischen Bestimmungsgrundes aus reiner* (nicht sinnlich instrumentalisierter) *Vernunft.* Hier ginge es also um eine von der Lust-Unlust-Motivation prinzipiell verschiedene *Vernunftmotivation.* Die Möglichkeit einer solchen wird vom Standpunkt einer jeden empiristischen Ethik aus abgelehnt.

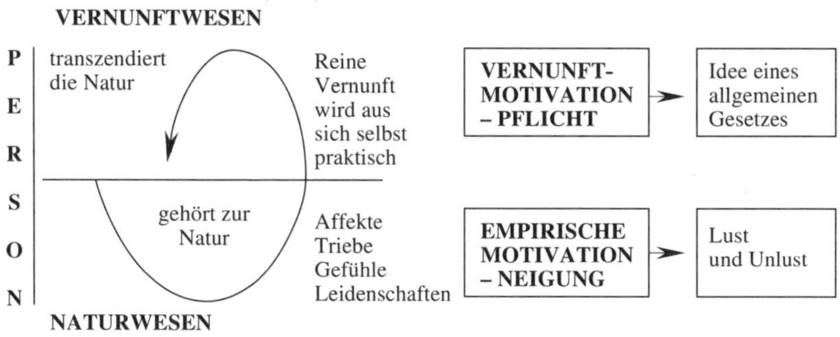

Abb. 5: Die doppelte Motivation

Wir haben jetzt zu fragen: *Wie wäre eine derartige Vernunftmotivation zu denken?* Wie müßte sie beschaffen sein? Versuchen wir, sie im Anschluß an KANT zu konstruieren!

(1) Da es sich um eine Motivation aus reiner Vernunft handelt, muß sie *rein* sein, d.h. sie muß in ihrem zentralen Gesichtspunkt *frei von aller Lust-Unlust-Motivation* sein. Sie darf also nichts Empirisches in Aussicht stellen, keinen Lustgewinn verheißen und nicht durch persönlichen Vorteil oder subjektive Glücksgüter motivieren. Soll sich die Vernunftmotivation in diesem Sinne *rein* auf die Praxis beziehen, so muß sie als *bedingungsloses Sollen,* als *bloßer Befehl,* als *reine Verpflichtung* bewußt werden und motivieren. Sie muß den Charakter eines *unbedingten* (nicht hedonistisch bedingten), also *kategorischen Imperativs* haben. Diese kategorische Vernunftmotivation muß einfach *aus der Vernunftbewandtnis eines jeden Vernunftwesens* folgen: Reine Vernunft wird *a priori* aus sich selbst praktisch und bringt damit diesen kategorischen Sollensanspruch ins Spiel, der darum prinzipiell *allgemeinmenschlich* ist.

Damit muß sich die Vernunftmotivation grundsätzlich von allen Spielarten hedonistisch bedingter Regeln der Geschicklichkeit oder Ratschlägen der Klugheit (2.2) unterscheiden. Sie steht quer zu allen empirischen Bestimmungsgründen. Sie ergibt sich nicht empirisch aus Erfahrungen und Lernprozessen, sondern wird mit dem Vernunftgebrauch bewußt und ermöglicht überhaupt erst moralische Erfahrung. Darum liegt es auch nicht an uns, ob wir diesen kategorischen Anspruch anerkennen oder nicht. Vielmehr ist der Mensch als Vernunftwesen *wesentlich moralisches Subjekt* und als solches notwendigerweise mit diesem Anspruch konfrontiert. Die Tatsache, daß er diesem Anspruch zuwiderhandeln kann, ändert nichts daran, daß er diesem Anspruch a priori unterworfen ist. Eben weil er ihm unterworfen ist, kann das Zuwiderhandeln die Bedeutung von *Schuld* erhalten.

(2) Wie wäre dieser kategorische Imperativ im Zuge unserer Konstruktion *weiter zu bestimmen?* Offenbar muß er *zwei Momente* umfassen:

- Einerseits soll in ihm das *reine Vernunftmotiv* unbedingte (kategorische) Verpflichtungsbewandtnis erlangen. Insofern muß er ein *transzendentales* Moment umfassen. Nach KANT besteht dieses Moment in der *Idee des allgemeinen Gesetzes.*
- Andererseits muß sich dieses Vernunftmotiv auf unsere *konkrete, lebensweltlich eingebettete Praxis* beziehen können. Insofern muß er ein *empirisches* Moment umfassen. Dieses erörtert KANT, indem er von den *Maximen* unseres Handelns spricht.

Wir gehen im folgenden zunächst auf das zweite Moment ein.

(2.1) *Maximen.* Nach KANT sind Maximen *subjektive praktische Grundsätze,* die eine »allgemeine Bestimmung des Willens« (KpV A 35) enthalten. Wir sind in unserer alltäglichen Praxis immer schon an gewissen allgemeinen Grundsätzen orientiert, die wir *subjektiv* als brauchbar, nützlich, bewährt bzw. plausibel betrachten. Wir orientieren uns nicht in jeder Handlungssituation neu, sondern halten uns im allgemeinen an derartige Grundsätze. Insofern richtet sich jeder nach gewissen allgemeinen Handlungsmaximen, die subjektiv sehr verschieden sein können.

Maximen als allgemeine, subjektive Grundsätze haben den Charakter von Beurteilungsprinzipien im Hinblick auf ganze Lebensbereiche. Maximen sind beispielsweise: »Sei hilfsbereit!«, »Sei ehrlich!«, »Sei höflich!«, »Lebe gesund!«, aber auch: »Setze deinen Vorteil ohne Rücksicht auf andere durch!«, »Lüge, wenn dir die Wahrhaftigkeit schadet!«, »Stelle dein Vergnügen über deine Gesundheit!« etc. Maximen sind die empirisch vorgegebenen allgemeinen Orientierungen, nach denen sich konkrete Personen in ihrer Praxis richten. Sie drücken die praktischen Einstellungen von Menschen aus. Dabei ist es gar nicht nötig, daß man sich seiner Maximen ausdrücklich bewußt ist und sie formuliert; implizit sind sie in unseren Einstellungen gegeben.

(2.2) *Das allgemeine Gesetz.* Während Maximen den Charakter empirischer Orientierungen haben, geht es jetzt um das transzendentale Moment, also um den springenden Punkt der kategorischen Vernunftmotivation. Es geht um das *Kriterium,* um den *Prüfstein* und *Maßstab,* an dem Maximen zu beurteilen bzw. zu überprüfen sind.

Dieses Kriterium kann nicht empirisch sein, sondern muß *aus der reinen Vernunft* als solcher kommen. In der ersten Kritik (KrV) zeigte KANT, daß die Vernunft als *theoretische* Vernunft unserem Erkennen *regulative Ideen* der Totalität vorgibt (3.1.2). Wenn reine Vernunft *praktisch* wird, muß sie unserem Handeln ebenfalls eine Idee der Totalität vorgeben, allerdings keine theoretische, sondern eine praktische.

Wird die reine Vernunft praktisch, so muß sie der Praxis kategorisch-normativ die Idee der *praktischen Totalität* vorgeben, d. h. die *Idee eines vernünftig gestalteten sozialen Systems von Personen.* In diesem Sinne verpflichtet der Vernunftimperativ kategorisch, *die Maximen des Handelns an dieser Idee zu überprüfen.* Ich *soll* also nur nach solchen Maximen handeln, *die als allgemeine Gesetze eines vernünftig gestalteten Systems von Personen möglich sind.* Meine Handlungsmaximen sollen in diesem Sinne *verallgemeinbar, universalisierbar* sein. Erst auf Grund der Überprüfung an diesem Kriterium werden Maximen zu *praktischen bzw. moralischen Gesetzen.*

Maximen sind, wie wir sahen, zunächst bloß empirisch-subjektive praktische Grundsätze und die in den Maximen enthaltene Idee der Gestaltung menschlicher Gemeinschaft ist zunächst bloß eine subjektive Idee, die von subjektiven Interessen und Präferenzen abhängt. Jetzt aber geht es darum, diese subjektiven Grundsätze am *objektiven Vernunftkriterium* zu überprüfen, sie also zu *reinigen* von bloß subjektiven Interessen und Präferenzen, um jenen objektiven Standpunkt zu erreichen, der für jedes Vernunftwesen gültig ist. Erst durch diese Überprüfung werden Maximen praktische Gesetze.

(2.3) *Die moralische Überlegung.* Stehe ich in einer konkreten Situation vor der Frage, »Was soll ich tun?«, »Wie soll ich handeln?«, so ergibt sich also folgende *Grundstruktur* der moralischen Überlegung:

- Ich führe mir zunächst die verschiedenen *Handlungsmöglichkeiten* vor Augen, zwischen denen ich zu entscheiden habe.

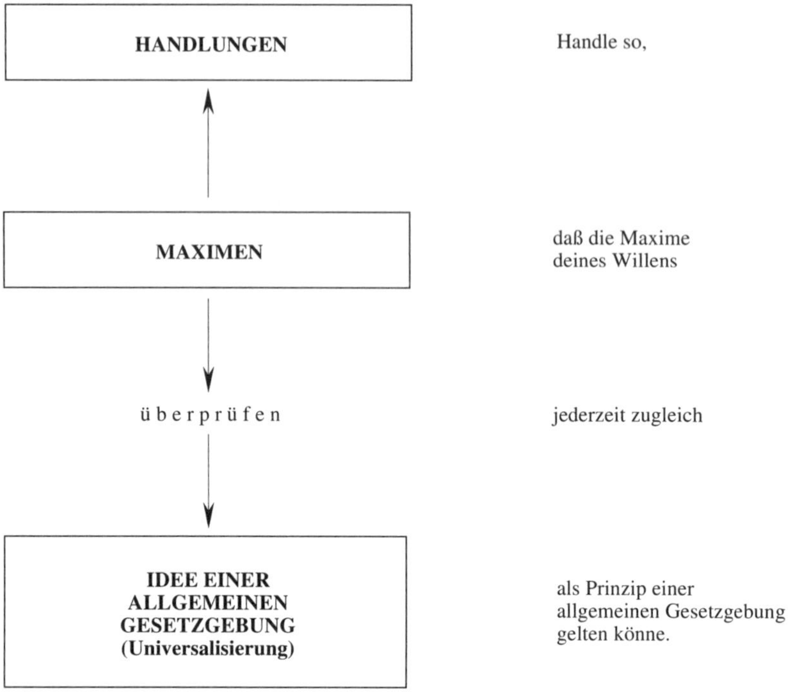

Abb. 6: Der Kategorische Imperativ

- Ich frage mich dann, welche *Handlungsmaximen* den einzelnen Handlungsmöglichkeiten zugrunde liegen.
- Ich überprüfe diese Handlungsmaximen an der *Idee des allgemeinen Gesetzes* und sehe, daß ich nur jene Handlungsmöglichkeit wählen darf, die dieser Überprüfung standhält.

(3) KANT präzisiert die Maximenüberprüfung, indem er *zwei Formen* unterscheidet, eine strengere und eine schwächere (vgl. HÖFFE 1983, 190–196).

- In der ersten, strengeren, geht es um die Frage, *ob sich die Maxime als allgemeines Gesetz widerspruchsfrei denken läßt.* Das Kriterium hat hier also *logischen* Charakter.

  KANT illustriert diese Form der Überprüfung am Beispiel des falschen Versprechens (GMS BA 54f.). Ein Versprechen ist eine Selbstverpflichtung. Ein bewußt falsches Versprechen bedeutet, daß man eine Verpflichtung zugleich eingeht und nicht eingeht. Eine Maxime, welche falsche Versprechen erlaubt, läßt sich also nicht widerspruchsfrei als allgemeines Gesetz denken. Sie erweist sich insofern als eine unmoralische Maxime.

- In der zweiten, schwächeren Form der Maximenüberprüfung geht es um die Frage, *ob man die Maxime als allgemeines Gesetz widerspruchslos wollen könne.* Hier geht es nicht um logisch-widerspruchsfreies Denken-Können, sondern um ein Nicht-wollen-Können auf Grund von Vernunftgründen.

  Zur Illustration bringt KANT das Beispiel der Kulturunwilligkeit (GMS BA 55). Jemand zieht es vor, »lieber dem Vergnügen nachzuhängen, als sich mit Erweiterung und Verbesserung seiner glücklichen Naturanlagen zu bemühen«. Wohl können wir uns eine Welt logisch-widerspruchsfrei *denken,* in welcher alle nach dieser Maxime handeln. Wir können aber Vernunftgründe geltend machen, die uns nötigen, einen Zustand abzulehnen, in welchem diese Maxime allgemeines Gesetz ist. Wir können also einen solchen Weltzustand nicht widerspruchslos *wollen.*

(4) Damit haben wir die *Grundformel* des Kategorischen Imperativs rekonstruiert, der in der Ethik KANTS als *Moralprinzip* und *Sittengesetz* fungiert. Sie lautet:

> Handle so, daß die Maxime deines Willens jederzeit zugleich als Prinzip einer allgemeinen Gesetzgebung gelten könne. (KpV A 54)

Wir sehen: Die Grundformel des Kategorischen Imperativs enthält *keinen bestimmten sittlichen Inhalt,* sondern setzt lediglich die *Form des allgemeinen Gesetzes* als Kriterium der Beurteilung von Maximen fest. Diese *Vernunftform* der Universalisierbarkeit ist der eigentliche *reine Kern* der moralischen Motivation. KANT erläutert den Kategorischen Imperativ folgendermaßen:

> Die praktische Regel ist also unbedingt, mithin, als kategorischer Satz, a priori vorgestellt, wodurch der Wille schlechterdings und unmittelbar (durch die praktische Regel selbst, die also hier Gesetz ist) objektiv bestimmt wird. Denn reine, *an sich praktische Vernunft* ist hier unmittelbar gesetzgebend. Der Wille wird als unabhängig von empirischen Bedingungen, mithin, als reiner Wille, durch die bloße *Form des Gesetzes* als bestimmt gedacht, und dieser Bestimmungsgrund als die oberste Bedingung aller Maximen angesehen. (KpV A 55)

KANT verdeutlich die Grundformel des Kategorischen Imperativs durch die sogenannte *Naturgesetzformel.* Sie lautet:

> Handle so, als ob die Maxime deiner Handlung durch deinen Willen zum allgemeinen Naturgesetze werden sollte. (GMS BA 52)

In der Formel geht es um eine Analogie zwischen dem (durch Praxis zu gestaltenden) System von Personen und dem System der Natur. Das System der Natur ist durch allgemeine Naturgesetze bestimmt und geordnet. Das System der Personen soll durch Praxis vernünftig bestimmt und geordnet werden. Wir sollten also so handeln, daß die Maximen unseres Handelns im vernünftig geordneten System von Personen in ähnlicher Weise als Gesetze fungieren könnten, wie die Naturgesetze in der Natur.

Soweit die hypothetische Rekonstruktion. Ist ihr Resultat tatsächlich der Fall? Wird Transzendentalität als reine Vernunft praktisch? KANT nennt das Bewußtsein des Kategorischen Imperativs als Moralprinzip ein *Faktum der Vernunft,* »weil es sich für sich selbst uns aufdringt«, und zwar »das einzige Faktum der reinen Vernunft«, »die sich dadurch als ursprünglich gesetzgebend (sic volo, sic jubeo [= so will ich, so befehle ich] ankündigt« (KpV A 56). Er will damit sagen, daß hier der einzige Punkt ist, an welchem Transzendentalität gewissermaßen erfahrbar wird, da sie sich im Bewußtsein (Gewissen!) »aufdringt«, gebietend »ankündigt« und *Achtung* fordert.

> Das vorher genannte Faktum ist unleugbar. Man darf nur das Urteil zergliedern, welches die Menschen über die Gesetzmäßigkeit [= Gesetzesgemäßheit] ihrer Handlungen fällen: so wird man jederzeit finden, daß, was auch die Neigung dazwischen sprechen mag, ihre Vernunft dennoch, unbestechlich und durch sich selbst gezwungen, die Maxime des Willens bei einer Handlung jederzeit an den reinen Willen halte, d. i. an sich selbst, indem sie sich als a priori praktisch betrachtet. Dieses Prinzip der Sittlichkeit nun, eben um der Allgemeinheit der Gesetzgebung willen, die es zum formalen, obersten Bestimmungsgrunde des Willens, unangesehen aller subjektiven Verschiedenheiten desselben, macht, erklärt die Vernunft zugleich zu einem Gesetze für alle vernünftigen Wesen, sofern sie überhaupt einen Willen [. . .] haben. (KpV A 56f.)

Nach KANT ist es offenkundig, daß sich der Gesichtspunkt der Universalisierung bzw. der Überprüfung unserer Maximen an der Form des allgemeinen Gesetzes in allen moralischen Urteilen als der springende Punkt der Moralitätsbewandtnis erweisen läßt. Die Frage: Ist das moralisch? läßt sich also nach KANT immer interpretieren als die Frage: Kann ich wollen, daß alle so handeln wie ich jetzt?, bzw.: Ist meine Handlungsmaxime als allgemeines Gesetz möglich? – Wir weisen darauf hin, daß auch die *Goldene Regel* (1.1.5), das interkulturell wohl verbreitetste Moralprinzip, und das biblische Gebot der *Nächstenliebe* den formalen Gesichtspunkt der Universalisierung (in der Form der Reziprozität) als springenden Punkt der Moralitätsbewandtnis betonen, zumindest wenn man sie als kategorische Imperative und nicht bloß als empirische Ratschläge der Klugheit interpretiert.

KANT behauptet damit folgendes: Es gibt ein allgemeinmenschliches, für alle Vernunftwesen a priori gültiges Sittengesetz (Moralprinzip), das sich in jeder subjektiven praktischen Vernunft (= in jedem Gewissen) kategorisch verpflichtend bekundet, also durch keine empirische Motivation (Lust-Unlust) instrumentalisiert ist. Was in diesem Sittengesetz moralisch motiviert, ist nicht ein bestimmter Inhalt, sondern allein die Vernunftform des allgemeinen Gesetzes. Wir sprechen insofern vom *Formalismus* der Ethik KANTS.

3.2.2 Die Person als Zweck an sich selbst

Wir rekonstruierten die Grundformel des Kategorischen Imperativs. Sie zeigt, daß der Kern der Vernunftmotivation (im Unterschied zur Lust-Unlust-Motivation) in der *Form des allgemeinen Gesetzes* besteht, an der wir unsere Maximen zu überprüfen haben. Damit ist die *formale* Bewandtnis des kategorischen *Pflichtcharakters* des Moralischen erklärt. Die Bestimmung des Kategorischen Imperativs als Moralprinzip ist jedoch mit diesem Aufweis noch nicht abgeschlossen. Zum Begriff des Moralischen gehört nicht nur der Gesichtspunkt der Pflicht als solcher, sondern auch der Gesichtspunkt des *Zwecks der Praxis.* Dem Willen, der das Handeln bewirkt, ist es wesentlich, daß er etwas bezweckt, sich auf etwas richtet, etwas erstrebt. Er intendiert ein *Ziel,* ein *Objekt,* ein *Gut,* ein *Worum-willen.*

Oft werden in der Ethik drei Grundaspekte unterschieden, die in den verschiedenen ethischen Systemen zu unterschiedlichen Schwerpunktbildungen führten: *Pflichten, Güter* und *Tugenden.* Im Sinne der Schwerpunktbildungen spricht man häufig von Pflichtenethik, Güterethik und Tugendethik. Eine systematische Ethik sollte alle drei Grundaspekte umfassen und aufeinander beziehen. Auf die Tugenden, also die sittlichen Haltungen, werden wir später zu sprechen kommen.

Der Gesichtspunkt des Zweckes führt in folgende Fragestellung: Soll das Moralprinzip *rein* sein, so muß der reinen, formal bestimmten Pflichtbewandtnis ein ebenso reiner Zweck entsprechen. Dieser Zweck (Ziel, Objekt, Gut, Worum-willen) muß sich also *aus der reinen Vernunft* als solcher ergeben. Er muß sich insofern prinzipiell unterscheiden von den empirischen Zwecken der Lust-Unlust-Motivation, um welche es im Konsequentialismus (2.5.1) der empiristischen Ethik geht. Als Korrelat der kategorischen Pflicht muß der Zweck der Moralität ein *unbedingter, absoluter Zweck* und insofern *höchstes Gut* sein. Zugleich muß dieser Vernunftzweck für alle vernünftigen Wesen *a priori objektiv-notwendig* sein. Nun weist KANT folgendes auf: Alle Zwecke, die wir uns *empirisch* (im Rahmen der Lust-Unlust-Motivation) setzen, sind immer nur *relative* Zwecke,

> denn nur bloß ihr Verhältnis auf ein besonders geartetes Begehrungsvermögen des Subjekts gibt ihnen den Wert, der daher keine allgemeine, für alle vernünftigen Wesen, und auch nicht für jedes Wollen gültige und notwendige Prinzipien, d. i. praktische Gesetze, an die Hand geben kann. (GMS BA 64)

Diese empirisch-relativen Zwecke sind also prinzipiell immer nur *Mittel* zur Befriedigung subjektiver Bedürfnisse, die ihrerseits den Charakter der Beliebigkeit haben. KANT nennt diese empirisch-relativen Zwecke, die in der bloßen Mittelbewandtnis aufgehen, *Sachen.* Ihr Wert läßt sich als *Preis* festsetzen und mit dem Wert anderer Sachen vergleichen. Sachen sind durch andere Sachen ersetzbar, man kann sie tauschen, kaufen, verkaufen etc. Das heißt: Im Bereich der empirischen (hedonistischen) Teleologie gibt es keinen absoluten Zweck, der als Korrelat der kategorischen Pflicht in Frage kommt. Gäbe es nur diese sachhaften, relativen Zwecke, die immer bloß Mittel sind, so wäre der Kategorische Imperativ *ziel- und zwecklos*. Sein kategorischer Anspruch hätte in einer Welt, in der es bloß Sachen gibt, schlechthin keinen Sinn. Damit stellt sich die Frage: *Gibt es einen absoluten Zweck,* d. h. etwas, was nicht bloß Sache ist, was also nicht auf den Nenner des Preises gebracht werden kann und sich seinem Begriff nach weigert, bloß Mittel zu sein, weil »sein Dasein an sich selbst einen absoluten Wert hat« (GMS BA 64)?

> Nun sage ich: der Mensch, und überhaupt jedes vernünftige Wesen, *existiert* als Zweck an sich selbst, *nicht bloß als Mittel* zum beliebigen Gebrauche für diesen oder jenen Willen, sondern muß in allen seinen, sowohl auf sich selbst, als auch auf andere vernünftige Wesen gerichteten Handlungen jederzeit *zugleich* als *Zweck* betrachtet werden. [...] Die Wesen, deren Dasein zwar nicht auf unserm Willen, sondern der Natur beruht, haben dennoch, wenn sie vernunftlose Wesen sind, nur einen relativen Wert, als Mittel, und heißen daher *Sachen,* dagegen vernünftige Wesen *Personen* genannt werden, weil ihre Natur sie schon als Zwecke an sich selbst, d. i. als etwas, das nicht bloß als Mittel gebraucht werden darf, auszeichnet [...]. Dies sind also nicht bloß subjektive Zwecke, deren Existenz, als Wirkung unserer Handlung, *für uns* einen Wert hat; sondern *objektive* Zwecke, d. i. Dinge, deren Dasein an sich selbst Zweck ist, und zwar ein solcher, an dessen Statt kein anderer Zweck gesetzt werden kann, dem sie bloß als Mittel zu Diensten stehen sollten [...]. (GMS BA 64 f.)

Inwiefern aber ist die menschliche Person keine Sache, sondern Zweck an sich selbst? Genau insofern, *als in ihr reine Vernunft praktisch werden kann.* In diesem »Faktum der Vernunft« erweist sich die Person als ein Vernunftwesen, *das sich selbst bestimmen kann,* indem es sich selbst das Gesetz des Handelns (das Sittengesetz) gibt. Im Praktisch-Werden reiner Vernunft aus sich selbst zeigt sich die *Autonomie* (gr. *autós* = selbst, *nómos* = Gesetz) der Person, die moralische *Selbstgesetzgebung,* in welcher die Person sich selbst (d. h. ihre eigene Moralität) zum Zweck zu machen vermag. Die Person »verhält« sich also nicht bloß wie eine Sache im Gefüge naturkausaler Determinismen und relativer Zwecke, sondern sie setzt sich im Faktum der Vernunft autonom als Zweck an sich selbst. Wenn aber *ich* mich in diesem Sinn als Person und Selbstzweck weiß, dann weiß ich zugleich auch *alle anderen Menschen* als Personen, als mir gleiche Vernunftwesen und Zwecke an sich selbst.

> So wird das Gesetz, welches vom kategorischen Imperativ der Prüfung von Maximen zugrunde gelegt wird, sogleich auch als Grund für den absoluten Selbstwert der Person erkannt. Diese macht den Imperativ dadurch *wirklich,* daß sie sich in einer »inneren« Handlung der Einnahme des Standes des Gesetzgebers selbst unter seine imperativische Forderung stellt. Indem sie in

dieser Handlung den Stand des Gesetzgebers einnimmt, macht sich die Person zum Selbstzweck und stellt sich und andere zugleich auch unter den Imperativ, handelnd diesem Selbstzweckcharakter gerecht zu werden. [. . .] Als Vergegenwärtigung des Imperativs erweise ich mich als Person, die den Charakter des Selbst-Zwecks hat. Ich vergegenwärtige die imperativische Forderung, in meinem Handeln meiner eigenen Personalität und derjenigen der anderen gerecht zu werden. (KAULBACH 1988, 76)

Mit der Selbstzweckhaftigkeit der Person als absolutem und objektivem Zweck erhält der Kategorische Imperativ einen *teleologischen Gehalt,* allerdings keinen empirischen, sondern einen apriorischen. Die Grundformel (3.2.1) kann weiterbestimmt werden zur *Selbstzweckformel* des Kategorischen Imperativs. Sie lautet:

Handle so, daß du die Menschheit, sowohl in deiner Person, als in der Person eines jeden andern, jederzeit zugleich als Zweck, niemals bloß als Mittel brauchest. (GMS BA 66f.)

In der Grundformel bildete die Form des allgemeinen Gesetzes das *formale Kriterium* der Maximenüberprüfung. Die Selbstzweckformel bringt den *teleologischen* Gesichtspunkt ins Spiel, um den es in der Universalisierung geht: Ob eine Maxime als allgemeines Gesetz moralisch möglich ist, hängt davon ab, ob ihre allgemeine Befolgung die Selbstzweckhaftigkeit jeder betroffenen menschlichen Person anerkennt bzw. fördert. Die praktische Idee eines vernünftig gestalteten Systems von Personen wird weiterbestimmt durch den Gesichtspunkt der Unverfügbarkeit der menschlichen Person als Selbstzweck.

Erinnern wir uns an die beiden Formen der Maximenüberprüfung, an das *Nicht-denken-Können* und das *Nicht-wollen-Können* (3.2.1)! Die Weiterbestimmung des Kategorischen Imperativs durch die Selbstzweckformel zeigt, daß die Maximen, die wir nicht widerspruchsfrei als allgemeine Gesetze *denken* können, letztlich immer zulassen, Personen bloß als Mittel zu gebrauchen. Wir sehen, daß der lügenhafte Versprecher »sich eines anderen Menschen *bloß als Mittels* bedienen will, ohne daß dieser zugleich den Zweck in sich enthalte« (GMS BA 67f.). Die Vernunftgründe, auf Grund derer wir bestimmte Maximen nicht als allgemeine Gesetze *wollen* können, lassen sich von der Selbstzweckhaftigkeit der Person her präzisieren. Der Kulturunwillige vernachlässigt die in der Person gegebenen »Anlagen zu größerer Vollkommenheit« und behindert insofern die »Menschheit in unserer Person, als Zweck an sich selbst« (GMS BA 68).

Zur Verdeutlichung der Selbstzweckformel noch einige Hinweise:

- Wenn die Selbstzweckformel gebietet, die Menschheit *in der eigenen Person* sowie *in der Person eines jeden andern* immer zugleich als Zweck und nie bloß als Mittel zu gebrauchen, so ist damit gesagt, daß es sowohl *Pflichten gegen sich selbst* als auch *Pflichten gegenüber anderen* gibt.

Beide Klassen von Pflichten ergeben sich aus der Selbstzweckhaftigkeit der Person. Wir werden sehen, daß KANT seine Tugendlehre auf dem Begriff von *Zwecken, die an sich Pflichten sind,* aufbaut. Dabei ordnet er die Pflichten gegen sich selbst dem Zweck *eigene Vollkommenheit* und die Pflichten gegen andere dem Zweck *fremde Glückseligkeit* zu (MST A 7–18).

- Die Forderung, Personen *jederzeit zugleich als Zweck* und *niemals bloß als Mittel* zu gebrauchen, schließt nicht aus, daß Personen *auch als Mittel* gebraucht werden können, wohl aber, daß sie *bloß als Mittel* gebraucht werden.

In jeder (z. B. ökonomischen) Kooperation werden Personen (z. B. ihre Arbeitskraft) als Mittel verwendet, um gewisse Kooperationsziele zu erreichen. Die Selbstzweckformel verbietet lediglich, *daß Personen in dieser Mittelbewandtnis aufgehen.* So vielfältig Menschen einander als Mittel dienen können, sie müssen »jederzeit zugleich« auch als Selbstzweck anerkannt sein.

- Die Selbstzweckbewandtnis ergibt sich nicht aus dem Menschsein als biologisch-animalischer Spezies, sondern aus der *Autonomie der Person,* also aus dem Praktisch-Werden reiner Vernunft. Nun aber ist Transzendentalität nur wirklich, *sofern sie leibhaftig da ist.*

Darum ist das Naturwesen Mensch mit seiner ganzen biologisch-empirischen Bestimmtheit als Bedürfniswesen in diese Selbstzweckbewandtnis der Person einbezogen, allerdings in Hinordnung auf die moralische Autonomie. Darum ist es Pflicht des Menschen (gegen sich selbst), die eigenen Naturanlagen zu kultivieren, »um der Menschheit, die in ihm wohnt, würdig zu sein« (MST A 15), und es ist Pflicht (gegenüber anderen), hilfsbereit zur Befriedigung ihrer Bedürfnisse beizutragen, damit es ihnen möglich wird, in Autonomie zu existieren.

Auf diesem Hintergrund wird deutlich, was KANT meint, wenn er von der *Würde* der menschlichen Person spricht:

> Im Reiche der Zwecke hat alles entweder einen *Preis,* oder eine *Würde.* Was einen Preis hat, an dessen Stelle kann auch etwas anderes, als *Äquivalent,* gesetzt werden; was dagegen über allen Preis erhaben ist, mithin kein Äquivalent verstattet, das hat eine Würde. Was sich auf die allgemeinen menschlichen Neigungen und Bedürfnisse bezieht, hat einen *Marktpreis;* das, was, auch ohne ein Bedürfnis vorauszusetzen, einem gewissen Geschmacke [...] gemäß ist, einen *Affektionspreis;* das aber, was die Bedingung ausmacht, unter der allein etwas Zweck an sich selbst sein kann, hat nicht bloß einen relativen Wert, d. i. einen Preis, sondern einen inneren Wert, d. i. *Würde.* Nun ist Moralität die Bedingung, unter der allein ein vernünftiges Wesen Zweck an sich selbst sein kann [...]. Also ist Sittlichkeit und die Menschheit, so fern sie derselben fähig ist, dasjenige, was allein Würde hat. (GMS BA 77)

Die Rede vom inneren, absoluten Wert und der Würde der menschlichen Person gründet also darin, daß der Mensch in jener transzendentalen Differenz steht, welche Autonomie im Sinne moralischer Selbstgesetzgebung und Selbstzweckhaftigkeit ermöglicht. Damit unterscheidet sich die Person prinzipiell von allen anderen Wesen des Universums, die letztlich in naturkausalen Bestimmungen aufgehen und sich nicht autonom als Zwecke an sich selbst bestimmen können.

3.2.3 Das Reich der Zwecke

Die Selbstzweckformel und der Begriff der Autonomie ermöglichen eine vierte, definitive Fassung des Kategorischen Imperativs als Moralprinzip. Sie besteht darin, daß die Idee eines vernünftig gestalteten sozialen Systems von Personen (3.2.1) weiterbestimmt wird zur Idee eines »Reichs der Zwecke«. *Wenn jede Person als Zweck an sich selbst autonom, also der Selbstgesetzgebung fähig ist, dann soll die Gemeinschaft der Personen auf allgemeinen Gesetzen beruhen, die sich die Personen in Autonomie selbst geben, indem sie sich als Zwecke an sich selbst anerkennen.*

> Ich verstehe aber unter einem *Reiche* die systematische Verbindung verschiedener vernünftiger Wesen durch gemeinschaftliche Gesetze. Weil nun Gesetze die Zwecke ihrer allgemeinen Gültigkeit nach bestimmen, so wird, wenn man von dem persönlichen Unterschiede vernünftiger Wesen, imgleichen allem Inhalte ihrer Privatzwecke abstrahiert, ein Ganzes aller Zwecke (sowohl der vernünftigen Wesen als Zwecke an sich, als auch der eigenen Zwecke, die ein jedes sich selbst setzen mag), in systematischer Verknüpfung, d. i. ein Reich der Zwecke gedacht werden können, welches nach obigen Prinzipien möglich ist. (GMS BA 74)

KANT entwickelt damit die *Idee einer moralischen Gemeinschaft.* Dabei sind drei Dinge ausschlaggebend:

- Im Sinne der moralischen Autonomie überprüft jede Person ihre Maximen an der Form des allgemeinen Gesetzes und bestimmt sich selbst durch überprüfte Maximen, d. h. durch *praktische Gesetze, die ihrem Anspruch nach allgemein und objektiv sind.*
- In dieser Maximenüberprüfung anerkennt jede Person sich selbst und jede andere als Zweck an sich selbst und damit als mit-gesetzgebend. Darum können nur solche praktischen Gesetze zugelassen werden, *denen jede betroffene Person vernünftigerweise zustimmen könnte,* d. h. die aus der Autonomie einer jeden Person resultieren könnten. Maximen, für welche das nicht zutrifft, wären solche, in denen Personen *bloß als Mittel* gebraucht würden. Sie sind als praktische Gesetze unmöglich.
- Diese gemeinschaftlichen praktischen Gesetze sind so zu konkretisieren, daß »ein Ganzes aller Zwecke« »in systematischer Verknüpfung« möglich wird.

Die Idee eines Reichs der Zwecke hat den Charakter einer *regulativen Idee,* eines »Ideals«, das uns bei der Überprüfung unserer Maximen leiten soll. Damit erhält der Kategorische Imperativ die Bedeutung eines *Gerechtigkeitsprinzips.* Auf Grund der Autonomie und Selbstzweckhaftigkeit der Personen ergibt sich die regulative Idee einer moralischen Gemeinschaft. Überprüfen wir unsere Handlungsmaximen an dieser Idee, so können nur *konsensfähige* Maximen dem Kriterium der Universalisierung genügen. Praktische (moralische) Gesetze müssen also so sein, daß sie für alle Betroffenen *distributiv vorteilhaft* (vgl. 2.4.3) sind, d. h. die Interessen jeder betroffenen Person berücksichtigen. Wir dürfen also nur nach solchen Maximen handeln, die sich in der Überprüfung an der Idee des Reiches der Zwecke als *gerecht* erwiesen haben.

Wir sahen, daß das Gerechtigkeitsmotiv im alltäglichen Vorverständnis des Moralischen eine wichtige Rolle spielt (1.1.5). Am Beispiel HUMES zeigten wir, wie schwierig es für eine empiristische Ethik ist, den distributiven Gerechtigkeitsaspekt stringent zu begründen (2.4.3). Die Utilitarismusdiskussion machte deutlich, daß der Utilitarismus auf empiristischer Basis sein Sozialprinzip letztlich immer nur im Sinne einer Nutzensumme bzw. eines Durchschnittsnutzens präzisieren kann, aber gerade nicht im Sinne distributiver, sozialer Gerechtigkeit (2.5.2). Der Aufweis der moralischen Verbindlichkeit distributiver Gerechtigkeit ist nur auf Grund eines nicht-empirischen, transzendentalen Kriteriums möglich.

> Nun folgt hieraus unstreitig: daß jedes vernünftige Wesen, als Zweck an sich selbst, sich in Ansehung aller Gesetze, denen es nur immer unterworfen sein mag, zugleich als allgemein gesetzgebend müsse ansehen können, weil eben diese Schicklichkeit seiner Maximen zur allgemeinen Gesetzgebung es als Zweck an sich selbst auszeichnet, imgleichen, daß dieses seine Würde (Prärogativ) vor allen bloßen Naturwesen es mit sich bringe, seine Maximen jederzeit aus dem Gesichtspunkte seiner selbst, zugleich aber auch jedes andern vernünftigen als gesetzgebenden Wesens (die darum auch Personen heißen), nehmen zu müssen. Nun ist auf solche Weise eine Welt vernünftiger Wesen (mundus intelligibilis) als ein Reich der Zwecke möglich, und zwar durch die eigene Gesetzgebung aller Personen als Glieder. (GMS BA 83)

Unter Berücksichtigung der Idee eines Reichs der Zwecke erhält der Kategorische Imperativ folgende Fassung:

> Demnach muß ein jedes vernünftige Wesen so handeln, als ob es durch seine Maximen jederzeit ein gesetzgebendes Glied im allgemeinen Reich der Zwecke wäre. Das formale Prinzip dieser Maximen ist: handle so, als ob deine Maxime zugleich zum allgemeinen Gesetze (aller vernünftigen Wesen) dienen sollte. (GMS BA 83 f.)

Damit überblicken wir das Moralprinzip in jener Differenzierung, in der es sich im Kategorischen Imperativ KANTS darstellt. Das reine Vernunftkriterium der Grundformel (die Form des allgemeinen Gesetzes) bestimmte sich in der Selbstzweckformel weiter durch den Begriff der Person als absolutem Zweck (Zweck an sich selbst) und führte schließlich zur

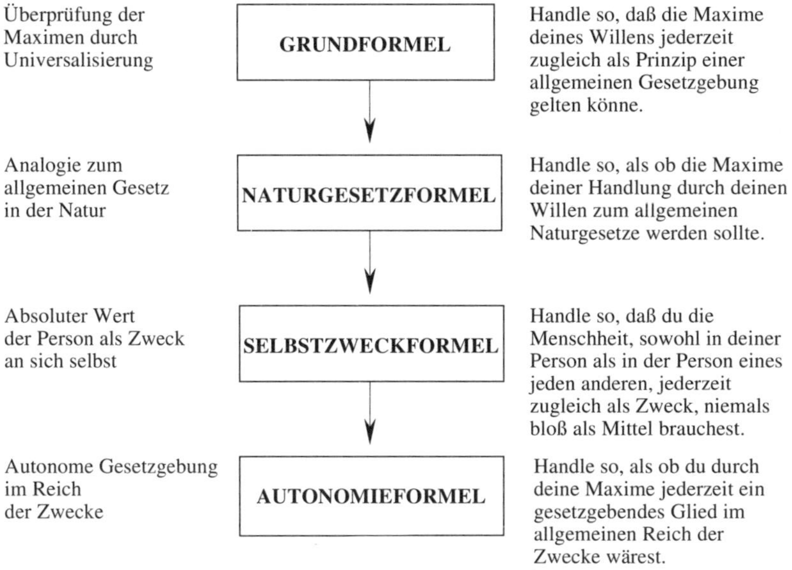

Abb. 7: Die Formulierungen des Kategorischen Imperativs

Idee des Reichs der Zwecke als der moralischen Gemeinschaft autonomer Personen. Nach KANT ist mit dieser Vermittlung folgendes geleistet:

- Die moralische Motivation als reine Vernunftmotivation (Praktisch-Werden reiner Vernunft aus sich selbst) wird klar abgegrenzt gegen die empirische Lust-Unlust-Motivation.
- Die eigenständige Bedeutung des Moralischen wird präzise herausgearbeitet und begrifflich bestimmt.
- Es wird ein Moralprinzip aufgewiesen, das in seiner Differenziertheit eine tragfähige Basis der moralischen Argumentation bildet.
- Dieses Moralprinzip ist zugleich Gerechtigkeitsprinzip. Es fordert, daß praktische Handlungsgesetze für alle Betroffenen distributiv vorteilhaft bzw. konsensfähig sein müssen.

Dabei ist an folgendes zu erinnern: Der Kategorische Imperativ ist nicht in dem Sinne Moralprinzip, daß *aus ihm* Maximen und Regeln *abgeleitet* werden könnten, sondern insofern, als er angibt, *wie Maximen überprüft werden müssen,* damit sie den Charakter moralischer Gesetze erhalten.

3.2.4 Antithesen

Wir sahen (3.2.1), daß eine transzendentalphilosophische Grundlegung der Ethik *zwei prinzipiell verschiedene Motivationstypen* unterscheiden muß, die empirische Motivation *aus Neigung* und die Vernunftmotivation *aus Pflicht.* Wir wollen im folgenden die Differenz beider genauer charakterisieren, indem wir auf die von KANT erörterten *Antithesen der Motivation* eingehen.

(1) Die Antithese *material-formal.* In jeder *Neigungsmotivation* motiviert ein bestimmter empirischer Inhalt, eine bestimmte *Materie.* Letztlich geht es dabei immer um Lustgewinn und Unlustvermeidung. Diese Materie hängt von der subjektiven Bedürfniskonstellation des Individuums ab. Insofern sind Neigungsmotivationen *material* im Sinne der Lust-Unlust-Motivation. – Die *Pflichtmotivation* als Vernunftmotivation besitzt keine derartige empirische Materie. Sie verheißt weder Vorteil noch Nachteil. Was in ihr motiviert, ist ausschließlich die *reine Vernunftform* als solche, also die *Form des allgemeinen Gesetzes.* Sie ist also *formal.*

Imperative können zumeist in beiden Weisen interpretiert werden, haben aber dann eine jeweils andere Bedeutung. Nehmen wir als Beispiel den Imperativ »Du sollst nicht stehlen!« Interpretiere ich ihn *material,* so könnte ich ihn etwa begründen durch das Sprichwort »Diebe haben kurze Beine« oder durch die Überlegung, daß die Destabilisierung dieses Imperativs durch meinen Diebstahl letztlich *auch mein* Eigentum gefährden könnte. Diese Interpretation bleibt im Rahmen der Lust-Unlust-Motivation. Ich bejahe den Imperativ, weil ich die Nachteile des Erwischtwerdens, der Strafe und eventuell auch des selbst Bestohlen-Werdens vermeiden möchte. Der Imperativ ist in dieser Interpretation ein Ratschlag der Klugheit, aber kein moralisches Gesetz. Unterlasse ich das Stehlen nur aus diesen Gründen, dann bin ich nicht moralisch motiviert. – Interpretiere ich diesen Imperativ *formal,* so könnte ich ihn etwa folgendermaßen begründen: Ich könnte aufweisen, daß das Eigentumsrecht mit der Selbstzweckhaftigkeit der Person zu tun hat und der Dieb den Bestohlenen bloß als Mittel zu seinen Zwecken gebraucht; daß also eine Maxime, die den Diebstahl erlaubt, unmöglich ein allgemeines Gesetz im Reich der Zwecke sein kann; ganz abgesehen davon, daß ich eine derartige Maxime gar nicht widerspruchsfrei als allgemeines Gesetz denken könnte. Bejahe ich den Imperativ aus derartigen Gründen, so bin ich nicht empirisch (Lust-Unlust-Motivation) durch Vorteil oder Nachteil motiviert, sondern aus reiner Vernunft bzw. durch die Form des allgemeinen Gesetzes. In diesem Fall ist der Imperativ ein moralisches Gesetz, also ein kategorischer Imperativ.

(2) Die Antithese *subjektiv-objektiv.* Neigungen motivieren *subjektiv,* denn ihr Grund ist das »besonders geartete Begehrungsvermögen des Subjekts« (GMS BA 64), das befriedigt werden soll. Das letztlich bestimmende Prinzip der subjektiven Motivation ist nach KANT das (hedonistische) *Prinzip der Selbstliebe.* Insofern geht es in der subjektiven Motivation um die je-eigenen Wünsche, Bedürfnisse, Interessen und Präferenzen. KANT bezweifelt nicht, daß es für den Menschen als Bedürfniswesen erlaubt, ratsam und klug ist, dieses subjektive Glück anzustreben. Er bestreitet allerdings, daß diese subjektive Motivation als solche auch schon moralisch ist und daß die Maximen der subjektiven Motivation den

Charakter moralischer Gesetze haben. – In der *moralischen* Motivation geht es um den Gesichtspunkt der *objektiven Notwendigkeit,* der mit der Form des allgemeinen Gesetzes als Kriterium der Maximenüberprüfung ins Spiel kommt. In der Moralität motivieren also gerade nicht die subjektiven Wünsche, Bedürfnisse, Interessen und Präferenzen, sondern der moralische Standpunkt ist der Standpunkt der *Objektivität,* der an der Idee des Reichs der Zwecke orientierte Standpunkt der *Unparteilichkeit.*

> Glücklich zu sein, ist notwendig das Verlangen jedes vernünftigen aber endlichen Wesens, und also ein unvermeidlicher Bestimmungsgrund seines Begehrungsvermögens. Denn die Zufriedenheit mit seinem ganzen Dasein ist nicht etwa ein ursprünglicher Besitz, und eine Seligkeit, welche ein Bewußtsein seiner unabhängigen Selbstgenügsamkeit voraussetzen würde, sondern ein durch seine endliche Natur ihm selbst aufgedrungenes Problem, weil es bedürftig ist [. . .]. Aber eben darum, weil dieser materiale Bestimmungsgrund von dem Subjekte bloß empirisch erkannt werden kann, ist es unmöglich, diese Aufgabe als ein Gesetz zu betrachten, weil dieses als objektiv in allen Fällen und für alle vernünftigen Wesen eben denselben Bestimmungsgrund des Willens enthalten müßte. (KpV A 45 f.)

Wir sahen, wie sich HUME (2.4.2) im Rahmen seines empiristischen Ansatzes bemühte, mittels der Sympathietheorie diesen moralischen Standpunkt der Objektivität zu erreichen. Aber letztlich ist auch das sympathetisch vermittelte *moralische Gefühl* ein im Zeichen der subjektiven Lust-Unlust-Motivation stehender empirischer Affekt. Analoges gilt, wenn (z. B. bei A. SCHOPENHAUER, 1788–1860) das *Mitleid* zum springenden Punkt der Moral gemacht wird. Auch das Mitleid ist letztlich ein subjektiver, empirischer Affekt und erreicht gerade nicht den *reinen* Standpunkt unparteilicher Objektivität und Gerechtigkeit.

(3) Die Antithese *hypothetisch-kategorisch.* Ein *hypothetischer* Imperativ gebietet eine Handlung immer nur als *Mittel* zur Erreichung eines vorausgesetzten (*hypóthesis* = gr. Voraussetzung) Zwecks; »die Handlung wird nicht schlechthin, sondern nur als Mittel zu einer anderen Absicht geboten« (GMS BA 43). Sind diese Voraussetzungen (Hypothesen) empirisch, so verweisen sie letztlich auf unsere empirisch-subjektive Bedürfnisstruktur und stehen in der Lust-Unlust-Motivation. – Ein *kategorischer* Imperativ »würde der sein, welcher eine Handlung als für sich selbst, ohne Beziehung auf einen anderen Zweck, als objektiv-notwendig vorstellte« (GMS BA 39).

Hypothetische Imperative haben eine *Wenn-Dann-Struktur,* z. B. »Wenn du wohlhabend sein willst, dann spare!«, »Wenn du gesund bleiben willst, dann treibe Sport!«; das Sprichwort »Mit dem Hute in der Hand kommt man durch das ganze Land« empfiehlt hypothetisch Höflichkeit. Alle Imperative im Rahmen eines Konsequentialismus (Teleologie), der an einem hedonistisch gefaßten Nützlichkeitsprinzip orientiert ist (vgl. 2.5.1), sind hypothetische Imperative. Ihnen fehlt prinzipiell jener Charakter der *Unbedingtheit der Pflichtbewandtnis,* der die Moralität kennzeichnet (vgl. 1.1.2 und 2.4.3).

> Endlich gibt es einen Imperativ, der, ohne irgend eine andere durch ein gewisses Verhalten zu erreichende Absicht als Bedingung zum Grunde zu legen, dieses Verhalten unmittelbar gebietet. Dieser Imperativ ist kategorisch. Er betrifft nicht die Materie der Handlung und das, was aus ihr erfolgen soll, sondern die Form und das Prinzip, woraus sie selbst folgt, und das Wesentlich-Gute derselben besteht in der Gesinnung, der Erfolg mag sein, welcher er wolle. Dieser Imperativ mag der der Sittlichkeit heißen. (GMS BA 43)

Wir werden allerdings zu zeigen suchen (3.2.5), daß es auch in der moralischen Motivation hypothetische (konsequentialistische, teleologische) Aspekte geben muß, freilich nur so, daß sie nicht mit dem kategorischen Anspruch des Moralprinzips kollidieren.

(4) Die Antithese *heteronom - autonom. Heteronomie* (gr. *héteros* = der andere, *nómos* = das Gesetz, insofern: Fremdgesetzgebung) kennzeichnet eine Motivation, in welcher das Gesetz des Handelns »von außen«, von anderem oder anderen kommt. Dagegen besagt *Autonomie* (3.2.2), daß sich der Handelnde selbst das Gesetz des Handelns gibt, dieses Gesetz also aus ihm selbst stammt. Im Kontext der Ethik KANTS erhält die Antithese folgende Bedeutung:

- Im Fall der *Autonomie* geht es darum, daß im *Praktisch-Werden reiner Vernunft aus sich selbst* (3.2) das vernunfthafte Subjekt *sich selbst* das apriorische Sittengesetz (Kategorischer Imperativ) als Gesetz des Handelns gibt, sich also selbst bestimmt und sich damit als Zweck an sich selbst (3.2.2) setzt.
- Im Fall der *Heteronomie* geht es darum, daß das Handeln Resultat eines *empirisch-naturkausalen Wirkungszusammenhanges* ist (2.1). Das Gesetz des Handelns ist *vorgegebenes* Naturgesetz, das dann den Menschen ebenso determiniert wie die vormenschliche Natur. Die heteronome Motivation ist die Lust-Unlust-Motivation, die wir mit den Tieren gemeinsam haben.

In der Moralität erweist sich das Subjekt als autonom und emanzipiert sich als Selbstzweck gegenüber der Heteronomie naturkausaler Determinismen. In dieser Möglichkeit der Autonomie gründet die *Würde* der menschlichen Person.

Hinter der heteronomen Motivation steht wieder das Prinzip der Selbstliebe, die im Sinne der Lust-Unlust-Motivation am subjektiven Vorteil oder Nachteil, etwa an Belohnung oder Bestrafung orientiert ist. Nur die autonome, in Funktion des Sittengesetzes stehende je-eigene Vernunfteinsicht in die objektive Notwendigkeit einer Maxime als moralisches Gesetz konstituiert Pflicht im strikten moralischen Sinne.

Wir sehen, daß alle vier Antithesen dasselbe Thema variieren: die prinzipielle Differenz zwischen empirischer und moralischer Motivation. Gegenüber allen Spielarten empiristischer Ethik wird betont, daß sich die eigentliche Pointe der Moralitätsbewandtnis auf empiristischer Basis nicht rekonstruieren läßt; sie kann nur begriffen werden als die praktische Seite der transzendentalen Differenz.

3.2.5 Konkretisierung des Moralprinzips

Häufig wurde gegen die transzendentalphilosophische Grundlegung der Ethik bei KANT behauptet, der Kategorische Imperativ als Moralprinzip sei auf Grund seines Formalismus wenig geeignet, in der lebensweltlichen Praxis konkrete Pflichten aufzuweisen; er leide als abstrakt bleibendes Prinzip an einem *Mangel an Konkretisierbarkeit*. Im folgenden wollen wir dazu einige Überlegungen anstellen (vgl. HÖFFE 1983, 186–196). Bei KANT betreffen Überlegungen dieser Art die *reine praktische Urteilskraft* (KpV A 119–126):

> Ob nun eine uns in der Sinnlichkeit mögliche Handlung der Fall sei, der unter der [praktischen] Regel [der Vernunft] stehe, oder nicht, dazu gehört praktische Urteilskraft, wodurch dasjenige, was in der Regel allgemein (in abstracto) gesagt wurde, auf eine Handlung in concreto angewandt wird. (A 119)

KANT unterscheidet *Zwei Typen* von praktischen Normierungen:

- *Maximen* als allgemeine praktische Grundsätze haben den Charakter von *Beurteilungsprinzipien* für ganze *Lebensbereiche*. Darum kommt ihnen ein hoher Allgemeinheitsgrad zu.
- *Handlungsregeln* spezifizieren die Maximen im Hinblick auf bestimmte *Situationstypen*. Sie wenden Maximen auf konkrete *Handlungskontexte* an. Darum ist ihr Allgemeinheitsgrad geringer.

Die Handlungsregeln stehen also zwischen den Maximen und der konkreten Handlungsentscheidung.

(1) *Maximen*. Die Ethik KANTS ist eine *Maximenethik*. Das Moralprinzip (Kategorischer Imperativ) fordert nicht, jede beliebige spezielle Handlungsregel an der Form des allgemeinen Gesetzes zu überprüfen, sondern es fordert diese Überprüfung *ausschließlich für Maximen,* also für *allgemeine* (subjektive) *praktische Grundsätze*. Darum verfehlt das folgende Beispiel das maximenethische Anliegen KANTS:

> Im Stadion einer Großstadt von mehreren Millionen Einwohnern findet am Freitagabend ein Fußballspiel zweier weltberühmter Mannschaften statt, das nicht im Fernsehen übertragen wird. Die Klasse aller zwölf- bis achtzigjährigen gesunden männlichen Einwohner (oder die überwiegende Zahl der Mitglieder dieser Klasse) möchte dieses Spiel gern sehen, und jeder hat die Möglichkeit, es zu besuchen. Nur ein Bruchteil von ihnen findet aber im Stadion Platz. Folgt daraus, daß keiner das Spiel besuchen darf? (RICKEN 1983, 100f.)

Die spezielle Handlungsregel, ein bedeutendes Match zu besuchen, hat nicht den Charakter einer Maxime. Maximen sind *allgemeine* Beurteilungsprinzipien der Praxis, die für ganze *Lebensbereiche* Geltung haben und insofern als *Leitprinzipien der Lebensführung* dienen. Sie sind normative *Grundmuster,* die unabhängig von den besonderen Kontexten, etwa von wechselnden sozialen Gegebenheiten eine allgemeine praktische Orientierung bieten. Das Moralprinzip gebietet, daß wir diese grundlegenden Orientierungsprinzipien unseres Lebens, die wir uns subjektiv zu Grundsätzen der Praxis gesetzt haben, am Vernunftkriterium (Form des allgemeinen Gesetzes, Selbstzweckhaftigkeit jeder Person, Reich der Zwecke) überprüfen. Fällt diese Überprüfung positiv aus, so erweist sich die Maxime als ein *allgemeines, objektives, moralisches Gesetz* bzw. als *ein moralisches Prinzip.*

Auf der Ebene der moralischen Prinzipien, d. h. der überprüften und als universalisierbar erwiesenen Maximen, erledigt sich weitgehend das Problem des *ethischen Relativismus.* Wohl können Menschen (kulturell oder biographisch bedingt) sehr unterschiedliche moralische Überzeugungen haben. Die Divergenz dieser Überzeugungen betrifft jedoch selten die Prinzipien als solche, sondern meist deren Konkretisierung in Handlungsregeln. Darum sind Prinzipen wie z. B. die ehrwürdigen Gebote des Dekalogs (»Vater und Mutter ehren!«, »Nicht morden!«, »Nicht ehebrechen!«, »Nicht stehlen!«, »Nicht lügen!«) in dieser ihrer Allgemeinheit weitgehend unumstritten und interkulturell anerkannt. Die Divergenz tritt zumeist erst dann auf, wenn Prinzipien dieser Art konkretisiert, also in Handlungsregeln auf bestimmte Kontexte und Situationstypen bezogen werden. Dabei ist stets zu bedenken, daß aus der Nicht-Befolgung einer Norm nicht auf deren Nicht-Anerkennung geschlossen werden darf; der schuldhaft Handelnde anerkennt die Norm, die er nicht befolgt.

(2) *Handlungsregeln.* In unserer Lebensführung haben wir immer schon unsere Maximen auf bestimmte Handlungskontexte und Situationstypen bezogen und in Handlungsregeln konkretisiert, an denen wir uns in der Praxis orientieren. Derartige Handlungsregeln entstehen also dadurch, daß wir den allgemeinen Gehalt unserer Maximen in den unterschiedlichen Situationsarten unserer Lebenswelt zu verwirklichen suchen. Haben wir unsere Maximen am Moralprinzip überprüft und sie als moralische Prinzipien erwiesen, so geht es darum, den verpflichtenden moralischen Gehalt dieser Prinzipien in den Kontext- und Situationstypen unserer lebensweltlichen Praxis zu bewähren. Die Handlungsregeln, die sich daraus ergeben, erhalten dann den Charakter *moralischer Regeln* bzw. *spezieller moralischer Gesetze.* Ihren bestimmten *Inhalt* setzt die praktische Urteilskraft auf Grund zweier Voraussetzungen fest:

- die eine liegt im *Gehalt der Maximen bzw. Prinzipien,*
- die andere in *unserer Beurteilung der Kontext- und Situationstypen.*

Die *zweite* Voraussetzung hat nicht unmittelbar ethischen Charakter, sondern betrifft vielfältige Fragen *theoretischer, empirischer bzw. technischer Art.* Im Übergang von moralischen Prinzipien zu speziellen moralischen Regeln spielt also Theorie eine entscheidende Rolle.

Die meisten Leute werden nicht zögern, in der Pflicht, Menschen in Notsituationen zu helfen, ein moralisches Prinzip zu sehen. Wenn es nun aber um spezielle Notlagen geht, etwa um Arbeitslosigkeit, Drogenabhängigkeit, Pflegebedürftigkeit, Flüchtlingselend, Seuchen, Marginalisierung der Massen in der Dritten Welt etc., welche Handlungsregeln sind dann moralisch geboten, um den moralischen Gehalt des Prinzips in derartigen Kontexttypen durchzusetzen? Um darauf antworten zu können, müssen wir die einzelnen Kontexttypen sorgfältig analysieren, um zu einer Diagnose der Lage zu gelangen, die es gestattet, Handlungsregeln moralisch zu empfehlen. Solche Analysen und Diagnosen hängen aber entscheidend ab von unserem Wissensstand, von unserer Einschätzung wissenschaftlicher (z. B. ökonomischer, soziologischer, psychologischer, medizinischer) Theorien sowie von rechtlichen und wirtschaftlichen Gegebenheiten, die wir (zumindests vorläufig) als Konstanten behandeln müssen. Wir sehen: Die Ethik kann aus sich selbst lediglich Maximen überprüfen und moralische Prinzipien aufweisen. Zu deren Umsetzung in spezielle Handlungsregeln ist sie auf Kenntnisse und Kompetenzen angewiesen, die als solche nicht ethisch sind.

(3) *Situation.* Konkretes Handeln ist immer *Handeln in Situation.* Maximen und Handlungsregeln zielen darauf ab, Situationen praktisch zu meistern. Die reine praktische Urteilskraft bestimmt moralische Prinzipien weiter zu speziellen moralischen Regeln und diese schließlich in der konkreten Situation zur *konkreten Pflicht.* Dabei können sich zwei Schwierigkeiten ergeben:

- Situationen sind *komplex.* Sie können durch Umstände und Kontingenzen bestimmt sein, deren Beurteilung besondere Probleme aufwirft. Sie lassen sich nicht immer »glatt« unter Regeln subsumieren.
- In Situationen können *Pflichtenkollisionen* auftreten, d. h. unterschiedliche moralische Prinzipien (z. B. Hilfsbereitschaft und Ehrlichkeit) können in der Handlungssituation miteinander kollidieren.

KANT neigte dazu, Situationen »glatt« unter Regeln zu subsumieren und die genannten Schwierigkeiten zu unterschätzen. Er faßte z. B. das Verbot der Lüge (»vorsätzliche Unwahrheit überhaupt«, MST A 85) so streng, daß schlechthin keine Situation denkbar ist, in welcher vorsätzliche Unwahrheit aus Hilfsbereitschaft berechtigt wäre; auch dann nicht, wenn es im Kontext eines Unrechtsregimes darum ginge, einen Unschuldigen vor Folter und Tod zu bewahren. Wir werden sehen, daß der Begriff der *Tugend der Klugheit* bei ARISTOTELES Möglichkeiten bietet, in der Bestimmung der konkreten Pflicht der Situation gerecht zu werden.

Dieser skizzierte Konkretisierungsvorgang vollzieht sich zunächst im Zeichen der *Autonomie.* Die *je-eigene* praktische Vernunft und Urteilskraft des sich motivierenden Subjekts bestimmt (»im eigenen Gewissen«) die moralischen Prinzipien zu den speziellen moralischen Regeln und schließlich zur konkreten Pflicht weiter. Damit aber ergibt sich grundsätzlich die Möglichkeit *divergierender moralischer Überzeugungen.* Denn die Beurteilung von Situations- und Kontexttypen im Hinblick auf Regeln und die Beurteilung von Situationen im Hinblick auf die konkreten Pflich-

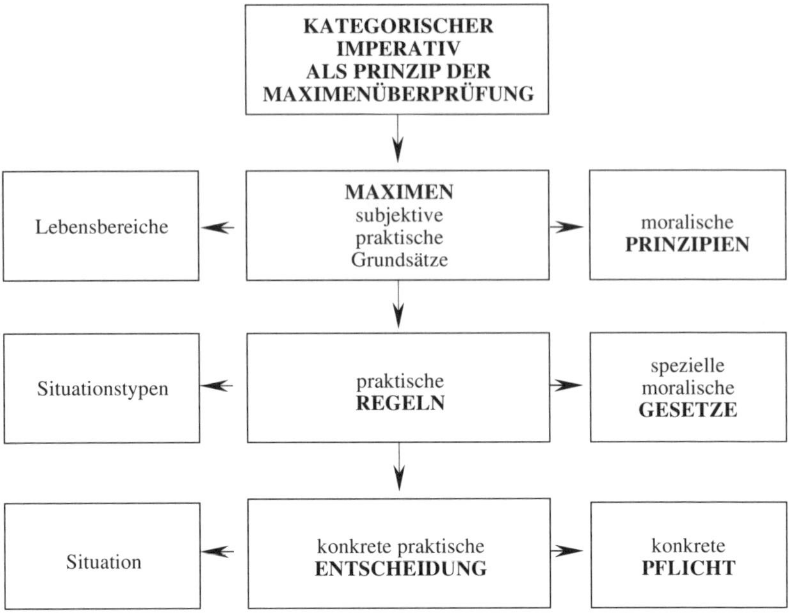

Abb. 8: Die Konkretisierung des Moralprinzips

ten können auf Grund vielfältiger (kultureller, biographischer) Unterschiede zwischen Personen divergieren. Wir werden sehen, daß sich aus diesen subjektiven Divergenzen die Frage nach *sozial geltenden, intersubjektiv anerkannten sittlichen Normen* ergibt.

Oft wird KANT vorgeworfen, seine Position sei rein *deontologisch* und vernachlässige den *teleologischen* (konsequentialistischen) Aspekt (2.5.1), d.h. es würden die *Handlungsfolgen* nicht zureichend berücksichtigt. Versuchen wir, die Sachlage zu klären!

- Zweifellos ist das Kriterium, welches das Moralprinzip für die *Maximenbeurteilung* bietet, *deontologisch.* Hier geht es um die Unverfügbarkeit der Person als Zweck an sich selbst. Personen dürfen nicht konsequentialistisch in Nutzenkalkülen zur Disposition gestellt werden.

  Hier liegt, wie wir sahen (3.2.3), ein eminenter Vorteil des Moralprinzips als Gerechtigkeitsprinzip gegenüber dem utilitaristischen Sozialprinzip (2.5.2). Die moralisch überprüften Maximen (moralische Prinzipien) verpflichten insofern an sich kategorisch, weil es in ihnen um die Unverfügbarkeit der Personen geht, die nicht durch Erwägungen empirisch-teleologischer Nutzensummen in Frage gestellt werden darf.

- Anders verhält es sich im Fall der *Handlungsregeln,* zu welchen die moralischen Prinzipien spezifiziert werden müssen. Handlungen sind so zu regeln, daß sie in den diversen Situationstypen dem Gehalt des betreffenden moralischen Prinzips gerecht werden. Dazu sind aber teleologische Überlegungen erforderlich.

Fasse ich z. B. die Pflicht zur Hilfsbereitschaft als ein moralisches Prinzip, so habe ich meine Handlungen so zu regeln, daß sie in den jeweiligen Situationstypen (z. B. im Fall der Ersten Hilfe nach einem Verkehrsunfall) die bestmöglichen Folgen für die Betroffenen in Aussicht stellen. Es läßt sich zeigen, daß die meisten moralischen Prinzipien Handlungsregeln involvieren, die ohne teleologische Überlegungen unbrauchbar sind.

> Ausgeschlossen sind die Folgenüberlegungen aus der Begründung, nicht aber aus der Anwendung sittlicher Maximen auf konkretes Handeln; hier sind sie nicht nur erlaubt, sondern meist unabdingbar. Nicht im Gegensatz, sondern ganz in Übereinstimmung mit dem Utilitarismus hält Kant die Beförderung des Wohlergehens anderer für sittlich geboten; und die Befolgung des Gebots setzt voraus, daß man sich im Licht des Wohlergehens der Mitmenschen die Konsequenzen seines Tuns und Lassens genau überlegt. Während aber der Utilitarismus das Leitprinzip für die Folgeüberlegungen, das Wohlergehen anderer, nicht mehr philosophisch begründet, stellt Kant dafür den kategorischen Imperativ mit dem rationalen Test der Verallgemeinerung bereit. (HÖFFE 1983, 189 f.)

Wir wollen auf einen weiteren wichtigen Gesichtspunkt hinweisen. In den bisherigen Überlegungen bezogen wir das Moralprinzip, die allgemeinen moralischen Gesetze und die speziellen moralischen Regeln vor allem auf *Handlungen individueller Personen.* Wir wiesen aber bereits darauf hin (1.1.1), daß sich unser moralisches Urteilen auch auf *soziale Gebilde* (Verhältnisse, Institutionen, Strukturen, Ordnungen und Gesetze) bezieht. Insofern unterscheiden wir zwischen

- *Individualethik,* deren Thema die moralische Qualität bzw. die sittliche Richtigkeit individuell-persönlicher Handlungen, Handlungsweisen, Einstellungen und Haltungen ist, und
- *Sozialethik,* in welcher es darum geht, soziale Gebilde daraufhin sittlich zu beurteilen, ob sie gerecht bzw. menschenwürdig sind.

Das Moralprinzip, das wir erörtern, betrifft seinem Anspruch nach nicht nur den individualethischen, sondern *auch den sozialethischen Bereich.* Ob die konkreten Institutionen, Gesetze, Regelungen etc. des sozialen Lebens (z. B. des Rechts, der Politik, der Wirtschaft, der Kultur) als *gerecht* bezeichnet werden können, hängt davon ab,

- ob die in ihnen enthaltenen und zum Ausdruck kommenden Maximen der Überprüfung an der Idee des Reichs der Zwecke (3.2.3) standhalten und
- ob der sittliche Gehalt dieser überprüften Maximen in den speziellen Regelungen kompetent, korrekt und klug auf die betreffenden Kontext- und Situationstypen hin konkretisiert wurde.

Die erste Frage betrifft unmittelbar die Ethik als solche. Die zweite involviert vielfältige (theoretische, einzelwissenschaftliche, technische) Probleme und Sachbereiche.

3.2.6 Gut und Böse

Wir sind nun in der Lage, die moralischen Qualitäten Gut und Böse begrifflich genau zu bestimmen. Wir beziehen uns dabei zunächst auf *Handlungen.*

- *Moralisch gut* ist eine Handlung genau dann, *wenn ihr Bestimmungsgrund* (ihr Motiv, ihre »Triebfeder«) *die reine Vernunftform des Moralprinzips als solche ist.* In der moralischen Handlung bin ich direkt durch das moralische Gesetz motiviert. Ich handle so, weil ich diese Handlung im Sinne des Kategorischen Imperativs als meine Pflicht anerkannt habe. Das eigentliche moralische Motiv ist also das *Vernunftmotiv* als *Pflichtmotiv.*
- *Moralisch böse* ist eine Handlung genau dann, *wenn ihr Bestimmungsgrund ein Neigungsmotiv ist, das der Pflicht widerspricht.* Ich tue dann etwas, was ich möchte (Neigungsmotiv), aber nicht sollte (Pflichtmotiv).

> Das Wesentliche alles sittlichen Werts der Handlungen kommt darauf an, daß das moralische Gesetz unmittelbar den Willen bestimme. (KpV A 126)

Wir haben in dieser Charakterisierung Gut und Böse *formal* bestimmt. Die Frage, wie Gut und Böse *inhaltlich* zu bestimmen sind, entscheidet sich in der je-eigenen praktischen Vernunft bzw. Urteilskraft, die wir *Gewissen* nennen. Im Gewissen erfolgt die Konkretisierung des Moralprinzips zur konkreten Pflicht (vgl. 3.2.5).

Damit wird folgendes deutlich: Der springende Punkt der moralischen Qualität von Handlungen liegt letzlich in der Frage, *was den Willen des Handelnden motiviert.* Was eine Handlung moralisch zur guten oder bösen Handlung qualifiziert, ist der *Wille,* der entweder, wenn er sich aus *Pflicht* motiviert, ein *guter* oder aber, wenn er sich *aus einer pflichtwidrigen Neigung* motivieren läßt, ein *böser* Wille ist. Die moralische Qualität einer Handlung besteht also letztlich in der moralischen Qualität der *Gesinnung* des Handlungswillens. Ich handle moralisch gut, wenn ich *wissentlich und willentlich aus Pflicht handle,* und ich handle moralisch böse, wenn ich wissentlich und willentlich pflichtwidrig handle. Darum gilt:

> Es ist überall nichts in der Welt, ja überhaupt auch außer derselben zu denken möglich, was ohne Einschränkung für gut könnte gehalten werden, als allein ein *guter Wille.* (GMS BA 1)

Insofern können wir das moralische Gute auch als das *Gewissensgemäße,* das moralisch Böse als das *Gewissenswidrige* charakterisieren. Denn im individuellen Gewissen bestimmt sich die konkrete Pflicht, an der sich die moralische Qualität des Willens bzw. der Gesinnung entscheidet. Demnach können wir die moralische Qualität von Handlungen nicht auf Grund ihrer äußeren empirischen Erscheinung beurteilen, sondern nur auf Grund der in ihnen wirkenden inneren Gesinnung des Willens, die allein moralisch gut oder böse sein kann. Niemand kann guten Willens (»nach bestem Wissen und Gewissen«) moralisch böse handeln.

Diese Auffassung KANTS ist nicht neu. Schon THOMAS VON AQUIN (1225–1274) vertrat im wesentlichen die gleiche Auffassung. Er erörterte in STh I.II. 19 ausführlich diese Fragestellung. Er lehrt, die moralischen Qualitäten des Guten und des Bösen *(bonitas* und *malitia)* kämen im eigentlichen Sinne dem Willen zu, genauer: dem inneren Willensakt *(actus interioris voluntatis).* Dabei hänge die moralische Qualität des Willens ab vom Objekt des Willens, genauer: vom Objekt, wie es von der je-eigenen praktischen Vernunft, also vom Gewissen des Handelnden, dem Willen vorgestellt wird. Stellt also das Gewissen ein Handlungsmotiv als etwas Gutes vor, so erhält der sich darauf richtende Wille die Qualität des guten Willens. Stellt es ein Handlungsmotiv als etwas Böses vor, so erhält er die Qualität des bösen Willens (vor allem: I.II. 19,5).

Dabei ist es wichtig, *zwei Mißverständnisse* zu vermeiden:

(1) Es könnte der Eindruck entstehen, die strikte Bindung von Gut und Böse an die Gesinnung bzw. das Gewissen der handelnden Person eröffne beliebige Spielräume der Willkür. Hier ist zu unterscheiden:

- Einerseits sahen wir (3.2.5), daß Personen auf Grund vielfältiger (kultureller, biographischer) Unterschiede divergierende moralische Überzeugungen haben können. Daraus folgt, daß sich die *inhaltliche* Bedeutung von Gut und Böse in den verschiedenen persönlichen Gewissen unterschiedlich bestimmen kann. Die *formale* Bedeutung ist jedoch immer dieselbe.
- Andererseits gehört es zum Begriff des guten Willens, die Konkretisierung der Pflicht *nach bestem Wissen und Gewissen* sorgfältig zu vollziehen. Das Moralprinzip impliziert die Pflicht, in der Konkretisierung der Pflicht nach *Richtigkeit* zu streben und das Gewissen zu *bilden.*

(2) Wenn KANT das moralisch Gute als den guten Willen faßt, dann meint er damit nicht *bloß den guten Willen,* etwa im Unterschied zur Anstrengung der tatsächlich ausgeführten Handlung. Vielmehr gehört es zum moralisch guten Willen, daß ich das mir Mögliche in die Wege leite und tue, damit die gute Handlung zur Ausführung kommt.

Damit überblicken wir jene Sinnebene der Praxis, die für die Ethik grundlegend ist. Wir nennen sie die *Sinnebene der Moralität.* Wir werden sehen, daß es noch andere Sinnebenen der Praxis gibt, etwa die der *Sittlichkeit,* die des *Rechts* und die des *Glaubens.*

3.3 Die moralisch relevante Freiheit

Wir sahen, daß unser alltägliches Vorverständnis des Moralischen die moralische Bewertung der Praxis mit dem Gesichtspunkt der Freiwilligkeit verbindet (1.1.3). Außerdem wurde gezeigt, daß die empiristische Ethik nicht in der Lage ist, diesen Gesichtspunkt zu rekonstruieren (2.1, 2.4.3). Auf Grund der Erörterungen zum Moralprinzip bereitet es keine Schwierigkeiten, die moralisch relevante Freiheit *(Willensfreiheit)* aufzuweisen.

Die alltägliche Rede von Freiheit ist mehrdeutig und bedarf einer Differenzierung. Wir unterscheiden zunächst die *Handlungs- und Entscheidungsfreiheit* von der moralisch relevanten *(transzendentalen)* Freiheit (vgl. RICKEN 1983, 75–78).

- Unter *Handlungsfreiheit* verstehen wir den *äußeren Handlungsspielraum* eines Menschen, also seine durch äußere Gegebenheiten bedingten Möglichkeiten und Chancen, Handlungsziele zu verwirklichen.
- Unter *Entscheidungsfreiheit* verstehen wir den *inneren (psychischen) Entscheidungsspielraum* eines Menschen, also seine Fähigkeit, sich Ziele zu setzen und durch zweckrationale Überlegungen Wege zu ihrer Verwirklichung zu ermitteln.

Es ist klar, daß die Handlungs- und die Entscheidungsfreiheit *in vielfältiger Weise bedingt* sind. Die Handlungsfreiheit hängt ab von unserer physischen Konstitution sowie von den verschiedensten ökonomischen, politischen, familiären, kulturellen und sonstigen Gegebenheiten. Die Entscheidungsfreiheit hängt von unserer psychischen Konstitution ab, aber auch von unserer Bildung und unseren Fertigkeiten. In beiden Fällen geht es um *Freiheitsspielräume,* in denen uns Möglichkeiten offenstehen, eben Handlungs- und Entscheidungsspielräume. Offenbar wünschen die meisten Menschen möglichst große Freiheitsspielräume. Sie möchten die optimale Chance haben, die von ihnen frei gesetzten Ziele, Interessen und Bedürfnisse zu verwirklichen. Niemand will, daß ihm Ziele *aufgezwungen* werden.

Um diese Freiheitsspielräume (vor allem im Sinne der Handlungsfreiheit) geht es in den modernen *Menschenrechten,* die als *Freiheitsrechte* Abwehrrechte gegen (politische und soziale) Zwänge sind und Spielräume des Handelns gewährleisten sowie als *soziale Grundrechte* die sozialen Voraussetzungen sichern sollen, daß jeder Mensch ein Mindestmaß konkreter Freiheit besitzen kann. Die Handlungs- und Entscheidungsfreiheit ist in hohem Maß *ethisch bedeutsam,* denn viele sittliche Normen verpflichten uns dazu, die Handlungs- und Entscheidungsfreiheit unserer Mitmenschen nicht nur zu respektieren, sondern sie auch zu fördern und zu erweitern. Wenn das Moralprinzip verpflichtet, die Autonomie jeder Person auf die Idee des Reiches der Zwecke hin anzuerkennen (3.2.3), dann bezieht es sich wesentlich auch auf die gerechte Optimierung der Handlungs- und Entscheidungsfreiheit in der »Welt vernünftiger Wesen«.

Allerdings ist diese Handlungs- und Entscheidungsfreiheit grundsätzlich *etwas Empirisches.* Sie wird vom Empirismus nicht bestritten und ist durchaus vereinbar mit einem völlig naturkausalen Begriff der Praxis als empirischen Wirkungszusammenhang (2.1). Wir können sie auch ohne weiteres den Tieren »in Gottes freier Natur« zusprechen. Zur Aufklärung des fundamentalethischen Begriffs der Moralität trägt sie nichts bei. In der *moralisch relevanten* (nach KANT: *transzendentalen*) *Freiheit* jedoch kommt ein *metaphysischer* Gesichtspunkt ins Spiel, eben der Gesichtspunkt der praktischen Bedeutung der transzendentalen Differenz (3.1.1) bzw. des *Praktisch-Werdens reiner Vernunft aus sich selbst* (3.2).

Die Frage nach der transzendentalen Freiheit kommt etwa ins Spiel, wenn wir überlegen: Warum ist es eine Forderung der Gerechtigkeit, jeder Person im Sinne der Handlungs- und Entscheidungsfreiheit Spielräume der Freiheit einzuräumen? Worin liegt der Grund für die moralische Bedeutung der Menschenrechte? Überlegungen dieser Art verweisen auf die transzendentale Tragweite der Person als Zweck an sich selbst. Die transzendentale Freiheit ist ein Aspekt dieser Tragweite. Im Fall der transzendentalen Freiheit geht es nicht um empirische Spielräume des Handelns und Entscheidens. Aber es geht um den Grund, warum Spielräume der Handlungs- und Entscheidungsfreiheit als Menschenrechte gefordert werden.

Wir weisen im folgenden im Anschluß an KANT die transzendentale Freiheit auf und differenzieren ihren Begriff.

(1) Wenn reine Vernunft aus sich selbst praktisch werden kann und insofern zureichender Bestimmungsgrund des Willens ist, dann zeigt sich darin, *daß menschliche Praxis nicht im Gefüge naturkausaler, empirischer Wirkungszusammenhänge aufgeht, sondern sich genau in diesem Punkt als unabhängig von aller Naturkausalität erweist.* Diese Unabhängigkeit kommt zum Ausdruck in der *Autonomie,* d. h. darin, daß Transzendentalität *als reine praktische Vernunft sich selbst als reinen Willen gesetzgebend bestimmen kann.*

> Jene *Unabhängigkeit* aber ist Freiheit im negativen, diese *eigene Gesetzgebung* aber der reinen, und, als solche, praktischen Vernunft ist Freiheit im *positiven* Verstande. Also drückt das moralische Gesetz nichts anderes aus, als die *Autonomie* der reinen praktischen Vernunft, d. i. der Freiheit, und diese ist die formale Bedingung aller Maximen, unter der sie allein mit dem obersten praktischen Gesetze zusammenstimmen können. (KpV 58 f.)

In der moralischen Autonomie zeigt sich also, daß menschliche Praxis nicht einfachhin naturkausales Resultat empirischer Antezedensbedingungen (äußerer Stimulantien, Triebstrukturen, Charakterkonstellationen etc.) ist, sondern im Zeichen einer von aller Naturkausalität prinzipiell unterschiedenen *Kausalität aus Freiheit* steht. Im Unterschied zu allen Determinismen empirischer (materialer, subjektiver, hypothetischer, heteronomer) Bestimmungsgründe (vgl. 3.2.4), die allesamt der Naturkausalität zugehören, zeigt das »Faktum der Vernunft« (3.2.1), daß

Autonomie als *Selbstbestimmung aus Freiheit* möglich ist, also Selbstbestimmung aus (formalen, objektiven, kategorischen, autonomen) Bestimmungsgründen, die prinzipiell den Rahmen naturkausaler Determinismen sprengen und eine Kausalität anderen Typs, eben jene aus Freiheit, ins Spiel bringen.

> Freiheit und unbedingtes praktisches Gesetz weisen also wechselweise auf einander zurück. Ich frage hier nun nicht: ob sie auch in der Tat verschieden seien, und nicht vielmehr ein unbedingtes Gesetz bloß das Selbstbewußtsein einer reinen praktischen Vernunft, diese aber ganz einerlei mit dem positiven Begriffe der Freiheit sei; sondern wovon unsere *Erkenntnis* des unbedingt Praktischen *anhebe,* ob von der Freiheit, oder dem praktischen Gesetze. Von der Freiheit kann es nicht anheben; denn deren können wir uns weder unmittelbar bewußt werden, weil ihr erster Begriff negativ ist, noch darauf aus der Erfahrung schließen, denn Erfahrung gibt uns nur das Gesetz der Erscheinungen, mithin den Mechanism der Natur, das gerade Widerspiel der Freiheit, zu erkennen. Also ist es das *moralische Gesetz,* dessen wir uns unmittelbar bewußt werden [. . .], welches sich uns *zuerst* darbietet, und, indem die Vernunft jenes als einen durch keine sinnlichen Bedingungen zu überwiegenden, ja davon gänzlich unabhängigen Bestimmungsgrund darstellt, gerade auf den Begriff der Freiheit führt. (KpV 52f.)

Transzendentale Freiheit ist damit zunächst aufgewiesen und bestimmt als jene Unabhängigkeit von der Naturkausalität, die sich in der moralischen Autonomie zeigt.

(2) Wenn wir transzendentale Freiheit als *Wahl- und Willensfreiheit* fassen, so thematisieren wir einen Gesichtspunkt, der unmittelbar mit dem eben erörterten Aufweis zusammenhängt. Der Mensch ist wesentlich beides: *Naturwesen,* das in die Naturkausalität eingebunden und insofern empirisch (Lust-Unlust-Motivation) motiviert ist, und *Vernunftwesen,* das sich aus transzendentaler Freiheit selbst bestimmen kann (Autonomie). Insofern steht der Mensch auf Grund seiner Natur praktisch in *doppelter Motivation* (3.2.1). Das Vernunftwesen, das zugleich Naturwesen ist, hat

> zwei Standpunkte, daraus es sich selbst betrachten, und Gesetze des Gebrauchs seiner Kräfte, folglich aller seiner Handlungen, erkennen kann, einmal, so fern es zur Sinnenwelt gehört, unter Naturgesetzen (Heteronomie), zweitens, als zur intelligiblen Welt gehörig, unter Gesetzen, die, von der Natur unabhängig, nicht empirisch, sondern bloß in der Vernunft begründet sind. (GMS BA 108f.)

Auf Grund dieser Bestimmung unserer menschlichen Natur ergibt sich, daß jeder der beiden Motivationstypen unseren Willen zwar *hinreichend* bestimmen kann, keiner der beiden aber *hinreichend und notwendig.*

Naturwesen, die keine Vernunftwesen sind, also z. B. die Tiere, werden durch die empirische Motivation hinreichend und notwendig bestimmt und gehen insofern in den naturkausalen Wirkungszusammenhängen auf. Wenn es Vernunftwesen gibt, die keine Naturwesen sind, also z. B. Engel, so wären diese nicht empirisch motiviert, d. h. die Vernunftmotivation (KANT: die objektiven Gesetze des Guten) würde sie hinreichend und notwendig bestimmen. Ihr Wille wäre also notwendigerweise ein »vollkommen guter Wille« (GMS BA 39). (Darum bereitete der Sturz der Engel den Theologen nicht unerhebliche philosophische Schwierigkeiten.) So gesehen stehen weder die reinen Vernunftwesen noch die reinen Geistwesen in einer moralisch relevanten Entscheidungssituation, die der unseren entspricht.

Weil die Vernunftmotivation (Sittengesetz) unseren Willen nicht hinreichend und notwendig bestimmt, tritt sie mit dem moralischen Anspruch eines *Imperativs,* eines *Sollens,* einer *praktischen Verbindlichkeit,* also als Gebot, als Pflicht, als Gesetz auf. Die empirische Motivation bedarf keines solchen Anspruchs, da sie etwas *verheißt:* den Gewinn von Lust oder die Vermeidung von Unlust.

> Alle Imperative werden durch ein *Sollen* ausgedrückt, und zeigen dadurch das Verhältnis eines objektiven Gesetzes der Vernunft zu einem Willen an, der seiner subjektiven Beschaffenheit nach dadurch nicht notwendig bestimmt wird (eine Nötigung). Sie sagen, daß etwas zu tun oder zu unterlassen gut sein würde, allein sie sagen es einem Willen, der nicht immer darum etwas tut, weil ihm vorgestellt wird, daß es zu tun gut sei. (GMS BA 37)

Damit lassen sich die moralischen Kategorien des *Erlaubten,* des *Verbotenen* (Unerlaubten) und des *Gebotenen* (Pflicht) unterscheiden:

> Die Handlung, die mit der Autonomie des Willens zusammen bestehen kann, ist *erlaubt*; die nicht damit stimmt, ist *unerlaubt.* [. . .] Die Abhängigkeit eines nicht schlechterdings guten Willens vom Prinzip der Autonomie (die moralische Nötigung) ist *Verbindlichkeit.* [. . .] Die objektive Notwendigkeit einer Handlung aus Verbindlichkeit heißt Pflicht. (GMS BA 86)

Wir überblicken damit den Zusammenhang, in welchem die transzendentale Freiheit als *Wahl- und Willensfreiheit* steht (vgl. Abb. 9). Der Wille ist auf Grund seiner Beschaffenheit als menschlicher Wille kein reiner, »schlechterdings guter Wille«. Vielmehr ist er einerseits (als Wille des Vernunftwesens Mensch) *Vernunftwille,* aber andererseits zugleich (als Wille des Natur- und Bedürfniswesens Mensch) *empirisch affizierter Wille.* Dabei ist er als Vernunftwille so verfaßt, daß er in den empirisch-naturkausalen Determinismen nicht aufgeht. Auf Grund dieser Beschaffenheit steht er in jener *doppelten Motivation,* welche die Bedeutung einer *moralischen Wahl- bzw. Entscheidungsfreiheit* erhält. Der Wille hat letztlich *zwei Möglichkeiten:*

- Er *bestimmt sich* (als Vernunftwille) *aus reiner praktischer Vernunft selbst.* Das heißt: Er gibt sich selbst das Gesetz der Vernunft (Kategorischer Imperativ) als Sittengesetz, konkretisiert es zur *Pflicht* und

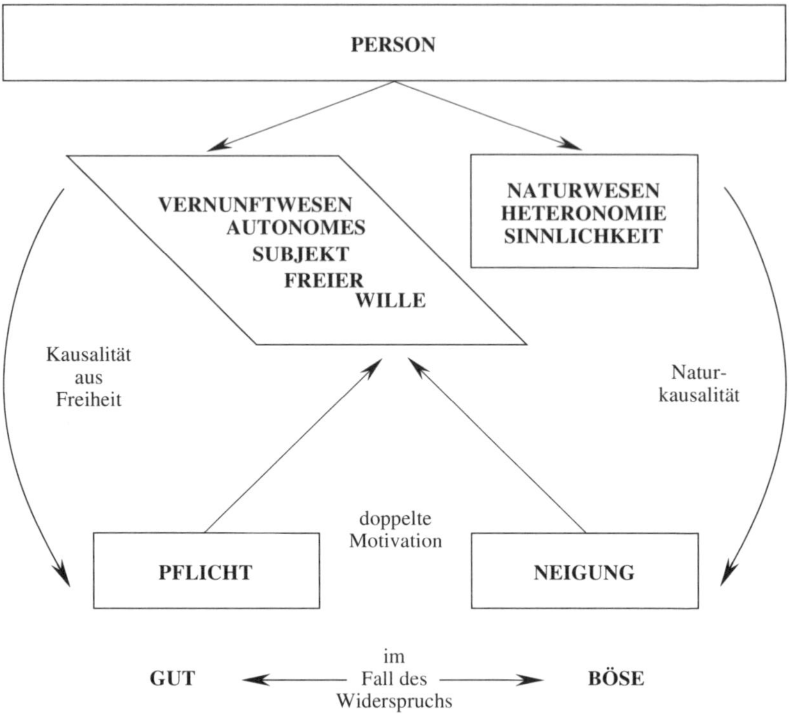

Abb. 9: Transzendentale Freiheit

unterwirft sich dieser. Er setzt sich damit selbst als *autonomen* und *guten* Willen.

- Er *läßt sich* (gewissermaßen »von außen«) *durch empirisch-naturkausale Determinismen* bestimmen. Das heißt: Er läßt sich (obwohl Vernunftwille) das Gesetz des Handelns vernunft- und pflichtwidrig aus Neigungen vorgeben und unterwirft sich diesem Gesetz. Er wird damit zum *heteronomen* und *bösen* Willen.

Ob ich mich allerdings für die Pflicht und damit für die Autonomie und das Gute entscheide oder aber durch die pflichtwidrige Neigung heteronom und böse bestimmen lasse, *das liegt bei mir,* das fällt in meine Verantwortung, darin besteht meine Wahl- und Willensfreiheit. Hier liegt der Kern jener *Freiwilligkeit,* die sich schon im alltäglichen Vorverständnis (1.1.3) als ein zentraler Gesichtspunkt des Moralischen herausstellte.

Dabei sei nochmals (vgl. 3.2.4) darauf hingewiesen, daß KANT die *empirische Motivation* (Neigungen, Selbstliebe, Glücksstreben, Bedürfnisbefriedigung etc.) keineswegs abwerten will. Alle empirischen Motivationen, die dem moralischen Gesetz nicht widersprechen, die also »mit der Autonomie des Willens zusammen bestehen« können (GMS BA 86), *sind erlaubt*. Es ist ratsam und klug, ihnen Aufmerksamkeit zu schenken und die Freude und Zufriedenheit zu genießen, die sie in unser Leben zu bringen vermögen. Die moralische Frage ist nur, ob sie mit der Autonomie des Willens zusammen bestehen können. Der Selbstwert der Person (vgl. 1.1.6), in welchem letztlich ihre Würde gründet, liegt in der Autonomie; sie ist der Wert, »den sich Menschen allein selbst geben können« (KpV A 154). In aller Moralität geht es darum, sich diesen Wert zu geben.

Zusammenfassung 3

- Die Philosophie KANTS eröffnet der Perspektive der transzendentalen Differenz zwischen dem Inbegriff der empirischen Objektivität innerer und äußerer Erfahrung und dem transzendentalen Subjekt als Selbstbewußtsein und reiner Vernunft.
- Reine Vernunft wird aus sich selbst praktisch und erweist sich im Kategorischen Imperativ als gesetzgebend. Sie begründet damit eine von der empirischen Lust-Unlust-Motivation prinzipiell verschiedene moralische Vernunftmotivation.
- Der Kategorische Imperativ verpflichtet als Moralprinzip, nur nach Handlungsmaximen zu handeln, die an der Idee eines allgemeinen Gesetzes überprüft sind; die Maximen müssen also universalisierbar sein.
- Der absolute Zweck der Moralität ist die menschliche Person, weil sie als moralisches Subjekt »Zweck an sich selbst« ist. Darum fordert der Kategorische Imperativ, die Menschheit in der eigenen Person und in jeder anderen immer auch als Zweck und nie bloß als Mittel zu betrachten. Damit ergibt sich die normative Idee eines »Reichs der Zwecke«, in welchem alle Personen in ihrer Autonomie anerkannt sind und in ihren Zwecken gefördert werden.
- In den Antithesen material-formal, subjektiv-objektiv, hypothetisch-kategorisch und heteronom-autonom zeigt sich die prinzipielle Differenz zwischen empirischer Lust-Unlust-Motivation und moralischer Vernunftmotivation.
- Die Konkretisierung des Moralprinzips kommt von allgemeinen praktischen Gesetzen (überprüften Maximen eines Lebensbereichs) über praktische Regeln (hinsichtlich spezieller Situationstypen) zur konkreten Pflicht (in bestimmter Situation).
- Moralisch gut ist eine Handlung, wenn ihr Bestimmungsgrund das Pflichtmotiv, also die reine Vernunftform des Moralprinzips ist; moralisch böse ist sie, wenn ihr Bestimmungsgrund ein pflichtwidriges Neigungsmotiv ist. Darum sind Gut und Böse primär Bestimmungen des Willens.

- Im Unterschied zur Handlungs- und Entscheidungsfreiheit, die nur Freiheitsspielräume betrifft, geht es bei der transzendentalen Freiheit um jene Autonomie bzw. Selbstbestimmung, die im Praktisch-Werden reiner Vernunft aus sich selbst eine von aller Naturkausalität prinzipiell verschiedene Kausalität aus Freiheit verwirklicht. Sie ist die moralisch relevante Willensfreiheit.

4 Gewissen

Im Kontext der Ethik KANTS, an dem wir uns in Teil 3 orientierten, meinte »Gewissen« die je-eigene praktische Vernunft im kategorischen Anspruch des Sittengesetzes. Im folgenden geht es darum, den Gewissensbegriff zu präzisieren. Wir beziehen uns dabei zunächst auf eine andere wirkungsgeschichtlich wichtige Position der abendländischen Ethik, nämlich auf THOMAS VON AQUIN (1225–1274), den wichtigsten Denker der Hochscholastik. Einerseits bietet seine Ethik einen hervorragend differenzierten Gewissensbegriff und andererseits prägte die thomanische Ethik maßgeblich das moraltheologische Denken der katholischen Tradition. Dieses wiederum beeinflußte erheblich das europäische Ethik- und Moralverständnis.

Dabei verfolgen wir ein weiteres Anliegen: Die Thematik, um die es im folgenden geht, überschneidet sich in vieler Hinsicht mit Fragestellungen, die wir im Teil 3 erörterten. Wir wollen in der Entfaltung des thomanischen Gewissensbegriffs versuchen, einen vormodernen, anders akzentuierten ethischen Ansatz kennenzulernen und diesen Ansatz auf jenen zu beziehen, den wir im Anschluß an KANT erörterten. Häufig faßte man die Positionen von THOMAS und KANT als stark gegensätzlich. Es wird sich zeigen, daß sich die beiden Ansätze durchaus miteinander verbinden lassen. Die unterschiedlichen Akzentuierungen ergänzen einander.

THOMAS entfaltet seine Ethik im Kontext einer christlichen *Theologie.* Dabei ist allerdings folgendes zu beachten: Im Denken des Aquinaten lassen sich Fragestellungen philosophischen Charakters im allgemeinen präzise unterscheiden von jenen, die nur unter bestimmten theologischen Voraussetzungen auftreten. Insofern kann durchaus von einer *philosophischen Ethik* (vgl. KLUXEN ^{2}1980) des Aquinaten die Rede sein.

4.1 Conscientia und synderesis

THOMAS erörtert die Gewissensproblematik in *zwei Ansätzen.* Wir wollen uns mit beiden beschäftigen. Der eine Ansatz ist terminologisch charakterisiert durch die Begriffe *conscientia* und *synderesis,* der andere durch den Begriff der *lex naturalis.*

Es gibt bei THOMAS keinen Ausdruck, der genau das bezeichnet, was wir im Deutschen mit »Gewissen« meinen. Die Ausdrücke *conscientia* und *ratio,* die er in einschlägigen Kontexten verwendet, haben eine allgemeinere Bedeutung als unser

»Gewissen«. Allerdings lassen die gegebenen Präzisierungen genau erkennen, worum es geht. Wir wenden uns zuerst dem Conscientia-Synderesis-Ansatz zu, der am ausführlichsten in den Fragen 16 und 17 der Schrift *De veritate* erörtert wurde.

4.1.1 Das Wissen im Gewissen

THOMAS definiert *conscientia* ausgehend von der Etymologie des Wortes (lat. *con-scire* = mit-wissen, zugleich wissen, davon *conscientia* = Mitwissen, Bewußtsein) als *Applikation eines Wissens auf einen bestimmten Akt* (*applicatio scientiae ad aliquem actum particularem,* Verit. 17,1). Dabei gibt es *zwei Möglichkeiten* der Applikation:

- Im einen Fall erfolgt die Applikation als die Feststellung, *daß der Akt vollzogen wird oder vollzogen wurde (an actus sit vel fuerit).* Hier geht es also um die Reflexion, in der wir uns einen Akt bewußt machen, den wir gerade vollziehen oder den wir bereits vollzogen haben. Diese Applikation ist als solche noch nicht moralisch relevant.
- Im anderen Fall erfolgt die Applikation als die Überlegung oder die Feststellung, *ob der Akt moralisch richtig sei oder nicht (an actus sit rectus vel non).* Hier geht es um die Reflexion, in welcher ein Akt moralisch beurteilt wird. Diese Applikation entspricht dem, was wir »Gewissen« nennen. Dabei kann sich die moralische Reflexion einerseits beziehen auf den noch nicht vollzogenen, aber *vorgestellten,* erwogenen, geplanten Akt; wir sprechen dann vom *vorausgehenden* Gewissen *(conscientia antecedens).* Andererseits kann sie sich beziehen auf den bereits *vollzogenen* Akt; dann sprechen wir vom *nachfolgenden* Gewissen *(conscientia consequens).*

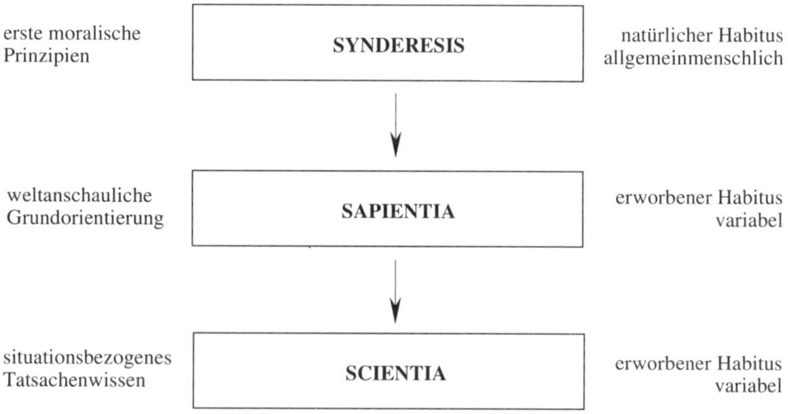

Abb. 10: Das Wissen im Gewissen

Für die Präzisierung des Gewissensbegriffs ist es entscheidend, wie THOMAS dieses *Wissen* bestimmt, diese *scientia* in der *conscientia.* Welches Wissen wird in der moralischen Applikation des Gewissens auf den Akt appliziert? Nach THOMAS umfaßt dieses Wissen drei Ebenen, die er mit den Namen *synderesis, sapientia* und *scientia* (im engeren Sinn) bezeichnet (17,1).

(1) *Synderesis* (16,1). Sie ist das *Wissen um die allgemeinsten moralisch-praktischen Prinzipien.* Dieses Wissen kommt der praktischen Vernunft *(ratio practica) natürlicherweise* zu, hat also (ähnlich wie das Sittengesetz bei KANT) apriorischen Charakter. THOMAS spricht von einem *natürlichen Habitus.* Insofern ist die Synderesis *allgemeinmenschlich, unveränderlich* und *unverlierbar.* In seiner Applikation auf Akte fungiert dieses Wissen wesentlich *normativ:* Es gebietet das Gute bzw. drängt dazu *(inclinare ad bonum)* und verbietet das Böse bzw. »murrt« dagegen *(remurmurare malo).*

Das Wort *synderesis* entstand aus der Korrumpierung einer Textstelle des Ezechielkommentars des HIERONYMUS für das griechische *syneidesis,* das in etwa gleichbedeutend ist mit dem lateinischen *conscientia.* Das Wort *Habitus* meint eine zuständliche Eigenschaft im Sinne einer dauerhaften Fähigkeit oder Disposition auf Tätigsein hin. So etwa hat der Violinist den Habitus des Geigenspielens. Ein Habitus kann *natürlich* sein und kommt dann dem, der ihn besitzt, immer und wesentlich (»angeboren«) zu. Er kann aber auch *erworben* sein und hat dann den Charakter einer bestimmten (erlernten) Fertigkeit. Bei THOMAS hat die Synderesis den Charakter eines natürlichen, die Tugend aber den eines erworbenen Habitus. – Welches diese allgemeinsten moralisch-praktischen Prinzpien sind, deren natürlicher Habitus die Synderesis ist, listet THOMAS nicht auf. Offenbar denkt er dabei an zwei Dinge (vgl. 1.1.2): einerseits an das allgemeine moralische Wissen, daß das Gute Pflicht und das Böse verboten ist, und andererseits an gewisse allgemeinste Gebote (z. B. »Nicht morden!«, »Nicht lügen!«, »Mitmenschen in Not helfen!«). Wir werden sehen, daß er die Frage nach der genaueren Bestimmung des natürlichen Habitus des Moralischen im Lex-naturalis-Ansatz präzisiert.

(2) *Sapientia* (= lat. Weisheit). Sie ist der *erworbene* Habitus jenes menschlichen Wissens, das sich auf die *höchsten und letzten Gründe* des Wirklichen bezieht. In diesem Kontext meint THOMAS offenbar das, was wir heute die *weltanschauliche Grundeinstellung* eines Menschen nennen können, die Einstellung also, die seine praktisch-relevanten Grundüberzeugungen und Grundwerteoptionen betrifft.

Es geht also im Fall der *sapientia* darum, wie ein Mensch Stellung bezieht zu den zentralen Fragen der Existenzerhellung, der Weltorientierung und der Transzendenzproblematik. Hierher gehören vor allem die religiösen und philosophischen Überzeugungen eines Menschen.

(3) *Scientia* (= lat. Wissen, Wissenschaft). Gemeint ist hier der erworbene Habitus jenes *empirischen Wissens,* jener Kenntnis der Tatsachen,

auf Grund dessen ein Mensch befähigt ist, Praxisfelder, Handlungszusammenhänge und Situationen (mehr oder weniger differenziert) zu kennen und zu beurteilen.

THOMAS verwendet hier *scientia* im engeren Sinne als eine der drei Ebenen, in welche sich die *scientia* in der *conscientia* ausdifferenziert. In diesem engeren Sinne meint *scientia* keineswegs notwendig wissenschaftliches Wissen, sondern einfach das je-gegebene Tatsachenwissen, den faktischen Kenntnisstand, der einem Menschen zur Verfügung steht, wenn er sich in einer konkreten Situation überlegt, was er tun bzw. wie er sich entscheiden solle.

Das Gewissen appliziert also das apriorische sittliche Bewußtsein, d.h. den natürlichen Habitus der *Synderesis,* differenziert durch die gegebenen weltanschaulichen Überzeugungen *(sapientia)* und konkretisiert durch die vorhandenen empirischen Kenntnisse *(scientia),* auf die bestimmte Handlung *(actus)* in einer gegebenen Situation. Die Analogie zum Konkretisierungsmodell in 3.2.5 (Moralprinzip-Maximen-Regeln-Situation) ist offenkundig. Versuchen wir, diese von THOMAS vorgelegte Differenzierung auf unsere aktuelle Fragestellung zu beziehen!

Ein Beispiel: Ein Betriebsleiter überlegt, ob er gifthaltige Industrieabwässer ungeklärt in den Fluß leiten solle, um so Kosten zu sparen. Das apriorische sittliche Bewußtsein *(synderesis)* eröffnet lediglich die allgemeine moralische Perspektive: Man sollte das Gute tun und das Böse unterlassen und man sollte anderen nicht schaden. - Wie sich ihm die moralische Entscheidungssituation näherhin darstellt, hängt von seiner weltanschaulichen Einstellung *(sapientia)* ab: Welchen Stellenwert haben ökologische Überlegungen in seiner Weltorientierung? Wie vermittelt er die ökonomischen Interessen des Betriebs (Wettbewerbsfähigkeit, Sicherung der Arbeitsplätze, Gewinnaussichten) und die ökologische Perspektive? - Ihre abschließende Konkretisierung findet die Entscheidungssituation durch die Kenntnis der besonderen Gegebenheiten und Umstände *(scientia):* Wie giftig sind die Abwässer? Wie hoch ist die Kostenersparnis? Wie ist die Gesetzeslage? - Die Überlegung, ob eine bestimmte Handlung moralisch richtig ist oder nicht, erfolgt (zumindest implizit) immer als Applikation dieses dreistufigen Wissens.

Wir können dieses dreistufige Gefüge des Wissens im Gewissen den *Motivationshorizont* eines Menschen nennen, also den Rahmen, in dem er sich motiviert und in dem sich für ihn Moralitätsprobleme stellen. Dabei ist folgendes wichtig: Weil es sich im Fall der weltanschaulichen Einstellung *(sapientia)* und des empirischen Tatsachenwissens *(scientia)* grundsätzlich um *erworbenes* Wissen handelt, *können sich die individuellen Motivationshorizonte der Menschen in vielfältiger Weise unterscheiden.* Sie sind auf Grund ihrer weltanschaulichen Ausprägung und ihres Wissensstandes *gesellschaftlich und geschichtlich vermittelt* und schatten sich darum *kulturell und biographisch* ab. Wohl *konvergieren* die individuellen Gewissen in ihrem Synderesis-Aspekt; jeder Mensch ist moralisches Subjekt und hat ein Gewissen. Aber sie können in ihrem Sapientia-

und Scientia-Aspekt, also in der weltanschaulichen Einstellung und im empirischen Kenntnisstand, vielfältig *divergieren.*

Die Divergenz in der weltanschaulichen Einstellung kann in unterschiedlichen Motivationshorizonten so groß sein, daß es manchmal schwer fällt, dahinter die Konvergenz im Synderesis-Aspekt zu erkennen. Denken wir an das biblische Gleichnis vom barmherzigen Samariter (Lk 10,25–37)! Für Menschen unseres Kulturkreises ist die Aussage dieses Gleichnisses ohne weiteres plausibel; offenbar war sie auch für die Menschen plausibel, zu denen Jesus sprach. Nehmen wir aber an, der Ort des Geschehens sei irgendwo in Indien, der unter die Räuber gefallene Mann sei ein Unberührbarer und der die Hilfe unterlassende Vorbeiziehende ein Brahmane. Der Brahmane ist der Überzeugung, daß der Unberührbare auf Grund seines Karma gerechterweise leidet und daß in diesem Leiden seine Chance liegt, die Schuld seines früheren Lebens zu sühnen. Auf Grund dieser religiösen Überzeugung ist dem Brahmanen die Forderung Jesu, jedem in Not geratenen Nächsten zu helfen, keineswegs plausibel. Allerdings ist dabei folgendes zu bedenken: Der Brahmane ist auf Grund dieser Überzeugung der Meinung, er täte mit einer Hilfeleistung im Sinne Jesu dem Unberührbaren überhaupt nichts Gutes; diese Hilfeleistung sei vielmehr ausgesprochen kontraproduktiv, einerseits hinsichtlich des Karma überhaupt und andererseits auch hinsichtlich der wahren Interessenlage des Unberührbaren. Er meint also, dem Unberührbaren mehr zu helfen, wenn er ihm nicht tätig hilft. So gesehen konvergiert seine Überzeugung, er müsse die Hilfeleistung unterlassen, durchaus mit jenem praktischen Prinzip, das THOMAS der Synderesis zugeordnet hätte, man solle anderen nicht schaden und ihnen im Fall der Not helfen.

4.1.2 Gewissen vor und nach der Handlung

Wir sahen, daß sich die moralische Applikation dieses dreistufigen Wissens einerseits auf die vorgestellte, bevorstehende Handlung beziehen kann und andererseits auf die bereits vollzogene Handlung. Wir unterschieden insofern zwischen dem *vorausgehenden (conscientia antecedens)* und dem *nachfolgenden (consequens)* Gewissen bzw. dem Gewissen vor und nach der Handlung. Wir können fragen, *welches Gewissen für den moralischen Wert einer Handlung ausschlaggebend* ist. THOMAS ist mit KANT der Überzeugung, daß die moralische Qualität einer Handlung letztlich abhängt von dem *inneren Willensakt (actus interioris voluntatis),* der die Handlung bestimmt (STh I.II.19,5). Die moralische Qualität des inneren Willensaktes hängt aber ab vom *Objekt,* also vom Motiv des Willens. Die moralische Qualität des Objekts jedoch bestimmt sich im *Gewissen,* welches in der moralischen Applikation des erörterten dreistufigen Wissens angibt, welches Handlungsmotiv, welches Objekt bzw. welche Handlung gut und geboten oder böse und verboten ist. In seiner freien Selbstbestimmung entscheidet sich der Wille dann für das Objekt, das er im Handeln verwirklichen will. Genau dadurch bestimmt er sich zum *guten* oder *bösen Willen* (vgl. 3.2.6); und von dieser moralischen Qualität des Willens hängt die moralische Qualität der Handlung ab.

> Gut und Böse sind die wesentlichen *(per se)* Differenzen des Willensaktes. Denn Gut und Böse sind wesentlich auf den Willen bezogen wie Wahr und Falsch auf die Vernunft [...]. Darum sind der gute und der böse Wille der Art nach *(secundum speciem)* verschiedene Akte. Ihrer Art nach unterscheiden sich Akte aber durch ihre Objekte [...]. Darum werden Gut und Böse in den Willensakten im eigentlichen Sinn *(proprie)* auf Grund der Objekte festgestellt. (19,1) – Das Gute wird dem Willen durch das Gewissen *(ratio)* als Objekt vorgestellt; und genau insofern, als es unter die Ordnung des Gewissens fällt, hat es moralische Bewandtnis und verursacht die moralische Gutheit im Akt des Willens. (ad 3) – Die Gutheit des Willens hängt im eigentlichen Sinne vom Objekt ab. Das Objekt des Willens aber wird diesem vorgestellt durch das Gewissen *(ratio)*. Denn das [im Gewissen] erkannte Gute ist das Objekt des Willens, das ihm [als vernunfthaftem Streben] entspricht. Das sinnliche [...] Gute [d.h. das Gute in der Lust-Unlust-Motivation] jedoch entspricht nicht dem Willen, sondern dem sinnlichen Streben *(appetitui sensitivo)*. Denn der Wille kann sich auf das universelle Gute *(bonum universale)* richten, welches das Gewissen als praktische Vernunft kennt. Das sinnliche Streben jedoch richtet sich immer nur auf das partikuläre Gute *(bonum particulare)*, welches die Sinnlichkeit *(vis sensitiva)* erfaßt. Und darum hängt die Gutheit des Willens genauso vom Gewissen ab, wie sie vom Objekt abhängt. (19,3)

Damit aber ist folgendes klar: Weil das Gewissen die moralische Qualität des Objekts, auf das sich der handelnde Wille richtet und von dem er seine moralische Qualität erhält, *vor der Handlung* bestimmen muß, ist das der Handlung vorausgehende Gewissen *(conscientia antecedens)* ausschlaggebend für den moralischen Wert einer Handlung. Definieren wir also die moralisch gute Handlung durch ihre Gewissensgemäßheit (vgl. 3.2.6), so ist damit immer das Gewissen *vor* der Handlung gemeint. Das nachfolgende Gewissen *(conscientia consequens)* hat nach THOMAS (Verit. 16,1) eine doppelte Funktion:

- Im Fall der guten Handlung rechtfertigt es den Handelnden, indem es ihn verteidigt *(defendere)* oder entschuldigt *(excusare)*.
- Im Fall der bösen Handlung wirft es dem Handelnden die Handlung vor in der Form der Anklage *(accusare)* und des »Gewissensbisses« *(remordere)*.

Während also das Gewissen vor der Handlung die moralische Qualität des Handlungsmotivs *(obiectum)* bestimmt und gebietend zum Guten drängt *(inclinare ad bonum)* sowie verbietend das Böse zurückweist *(remurmurare malo)*, konfrontiert es den Handelnden nach der Handlung mit der moralischen Qualität dieser vollzogenen Handlung, indem es diese moralisch auf dessen Verantwortung bezieht.

Die Formulierungen, in denen THOMAS die Funktionen des Gewissens vor und nach der Handlung charakterisiert *(defendere, excusare, accusare, remordere, inclinare, remurmurare)*, zeigen deutlich die eigentümliche *Dualität*, die im Phänomen des Gewissens zum Ausdruck kommt. *Ich* (als Gewissen) stehe gewissermaßen *mir selbst* (als Handelndem) gegenüber. Diese Dualität zeigt sich auch in den Formulierungen KANTS, das Gewissen sei die dem Menschen seine »Pflicht vorhaltende praktische Vernunft« und insofern »die Stimme des inneren Richters« (MST A 38f.). Wir können diese Differenz am besten im Anschluß an KANT erklären, indem wir an die *transzendentale Differenz zwischen transzendentalem und empirischem Ich* erinnern (vgl. 3.1.1). Als Personen sind wir wesentlich beides, aber eben nicht im Sinne differenzloser Unmittelbarkeit, sondern so, daß unser Selbstbewußtsein immer schon jenes Reflektieren ermöglicht, in welchem wir (als transzendental fungierendes Ich) uns objektivierend auf uns selbst (als empirisches Ich) beziehen. Im Gewissen erfolgt diese Reflexion in moralisch-praktischer Bewandtnis. Das Gewissen als reine (praktische) Vernunft (bei THOMAS: als *ratio* im Unterschied zur *vis sensitiva*) stellt mir als empirisch Handelndem *vor der Handlung* praktisch gebietend den reinen Anspruch der Pflicht vor (bei THOMAS: das *bonum universale* im Unterschied zum *bonum sensibile*). Es fordert, daß ich meinen empirischen Handlungswillen an ihm (dem Gewissen), als dem reinen Vernunftwillen, orientiere. *Nach der Handlung* bezieht das Gewissen die erfolgte Handlung rechtfertigend oder verurteilend auf meine Verantwortung und konfrontiert mich auf Grund der moralischen Qualität der Handlung mit meinem moralischen Wert.

4.2 Lex naturalis

Im sogenannten Lex-Traktat der Theologischen Summe (I.II. 90–108) erörtert THOMAS grundlegende Fragen des Gewissensverständnisses im Kontext einer umfassenden Differenzierung des Begriffs des Gesetzes *(lex)*. Die Erörterung steht in einem theologischen Zusammenhang. Wir haben die darin enthaltene philosophische Entfaltung des Gewissensbegriffs herauszuarbeiten.

4.2.1 Lex naturalis als Teilhabe an der lex aeterna

THOMAS behandelt die Ordnung des Moralischen und des Rechtlichen im Rückgriff auf den metaphysischen bzw. theologischen Begriff des *ewigen Gesetzes (lex aeterna)*. Dieses wird definiert als *der Plan der göttlichen Weisheit, sofern sie alle Handlungen und Bewegungen lenkt (ratio divinae sapientiae, secundum quod est directiva omnium actuum et motionum,* STh I.II. 93,1). Dabei ist mit »Handlungen« *(actus)* der Bereich menschlicher Praxis und Geschichte angesprochen, mit »Bewegungen» *(motiones)* der Bereich der Natur. Beide Bereiche unterstehen dem Plan der göttlichen Vorsehung *(providentia)* und partizipieren insofern das ewige Gesetz, allerdings in unterschiedlicher Weise. Darum werden *zwei Partizipationsweisen* des Geschaffenen am ewigen Gesetz unterschieden, eine *generelle* und eine *spezielle* (93,6).

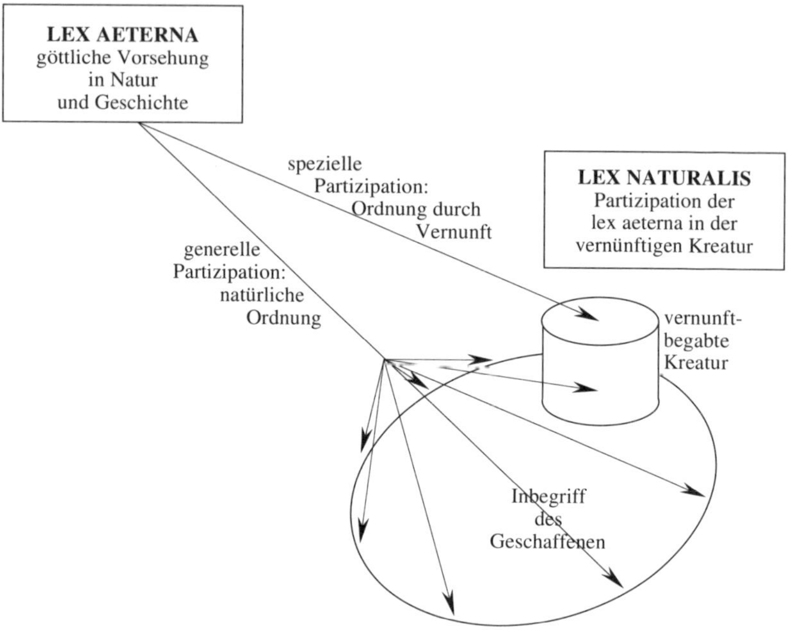

Abb. 11: Generelle und spezielle Partizipation

(1) Die *generelle* Partizipation. *Alle Geschöpfe* partizipieren das ewige Gesetz insofern, als sie auf Grund der Schöpfung eine *substantiale Form* (vgl. EP 2.2.3) besitzen, die das *innere Bewegungsprinzip (interius principium motivum)* ihres Agierens und Reagierens ist. Aus dieser substantialen Form ergeben sich die *natürlichen Hinordnungen (inclinationes naturales)* der Geschöpfe, auf Grund derer sie ihre artspezifisch bestimmten, naturgemäßen Ziele und Zwecke verfolgen.

Was THOMAS mit diesem »inneren Bewegungsprinzip« meint, läßt sich leicht illustrieren, wenn wir an die artspezifische Austattung, Triebstruktur und Instinktfixierung der Tiere denken. Diese sind im Sinne ihrer Art und bezogen auf artgemäße Umwelten auf bestimmte Tätigkeiten und Ziele hingeordnet (z. B. die Spinne auf den Bau des Spinnennetzes und den Insektenfang) und vollziehen in ihrem dadurch festgelegten »natürlichen« Verhalten (das Ethologen erforschen) einen Lebensprozeß, der sich in weitere natürliche Kontexte (z. B. Ökosysteme) einfügt. Nach THOMAS gibt es dieses innere Bewegungsprinzip des artspezifischen Agierens und Reagierens in der ganzen Schöpfung. Jedes Geschöpf ist auf Grund seiner artspezifischen Bestimmung auf natürliche Ziele und Zwecke hingeordnet, anorganische Substanzen ebenso wie Menschen. Der naturphilosophische Hintergrund dieser ganzen Überlegung ist das Substanz-, Entelechie- und Teleologiedenken des ARISTOTELES (vgl. EP 2.4.4.2).

(2) Die *spezielle* Partizipation. Auch die vernunftbegabten Kreaturen stehen in dieser generellen Partizipation. Aber darüber hinaus partizipieren sie das ewige Gesetz in *spezieller* Weise *durch ihre Vernunft.* Wie wir sahen, bezieht sich die *göttliche* Vernunft im ewigen Gesetz *planend,* also *vorsehend, providentiell* auf das Geschehen in Geschichte und Natur. Genau in diesem *Providenzaspekt* partizipiert die geschaffene (menschliche) Vernunft die göttliche der *lex aeterna.* Sie partizipiert die Vorsehung *(providentiae particeps),* indem sie selbst »für sich und andere vorsieht« (*sibi ipsi et aliis providens,* 91,2). Diese Partizipation des ewigen Gesetzes in der vernünftigen Kreatur *(participatio legis aeternae in rationali creatura)* nennt THOMAS das *natürliche Gesetz (lex naturalis).*

Im Fall der generellen Partizipation gilt, daß jeder Kreatur als Naturwesen durch das ewige Gesetz von Natur aus »geregelt und bemessen« *(regulata et mensurata),* also in ihrer artspezifischen Bestimmung auf ihre natürlichen Inklinationen *(inclinationes naturales)* hin festgelegt ist. Der Mensch aber, der Natur- und Vernunftwesen ist, geht in dieser naturalen Festlegung nicht auf, sondern ist zugleich der, welcher - aktiv vorsehend - regelt und bemißt *(regulans et mensurans).* Die göttliche Vernunft ist als universell vorsehende gesetzgebend *(lex aeterna),* und diesem Gesetz untersteht die ganze Schöpfung. Die menschliche Vernunft untersteht zwar auch dieser *lex aeterna,* aber so, daß sie, die göttliche Providenz partizipierend, an deren Lex-Bewandtnis teilnimmt und *selbst gesetzgebend* wird.

Terminologisch ist zu beachten, daß THOMAS mit einem *Gesetzesbegriff* arbeitet, der noch nicht über das Paradigma des modernen Naturgesetzes gelaufen ist. Das moderne Naturgesetz ist eine subsumtionsallgemeine Regel, die abstrakt einen funktionalen Zusammenhang (z. B. eine kausale Sukzession) in der Natur beschreibt (vgl. EP 5.2.3). Unser heutiger alltagssprachlicher Gesetzesbegriff ist maßgeblich vom modernen Begriff des Naturgesetzes geprägt. Für THOMAS ist Gesetz im eigentlichen Sinne immer etwas, was mit *Vernunft* zu tun hat (*aliquid rationis,* 90,1). Es ist also gerade nicht nur eine abstrakte, subsumtionsallgemeine Regel, die man zur Beschreibung oder Normierung von Funktionszusammenhängen oder Verhaltensweisen verwenden kann. Vielmehr ist es primär als etwas Vernunfthaftes Regel und Maß *(regula et mensura) im regelnden und bemessenden Vernunftwesen.* Darum kommt nur dem Menschen, nicht aber den vernunftlosen Kreaturen die aktive Lex-Bewandtnis der *lex naturalis* zu. Die vernunftlose Kreatur ist - geregelt und bemessen - der *lex aeterna* unterworfen. Die thomanische *lex naturalis* wäre völlig mißverstanden, wollte man sie im Sinne des Paradigmas des modernen Naturgesetzes interpretieren.

Blenden wir den kunstvollen theologisch-metaphysischen Kontext aus, so geht es um folgenden zentralen philosophischen Gehalt: Alle Wesen, auch der Mensch, sind eingebunden in ein Gefüge vorgegebener, artspezifischer, natural unbeliebiger Fixierungen, aus denen (je nach Spezies) bestimmte natürliche Inklinationen *(inclinationes naturales)* im Sinn natürlicher Notwendigkeiten, Verhaltensweisen, Bedürfnisse bzw. Triebe folgen. Als Vernunftwesen geht der Mensch jedoch in diesen Fixierungen nicht auf, sondern er ist in der Lage, für sich und andere aus Vernunft Providenz zu üben und sich das Gesetz des Handelns zu geben. Insofern wird er *sich aus Vernunft selbst Gesetz.*

4.2.2 Differenzierung der lex naturalis

Die thomanische *lex naturalis* ist »Sache der Vernunft« (*aliquid rationis,* vgl. 90,1). Bevor wir uns mit der Differenzierung des Begriffs der *lex naturalis* beschäftigen, sind einige Hinweise zum thomanischen *Vernunftbegriff* erforderlich. Die Vernunft *(ratio, intellectus)* des Menschen ist bei THOMAS eine strikt geistige Fähigkeit, die von der Sinnlichkeit *(vis sensitiva)* wesentlich unterschieden ist. Im Anschluß an ARISTOTELES sieht er die Grundvollzüge der Vernunft einerseits im *begrifflichen Erfassen des Universellen* und andererseits im *urteilenden und schließenden* Verbinden und Trennen von Begriffen. Von ARISTOTELES übernimmt THOMAS auch die Unterscheidung von *theoretischer* und *praktischer* Vernunft *(ratio speculativa et practica).* Er charakterisiert die Unterscheidung folgendermaßen: In beiden Fällen geht es um die *Vermittlung des Allgemeinen* und des empirisch in der sinnlich fundierten Erfahrung gegebenen *Besonderen.* Dabei zeigt sich in beiden Vollzugsweisen der Vernunft folgende Differenz:

- Die *theoretische* Vernunft geht vom Besonderen der Erfahrung *(singularia et contingentia)* aus und strebt danach, auf dem Weg der Analyse *(resolutio)* des empirisch Gegebenen jenes Allgemeine und Notwendige aufzuweisen und als Theorie wissenschaftlich darzustellen, welches das Besondere als subsumierbaren »Fall« des Allgemeinen zu erklären vermag. Ist die Theorie entwickelt, so kann die theoretische Vernunft auf dem Weg der Synthese *(compositio)* das Besondere als Fall des Allgemeinen rekonstruieren bzw. ableiten. Insofern bezieht sich die theoretische Vernunft lediglich *vorstellend,* nicht aber verursachend auf die Wirklichkeit (*est apprehensiva solum rerum,* II.II.83,1).
- Die *praktische* Vernunft bezieht sich dagegen auf das Handeln. Sie stellt also das Wirkliche nicht nur vor, sondern intendiert seine Veränderung *(non solum apprehensiva, sed etiam causativa).* Dabei geht es ihr um die Richtigkeit der konkreten Praxis. Sie geht von einem Allgemeinen und Notwendigen aus, nämlich von ersten praktischen Prinzi-

pien (vgl. 4.1.1). Diese hat sie auf dem Weg einer Synthese *(compositio)* auf die empirischen Gegebenheiten der Situation hin zu konkretisieren, in welchen das Handeln erfolgt. Dabei setzt die praktische Vernunft in ihrer Synthese die theoretische voraus. Sie bezieht, wie wir in 4.1.1 sahen, *sapientia* und *scientia,* die THOMAS der theoretischen Vernunft zuordnet, in praktischer Absicht auf die Situation.

Allerdings erfolgt die Konretisierung der praktischen Vernunft nicht so glatt wie die Subsumierung des Besonderen unter das Allgemeine im Fall der theoretischen Vernunft. Die besondere Komplexität der Situationstypen und Situationen erhält im Hinblick auf die Praxis ein völlig anderes Gewicht als im Fall der Theorie. Wir werden später sehen, welche Rolle THOMAS darum der Klugheit *(prudentia)* als Kardinaltugend einräumt.

> Aufgabe der Vernunft ist es, vom Allgemeinen zum Besonderen *(ex communibus ad propria)* fortzuschreiten. In dieser Hinsicht verhält sich jedoch die theoretische Vernunft anders als die praktische. Denn die theoretische Vernunft beschäftigt sich vor allem mit dem Notwendigen, das sich unmöglich anders verhalten kann. Darum findet sich die Wahrheit, wenn man keinen Fehler macht, in den konkreten Ableitungen *(conclusiones propriae)* ebenso wie in den allgemeinen Prinzipien. Aber die praktische Vernunft hat es mit jenen Kontingenzen zu tun, in welchen sich die menschlichen Handlungen abspielen. Wenn es also auch [für die praktische Vernunft] eine gewisse Notwendigkeit in den allgemeinen Prinzipien gibt, so unterläuft ihr doch desto eher ein Fehler, je mehr man sich den konkreten Anwendungen nähert. (I.II. 94,4)

Die Vernunft, um welche es in der *lex naturalis* geht, ist offensichtlich primär die praktische Vernunft. Sofern es sich dabei um die je-eigene praktische Vernunft handelt, welche überlegt, welches konkrete Handeln richtig und gut ist, können wir sie *Gewissen* nennen. Wir wollen den thomanischen Begriff der *lex naturalis* in zwei Schritten differenzieren; wir beziehen uns dabei auf den berühmten Artikel 94,2 des Lex-Traktats.

(1) *Das erste Prinzip.* THOMAS geht aus von einer Parallelisierung von theoretischer und praktischer Vernunft und gelangt zu folgendem Ergebnis: Wie die theoretische Vernunft in ihrem Vollzug ein erstes, unbeweisbares und in sich einsichtiges theoretisches Prinzip voraussetzt, *so setzt auch die praktische Vernunft ein erstes, unbeweisbares und in sich einsichtiges praktisch-normatives Prinzip voraus.* Das erste Prinzip der theoretischen Vernunft ist das Nichtwiderspruchsprinzip. Es besagt *(theoretisch)* die Exklusion von Sein und Nicht-Sein bzw. »daß nicht zugleich zu bejahen und zu verneinen ist«. Analog dazu besagt das erste Prinzip der praktischen Vernunft *(normativ)* die *Exklusion von Gut und Nicht-Gut.*

> Wie das Seiende *(ens)* das erste ist, was in die Vorstellung *(apprehensio)* überhaupt fällt, so ist das Gute *(bonum)* das erste, was in die Vorstellung der praktischen Vernunft fällt, die auf das Handeln *(opus)* hingeordnet ist. Denn jedes

> Agens ist um eines Zieles *(finis)* willen tätig, das die Bedeutung eines Guten hat. [. . .] Also ist das erste Gebot *(primum praeceptum)* des Gesetzes folgendes: Das Gute ist zu tun und zu erstreben und das Böse zu meiden *(bonum est faciendum et prosequendum et malum vitandum).* Darin gründen alle anderen Gebote des natürlichen Gesetzes.

Wir können die Bedeutung dieses ersten Gebotes der *lex naturalis* folgendermaßen bestimmen:

- Als tätige, strebende, bedürftige Wesen verfolgen wir im Rahmen unserer natürlichen Inklinationen immer schon Ziele und haben insofern mit *Gütern und Übel* zu tun. Diese Perspektive des Guten ist *vormoralisch.* Sie trifft auch für die vernunftlosen Agentien zu, etwa für die Tiere.
- Das ändert sich, wenn die Vorstellung des Guten in der *praktischen Vernunft* auftritt. Dann nämlich geht es darum, *das richtige Gute vernünftig zu bestimmen.*
- Dieses von der Vernunft in ihrer Providenz und Gesetzgebung (vgl. 4.2.1) bestimmte Gute erhält den strikt *moralischen Charakter der Verpflichtung,* den es im vormoralischen, hedonistisch bestimmten Streben nach Gütern noch nicht gibt.
- Weil die Bestimmung des Guten in der *lex naturalis* durch die Vernunft erfolgt, stehen Pflichten grundsätzlich im Anspruch *rationaler* (kognitiver) Vermittlung; sie sind argumentativ begründbar.

Die Interpretation von I.II. 94,2 ist allerdings sehr kontrovers und Gegenstand einer jahrzentelangen umfangreichen Diskussion. Als Einführung empfehlen sich z. B. PESCH 1977, 568–578, KLUXEN 1980, 233–237.

(2) *Die Konkretisierung.* Wie kommen wir von diesem ersten moralischen Prinzip, das inhaltlich nichts aussagt, zu inhaltlich bestimmteren praktischen Gesetzen und Regeln und schließlich zur konkreten Pflicht? Wie geht die Vernunft als Gewissen in ihrer Gesetzgebung vor? Dazu zunächst der zentrale Text:

> Alle jene Pflichten oder Verbote gehören zu den Geboten des Gesetzes der Natur, welche die praktische Vernunft natürlicherweise *(naturaliter)* als gut für den Menschen *(bona humana)* erfaßt. Weil aber das Gute die Bedeutung des Zieles, das Böse aber die Bedeutung des Zielwidrigen hat, darum erfaßt die Vernunft alles das, woraufhin der Mensch eine natürliche Inklination besitzt, natürlicherweise als gut und darum als in die Tat umzusetzen und dessen Gegenteil als böse und als zu meiden. Die Ordnung der Gebote des Gesetzes der Natur entspricht also der Ordnung der natürlichen Inklinationen.

Mit dem Ausdruck »natürlicherweise« *(naturaliter)* vollzieht THOMAS eine Abgrenzung zu »übernatürlicherweise« *(supernaturaliter).* Die Konkretisierung der *lex naturalis* ist (zumindest prinzipiell) allgemeinmenschlich möglich. Sie ist auch ohne Voraussetzung der positiven göttlichen Offenbarung einsichtig. THO-

MAS denkt hier an das Wort des PAULUS: »Denn wenn Heiden, die das [geoffenbarte] Gesetz nicht haben, von Natur aus tun, was das Gesetz befiehlt, so sind diese, die das Gesetz nicht haben, sich selbst Gesetz.« (Röm 2,14)

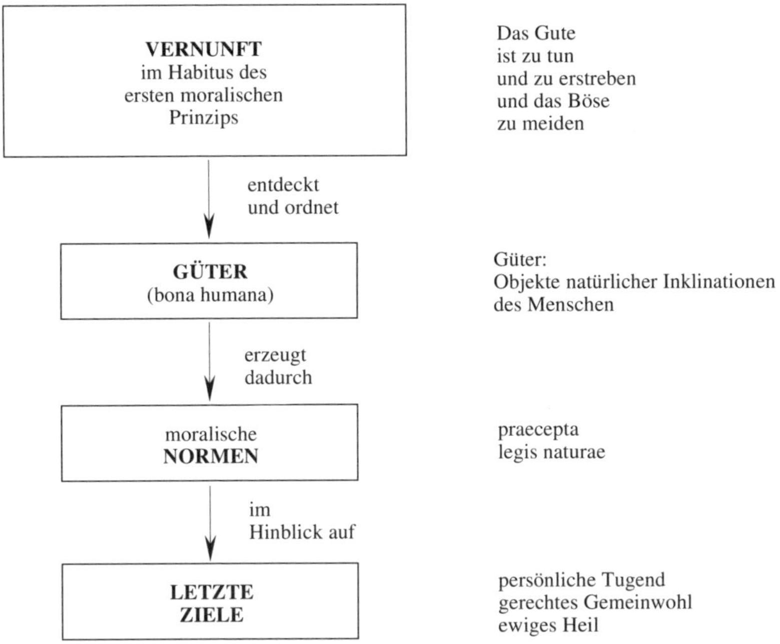

Abb. 12: Die Grundstruktur der lex naturalis

THOMAS faßt also die Konkretisierung so, daß er die zweite (spezielle) Partizipationsweise der *lex aeterna,* eben die *lex naturalis* der verantwortlich-frei vorsehenden kreatürlichen Vernunft, auf die erste (generelle) bezieht. Die Vernunft als Gewissen hat die Konkretisierung des Guten an der Vielfalt der natural unbeliebigen, allgemeinmenschlichen natürlichen Inklinationen zu leisten, also an den existentiellen Zielen und Zwecken, die unbeliebig aus der natürlichen Verfaßtheit des Menschen resultieren und an denen sich zeigen läßt, welches die *bona humana* sind, also was »gut für den Menschen« ist. Im Hinsehen auf diese natürlichen Inklinationen des Menschseins hat die Vernunft als Gewissen die Ordnung der Gebote bzw. Pflichten der *lex naturalis* zu bestimmen.

Hier ist eine Klarstellung nötig: Der *moderne* Naturbegriff fungiert oft (z.B. bei KANT) als Gegenbegriff zum Begriff des vernünftig-freien Subjekts. Die thomanische Lex-naturalis-Lehre operiert mit einem anderen Naturbegriff. Wenn THOMAS von der *natura humana,* den *inclinationes naturales* bzw. der *lex naturalis* spricht, so geht es ihm zumeist um das *ganze Wesen* des Menschen als *animal rationale,* d.h. modern: als Natur- *und* Vernunftwesen, und nicht bloß um seine biologisch-animalische, im modernen Sprachgebrauch »natürliche« Bewandtnis. Nach THOMAS steht der Mensch in beiden Hinsichten, als Natur- *und* Vernunftwesen, zunächst in der ersten Partizipationsweise der *lex aeterna.* Darum besitzt er auch als Vernunftwesen und nicht nur als Naturwesen natürliche Inklinationen (z. B. die Hinordnung auf Wissen, auf Tugend und auf Gott). Als Vernunftwesen steht der Mensch aber zugleich in der zweiten Partizipation und insofern kommt ihm die Bewandtnis der *lex naturalis* zu, d. h. er hat aus dem (Animalität und Rationalität, Natur- und Vernunftwesen umfassenden und aufeinander beziehenden) Begriff des Menschen *(natura humana)* die Ordnung der *inclinationes naturales* bzw. der *bona humana* zu entwerfen.

Dabei erschöpft sich die Rolle der praktischen Vernunft nicht darin, lediglich etwas natural Vorgegebenes abzulesen und als Pflicht zu formulieren. Die vorsehende, gesetzgebende Funktion der Vernunft ist vielmehr durchaus *kreativ.* Im Prolog des Kommentars zur Nikomachischen Ethik des ARISTOTELES unterscheidet THOMAS klar zwischen einer Ordnung, welche die Vernunft *nicht schafft,* sondern nur betrachtet bzw. beschreibt *(ordo, quem ratio non facit, sed solum considerat),* z. B. die Naturordnung, die der Physiker erforscht, und einer Ordnung, welche die Vernunft auf Grund von Betrachtung bzw. Beobachtung *schafft (ordo, quem ratio considerando facit);* um letztere geht es nach THOMAS in der Ethik. Wohl ist die Vernunft in der Konkretisierung der Pflicht an die existentiellen Ziele des Menschseins *(bona humana)* verwiesen und diese sind in vielfältiger Hinsicht natural unbeliebig vorgegeben. Aber die Ordnung dieser Ziele und Pflichten hat sie kreativ zu leisten.

In der *Summa contra gentiles* (III, 111–114) erörtert THOMAS die Frage, warum die göttliche Vorsehung die Praxis des Menschen nicht wie das Verhalten der anderen Geschöpfe nur im Sinne der ersten (generellen) Partizipationsweise durch natürliche Instinkte und Inklinationen festgelegt habe. Die Antwort verdeutlicht die Perspektive der Offenheit und Variabilität, in welcher die moralische Gesetzesbewandtnis gesehen wird: Während sich die Vorsehung auf alle anderen Geschöpfe nur um der Art willen *(propter speciem)* bezieht, wofür die natürlichen Instinkte und Inklinationen ausreichen, bezieht sie sich auf den Menschen um seiner selbst willen *(propter seipsum)* als individuelle Person *(propter individuum).* »Darum mußte den Menschen [. . .] etwas gegeben werden, wodurch sie in ihren persönlichen Handlungen *(in personalibus actibus)* gelenkt werden können. Und das nennen wir Gesetz.« (114) Auf unser Thema bezogen heißt das: Die *lex naturalis* ist so zu verstehen, daß sie sich im individuellen Gewissen auf den je-persönlichen Lebensentwurf zu beziehen vermag.

Nach welchen Gesichtspunkten ist diese Ordnung der Vernunft *(ordo rationis)* zu entwickeln, in welcher im Sinne des zitierten Textes (94,2) die Ordnung der Gebote *(ordo praeceptorum)* der *lex naturalis* auf die Ordnung der natürlichen Inklinationen bezogen ist? THOMAS verdeutlicht in einer kurzen Skizze, wie er sich den Aufbau dieser Ordnung vorstellt.

Die Skizze erinnert an ARISTOTELES (NE I, 1097 b 21 - 1098 a 20). Der Aquinate unterscheidet architektonisch *drei Ebenen der natürlichen Inklinationen* und ordnet ihnen drei Typen von *bona humana* zu:

- Die erste Ebene bezieht sich auf die *allen Kreaturen* gemeinsame Inklination zur *Selbsterhaltung (conservatio sui esse).* Auf Grund dieser fundierenden Inklination geht es in der *lex naturalis* um alles das, »wodurch das Leben des Menschen bewahrt wird« *(per quae vita hominis conservatur).*
- Die zweite bezieht sich auf die *allen Animalien* gemeinsame Inklination zur *Arterhaltung.* Auf Grund dieser spezielleren Inklination geht es in der *lex naturalis* um alles das, was zu tun hat mit »der Verbindung von Mann und Frau und der Erziehung der Kinder« *(coniunctio maris et feminae et educatio liberorum).*
- Die dritte Ebene bezieht sich auf spezifisch menschliche Güter *(bonum secundum naturam rationis)* bzw. auf Inklinationen, die dem Menschen eigentümlich sind. THOMAS nennt zwei: Einerseits spricht er von der natürlichen Inklination, »die Wahrheit über Gott zu erkennen« *(quod veritatem cognoscat de Deo)* und andererseits von jener, »in der Gesellschaft zu leben« *(quod in societate vivat).*

Bei dieser Gliederung ist zu beachten, daß die beiden ersten Ebenen, die *vormenschlich* fundiert sind (alle Kreaturen, alle Animalien), selbstverständlich im Menschen *in menschlicher Weise* Thema werden. Das gilt für das System der Bedürfnisse im Rahmen der Selbsterhaltung ebenso wie für den Bereich Sexualität, Ehe, Familie, Erziehung etc. THOMAS bezieht sich auf diese vormenschliche Fundierung aus ähnlichen Gründen, die Ethologen veranlassen, bei der Interpretation menschlichen Verhaltens die stammesgeschichtliche Genese ins Spiel zu bringen; er hält diese Fundierungsfragen für anthropologisch relevant und darum für bedeutsam im Hinblick auf die Architektonik der skizzierten Ordnung.

Betrachten wir die genannten Inklinationen (die man durch Differenzierungen beliebig vervielfachen könnte) unabhängig von ihrem Ordnungsrahmen einfach für sich, so können die in ihnen intendierten *bona* (im Sinne KANTS) als völlig *heteronome, hypothetische* Motive interpretiert werden (vgl. 3.2.4), die als solche bloß empirisch sind und noch nichts mit Moralität zu tun haben. Selbst die Bezugnahme auf Gott könnte so interpretiert werden, etwa in einem hedonistischen Kalkül, in dem es (irdisch oder ewig) bloß um Lohn und Strafe geht. Die moralische Relevanz kommt diesen Inklinationen offenbar erst dadurch zu, *daß die Vernunft sie ordnet.* Erst dieser *ordo rationis* macht sie zu Themen moralischer Gebote *(praecepta moralia)* im Rahmen der *lex naturalis.*

Versuchen wir, diese Ordnungsidee zu skizzieren! Am Anfang steht die menschliche Person mit ihrem elementaren, zunächst völlig heteronomen *Selbsterhaltungstrieb,* ihrer Inklination nach Leben und Glück. Aber menschliche Selbsterhaltung verweist notwendigerweise und zunächst durchaus heteronom auf das Zusammenleben mit anderen Menschen. THOMAS meint, daß sich diese Notwendigkeit zunächst in jenem Bereich erweist, den er *familial* faßt. Hier aber kommt ein *ordo rationis* ins Spiel; der familiale Bereich soll so gestaltet werden, daß ein Zustand möglich wird, in welchem nicht nur mein subjektives *bonum,* sondern die *bona humana* dieses Bereichs verwirklicht werden können bzw. (in der Sprache KANTS) ein Zustand, der vernünftigerweise gewollt werden kann (3.2.1).

Wir können, worum es geht, folgendermaßen illustrieren: Ich fasse im familialen Kontext meine Selbsterhaltung, mein Leben und Glück, nicht nur als durch die anderen bedingt, sondern anerkenne auch die Selbsterhaltung der anderen, ihr Leben und Glück, als ein Recht, das ihnen als Personen zukommt. Ich anerkenne damit die Pflicht, mich nicht nur für mich selbst, sondern auch für die anderen zu erhalten und einzusetzen und das eigene Leben und Glück als Teilfunktion des gemeinsamen familalen Wohls zu begreifen und von diesem abhängig zu machen. Dabei kommen vielfältige natural unbeliebige Gesichtspunkte ins Spiel: die Besonderheiten des Verhältnisses von Mann und Frau, die Asymmetrie der Beziehung von Eltern und Kind, das Generationenproblem etc. Das alles kompliziert sich durch die je konkreten Gegebenheiten des Wohnens, der Erwerbsmöglichkeiten, des Gesundheitszustandes etc.

Die allgemeineren Grundsätze, bestimmteren Regeln und konkreten Verpflichtungen, mit denen die Vernunft den Bereich dieser Inklinationengruppe zu ordnen sucht, erlangen unter diesen Voraussetzungen ganz offensichtlich *moralische* Bedeutung. Analoges gilt, wenn wir den *Gesellschaftsbezug* der dritten Ebene *(in societate vivere)* ins Auge fassen, wo es um die Integration in soziale Gebilde ökonomischer, kultureller und politischer Art und schließlich um die Perspektive der Menschheit geht. In der Einleitung des Lex-Traktates betont THOMAS unmittelbar nach der Feststellung, ein Gesetz sei immer Sache der Vernunft *(aliquid rationis),* daß ein Gesetz immer auf ein *Gemeinwohl* hingeordnet sei *(lex semper ad bonum commune ordinatur).* Der zunächst durch die Selbsterhaltung heteronom bedingte Gesellschaftsbezug ist also durch die Vernunft im Sinne dieses *bonum commune* gerecht zu ordnen, also durch Gesetze, Gebote und Regeln, die wiederum moralisch relevant sind. Trotz aller Differenz zwischen vormodernem und modernem Gesellschaftsverständnis steht die im Sinne des *bonum commune* vernünftig geordnete Gesellschaft bei THOMAS in Analogie zum »Reich der Zwecke« bei KANT (3.2.3).

Für THOMAS als christlichen Theologen war es klar, daß das elementare Streben des Menschen nach Leben und Glück ihn nicht nur mit den moralisch relevanten *bona humana* des familialen und des sozialen Bereichs konfrontiert, sondern auch mit dem Gottesproblem. Wir werden auf den Zusammenhang von Ethik und Glaube noch genauer eingehen.

Wir illustrierten das Konkretisierungsprogramm der *lex naturalis* anhand der von THOMAS vorgelegten Skizze der drei Ebenen von Inklinationen. Diese Skizze mag in mancher Hinsicht zeitbedingt sein, etwa angesichts der außerordentlich starken Stellung, die der Familie eingeräumt wird. Dennoch verdeutlicht sie die Theorie der *lex naturalis* bzw. die Bedeutung, die dem Gewissen als praktischer Vernunft in der Konkretisierung der *lex naturalis* zukommt. Der Rekurs auf die natural unbeliebigen Bestimmungen und Vorgaben des Menschseins, die THOMAS *inclinationes naturales* nennt, hätte heute die vielfältigen Erkenntnisse der humanwissenschaftlichen Forschung einzubeziehen, die in den verschiedenen Disziplinen bestrebt sind, mit empirischen Methoden anthropologisch Unbeliebiges aufzuzeigen, das für die Praxis im weitesten Sinne bedeutsam ist. Auch in dieser Einbeziehung ginge es im Sinne des Programms der *lex naturalis* darum, daß die Vernunft als Gewissen die Vielfalt natural unbeliebiger Vorgaben des Menschseins *auf das richtige Gute hin ordnet*. Dieses Gute hat als ein für den Menschen Gutes *(bonum humanum)* in den diversen Kontexten des Sozialen immer zugleich Gemeinwohlbewandtnis *(bonum commune)*.

Erinnern wir uns an den Conscientia-Synderesis-Ansatz von 4.1.1! Wir können das Verhältnis von *lex naturalis* und Synderesis folgendermaßen bestimmen: Mit *lex naturalis* meint THOMAS die (zumindest in ihrer Grundstruktur apriorisch bestimmte) Selbstgesetzgebung der Vernunft. Die *lex naturalis* zeigt, in welcher apriorischen Bestimmung die praktische Vernunft praktische bzw. moralische Prinzipien, Regeln und konkrete Pflichten festsetzt. Sie ist insofern der natürliche Habitus des moralischen Urteilenkönnens; darum nennt THOMAS die *lex naturalis* auch »das Licht der natürlichen Vernunft, durch das wir beurteilen, was gut und böse ist« (91,2). Im Unterschied dazu faßt er die Synderesis als den natürlichen Habitus der ersten und allgemeinsten praktischen bzw. moralischen Prinzpien, die im »Licht« der *lex naturalis* festgesetzt bzw. geurteilt werden. Diese ersten Prinzipien sind auf Grund der *lex naturalis* durch sich selbst und für alle Menschen insgesamt einsichtig (*per se nota communiter omnibus,* 94,2, vgl. PESCH 1977, 573 f.).

Damit überblicken wir den Grundgedanken der Lex-naturalis-Lehre des Aquinaten. Zweifellos zählt sie zu den wirkungsgeschichtlich wichtigsten Ansätzen in der Tradition nicht-empiristischer Fundamentalethik. Wird heute von *klassisch-naturrechtlichem* Denken oder von *Naturrechtsethik* gesprochen, so handelt es sich meist um Positionen, die dieser Lex-naturalis-Lehre verpflichtet sind.

4.2.3 Thomas und Kant

Wir wollen im Anschluß an die Erörterung der thomanischen Lex-naturalis-Lehre einen Blick auf KANT werfen. Wie verhält sich die Position des Aquinaten zu dem (in 3 skizzierten) fundamentalethischen Ansatz KANTS? Zunächst ist folgendes festzustellen: Beide Ansätze stehen in der Tradition der *nicht-empiristischen* Ethik. In beiden gründet die Moralitätsbewandtnis darin, daß *reine,* d. h. nicht sinnlich-hedonistisch instrumentalisierte Vernunft aus sich selbst praktisch werden und gesetzgebend sein kann. Ebenso läßt sich bei THOMAS das rekonstruieren, was KANT die *transzendentale Freiheit* nannte (vgl. 3.3). Beide stimmen weiters darin überein, daß die moralische Qualität des Handelns eine Qualität des inneren Willensaktes, also der Gesinnung ist (vgl. 3.2.6). Allerdings lassen sich auch vielfältige Unterschiede aufweisen. Ich meine freilich, daß die meisten dieser Unterschiede nicht das Zentrum des fundamentalethischen Ansatzes betreffen. Meiner Überzeugung nach liegt der zentrale Unterschied der beiden Ansätze in der *unterschiedlichen Akzentuierung des Universalisierungsprinzips.*

- Beziehen wir uns auf KANTS *Selbstzweckformel* des Kategorischen Imperativs (3.2.2) und auf die Idee des *Reichs der Zwecke* (3.2.3)! Die Maximenüberprüfung an der Idee eines allgemeinen Gesetzes erhält bei KANT folgende Bedeutung: Wir sollen unsere Handlungsmaximen so bestimmen, daß wir darin jede Person als frei bzw. autonom anerkennen, sie also immer zugleich als Zweck an sich selbst und nie bloß als Mittel zu unseren subjektiven Zwecken betrachten. Im Zentrum der Universalisierung steht also der Gesichtspunkt der wechselseitigen Anerkennung personaler Autonomie. Es geht um die *Vereinbarkeit je-autonomer Zwecksetzungen im Reich der Zwecke auf Grund der Mitgesetzgebung einer jeden Person.* Im Vordergrund steht demnach ein *formaler Gesichtspunkt distributiver Gerechtigkeit.*
- Auch in den Geboten *(praecepta)* der *lex naturalis* geht es um Universalisierbarkeit. Allerdings steht hier im Vordergrund der Gesichtspunkt der *bona humana;* es geht um das Gute *für den Menschen als Menschen,* d.h. um das vom allgemeinen Begriff des Menschen *(natura humana)* her geforderte »menschenwürdige« Gute. Dieses hat die Vernunft als Gewissen zu bestimmen, indem sie sich auf die natural unbeliebigen Inklinationen *(inclinationes naturales)* des Menschseins bezieht und diese auf die Idee des *bonum commune* hin gestaltet und ordnet. Damit kommt in der thomanischen Selbstgesetzgebung der Vernunft (stärker als bei KANT) *ein anthropologischer, das System der menschlichen Bedürfnisse und existentiellen Ziele berücksichtigender Aspekt* ins Spiel.

Zweifellos hängt diese unterschiedliche Akzentsetzung damit zusammen, daß KANT ein typischer Denker der Neuzeit ist, die in der »Wende zum Subjekt« das Autonomiedenken in den Vordergrund stellte, das im vormodernen Kontext des thomanischen Denkens gerade nicht das zentrale Anliegen war. Dabei läßt sich allerdings zeigen, daß sich die beiden Gesichtspunkte verbinden lassen und ergänzen. Weiters läßt sich zeigen, daß sowohl Kant als auch THOMAS den jeweils anderen Gesichtspunkt durchaus berücksichtigen.

Wenn auch bei THOMAS das Autonomiedenken in den Fragestellungen der Sozialphilosophie und der angewandten Ethik stark in den Hintergrund tritt, so spielt es doch in der Fundamentalethik eine wichtige Rolle. So wird im Prolog der I.II. der Theologischen Summe die Gottebenbildlichkeit des Menschen genau darin gesehen, »daß auch er [d. h. der Mensch, ähnlich wie Gott] Prinzip seiner Handlungen *(suorum operum principium)* ist, sofern er Willensfreiheit *(liberum arbitrium)* und Macht über seine Handlungen besitzt«. Der Lex-Traktat zeigt, daß der Mensch in seiner praktischen Vernunft (Gewissen) genau die providentiell-gesetzgebende Bewandtnis der *lex aeterna* partizipiert. Insofern ist er »sich selbst Ursache des Handelns« auf Grund seines Vernunfturteils, da er sich im Urteilen selbst zum Handeln bestimmt (CG II,48). Darum bezieht sich die Vorsehung auf ihn als Selbstzweck (*propter seipsum,* CG III,114). Die Selbstgesetzgebung der Vernunft in der *lex naturalis* hat die Aufgabe, diese personale Selbstzweckhaftigkeit jedes Menschen in der Perspektive eines Gemeinswohls *(bonum commune)* zu ermöglichen und zu verwirklichen. Diese Motive verweisen systematisch durchaus auf die Perspektive eines Reichs der Zwecke als System autonomer Personen bei KANT, wenn auch diese Perspektive bei THOMAS - epochenbedingt - nicht voll zum Durchbruch kommen konnte.

Andererseits findet sich bei KANT durchaus jener anthropologische Gesichtspunkt, der in der Bestimmung der Maximen und vor allem in deren Konkretisierung in Regeln das natural Unbeliebige des Menschseins ins Spiel bringt, das die praktische Urteilskraft berücksichtigen muß. Vor allem zeigt sich dieser Gesichtspunkt in der *Tugendlehre* (MST), wo es KANT darum geht, die Lehre von den Pflichten *inhaltlich* zu entfalten. Der für die Systematik der Pflichten zentrale Begriff ist dabei »der Begriff von einem *Zweck* [. . .], *der an sich selbst Pflicht ist«* (A 5). In der Bestimmung dieser Zwecke ist KANT ständig auf jenes anthropologische Material verwiesen, das THOMAS die natürlichen Inklinationen nennt. Allerdings sind, wie bei THOMAS, diese natural vorgegebenen Zwecke in die moralische Ordnungsperspektive der Vernunft zu integrieren, d. h. sie müssen durch die Vernunft als »Zwecke der reinen praktischen Vernunft« (A 5) begriffen und bestimmt werden. »Also wird in der Ethik der *Pflichtbegriff* auf Zwecke leiten und die *Maximen,* in Ansehung der Zwecke, die wir uns setzen *sollen,* nach moralischen Grundsätzen begründen müssen.« (A 7f.)

4.3 Die Autonomie des Gewissens

Wir schließen hier die Darstellung des Gewissensverständnisses bei THOMAS ab und wollen systematisch klären, was die Rede von der Gewissensautonomie meint. Worum es geht, läßt sich im Anschluß an die Erörterung zu THOMAS und KANT ohne weiteres aufzeigen. Der Grundgedanke findet sich im wesentlichen bereits bei ARISTOTELES (NE III).

Wir sahen (3.2.6, 4.1.2), daß die moralischen Qualitäten Gut und Böse letzlich Qualitäten des Willens des Handelnden sind. Ob ein Wille gut oder böse ist, hängt von seiner *Gewissensgemäßheit* ab, also davon, ob er sich »nach bestem Wissen und Gewissen« auf das bezieht, was die je-eigene Vernunft qua Gewissen als Pflicht erkennt, oder aber ob er sich gewissenswidrig auf ein Neigungsmotiv bezieht, das die je-eigene Vernunft als böse beurteilt. Das heißt: Der kategorisch verpflichtende moralische Nomos (= gr. Gesetz) ist wesentlich der Nomos, der sich im je-eigenen Gewissen bekundet und konkretisiert. Darum gilt grundsätzlich folgendes: *Kein dem Gewissen äußerlicher Nomos kann den Anspruch erheben,* (gewissermaßen »hinter dem Rücken des Gewissens«) *über die Moralität unserer Motivationen und Handlungen entscheiden zu können.* Moralität im strikten und eigentlichen Sinn meint die Gewissensgemäßheit des Willens und nicht die Konformität des Willens oder Verhaltens gegenüber äußerlich-objektiven Geltungen (staatlichen Gesetzen, kirchlichen Vorschriften, Anordnungen von Vorgesetzten, sozial akzeptierten Sitten etc.). Derartige äußerlich-objektive Geltungen erhalten nur insofern strikt moralische Bedeutung, als sie vom je-eigenen Gewissen anerkannt, angeeignet, internalisiert sind; also dadurch, daß ihre heteronom-äußerliche Bewandtnis in die Autonomie des Gewissens übersetzt wird. Das aber kann nur die Person selbst.

Im Autonomie-Begriff KANTS (3.2.4, 3.3) geht es primär um die Selbstgesetzgebung der aus sich selbst praktisch werdenden Vernunft im Unterschied zur naturkausalen Heteronomie der Lust-Unlust-Motivation. In der Rede von der *Autonomie des Gewissens* liegt der Akzent vor allem auf dem Gesichtspunkt, daß nur das je-eigene, persönliche Gewissen die Pflicht und das Gute im strikt moralischen Sinne zu bestimmen vermag und nicht eine wie immer geartete, dem Gewissen äußerliche Instanz.

Damit hängt die Tatsache zusammen, daß die *Moralität anderer Menschen* für uns immer irgendwie transphänomenal bleibt, da wir die konkrete Gewissenssituation anderer nur beschränkt erkennen können. Hier gilt das Wort der Bergpredigt: »Richtet nicht, damit ihr nicht gerichtet werdet!« (Mt 7,1) Darum sind auch »Gewissensüberprüfungen« durch Gremien immer fragwürdig. Zugleich ergibt sich aus der Autonomie des Gewissens, *daß niemand böse handeln kann, ohne es zu wissen.*

Gegen die Lehre von der Autonomie des Gewissens wird oft von *gläubigen* Menschen folgender Einwand erhoben: Der Mensch habe seinen Willen nicht nach seiner je-eigenen Vernunft (Gewissen) auszurichten, sondern nach dem *Willen und Gebot Gottes.* An die Stelle des *Autonomiekonzepts* habe also ein *Theonomiekonzept* zu treten. – Es scheint, daß diesem Einwand ein Mißverständnis zugrunde liegt. Man meint, die Gewissensautonomie öffne der Beliebigkeit und Willkür Tür und Tor und liefere letzlich die Moralität der Lust-Unlust-Motivation aus (vgl. 3.2.6). Das ist aber nicht der Fall. So wie wir den Gewissensbegriff von THOMAS und KANT her entwickelten, geht es im Gewissen einerseits darum, aus reiner (nicht hedonistisch instrumentalisierter) Vernunft das richtige Gute zu bestimmen, und andererseits darum, daß wir uns durch dieses

Gute kategorisch verpflichtet wissen. Darum müssen für den gläubigen Menschen *Autonomie und Theonomie zusammenfallen.* Für ihn ist das je-eigene Gewissen der einzig mögliche Ort, in welchem der Wille Gottes unmittelbar und konkret vernommen wird. Er weiß sich genau im Gewissen von Gott in die Verantwortung gerufen und interpretiert darum den kategorischen Anspruch des Gewissens als »Stimme Gottes«. Allerdings werden dann Wille und Gesetz Gottes gerade nicht als dem Gewissen äußerliche Geltungen gefaßt, vielmehr sieht das gläubige Gewissen sich selbst als die von Gott beanspruchte und ermächtigte letzte Instanz gegenüber allen äußerlich-objektiven Geltungen, Ansprüchen und Autoritäten; letzteren gegenüber gilt dann: »Man muß Gott mehr gehorchen als den Menschen.« (Apg 5,29)

In diesem Sinne faßte, wie PLATON in der *Apologie* (31d, 40b) berichtet, SOKRATES die Stimme des Gewissens *(daimonion)* als Stimme und Zeichen des Gottes. Nach AUGUSTINUS steht der Gerechte in seinem Gewissen vor Gott *(in ipsa conscientia coram se),* »wo ihn keiner der Menschen sieht, sondern nur jener, der durchschaut, was ein jeder denkt« (Enn. in Ps. 7,9). THOMAS illustriert die Partizipation des ewigen Gesetzes in der *lex naturalis* unserer Vernunft durch eine Interpretation eines Psalmverses:

> Wenn es in Psalm 4,7 heißt »Viele sagen: Wer zeigt uns das Gute? Aufleuchtet über uns das Licht deines Angesichtes, Herr«, so heißt das gewissermaßen: »Das Licht der Vernunft [bzw. des Gewissens], das in uns ist, vermag uns insofern das Gute zu zeigen und unseren Willen zu lenken, als es das Licht deines Angesichtes, das heißt von deinem Angesicht abgeleitet ist.« (I.II. 19,4)

Für den frühen LUTHER ist das Gericht Gottes nur so denkbar, daß Gott im Gewissen richtet und damit die Autonomie des Gewissens anerkennt. Im Anschluß an Röm 2,14–16 läßt er Gott als Richter sprechen:

> Siehe, ich spreche dir nicht das Urteil, sondern ich trete deinem eigenen Urteil über dich bei und bekräftige es; da du über dich selbst nicht anders urteilen kannst, kann ich es auch nicht. Also so wie deine Gedanken und dein Gewissen es als deine Zeugen sagen, bist du, sei es des Himmels, sei es der Hölle wert. (LUTHER 115)

Auch nach KANT führt das moralische Gesetz

> zur Erkenntnis aller Pflichten als göttlicher Gebote, nicht als Sanktionen, d. i. willkürliche, für sich selbst zufällige Verordnungen eines fremden Willens, sondern als wesentliche Gesetze eines jeden freien Willens für sich selbst, die aber dennoch als Gebote des höchsten Wesens angesehen werden müssen. (KpV A 233)

Wir sehen also, daß das Theonomiemotiv des Glaubens keineswegs quer steht zur Autonomie des Gewissens, sondern diese voraussetzt und akzentuiert, indem es den kategorischen Anspruch des je-eigenen Gewissens theologisch bzw. religiös interpretiert. In *menschenrechtstheoretischer* Hinsicht ist die transzendentale Bewandtnis der Gewissensautonomie die Voraussetzung für die *Gewissensfreiheit* als Menschenrecht. Diese ist die menschenrechtliche Konsequenz der Gewissensautonomie im Raum der Handlungs- und Entscheidungsfreiheit (3.3).

4.4 Richtiges und irrendes Gewissen

Kann das Gewissen irren? Die Frage wurde seit PLATON (z. B. Protagoras 355 b–358 e) und ARISTOTELES (z. B. NE III, 1110 b 17–1111 a 20) immer wieder erörtert. Unsere bisherigen Überlegungen zeigten im Anschluß an THOMAS und KANT, daß das autonome Gewissen letzte moralische Instanz und Maßstab unserer Motivationen und Handlungen ist. Das Gute im strikt moralischen Sinne besteht in der Gewissensgemäßheit des Willens, der dadurch ein guter Wille wird. Daraus folgt: *In strikt moralischer Hinsicht kann das Gewissen niemals irren,* weil es der ausschließliche Maßstab der Moralität ist. Nähme man die Möglichkeit eines moralisch irrenden Gewissens an, so würde die eigenständige Bedeutung der Moralität aufgelöst.

In diesem Fall würde die Frage nach dem moralisch Guten völlig abgekoppelt von Gewissen und Gesinnung bzw. vom »inneren Willensakt« (3.2.6.). Die moralische Qualität der Praxis könnte nur noch als die äußere Konformität der Praxis mit einem dem Gewissen äußerlichen Maßstab bestimmt werden. Ich könnte dann gar nicht wissen, welche moralische Qualität meinem Handeln zukommt; ich könnte böse handeln und schuldig werden, ohne es zu wissen und zu wollen. Der kategorische Anspruch des Gewissens könnte mich irreführen und schuldig machen. Insofern hat KANT zweifellos recht, wenn er lehrt, daß »ein irrendes Gewissen ein Unding sei« (MST 38).

In einer anderen, *nicht-moralischen* Hinsicht ist die Rede vom irrenden Gewissen jedoch durchaus legitim und verweist auf offenkundig mögliche und sogar häufig anzutreffende Sachverhalte. Charakterisieren wir in drei Schritten eine legitime Variante der Rede vom irrenden Gewissen!

- Oft setzt die Rede vom irrenden Gewissen voraus, daß in einem bestimmten *sozialen Kontext* gewisse Maßstäbe oder *Standards des Richtigen* bekannt und überwiegend anerkannt sind. An ihnen können subjektive Überzeugungen gemessen werden. Stimmen sie mit den Standards überein, so nennt man sie »richtig«; weichen sie ab, so spricht man von Irrtum.
- Wir faßten in 4.1.1 das Gewissen (im Anschluß an THOMAS) als Applikation eines dreistufigen Wissens (Motivationshorizont: *synderesis, sapientia, scientia*) auf den Akt. Während die Gewissen im Synderesis-Aspekt konvergieren, können sie in den beiden anderen Aspekten divergieren; wir interpretierten letztere als *weltanschauliche Einstellung (sapientia)* und als *empirischen Wissensstand (scientia).*

- Menschen leben zumeist in sozialen Kontexten, in welchen es sowohl im Bereich der weltanschaulichen Einstellung als auch in dem des empirischen Wissensstandes überwiegend anerkannte Standards des Richtigen gibt. Von diesen können Einzelpersonen in ihren Überzeugungen und Meinungen aber abweichen. Diese Abweichungen werden von anderen Personen auf Grund der Standards als Irrtümer beurteilt.

In diesem Sinne kann also vom irrenden Gewissen die Rede sein. Ein Gewissen irrt in der skizzierten Variante insofern, *als in seinem Motivationshorizont weltanschauliche oder empirische Auffassungen enthalten sind, die – gemessen an sozial überwiegend akzeptierten Standards – falsch sind.* Illustrieren wir diese Variante durch zwei Beispiele:

- Als *weltanschauliche* Standards, die in unserer Gesellschaft überwiegend anerkannt sind, könnte man etwa das Menschenrechtsethos oder das Ethos des Grundgesetzes der BRD nennen. Hätte ein Terrorist die Gewissensüberzeugung, er sei verpflichtet, Bankiers zu erschießen, um die Gesellschaft zu befreien, so widerspräche diese Überzeugung unseren überwiegend anerkannten weltanschaulichen Standards; wir würden mit Recht sagen, er habe eine irrige Gewissensüberzeugung.
- Die Standards des *empirischen Wissensstandes* werden in unserer Gesellschaft weitgehend von den empirischen Wissenschaften gesetzt. Es gibt allerdings kaum Personen, die in allen praktisch relevanten Bereichen allen diesen Standards entsprechen. Gewisse Grundstandards pflegen sich jedoch durchzusetzen. Würde sich etwa ein Vater verpflichtet fühlen, in der Erziehung seiner Kinder häufig und intensiv die Prügelstrafe einzusetzen, so stünde diese Überzeugung im Widerspruch zu einem weitgehend anerkannten, von Pädagogen, Psychologen, Medizinern etc. vertretenen Standard. Auch hier können wir sagen, die Gewissensüberzeugung des Vaters sei falsch bzw. irrig.

Es gibt allerdings noch andere Varianten, in denen die Rede vom irrenden Gewissen legitim ist. So können wir unsere heute anerkannten Standards auf die Überzeugungen beziehen, die *in anderen Epochen oder Kulturen* dominant waren bzw. sind, und letztere, z. B. im Fall der Sklaverei, der Hexenverfolgung oder des indischen Kastensystems, als irrig bezeichnen. Oder: Es kommt immer wieder vor, daß wir *nach* bestimmten Handlungen bemerken, daß wir *vor* der Handlung diesen oder jenen *Umstand* nicht bedacht oder falsch eingeschätzt haben; auch dann sagen wir, wir hätten uns geirrt. Außerdem kommt es vor, daß wir im Lauf der Zeit unsere persönlichen Meinungen und Überzeugungen ändern; wir beurteilen dann oft unsere früheren als Irrtümer, d. h. wir setzen unsere gegenwärtige Meinungen und Überzeugungen als Standards fest.

Entscheidend ist folgendes: Der so oder ähnlich verstandene Gewissensirrtum ist *kein moralischer Irrtum*. Er besagt also nicht, daß ich im strikt moralischen Sinne böse handle, wenn ich gewissensgemäß nach einem irrenden Gewissen handle. Vielmehr handelt es sich gewissermaßen um einen *theoretischen Irrtum,* der sich aus zwei Gegebenheiten ergibt:

- einerseits aus der subjektiven (gesellschaftlich und geschichtlich vermittelten, kulturell und biographisch bedingten) aktuellen Verfaßtheit meines Motivationshorizonts und
- andererseits aus der Akzeptanz bestimmter Standards in einer bestimmten Gesellschaft.

Moralisch fungiert auch das irrende Gewissen als *letzte Instanz.* Wir können auch im Fall des irrenden Gewissens dem nach bestem Wissen und Gewissen motivierten Willen nicht die Moralität absprechen, ohne die eigenständige Bedeutung der Moralität überhaupt aufzulösen. Allerdings kommt hier der wichtige Gesichtspunkt der *Gewissensbildung* ins Spiel, auf den wir noch zurückzukommen haben.

Wir können insofern weder dem Terroristen noch dem prügelnden Vater deshalb einfachhin die Moralität absprechen, weil sie sich nicht standardkonform verhalten, so sehr wir ihre Gewissensüberzeugung ablehnen, verabscheuen und für irrig halten und so sehr wir es für gerechtfertigt halten, daß *rechtlich* gegen derartige Verhaltensweisen vorgegangen wird. Das Gewissen ist letzte Instanz, aber in seiner Irrtumsfähigkeit zugleich ein *Abgrund.* Wir müssen damit rechnen, daß vieles, was wir heute als unmenschliche Verbrechen einschätzen (z. B. Sklaverei, Folter, Ketzer- und Hexenverfolgung, Unterdrückung der Frau) in der Geschichte von Menschen praktiziert wurde, die überzeugt waren, nach bestem Wissen und Gewissen das Gute zu tun.

Der folgende Text des Aquinaten zeigt, wie präzise er bereits um die Autonomie und die moralische Unfehlbarkeit des Gewissens wußte. THOMAS schildert, wie das »an sich« *(per se),* also dem Standard nach, Gute, Böse und Indifferente im subjektiven (irrenden) Gewissen umgedeutet werden kann und was moralisch daraus folgt:

> Das kommt aber nicht nur im Indifferenten vor, sondern auch im an sich Guten oder Bösen. Denn nicht nur das [an sich] Indifferente kann zufällig *(per accidens)* die Bedeutung des Guten oder Bösen annehmen, sondern auch das, was [an sich] gut ist, kann auf Grund der Vorstellung des Gewissens *(apprehensio rationis)* die Bedeutung des Bösen annehmen und das, was [an sich] böse ist, die Bedeutung des Guten. So ist die Unterlassung der Unzucht *(fornicatio)* [an sich] etwas Gutes. Aber der Wille richtet sich nur insofern darauf als auf etwas Gutes, als sie [die Unterlassung] vom Gewissen als etwas Gutes vorgestellt wird. Würde sie von einem irrenden Gewissen *(ratio errans)* als etwas Böses vorgestellt, so richtete er sich darauf in der Bedeutung des Bösen. Also wird ein Wille böse, weil er das Böse will; freilich nicht sofern er das an sich Böse will, sondern sofern er das will, was auf Grund der Vorstellung des Gewissens zufällig böse ist. [. . .] Darum ist zu sagen, daß schlechthin jeder vom Gewissen abweichende Wille, ob das Gewissen nun richtig ist oder irrt, immer böse ist. (I.II. 19,5)

Allerdings hielt THOMAS diese konsquente Autonomie-Position nicht durch, obwohl sie sich systematisch notwendig aus seinem Gewissensverständnis (vgl. 4.1 und 4.2) ergibt. Das Ergebnis, zu dem er gelangt, ist aus heutiger Sicht mit einer Inkonsequenz behaftet, die sich nur aus dem historischen Kontext verstehen läßt. Wirkungsgeschichtlich verursachte diese Inkonsequenz bis heute Mißverständnisse hinsichtlich des Gewissensbegriffs, etwa in der katholischen Moraltheologie.

Nach THOMAS ist zwar die Gewissenswidrigkeit die hinreichende Bedingung des moralisch Bösen, die Gewissensgemäßheit jedoch nur die notwendige, nicht aber die hinreichende Bedingung des moralisch Guten. Das moralisch Gute muß nicht nur gewissensgemäß, sondern auch »an sich« *(per se, secundum naturam),* also standardgemäß gut bzw. richtig sein. Damit aber ergibt sich folgende (prekäre) Möglichkeit: Jemand, dessen Gewissen irrt, kann zwar nach bestem Wissen und Gewissen, aber dennoch (ohne es zu wissen) böse handeln. (19,6) Eine solche Konsequenz ist im Sinne unserer bisherigen Erörterungen völlig unhaltbar. Auch THOMAS versucht, diesen Bruch zu überbrücken; er verlagert das Problem auf die Frage, inwieweit der Gewissensirrtum *(ignorantia)* freiwillig, d.h. bewußt oder fahrlässig verschuldet *(directe vel indirecte volita),* oder aber als unfreiwilliger Irrtum entschuldbar *(excusabilis)* ist. Die Fragestellung ist zwar im Hinblick auf die moralische Pflicht zur Gewissensbildung durchaus legitim, löst aber das Problem nicht. Denn die Frage nach der moralischen Qualität der Ignoranz ist wohl zu unterscheiden von der Frage nach der moralischen Qualität der durch die Ignoranz mitbedingten Handlung. Auch im Fall schuldhafter (z. B. fahrlässiger) Ignoranz kann die dem (irrenden) Gewissen gemäße gutwillige Handlung moralisch nicht so beurteilt werden, als ob sie im Widerspruch zum (richtigen) Gewissen böswillig vollzogen wäre. Wohl mag es im Strafrecht sinnvoll sein, Handlungen aus (vorwerfbarer) Unwissenheit so zu beurteilen, als ob sie wissentlich und willentlich erfolgt wären. In der Ethik jedoch ist eine solche Sicht unmöglich; sie bewirkt bei THOMAS eine eigentümliche Verrechtlichung des Problems, die sich mit der eigenständigen Bedeutung der Moralität nicht vereinbaren läßt.

4.5 Unschärfen

Wir versuchten, in den Abschnitten 3 und 4 den Begriff der Moralität im Anschluß an KANT und THOMAS in mehreren Hinsichten systematisch zu differenzieren. Nun stoßen wir allerdings in unserer alltäglichen moralischen Erfahrung auf Phänomene, die sich nicht ohne weiteres in dieses systematische Konzept einfügen; sie sperren sich gewissermaßen und verweisen damit auf weitere Probleme. Wir verweisen im folgenden auf drei Themen dieser Art, die miteinander im Zusammenhang stehen:

(1) *Das nachfolgende Gewissen (conscientia consequens).* Wir zeigten (4.1.2), daß es den Handelnden mit der moralischen Qualität der vollzogenen Handlung konfrontiert und diese auf seine Verantwortung bezieht. Wir erfahren jedoch immer wieder, daß damit nur *eine* Komponente des nachfolgenden Gewissens angesprochen ist. Es gibt wenigstens noch zwei weitere:

- Offenbar hat das nachfolgende Gewissen neben der skizzierten *tatbezogenen,* moralisch rechtfertigenden oder anklagenden Funktion auch eine *präventive,* zukunftsorientierte Bedeutung. Als »schlechtes

Gewissen« etwa drängt es auf *Besserung;* es fungiert also nicht nur als Vorwurf und Reue, weil gefehlt wurde *(quia peccatum est),* sondern auch als der Drang, künftig nicht mehr zu fehlen *(ne peccetur).*

- Wir erfahren, daß das nachfolgende Gewissen oft *weit über die moralisch zurechenbare Qualität der Handlung hinaus konsequenzenbezogen ist.*

  Beispiel: Frau Müller ist mit dem Auto unterwegs und hält sich gewissenhaft an die Verkehrsregeln. Da läuft ihr plötzlich ein Kind ins Auto. Infolge des Unfalls ist das Kind querschnittsgelähmt und insofern schwer körperbehindert. Im strikt moralischen Sinn kann sich Frau Müller im Grunde nichts vorwerfen, nicht einmal die kleinste Fahrlässigkeit. Dennoch quälen sie - tatbezogen - schwerste Selbstvorwürfe. Sie kommt nicht los von der Überzeugung, das furchtbare Elend eines Menschen verschuldet zu haben.

  Die Handlung wird also nicht in ihrer eigentlich moralischen Bedeutung gefaßt, sondern auf Grund der *Tragweite ihrer Folgen.* Sind diese Folgen tragisch, so *belasten* sie im Gewissen oft weit über das hinaus, was moralisch zu verantworten ist. Sind sie »glücklich«, so können sie in analoger Weise *entlasten.*

Diese eigentümliche Verschränkung der genannten drei Komponenten bewirkt jene typische *Unschärfe des nachfolgenden Gewissens,* die sich in der Erfahrung zeigt. Es gibt *Schuldgefühle,* die nichts mit moralischer Schuld zu tun haben. Zweifellos geht es hier um eine wichtige Grenzfrage zwischen Ethik und Psychologie bzw. Psychotherapie.

(2) *Die Bedeutung der Tat.* Wir zeigten, daß das moralisch Gute und Böse primär Qualitäten des Willens sind (3.2.6). Das folgende Beispiel macht deutlich, daß dieser Sachverhalt der Moralität zu Problemen führt:

Herr Schmitz hat beschlossen, Herrn Meier zu ermorden. Die Motive, die ihn dazu veranlassen, sind niedrig - und Herr Schmitz weiß das; er schätzt den geplanten Mord durchaus als etwas Böses ein. Aber der Entschluß steht fest und alle erforderlichen Vorbereitungen sind getroffen. Da Herr Meier die Gewohnheit hat, täglich zu einer bestimmten Zeit einen bestimmten Weg zu gehen (man könnte die Uhr danach stellen), und Herr Schmitz das weiß, begibt sich Herr Schmitz zu entsprechender Zeit an eine geeignete Stelle, um den Mord auszuführen. Nun wartet er auf Herrn Meier. *Aber Herr Meier kommt nicht!* (Er fuhr mit dem Frühzug auf Kur.) Nach einigem Warten fällt es Herrn Schmitz wie Schuppen von den Augen; er geht in sich, und große Freude erfüllt ihn. Er dankt Gott, daß er nicht zum Mörder geworden ist. Denn wäre Herr Meier gekommen, so hätte er ihn ermordet. *Aber er hat es nicht getan.*

Einerseits müssen wir die moralische Qualität an der Absicht, der Gesinnung, am guten oder bösen Willen festmachen; und in dieser Perspektive scheint es gar nicht so wichtig zu sein, ob es zur Tat selbst kommt oder ob sie (zufälligerweise) nicht erfolgt. Auch die Bergpredigt rückt die Sünde »im Herzen« in die Nähe der in der Tat vollzogenen Sünde

(z. B. Mt 5,28). *Andererseits* gibt es in unserem sittlichen Vorverständnis eine moralisch entscheidende Differenz zwischen der (wenn auch noch so bösen und noch so entschiedenen) Tatabsicht und der Tat selbst. (Irgendwie können wir die Freude und den Dank von Herrn Schmitz verstehen.) Wohl bewerten wir die böse Tatabsicht moralisch als böse, aber doch weit weniger stark als im Fall ihrer Realisierung. Auch hier haben wir es mit einer Unschärfe zu tun.

Das Problem wurde bereits im 12. Jhd. intensiv diskutiert. Den Ausgangspunkt der Diskussion bildete die konsequente Autonomielehre des PETRUS ABAELARDUS (1079–1142). Im Anschluß an ABAELARD lehrten mehrere Scholastiker, die moralische Qualität hänge so ausschließlich vom (guten oder bösen) Willen, also von der Gesinnung bzw. Absicht ab, daß überhaupt der Wille für das Werk *(voluntas pro facto)* zu gelten habe. Dieser Auffassung wurde allerdings auch vehement widersprochen (z. B. von PETRUS LOMBARDUS, 1095–1160).

(3) *Der moralische Zufall.* Unter diesem Titel werden heute vielfältige Probleme dieser Art zusammengefaßt. Der folgende Text von Th. NAGEL listet die wichtigsten Problemtypen auf:

> Ob wir in unserem Tun erfolgreich sind oder nicht, hängt fast immer bis zu einem gewissen Grade von Faktoren ab, die außerhalb unserer Kontrolle liegen. Das gilt, wenn wir bestimmte Ansprüche und Interessen zugunsten anderer vernachlässigen, es gilt für Mord, für Altruismus, für Revolutionen, für fast jeden moralisch bedeutsamen Akt. Was getan und moralisch beurteilt wurde, ist teilweise durch externe Faktoren determiniert. Der gute Wille mag – für sich selbst betrachtet – wie ein Juwel glänzen; dennoch besteht ein moralisch signifikanter Unterschied zwischen der Situation, in der ich jemanden aus einem brennenden Gebäude in Sicherheit bringe und der Situation, in der ich ihn beim Rettungsversuch aus einem Fenster im zwölften Stock herunterfallen lasse. Und entsprechend gibt es einen moralisch signifikanten Unterschied zwischen rücksichtslosem Fahren und fahrlässiger Tötung. Aber ob ein Fußgänger tatsächlich überfahren wird, hängt davon ab, ob er sich gerade an der Stelle befindet, an der ein rücksichtsloser Fahrer bei Rot über die Kreuzung fährt. Was wir tun, wird darüber hinaus durch die Möglichkeiten und Alternativen eingeschränkt, die uns offenstehen; und diese werden wiederum weitgehend von Faktoren beeinflußt, die nicht unserer Kontrolle unterliegen. Jemand, der Offizier in einem Konzentrationslager war, hätte vielleicht ein ruhiges und harmloses Leben geführt, wenn die Nazis in Deutschland nie an die Macht gekommen wären. Und jemand, der ein ruhiges und harmloses Leben in Argentinien führte, wäre vielleicht Offizier in einem Konzentrationslager geworden, wenn er Deutschland nicht 1930 aus geschäftlichen Gründen verlassen hätte. (1984,40)

Es geht um die »moralische Relevanz des Tatsächlichen« (48), also um die Spannung zwischen der »internen Sichtweise« (Gesinnung, guter oder böser Wille) und der Tatsache, daß wir mit unserer Praxis »Teil der Welt« sind, »in der sich unsere Handlungen der Kontrolle entziehen« (52). Die

Verstrickung unseres Handelns in die Zufälle der Welt, in die externen Faktoren, die für uns verfügbar sind, kann nicht glatt unterschieden werden von der rein internen Moralitätsbewandtnis. Vielmehr ist unsere Praxis gerade auch in ihrer moralischen Relevanz von dieser Verstrickung betroffen. Damit kommen »Glück und Pech« (43), Gelingen und Tragik gewissermaßen schicksalhaft ins Spiel auch unserer moralischen Lebensführung.

Der moralische Zufall ist kein Einwand gegen den systematischen Begriff der Moralität, den wir entwickelten. Aber er zeigt die Grenzen der Tragweite dieses Begriffs (vgl. WILLIAMS 1984, 30–49). Wir werden im Abschnitt »Ethik und Glaube« darauf zurückkommen.

Zusammenfassung 4

- THOMAS erörtert das Gewissen in zwei Ansätzen. Im ersten faßt er das Gewissen *(conscientia)* als praktische Applikation eines dreistufigen Wissens auf die (geplante oder vollzogene) Handlung. Dieses Wissen umfaßt 1) den natürlichen Habitus der ersten moralischen Prinzipien *(synderesis),* 2) die weltanschauliche Einstellung *(sapientia)* und 3) den empirischen Wissensstand *(scientia).*
- Die moralische Qualität einer Handlung hängt davon ab, wie das Gewissen vor der Handlung die Qualität des Handlungsobjekts bestimmt, auf das sich der Wille im Handeln richtet. Das Gewissen nach der Handlung bezieht die Handlung (rechtfertigend oder vorwerfend) auf die Verantwortung des Handelnden.
- Im zweiten Ansatz werden zwei Partizipationsweisen des Geschaffenen am ewigen Gesetz (dem göttlichen Weltplan) unterschieden: Auf Grund der ersten (generellen) besitzen alle Geschöpfe artspezifische natürliche Inklinationen. Die zweite (spezielle) kommt nur den vernunftbegabten Kreaturen zu; sie partizipieren das ewige Gesetz in seiner gesetzgebenden Ordnungs- und Providenzbewandtnis, indem sie selbst aus (praktischer) Vernunft ihre Praxisbereiche ordnen und providentiell-gesetzgebend regeln. Diese zweite Partizipationsweise heißt *lex naturalis.*
- Für die praktische Vernunft (Gewissen) steht apriorisch fest, daß das Gute zu tun und das Böse zu unterlassen ist. In der Konkretisierung der *lex naturalis* ist die Vernunft auf die natürlichen Inklinationen des Menschseins (erste Partizipation) bezogen; sie hat den Raum der natural unbeliebigen existentiellen Ziele

und Bedürfnisse in den diversen Lebensbereichen auf die Idee eines Gemeinwohls *(bonum commune)* hin zu ordnen und normativ zu regeln. Damit kommt (stärker als bei KANT) ein anthropologischer Gesichtspunkt ins Spiel.

- Die Rede von der Autonomie des Gewissens meint, daß kein dem Gewissen äußerlicher Nomos beanspruchen kann, über die moralische Qualität von Motivationen und Handlungen entscheiden zu können. Für den Gläubigen fallen Autonomie und Theonomie zusammen.
- Von einem irrenden Gewissen kann nur insofern die Rede sein, als man die subjektive Gewissensüberzeugung mit einem (z. B. sozial überwiegend akzeptierten) Standard als Maßstab vergleicht und (theoretische) Abweichungen feststellt. In moralischer Hinsicht kann das Gewissen niemals irren; auf Grund seiner Autonomie ist es letzte Instanz der Moralität.
- Am Beispiel des »moralischen Zufalls« läßt sich zeigen, daß die Differenzierung des Moralitätsbegriffs Unschärfen nicht vermeiden kann; die für uns (an sich) verfügbare Moralität ist nicht unbetroffen von den (für uns unverfügbaren) Tatsachen der Welt.

5 Norm und Sittlichkeit

Die Ethik beschränkte sich nie darauf, das Gute lediglich als das subjektiv Gewissensgemäße zu bestimmen. Sie erörterte in allen Epochen Probleme des *sittlich Richtigen* in den verschiedenen Praxisbereichen und war bestrebt, dieses Richtige *sozial als Norm zur Geltung zu bringen,* ihm also Akzeptanz in den Gewissen zu verschaffen. Die folgenden Überlegungen wollen zeigen, *warum Normen notwendig sind,* in welchem Sinne *Moralität und Sittlichkeit* als Sinnebenen menschlicher Praxis unterschieden werden müssen und *wie Normen begründet werden können.*

Die Untersuchung über das richtige und das irrende Gewissen (4.4) brachte dieses Thema bereits in Sicht. Wir sahen, daß individuelle Gewissen ständig mit sozial mehr oder weniger akzeptierten (geltenden) Standards (Normen) konfrontiert sind und daß subjektive Gewissensüberzeugungen häufig von solchen Standards her beurteilt werden. Die Rede vom richtigen und irrenden Gewissen setzt die Differenz von Moralität und Sittlichkeit bereits voraus.

5.1 Die Notwendigkeit sittlicher Normen

Normen sind *soziale Handlungsregeln.* Während *Rechts*normen (unter anderem) dadurch sozial wirksam sind, daß ihre Erfüllung *erzwingbar* ist, leben *sittliche* Normen von ihrer überwiegenden *Akzeptanz* in sozialen Gebilden. Sie *gelten,* sofern sie in den Motivationshorizonten (4.1.1) der individuellen Gewissen weitgehend anerkannt sind. Sittliche Normen sind Elemente eines sozialen *Ethos.*

Warum beschäftigt sich die Ethik mit Normen? Warum genügt es nicht, die Praxis dem Urteil der individuellen Gewissen zu überlassen? Es gibt dafür vor allem *zwei Gründe.* Wir wollen sie erörtern und dann einige Überlegungen über das Verhältnis *Gewissen und Ethos* anstellen. Dabei werden wir uns öfters auf Georg Wilhelm Friedrich HEGEL (1770–1831) beziehen.

5.1.1 Die Dialektik des Gewissens

Jede *Gewissensüberzeugung* impliziert folgendes dialektische Verhältnis (EP 2.2.1.1 und 4.2):

- Einerseits sind wir überzeugt, daß das, wovon wir im Gewissen überzeugt sind, *objektiv wahr bzw. gut und richtig* ist. Der kategorische

Anspruch des Gewissens impliziert einen *Wahrheits- bzw. Geltungsanspruch.* Nur auf Grund dieses Anspruchs sind wir im Gewissen überzeugt.

- Andererseits ist diese Überzeugung als *meine* Gewissensüberzeugung zunächst nur *subjektive* Überzeugung.

Die Gewissensüberzeugung schließt also immer die gegensätzlichen Gesichtspunkte *Objektivität und Subjektivität* in sich ein. Sie ist *subjektiver Objektivitätsanspruch.* In der (LUTHER zugeschriebenen) Formulierung »Hier stehe ich, ich kann nicht anders, Gott helfe mir. Amen.« kommt diese Dialektik der Gewissensüberzeugung zum Ausdruck. Das Problem, das damit entsteht, formuliert HEGEL folgendermaßen:

> Das *Gewissen* drückt die absolute Berechtigung des subjektiven Selbstbewußtseins aus, nämlich *in sich* und *aus sich* selbst zu wissen, was Recht und Pflicht ist, und nichts anzuerkennen, als was es so als das Gute weiß, zugleich in der Behauptung, daß was es so weiß und will, in Wahrheit Recht und Pflicht ist. Das Gewissen ist als diese Einheit des subjektiven Willens, und dessen, was an und für sich ist, ein Heiligtum, welches anzutasten Frevel wäre. Ob aber das Gewissen eines *bestimmten Individuums,* dieser Idee des Gewissens gemäß ist, ob das, was es *für gut hält* oder ausgibt, auch wirklich gut ist, dies erkennt sich allein aus dem *Inhalt* dieses Gutseinsollenden. Was Recht und Pflicht ist, ist als das an und für sich Vernünftige der Willensbestimmungen wesentlich weder das *besondere* Eigentum eines Individuums, noch in der *Form* von Empfindungen oder sonst einem einzelnen, d.i. sinnlichen Wissen, sondern wesentlich von *allgemeinen,* gedachten Bestimmungen, d. i. in der Form von *Gesetzen* und *Grundsätzen.* Das Gewissen ist daher diesem Urteil unterworfen, ob es *wahrhaft* ist oder nicht, und seine Berufung nur auf *sein Selbst* ist unmittelbar dem entgegen, was es sein will, die Regel einer vernünftigen, an und für sich gültigen allgemeinen Handlungsweise. (RPh § 137)

Wir stoßen vor allem dann auf dieses Problem, wenn wir mit den abweichenden Gewissensüberzeugungen *anderer* konfrontiert werden. Denn die Gewissensüberzeugungen anderer sind uns nicht gleichgültig. Stimmen sie mit unseren überein, so sehen wir darin eine Bestätigung unserer Überzeugungen. Widersprechen sie den unseren, so ist dieser *Widerspruch* gewissermaßen ein Pfahl im Fleisch der eigenen Überzeugung. Der Widerspruch stellt den Objektivitätsanspruch meiner subjektiven Gewissensüberzeugung in Frage. Er drängt dazu, den Gegensatz *aufzuarbeiten,* sich zu *vergewissern* und in den *Diskurs* mit anderen einzutreten, um die Beliebigkeit des Subjektiven zu überwinden und *allgemeingültig,* also *objektiv-richtig* überzeugt zu sein. Das heißt: Die Dialektik des Gewissens treibt in einen Prozeß der *Gewissensbildung.* Sein Ziel ist die Allgemeingültigkeit der Überzeugung, das objektiv wahre Wissen im subjektiven Gewissen und insofern die *subjektive Überzeugung sozial anerkannter Normativität.* Die Dialektik des Gewissens verweist also auf das Desiderat *sittlicher Normen.* Sie möchte erreichen, daß der Aspekt der subjektiv-besonderen Seite *meiner* Überzeugung bedeutungslos wird für den Aspekt des objektiv-allgemeingültigen Wahrheits- bzw. Geltungsanspruchs.

Wieweit der Prozeß der Gewissensbildung bzw. des Diskurses dieses Ziel zu erreichen vermag, hängt ab von den Motivationshorizonten (4.1.1) der Menschen, von ihrem Willen und ihrer Bereitschaft, in diesen Prozeß einzutreten, und von vielfältigen äußeren Umständen. Diskurse können scheitern und die soziale Akzeptanz der Norm kann unerreicht bleiben. Aber die Dialektik des Gewissens führt uns prinzipiell die *moralische Aufgabe* vor Augen, nach »bestem Wissen und Gewissen« zu streben. Sie zeigt, daß wir dabei notwendigerweise mit den Überzeugungen anderer zu tun bekommen und daß das Gewissen an sich darauf angelegt ist, *allgemeingültig,* d.h. *im Sinne sittlicher Normen* überzeugt zu sein, in welchen der Gesichtspunkt des bloß subjektiven Meinens überwunden ist.

Die Subjektivität, die sich diesem Bildungs- und Diskursprozeß versagt und sich im Schneckenhaus des bloß subjektiven Meinens abkapselt, versteht sich nach HEGEL als »abstrakte Selbstbestimmung und reine Gewißheit nur ihrer selbst« und »verflüchtigt ebenso alle Bestimmtheit des Rechts, der Pflicht und des Daseins in sich« (§ 138). In diesem Sinne gilt: »Das einzelne *Subjekt* als solches hat deswegen schlechthin *die Schuld seines Bösen.*« (§ 139) HEGEL weiß allerdings auch um die Möglichkeit, daß die soziale Wirklichkeit das Gewissen ausweglos auf seine Subjektivität zurückwirft, etwa in Epochen, »wo das, was als das Rechte und Gute in der Sitte gilt, den besseren Willen nicht befriedigen kann«; das Gewissen ist dann genötigt, »nach innen in sich zu suchen und aus sich zu wissen und zu bestimmen, was recht und gut ist.« Nach HEGEL befand sich SOKRATES angesichts »des Verderbens der atheniensischen Demokratie« in einer solchen Situation. (§ 138)

5.1.2 Sittliche Normativität und Gesellschaft

Folgende These scheint ohne weiteres plausibel zu sein: *Nur auf der Basis gemeinsam anerkannter sittlicher Normen können Institutionen menschlicher Vergesellschaftung human lebbare Gestalten konkreter Freiheit sein.* Ohne ein Mindestmaß sozial akzeptierter sittlicher Normativität, d. h. ohne jedes Ethos, kann kein soziales Gebilde seine Aufgabe in sich selbst und im sozialen Ganzen verwirklichen. Nur sofern die Einzelpersonen das Interesse des Allgemeinen in der Weise der Sittlichkeit zu ihrer eigenen Gewissensüberzeugung zu machen vermögen, ist Humanität im Raum des Sozialen möglich. Der Übergang von (bloß subjektiver) Moralität zu Sittlichkeit ist die notwendige Bedingung menschenwürdigen Zusammenlebens in allen Gesellschaftsbereichen. Wohl kann in sozialen Gebilden auch die Gefahr einer *Hypertrophie sittlich-normativer Reglementierungen* entstehen und eine gewisse Pluralität von Standpunkten sich als fruchtbar erweisen. Aber die Notwendigkeit eines Mindestmaßes sittlicher Identität ist in allen sozialen Gebilden unabweisbar. Dabei wird dieses notwendige Mindestmaß je nach Eigenart des sozialen Gebildes vielfältig variieren.

So ist das Gelingen von *Ehe und Familie* unter anderem auch davon abhängig, wieweit die Partner in der Lage sind, von ihren subjektiven Standpunkten und Überzeugungen zur Anerkennung gemeinsamer sittlicher Geltungen zu gelangen. Auch die im *gesamtgesellschaftlichen* Raum immer wieder aufbrechenden *Grundwertediskussionen* zeigen, daß es ohne normativen Basiskonsens kein human lebbares Miteinander in Gesellschaft und Politik geben kann. Denn auch die pluralistische Gesellschaft, so fruchtbar ihre Vielfalt auch sein mag, ist nur insofern *Gesellschaft,* als sie nicht pluralistisch ist, sondern Identität ausbildet. Auch *Kirche* kann auf dem Boden eines uneingeschränkten Pluralismus nicht lebendiges Volk Gottes sein, weder in ihren Gemeinden und Teilkirchen noch als Weltkirche. Auch sie muß bestrebt sein, allzu krasse Divergenzen der subjektiven Moralität gläubiger Gewissen zu überwinden und zu einem gemeinsamen kirchlichen Ethos zu gelangen. Auf ein analoges Desiderat verweist der Versuch der letzten Jahrzehnte, das *Menschenrechtsethos* auf *globaler* Ebene als Ethos der Menschheit zu etablieren.

Für HEGEL ist die »Wirklichkeit der konkreten Freiheit« das Ziel aller Vergesellschaftung. Dieses Ziel kann nur erreicht werden, wenn Besonderes (Subjektivität) und Allgemeines im »substantiellen Geist« sittlicher Identität aufgehoben sind. Im Anschluß an KANT ließe sich sagen: Das »Reich der Zwecke«, auf welches der Kategorische Imperativ verweist (3.2.3), setzt als notwendige Bedingung nicht nur (subjektive) Moralität, sondern auch ein gewisses Maß sittlicher Identität voraus.

> Die *konkrete Freiheit* aber besteht darin, daß die persönliche Einzelheit und deren besondere Interessen sowohl ihre vollständige *Entwicklung* und die *Anerkennung ihres Rechts* für sich (im System der Familie und der bürgerlichen Gesellschaft) haben, als sie durch sich selbst in das Interesse des Allgemeinen teils *übergehen,* teils mit Wissen und Willen dasselbe und zwar als ihren eigenen *substantiellen Geist* anerkennen und für dasselbe als ihren Endzweck tätig sind, so daß weder das Allgemeine ohne das besondere Interesse, Wissen und Wollen gelte und vollbracht werde, noch daß die Individuen bloß für das letztere als Privatpersonen leben, und nicht zugleich in und für das Allgemeine wollen und eine dieses Zwecks bewußte Wirksamkeit haben. (HEGEL, RPh § 260)

5.1.3 Gewissen und Ethos

Individuelles Gewissen und soziales Ethos stehen zueinander in einer Wechselbeziehung:

- Einerseits bildet und bestimmt sich das Gewissen am vorgegebenen Ethos, indem es dieses *verinnerlicht* (internalisiert), sich *mit ihm auseinandersetzt* oder sich *von ihm absetzt.*

- Andererseits ergibt sich von den vielen Gewissen her die *Dynamik des Ethos* und seiner Normen (z.B. im Sinne dessen, was wir als *Wertewandel* bezeichnen).

Dabei sind die Prozesse, in welchen sich diese Wechselbeziehung abspielt, in vielfältiger Weise *gesellschaftlich vermittelt;* man denke etwa an das Bildungs- und Erziehungswesen sowie an die Öffentlichkeit und ihre Medien.

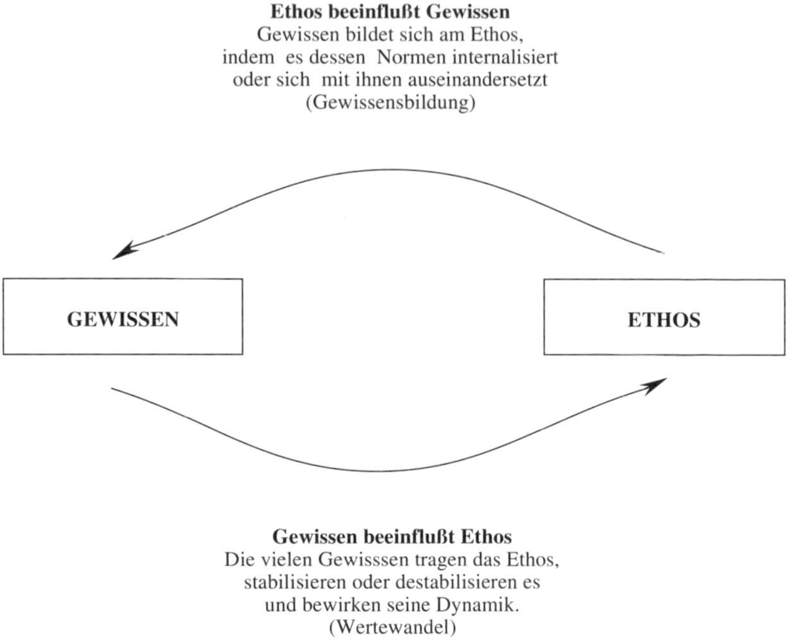

Abb. 13: Gewissen und Ethos

Als Kinder werden wir hineingeboren in soziale Gebilde, in welchen gewisse Ethosformen in Geltung sind; wir denken an Familie, Kindergarten, Verwandtschaft, Nachbarschaft, Schule und natürlich auch die Medien, mit denen Kinder konfrontiert werden. Kinder tendieren zunächst dazu, die Normen des vorgefundenen Ethos relativ problemlos zu internalisieren, sie also als Überzeugungen in ihr sich bildendes Gewissen aufzunehmen. Kommen sie dann »zum Gebrauch ihrer Vernunft«, so entdecken sie in sich, im je eigenen Gewissen, jene subjektive Instanz, von der her sie die Normen des vorgegebenen Ethos überprüfen und kritisieren. Dabei kann die pubertäre Kritik bis zur »Raserei der Negation« (HEGEL) führen. Ist dann aber die *Reife* des Erwachsenen erreicht, so beruhigt sich diese Raserei in der Regel allmählich, doch die Spannung zwischen den geltenden Normen des Ethos und dem subjektiven Gewissen bleibt grundsätzlich bestehen. Normen gelten zumeist nicht ausnahmslos und uneingeschränkt, sondern nur *mehr oder weniger,* d. h. ihre Geltung fluktuiert mit der Extension und der Intensität ihrer Akzeptanz in den individuellen Gewissen.

Die Prozesse, die wir hier nur grob und undifferenziert andeuten können, lassen sich in vielfältiger Hinsicht humanwissenschaftlich differenzieren. So etwa wurde die Entwicklung von Gewissen und Moralitätsverständnis im Kontext des sozialen Ethos Thema der entwicklungspsychologischen Forschungen von L. KOHLBERG und J. PIAGET, die ihrerseits wieder Thema philosophisch-ethischer Erörterungen wurden (z. B. HABERMAS 1983, 127–206).

Die Wechselbeziehung von Gewissen und Ethos stellt sich in unterschiedlichen kulturellen Kontexten sehr unterschiedlich dar. In *homogenen* Gesellschaften, in welchen die Normenakzeptanz (z. B. auf Grund einer nicht in Frage gestellten Tradition) stark und einheitlich ist, tendieren die Gewissen dazu, sich unkritisch und spannungsfrei am sozialen Ethos und seinen Normen zu orientieren, so daß Gewissen und Ethos so ineinanderrücken, daß sie oft gar nicht mehr unterschieden werden. Wir sahen, daß die etymologischen Wurzeln von *êthos, mos* und *Sitte* in diese undifferenzierte Identität verweisen (1.2). Ganz anders in *heterogenen,* »wertpluralistischen« Gesellschaften, in welchen im Rahmen der Gewissensfreiheit eine Pluralität von Ethosformen besteht oder in bestimmten sozialen Kontexten und Praxisbereichen überhaupt von keinem gemeinsamen Ethos die Rede sein kann.

5.2 Sinnebenen der Praxis

Die Überlegungen, die wir in 5.1 anstellten, zeigen, daß Moralität nicht der einzige Gesichtspunkt ist, von dem aus wir Praxis werten und beurteilen. Wir wollen im folgenden *vier Sinnebenen menschlicher Praxis* unterscheiden. In allen vier geht es darum, Praxis zu qualifizieren. Die Gesichtspunkte der Qualifizierung *unterscheiden sich,* stehen aber in einem *systematischen Zusammenhang.* Die ersten zwei, die uns in der Fundamentalethik primär interessieren, haben wir bereits aufgewiesen. Auf die beiden anderen weisen wir in diesem Kontext lediglich hin. Sie sind Thema rechtsphilosophischer bzw. theologischer (oder religionsphilosophischer) Erörterung.

(1) *Moralität.* Der Maßstab der strikt moralischen Beurteilung der Praxis ist das *Gewissen des Handelnden.* Das *moralisch Gute* ist insofern definiert als das Gewissensgemäße, das *moralisch Böse* als das Gewissenswidrige. Dabei liegt die moralische Qualität in der *Gesinnung* des Handelnden. Sie ist eine Qualität seines *inneren Willensaktes.* Darum ist die Moralitätsbewandtnis der Praxis prinzipiell *transphänomenal.* Die Sinnebene der Moralität ist in der Systematik der Sinnebenen schlechthin grundlegend. Nur weil der Mensch *moralisches Subjekt* ist, ist seine Praxis auch auf die drei anderen Sinnebenen bezogen.

(2) *Sittlichkeit.* Als Maßstab dieser Sinnebene fungiert das sozial geltende *Ethos* mit seinen *Normen,* also das, was im bestimmten sozialen Kontext *Sitte* ist. Beurteilen wir Praxis unter diesem Gesichtspunkt als *sittlich* oder *unsittlich,* so beurteilen wir ihre *Konformität gegenüber den sozial akzeptierten normativen Standards.* Während die Moralität als solche transphänomenal ist, ist die Konformitätsbewandtnis des Sittlichen durchaus *phänomenal,* d. h. empirisch-objektiv konstatierbar. In der Rede vom richtigen bzw. irrenden Gewissen beurteilen wir subjektive Gewissensüberzeugungen unter dem Gesichtspunkt dieser Konformität bzw. Normgemäßheit.

(3) *Recht.* Wir denken hier primär an das *positive, staatlich gesetzte* Recht. Rechtsnormen (Gesetze) sind gegenüber sittlichen Normen unter anderem dadurch bestimmt, *daß die Staatsgewalt ihre Wirksamkeit garantiert.* Das geschieht, indem sie (z. B. im Strafrecht) ihre Befolgung durch Strafandrohung sanktioniert, oder indem sie (z. B. im Verfassungsrecht) die Befolgung der Normen zur Bedingung der Gültigkeit von Verfahren macht. Wir fassen positives Recht dann als *gerechtes* Recht, wenn es *rechtlich positiviertes Ethos* ist, d. h. wenn seine grundlegenden Normen sozial akzeptiert sind und auch sittlich gelten. Wird Praxis auf der Sinnebene des Rechts beurteilt, so steht sie in der Differenz von *legal* und *illegal.* Der Maßstab dieser Differenz ist die *äußere Gesetzeskonformität.*

Im weiteren Sinn sind auch nicht-staatliche Gebilde rechtlich verfaßt. Man spricht insofern z. B. vom Kirchenrecht und von der (z. B. in Statuten festgelegten) rechtlichen Verfaßtheit von Parteien, Verbänden, Vereinen etc. Auch hier geht es, bezogen auf das jeweilige soziale Gebilde, um Legalität und Illegalität von Praxis.

(4) *Glaube.* Fassen wir diese Sinnebene der Praxis *christlich,* so geht es um das *Verhältnis der Praxis zu der in Jesus Christus offenbar gewordenen Liebe Gottes.* Auf dieser Sinnebene gerät die Praxis in die Differenz von *Liebe (agápe, caritas)* und *Sünde.* In dieser Differenz ist zunächst die Sinnebene der Moralität weiterbestimmt. Darüber hinaus können hier auch Aspekte des kirchlichen Ethos und Rechts bedeutsam werden.

Wir wollen im folgenden einige Hinweise skizzieren, die das Verhältnis der vier Sinnebenen betreffen:

- Nur weil der Mensch in der ersten Sinnebene steht, sind die drei weiteren für ihn bedeutsam. Nur die Praxis moralischer Subjekte ist sittlich, rechtlich und gläubig relevant. Weil Tiere keine moralischen Subjekte sind, fehlt ihrem Verhalten diese Relevanz.
- Handlungen können objektiv als sitten- und normwidrig oder als illegal beurteilt werden. Daraus folgt aber nicht notwendig, daß sie unmoralisch sind. Gerichtsurteile beziehen sich primär auf die Legalität der Praxis und nur bedingt auf deren Moralität.

Sinnebene	Alternative	Maßstab
MORALITÄT	gut – böse	persönliches Gewissen
SITTLICHKEIT	sittlich – unsittlich	Normen des Ethos
RECHT	legal – illegal	Rechtsgesetze
GLAUBE	Liebe – Sünde	gläubiges Gewissen

Abb. 14: Sinnebenen der Praxis

- Wir zeigten im Abschnitt 5.1, daß sich von der ersten Sinnebene her notwendigerweise der Übergang zur zweiten als Desiderat aufweisen läßt. Der Übergang von der zweiten zur dritten ergibt sich notwendigerweise im Kontext von Gesellschaft und Staat. Auf die Stellung der vierten werden wir noch zu sprechen kommen.
- Furcht vor Strafe als Handlungs- oder Unterlassungsmotiv ist aus der Sicht der ersten Sinnebene heteronom und insofern moralisch wertlos (3.2.4), aus der Sicht der zweiten und dritten jedoch zureichend. Während das Recht mit formellen gesetzlichen Sanktionen arbeitet, kennt das Ethos eine Fülle informeller Sanktionen, mit welchen die Gesellschaft (oft äußerst wirksam) auf die Verletzung ihrer Sitte reagiert.

Im alltäglichen Vorverständnis sind wir uns der Differenz dieser Sinnebenen oft gar nicht bewußt. Häufig fließen die Gesichtspunkte differenzlos ineinander. Man verwechselt dann etwa das moralisch Gute mit dem Sittlichen eines bestimmten Ethos und dieses wieder mit dem Legalen einer bestimmten Rechtsordnung und spricht auch außerhalb der vierten Sinnebene von Sünde. Terminologisch folgten wir in der Unterscheidung von Moralität und Sittlichkeit HEGEL.

5.3 Normenbegründung

In diversen sozialen Gebilden können aus verschiedenen Gründen *Normenprobleme* entstehen:

(1) Normen einer bisher akzeptierten Ethosform können in einer bestimmten Gesellschaft (z. B. im Zuge eines sogenannten Wertewandels) ihre soziale Akzeptanz verlieren. Man denke etwa an den Akzeptanzverlust des traditionellen Sexualethos in unserer Gesellschaft, auch innerhalb der christlichen Kirchen.

(2) Neue Praxisfelder können entstehen oder bereits vorhandene eine neue soziale Bedeutung erlangen. Sie bedürfen dann einer geeigneten normativen Rege-

lung. So etwa sind wir heute mit den relativ jungen Fragestellungen der ökologischen Ethik, der Ethik der Gentechnologie und der Dritten Welt konfrontiert.

(3) Sektorale Ethosformen können miteinander oder mit umfassenderen normativen Ansprüchen in Kollision geraten. So etwa kann das Binnenethos eines Unternehmens mit dem Binnenethos einer Gewerkschaft kollidieren oder das am nationalen Interesse orientierte politische Ethos mit den Anforderungen des internationalen Ethos.

In solchen Fällen kann folgende Situation entstehen: Sozial bedeutsame Praxisbereiche erweisen sich als unzureichend normiert. Geltungsansprüche werden problematisiert. Normendissense behindern das soziale Handeln, weil wechselseitige Rollenerwartungen nicht erfüllt werden. In solchen Situationen stellen sich Normenprobleme und verweisen auf die Frage: *Wie können wir im betroffenen sozialen Gebilde aus der Situation divergierender Geltungsansprüche zu sozial anerkannter Normativität gelangen?* Wie kann ein vernünftiges, human lebbares Ethos hergestellt werden? »Wie können komplexe Gesellschaften eine vernünftige Identität ausbilden?« (HABERMAS)

Prinzipiell bieten sich hier zwei Möglichkeiten an, die allerdings in vielfältiger Weise kombinierbar sind: *Autorität oder Diskurs.* Entweder es gibt normensetzende Autoritäten, die in der Lage sind, Normenprobleme zu entscheiden, oder aber Normenprobleme werden in Diskursprozessen bewältigt, in welchen Normen sich dadurch durchsetzen, daß Menschen überzeugt werden und zustimmen.

Normenprobleme können auch ungelöst bleiben. Je größer die Bedeutung bestimmter Normenprobleme für die humane Lebbarkeit des Sozialen ist, desto prekärer und nachteiliger wirkt sich ein derartiges Normendefizit aus (5.1.2). Für die Sinnebene der Moralität bedeuten Normendissense, daß das Gewissen völlig an sich selbst verwiesen ist, ohne sich an den Normen eines sozial akzeptierten Ethos orientieren zu können. Es bleibt ihm dann nur »die Richtung, *nach innen* in sich zu suchen und aus sich zu wissen und zu bestimmen, was recht und gut ist« (HEGEL, § 138), bzw. zwischen den öffentlich diskutierten Alternativen zu entscheiden. KANT spricht in einem ähnlichen Kontext vom »ethischen Naturzustande« (Rel B 131).

5.3.1 Normenbegründung durch Autorität

Wir fassen im folgenden »Autorität« in weiter Bedeutung und beschäftigen uns mit der Autorität von *Personen, Texten, Traditionen,* des staatlichen *Rechts* und der *Wissenschaft.* Wieweit können Normenprobleme durch Autoritäten solcher Art gelöst werden? Wieweit kann ihnen normensetzende Kompetenz eignen?

5.3.1.1 Personen

Personen können für soziale Gebilde in *zwei Weisen* Autoritäten auf dem Gebiet von Normen sein: Ihre normensetzende Kompetenz hat entweder *informellen* oder *formellen* Charakter.

(1) Im Fall der *informellen Autorität* geht es darum, daß bestimmte Personen wegen gewisser außerordentlicher *persönlicher Eigenschaften* ein so hohes Ansehen erlangen, daß ihnen in der betreffenden Sozietät eine mehr oder weniger weitreichende normensetzende Kompetenz informell zuerkannt wird.

Man wird hier zunächst an moralisch hochstehende, heiligmäßige bzw. charismatische Personen denken. In diesem Sinne meinte schon ARISTOTELES hinsichtlich des Sittlichen, man neige gemeinhin dazu, das für wahr zu halten, »was der Tugendhafte für wahr hält« (NE X, 1176a 16). In diesm Fall geht es also um das beispielhafte, durch seine moralische Authentizität überzeugende Vorbild. Allerdings können Personen auch durch ganz andere Eigenschaften normenbildenden Einfluß erlangen, etwa medienwirksame Journalisten, geschickte Demagogen und populäre Schauspieler.

(2) Im Fall der *formellen Autorität* ist die normensetzende Kompetenz institutionalisiert; sie hat *Amtscharakter.* Für diese Variante stellen die *Philosophenkönige* bei PLATON das klassische Paradigma dar: Weil sie als Philosophen mit dem an sich Wahren und Guten vertraut sind, wird ihnen das Amt übertragen, zu regieren und in Staat und Gesellschaft festzusetzen, was wahr und gut ist. Dabei versuchte PLATON allerdings, diese amtliche Ermächtigung an bestimmte persönliche Qualifikationen zu binden.

Dieses Paradigma fand mehrere ganz verschiedene Ausprägungen. Man denke etwa an das im Primat des Papstes gipfelnde Lehramt der katholischen Kirche, das traditionell auch auf dem Gebiet der Sittenlehre Kompetenz beansprucht. Hier wird die normensetzende Kompetenz der lehramtlich relevanten Personen theologisch begründet durch den Rekurs auf die Heilige Schrift, auf Christus und damit letztlich auf Gott. – Bis vor kurzem erhob auch das Zentralkomitee der KPdSU einen quasi lehramtlichen Anspruch und legitimierte ihn dadurch, daß die Partei als Kopf und Herz des Proletariats im Sinne des historischen Materialismus die Avantgarde schlechthin sei.

5.3.1.2 Texte

Hier geht es vor allem um die Autorität jener *Heiligen Schriften,* die in bestimmten Religionen als *Wort Gottes* anerkannt sind und darum im Anspruch stehen, kraft göttlicher Autorität zu normieren. Wir denken etwa an die Bibel, den Koran oder an die Veden. Die normensetzende Rolle Heiliger Schriften geriet jedoch historisch permanent in Probleme der *Auslegung,* der *Exegese.* Einerseits bringen die Texte selbst häufig kein eindeutiges, einheitliches und differenziertes Ethos zum Ausdruck. Andererseits involviert die Exegese notwendigerweise ein *hermeneutisches* Problem: Die Textinterpretation ist bedingt durch das Vorverständnis des Interpreten, das wiederum abhängt von seinem lebensweltlich-kulturellen Kontext. Tradierten Auslegungsformen treten von Zeit zu Zeit Aufklärungsbewegungen entgegen, die neue Instrumentarien und Methoden der Auslegung (z. B. die historisch-kritische Methode) ins Spiel bringen. Damit ergeben sich in der Auslegung der Heiligen Schriften *zwei Tendenzen:*

- Die eine führt zu einer zunehmenden Vielfalt von divergierenden Auslegungen, was in der Bildung einer wachsenden Anzahl von Schulen, Gruppierungen oder Sekten zum Ausdruck kommen kann.
- Die andere führt zur Ausbildung von Instanzen (Personen, Gremien), welche als authentische Interpreten anerkannt werden, also zur zweiten Variante von 5.3.1.1.

Trotz dieser Probleme kann nicht bezweifelt werden, daß den großen Heiligen Schriften der Menschheit in der Geschichte eine eminente sittenbildende Bedeutung zukam. So etwa ist der Einfluß der Bibel auf die Entwicklung des europäischen Ethos enorm und wirkt auch heute noch nach.

5.3.1.3 Traditionen

Die normierende Autorität tradierter Ethosformen und Geltungen variiert stark mit dem Entwicklungsstand der betreffenden Gesellschaften. Besonders in eher statischen, homogenen Gesellschaften besteht die starke Tendenz, *Überlieferungen, Sitten und Gebräuche* schon auf Grund ihres Alters und Herkommens als ehrwürdig und verbindlich zu betrachten. Der Hinweis, »daß das immer schon so gehalten würde«, erlangt dann eine sozial akzeptierte normative Bedeutung. In Gesellschaften, die den Typus der *Moderne* realisieren, verliert der Rekurs auf das alt-ehrwürdige Herkommen an normenbegründender Relevanz. Man sollte allerdings die Bedeutung jener Normen und Geltungen nicht unterschätzen, die auch noch in unserer modernen Lebenswelt auf Grund mehr oder weniger unproblematisierter Traditionen transportiert werden.

Trotz der modernen Skepsis gegenüber Traditionen, die sich nur durch Berufung auf ihr Alter legitimieren, spricht vieles für die Überlegung, die René DESCARTES (1596–1650) hinsichtlich einer »provisorischen Moral« anstellte. Er plante von seinem Ansatz *Cogito ergo sum* aus (vgl. EP 3.2.3.2) eine neue, vollkommen rational aufgebaute, deduktive Ethik. Dabei stellte sich ihm die Frage, nach welcher Moral er leben solle, solange das geplante Gebäude der Ethik noch nicht errichtet sei. Schließlich legte er sich eine »Moral auf Zeit«, eben eine provisorische Moral zurecht, deren erster Grundsatz es war,

> den Gesetzen und Sitten meines Vaterlandes zu gehorchen, an der Religion beharrlich festzuhalten, in der ich durch Gottes Gnade seit meiner Kindheit unterrichtet worden bin, und mich in allem anderen nach der maßvollsten, jeder Übertreibung fernsten Überzeugung zu richten, die von den Besonnensten unter denen, mit denen ich leben würde, gemeinhin in die Tat umgesetzt werde. (Von der Methode 3)

DESCARTES kombiniert in diesem Grundsatz der provisorischen Moral Traditionsaspekte mit der ersten Variante von 5.3.1.1. Er optiert für das traditionell Bewährte und die Erfahrung der Besonnenen, weil er darin mehr Vernunft vermutet als in den eigenen, ohne gründliche Überlegung aus dem Ärmel geschüttelten Meinungen.

5.3.1.4 Recht

Einerseits charakterisierten wir gerechtes Recht als rechtlich positiviertes Ethos (5.2), da seine grundlegenden Normen auch im sozialen Ethos verankert und anerkannt sind. Andererseits wirkt das positive Recht auf das Ethos und seine Normen zurück, denn gesetzliche Regelungen können Ethosbereiche *stabilisieren,* aber auch *destabilisieren;* letzteres etwa dann, wenn das Recht (z.B. im Zuge der »Entkriminalisierung« des Strafrechts) darauf verzichtet, bestimmte Ethosbereiche gesetzlich zu normieren. Der rechtsbildenden Relevanz des Ethos steht die *ethosbildende Relevanz des Rechts* gegenüber. Die im Bereich des Ethos normenbegründende Bedeutung des Rechts wurde in besonderer Weise betont durch ARISTOTELES und HEGEL.

ARISTOTELES argumentiert folgendermaßen: die *Politie,* d. h. die Verfassung der atheniensischen Polis, ist die vollkommenste Verfassung schlechthin, denn ihre Prinzipien sind die Freiheit, Gleichheit und Selbständigkeit der Bürger. Darum ist in der Politie die menschliche Vergesellschaftung auf den Begriff gebracht und das Endziel des Menschen, nämlich die Glückseligkeit im »guten Leben und guten Handeln« ermöglicht. Aus diesem Grunde ist die sich an den Gesetzen der Polis orientierende Tugend der Gerechtigkeit, die *gesetzliche Gerechtigkeit,* die *ganze Tugend.* Das soziale Ethos hat sich also an den Gesetzen der (als Politie verfaßten) Polis zu orientieren und im Geist dieser Gesetze aufzubauen.

> [Die gesetzliche] Gerechtigkeit ist die vollkommene Tugend [. . .], deshalb gilt sie oft für die vorzüglichste unter den Tugenden, für eine Tugend so wunderbar schön, daß nicht der Abend- und nicht der Morgenstern gleich ihr erglänzt; und sie gilt als die vollkommenste Tugend, weil sie die Anwendung der vollkommenen Tugend ist. Vollkommen ist sie aber, weil ihr Inhaber die Tugend *auch gegen andere ausüben kann* und nicht bloß für sich selbst. [. . .] Die gesetzliche Gerechtigkeit ist demnach kein bloßer Teil der Tugend, sondern die ganze Tugend, und die ihr entgegengesetzte Ungerechtigkeit kein Teil der Schlechtigkeit, sondern wieder die ganze Schlechtigkeit. (NE V 1129b 27 – 1130a 10)

Dabei ist zu beachten, daß diese Autorität des Rechts bei ARISTOTELES nur unter der *naturrechtlichen* Bedingung gilt, daß der Staat tatsächlich auf seinen Begriff gebracht ist. Wo das nicht der Fall ist, ist die gesetzliche Gerechtigkeit höchstens bedingt eine Tugend. Wollte man die Überlegung des ARISTOTELES aktualisieren, so könnte man vielleicht sagen: Im Grundgesetz der Bundesrepublik Deutschland ist die moderne Freiheitsgeschichte mit ihren christlichen, liberalen und sozialistischen Wurzeln konstitutionell so auf den Begriff gebracht, daß das Grundgesetz eine optimale Verfassung darstellt. Aus diesem Grunde ist das *Ethos des Grundgesetzes* für die Bürger als sittlich normierend zu betrachten.

HEGEL (vgl. EP 4.2) akzentuiert dieses Motiv des ARISTOTELES *geschichtsphilosophisch* und nimmt dabei die Idee der göttlichen Vorsehung auf: *Es ist in der Geschichte vernünftig zugegangen.* Darum bringt sie Vernünftiges hervor. Die Vernunft in der Geschichte gerinnt gewissermaßen in den Gestaltungen und Institutionen, die in ihr entstehen, etwa in der Familie, in der bürgerlichen Gesellschaft und im Staat. Dabei sind die Bestimmungen der Familie und der Gesellschaft aufgehoben in der rechtlichen Verfaßtheit des *Staates.* Darum ist der Anspruch des staatlichen Rechts zugleich der sittlich-vernünftige Anspruch, der Ethos begründet und die Gewissen verpflichtet. Allerdings setzt sich auch HEGEL mit dem Problem des »schlechten Staates« auseinander, der seinem Begriff nicht entspricht.

»Was vernünftig ist, das ist wirklich; und was wirklich ist, das ist vernünftig.« (Rph, Vorrede) Der Staat ist »die Wirklichkeit der sittlichen Idee« (§ 257), die »Wirklichkeit der konkreten Freiheit« (§ 260) und insofern »das an und für sich Vernünftige« (§ 258). »Das *Sittliche* ist subjektive Gesinnung, aber des an sich seienden Rechts.« (§ 141) »Eine immanente und konsequente Pflichtenlehre kann [. . .] nichts anderes sein als die Entwicklung *der Verhältnisse,* die durch die Idee der Freiheit notwendig, und daher *wirklich* in ihrem ganzen Umfange, im Staate sind.« (§ 148). »Was allgemein gültig ist, ist auch allgemein geltend; was sein *soll, ist* in der Tat auch, und was nur sein *soll,* ohne zu *sein,* hat keine Wahrheit.« (Phän. 189 f.)

5.3.1.5 Wissenschaft

Inwieweit kommt der Wissenschaft (die wir hier zunächst als Einzelwissenschaft fassen) und ihren Experten eine normenbegründende bzw. ethosbildende Funktion zu? Im Anschluß an THOMAS zeigten wir (4.1.1), daß das Wissen im Gewissen außer dem sittlichen Apriori *(synderesis)* immer auch weltanschauliche Einstellungen *(sapientia)* und Tatsachenwissen *(scientia)* umfaßt. Eine analoge Sachlage ergibt sich, wenn es um die Normenbegründung geht. Sollen bestimmte Praxisfelder sittlich normiert werden, so ist zunächst ein hinreichendes *Informationsniveau* hinsichtlich der Tatsachen erforderlich, die für das betreffende Praxisfeld relevant sind. Diese Informationen müssen heute durch die empirischen Wissenschaften bereitgestellt werden. So setzt z. B. eine ökologische Ethik eine vielschichtige Fülle interdisziplinären Wissens voraus. Insofern kommt den empirischen Wissenschaften zweifellos eine unverzichtbare Rolle in der Normenbegründung zu. Dabei sind allerdings zwei Dinge zu bedenken:

- Empirische Wissenschaften bestehen *nie bloß aus Tatsachen,* sondern bringen immer ein bestimmtes *theoretisch-methodisches Konzept* ins Spiel (z. B. ein Modell, einen Systemansatz), durch welches aus Tatsachen erst eine Wissenschaft entsteht. Dieser theoretisch-methodische Zugriff, durch den das Tatsachenmaterial ausgewählt, interpretiert und systematisiert wird, ist als solcher gerade nicht empirisch bestätigungsfähig, sondern ein nicht-empirischer *Theorieüberhang,* ein *Paradigma* (Th. S. KUHN, vgl. EP 5.2.5), das häufig durch *weltanschauliche Einstellungen* einer Epoche bedingt ist.

  Darum beziehen sich empirische Wissenschaften immer nur *methodisch-abstrakt* auf die Wirklichkeit. So etwa ist der zweckrational eingestellte *homo oeconomicus,* mit welchem die Nationalökonomie ihr Modell entwickelt, nicht der wirkliche Mensch, sondern ein (für die Entfaltung der Theorie brauchbares) abstraktes theoretisches Konstrukt. Wenn Einzelwissenschaften im Prozeß der Normenbegründung das erforderliche Tatsachenwissen beisteuern und dafür Autorität beanspruchen, sollte man sich stets klar sein über Eigenart und Status ihrer methodischen Abstraktionen, Theorieüberhänge und darin enthaltenen weltanschaulich-paradigmatischen Implikationen. Denn die soziale Praxis sollte so normiert werden, daß sie der Wirklichkeit selbst gerecht wird und nicht nur wissenschaftlichen Modellen von der Wirklichkeit.

- Wissenschaftliche Experten sind nicht nur kompetente Vertreter ihres Faches, sondern zugleich auch Menschen, die (über die Theorieüberhänge ihres Faches hinaus) *vielfältige weltanschauliche Einstellungen* philosophischer oder religiöser Art haben. Es ist eine verbreitete Tendenz, die Autorität, die einem Experten in seinem Fachgebiet zukommt, auszudehnen auf das Gebiet von weltanschaulichen Fragen, die als solche gerade keine Fragen dieses Fachgebietes sind.

  So etwa ist das Problem der transzendentalen Freiheit (3.3) kein Thema einer empirischen Psychologie oder Soziologie, weil transzendentale Freiheit nichts Empirisches ist. Dennoch nehmen Vertreter der empirischen Psychologie häufig Stellung zu diesem Problem. Die Tendenz, wissenschaftliche Autorität bzw. Kompetenz von einem legitimerweise beanspruchten Gebiet auf ein anderes zu übertragen, auf welchem sie nicht ausgewiesen ist, wirkt sich im Prozeß der Normenbegründung verhängnisvoll aus, da dadurch häufig die eigentlichen Probleme verschleiert werden.

Wissenschaftsinterne Divergenzen und weltanschaulich unterschiedliche Standpunkte bringen es mit sich, daß »die Wissenschaft«, wenn es um Normenprobleme geht, selten mit einer Stimme zu sprechen vermag.

Darum gelangen Experten (z.B. in Ethikkommissionen) häufig zu kontroversen Normierungsvorschlägen. Einzelwissenschaftliche Kompetenz ist zwar für die Normierung von Praxisfeldern unverzichtbar, aber als solche nicht hinreichend.

Aber welche Rolle kommt in diesem Zusammenhang jenen Wissenschaften zu, die keine empirischen Einzelwissenschaften sind, sondern Kompetenz in Fragen der *weltanschaulichen Einstellungen* beanspruchen, wie vor allem die *Philosophie* und die *Theologie?* Unsere kulturelle Situation scheint durch folgende Sachlage charakterisiert zu sein: Die Divergenzen der verschiedenen philosophischen Positionen sind so beträchtlich und die soziale Akzeptanz theologischer Positionen ist so beschränkt, daß sich in diesem Bereich kaum eine sozial effiziente normensetzende Autorität etablieren kann. Dennoch kommt Philosophen und Theologen eine große Bedeutung zu: Sie können und sollen jene *weltanschaulichen Fragen differenzieren,* die in allen Normenproblemen involviert sind. Sie sollen helfen, diese Fragen zu klären, ihre Fundierungsprobleme zu verdeutlichen und Lösungsalternativen aufzuweisen. Ihre Chance besteht nicht so sehr darin, als normensetzende Autoritäten zu fungieren, sondern vielmehr darin, *Vernunft und Problembewußtsein in normenethische Diskurse einzubringen.*

5.3.1.6 Übersicht

Alle skizzierten Varianten normensetzender Autoritäten mögen in den diversen sozialen Kontexten eine mehr oder weniger große Rolle spielen. Dabei dürfte folgendes unbestritten sein: Die Bedeutung derartiger Autoritäten hängt - soziologisch gesehen - völlig von ihrer *sozialen Akzeptanz* ab. Wie Normen nur von ihrer sozialen Akzeptanz leben (5.1), so auch Autoritäten. Sie können nur in dem Ausmaß sittlich normieren, als ihre normensetzende Kompetenz sozial anerkannt wird. Wodurch immer sie diese auch zu rechtfertigen suchen (durch Gott, die Heilige Schrift, ehrwürdige Traditionen, Rechtsordnungen, wissenschaftliche Qualifikation etc.), sie sind prinzipiell von diesem Sachverhalt betroffen.

Dabei wird folgender *geschichtsphilosophischer* Gesichtspunkt wichtig: Auf dem Boden der neuzeitlichen *Wende zum Subjekt* und der Etablierung des modernen *Autonomiedenkens* entwickelte sich die Tendenz, Normen nur dann als Gewissensüberzeugungen zu internalisieren, *wenn die objektiven Gründe ihrer Geltung begriffen und eingesehen sind.* Nach HEGEL möchte »der Mensch das Geltende als seinen Willen, als das von ihm Anerkannte haben« (§ 138). Er neigt dazu, Normen nur dann zu akzeptieren, wenn ihn ihre Vernünftigkeit überzeugt. Damit ist die sittenbildende bzw. normensetzende Kraft der genannten Autoritäten vielfach nicht größer als die Überzeugungskraft der normenbegründenden Argumente, die sie vorbringen. Trotz dieser Tendenz können Autoritäten in bestimmten sozialen Kontexten nach wie vor eine beträchtliche Rolle spielen.

Innerhalb der katholischen Moraltheologie versucht die sogenannte *Autonome Moral* im Anschluß an A. AUER, christliche Moral auf europäisch-neuzeitlichem Boden zu konzipieren. Eine zentrale Annahme dieser von vielen Moraltheologen rezipierten Position könnte man etwa so zusammenfassen: Die *Heilige Schrift* sensibilisiert uns moralisch, indem sie uns *allgemeine Zielbestimmungen der Praxis* vorgibt, deren moralische Verbindlichkeit für Christen ohne weiteres einsichtig ist, z. B. Nächstenliebe, Option für die Armen, Bewahrung der Schöpfung, Streben nach der je größeren Gerechtigkeit, Einsatz für Frieden. Die *konkrete materiale Normenfindung* jedoch ist weder durch die Heilige Schrift (Exegese) noch durch eine andere autoritative Normensetzung (z. B. Lehramt) zu leisten. Vielmehr ist die menschliche Vernunft in dieser Normenfindung *autonom;* sie hat die normative Verständigung *rational-argumentativ* im Diskurs zu leisten. Im Grunde ist diese Auffassung nicht neu. Auch nach THOMAS reichen die moralischen Verpflichtungen des geoffenbarten Gesetzes *(lex divina)* im Rahmen des Weltethos inhaltlich nicht weiter als die (rational-argumentativ entfaltbare) *lex naturalis* (vgl. 4.2).

5.3.2 Normenbegründung durch Diskurs

In dem Ausmaß, in welchem sich Normenbegründung durch Autorität als unzureichend oder ungangbar erweist, ist die Normenbegründung nur in Diskursen möglich. Normenakzeptanz läßt sich heute in sozialen Gebilden vielfach nur in Diskursprozessen herstellen, in welchen es darum geht, *durch Argumente zu überzeugen und Zustimmung zu erreichen.* Dabei werden Diskursprozesse in diversen sozialen Gebilden sehr unterschiedlich strukturiert sein müssen und sehr unterschiedlichen Anforderungen zu genügen haben. Der Rahmen normierender Diskurse reicht von den Tischrunden kleiner Gemeinschaften über repräsentativ-kommissionelle Diskurse (z. B. Ethikkommissionen) bis zu gesamtgesellschaftlichen Diskursprozessen. Das Gelingen von Diskursen in großen sozialen Gebilden hängt eng mit der *öffentlichkeitsbildenden Rolle der Medien* zusammen. Diese haben die relevanten Argumente in fairer Weise bekannt und verständlich zu machen und über die Entwicklung des Diskursprozesses sachlich zu informieren. Eine wichtige Aufgabe kommt in den großen Diskursprozessen den *wissenschaftlichen Experten* zu; sie fungieren allerdings nicht einfachhin als epistemische Autoritäten, sondern müssen – mit Hilfe der Medien – ihre Fachkompetenz diskursiv-überzeugend einbringen und sollten das Niveau des Diskurses mitprägen.

Häufig wird die Chance, durch Diskursprozesse Normenakzeptanz und Ethosbildung zu erreichen, sehr skeptisch betrachtet. Dabei sollte man sich allerdings folgendes vor Augen halten: Wenn die Bewältigung gewisser Normenprobleme

Bedingung der Humanität in Sozietäten ist (5.1.2) und wenn diese Bewältigung nur bedingt durch Autoritäten geleistet werden kann (5.3.1), dann gibt es oft gar keine Alternative zur diskursiven Bewältigung von Normenproblemen. Man sollte ihre Chance nicht unterschätzen. Die Bedeutung gesamtgesellschaftlicher Diskursprozesse für die Entwicklung des Ethos und seiner Normen ist tatsächlich beträchtlich. Man denke nur daran, wie sehr z. B. die Friedens-, Umwelt- oder die Feminismusdiskussion das öffentliche Bewußtsein und damit das Ethos veränderten.

Das Gelingen derartiger Diskurse hängt maßgeblich davon ab, inwieweit ein *Klima der Sachlichkeit und der rationalen Argumentation* erreicht wird. Auf allen Ebenen besteht die Gefahr, daß Diskurse auf Grund sich aufschaukelnder *Emotionalisierungen* zu unfruchtbaren Streitereien verkommen. In diesem Risiko steht jeder Diskurs. Wir haben im folgenden zu überlegen, welche *Argumentationsformen* der Normenbegründung zur Verfügung stehen. Dabei gilt grundsätzlich: Die Rationalität, in der ethische Diskurse zu erfolgen haben, ist prinzipiell analog der Rationalität der praktischen Vernunft im individuellen Gewissen. Die Argumentation externalisiert im Diskurs Gewissensüberlegungen. Trotz der eminenten Vielfalt ethischer Theorien dürfte es ausreichen, auf die folgenden drei Argumentationsformen einzugehen. Sie sind heute die offenkundig bedeutendsten. Ihre Ansatzprobleme haben wir in den Abschnitten 2, 3 und 4 bereits skizziert.

Argumentationsform	Kriterium
UTILITARISMUS	Maximierung von Nutzensumme/Durchschnittsnutzen für die Betroffenen
GERECHTIGKEITS- UND DISKURSTHEORIEN	Konsensfähiger Ausgleich divergierender Interessen
KLASSISCHES NATURRECHT	Das natural Unbeliebige der Humanität

Abb. 15: Argumentationsformen der Normenbegründung

5.3.2.1 Die utilitaristische Argumentationsform

Wir charakterisierten diese Argumentationsform im Abschnitt 2.5 und wiesen kritisch ihre Grenzen auf. Ihr *Vorteil* besteht darin, daß sie als empiristische Argumentationsform lediglich schwache Voraussetzungen beansprucht, die mit breiter Zustimmung rechnen können. Sie interpretiert das *Gute hedonistisch* und das *Richtige* im Sinne eines *sozialen Nutzenkalküls,* in welchem das Gute (als soziale Nutzensumme oder Durchschnittsnutzen) maximiert werden soll. Wir sollen so handeln bzw. unser Handeln so regeln, daß die Folgen unserer Handlungen bzw. Handlungsregeln für das Wohlergehen aller Betroffenen optimal sind. Insofern hat die utilitaristische Ethik den Charakter einer *Sozialpragmatik* bzw. eines wissenschaftlichen *Sozialeudämonismus.*

Wir wiesen allerdings auch auf gravierende *Nachteile* dieser Argumentationsform hin, welche die Grenzen ihrer Brauchbarkeit deutlich machen:

- Der Utilitarismus verfügt auf Grund seines empiristischen Ansatzes über *kein Gerechtigkeitsprinzip,* d. h. im sozialen Nutzenkalkül läßt sich das Problem einer gerechten Verteilung nicht stringent lösen.

  Auf empiristischer Basis ist es unmöglich, die personale Selbstzweckhaftigkeit des Menschen als absoluten Zweck anzunehmen (3.2.2) und sie (z. B. im Sinne KANTS) zu einem Moral- und Gerechtigkeitsprinzip nach Art der Selbstzweckformel auf die Idee eines Reiches der Zwecke hin (3.2.3) zu universalisieren. Darum läßt es der utilitaristische Nutzenkalkül zu, daß das Leid des einen gegen ein größeres Maß an Freude des anderen aufgewogen wird, daß die Optimierung der Nutzensumme die Marginalisierung einzelner in Kauf nimmt und daß im Rahmen dieser Sozialpragmatik der gute Zweck (d. h. die Optimierung von Nutzensumme bzw. Durchschnittsnutzen) auch jene Mittel heiligt, die mit der personalen Selbstzweckhaftigkeit und Würde des Menschen unvereinbar sind.

- Wird der Nutzenkalkül *quantitativ* gefaßt, so führt das Problem der *Quantifizierung* bzw. der *Kommensurabilität* der diversen hedonistischen Präferenzen, Interessen und Optionen zu oft auswegslosen Schwierigkeiten. Eine *Qualifizierung* der Präferenzen, die schon MILL versuchte (2.5.1), erscheint jedoch unter rein empiristischen Voraussetzungen ungangbar zu sein.

Es gibt vielfältige utilitaristische Versuche, die Hauptmotive der Utilitarismuskritik zu berücksichtigen und die klassische Position zu modifizieren (2.5.2). So wurde mittels der Grenznutzenlehre eine Annäherung an den Gerechtigkeitsaspekt angestrebt und mittels des Regelutilitarismus versucht, den Universalisierungsaspekt einzubauen, um den prekären Zweck-Mittel-Konsequenzen der klassischen Position zu entgehen. Manchmal werden (wie z. B. bei P. SINGER) auch Gleichheits- und Gerechtigkeitsprinzipien in die utilitaristische Position eingebaut. Dabei stellt sich jedoch stets die Frage, ob diese Annäherungen an die zweite, gerechtigkeitstheoretische Argumentationsform im Rahmen der empiristischen Voraussetzungen möglich sind oder ob sie diesen Voraussetzungsrahmen sprengen.

Trotz dieser Nachteile kommt dem Utilitarismus in der diskursiven Normenbegründung eine wichtige Rolle zu. Denn in vielen praktischen

Diskursen geht es um die Regelung von Materien, die zumindest partiell so behandelt werden können, daß sie nicht direkt und explizit Gerechtigkeitsfragen involvieren. So gibt es vielfältige Fragen der ökologischen Ethik, der Ethik der Technologie und der Wirtschaft, zu deren Erörterung der utilitaristische Nutzenkalkül zureicht, weil es in ihnen nicht direkt um gerechte Distribution oder um problematische Zweck-Mittel-Relationen geht. Das heißt: Oft genügt es, sich im Diskurs darüber zu einigen, welche Handlungsweise für die Betroffenen die größte Nutzensumme bzw. den höchsten Durchschnittsnutzen bewirkt.

So etwa sieht das Modell der Sozialen Marktwirtschaft eine gewisse Arbeitsteilung von Wirtschaft und Politik vor. Während die Politik als Wirtschafts- und Sozialpolitik der Wirtschaft eine soziale Rahmenordnung vorgibt und Fragen der sozial-gerechten Distribution zu lösen sucht, wird die Wirtschaft als Marktwirtschaft in diesem sozial gestalteten Rahmen freigesetzt. Dadurch entlastet die Politik die Wirtschaft von vielen Problemen der distributiven Gerechtigkeit. Auf Grund dieser Entlastung kann die Wirtschaft viele normierungsbedürftige Materien so erörtern, daß die utilitaristische Argumentationsform zureicht. So etwa stellt das Wachstum der Wirtschaft bzw. des Sozialprodukts eine typisch utilitaristische Zielsetzung dar, die Verteilungsfragen ausblendet. Kann die Wirtschaft nun davon ausgehen, daß die Fragen der sozialen Distribution durch die Politik gelöst werden, so kann sie rein utilitaristisch überlegen, welche wachstumsfördernde Maßnahmen ergriffen werden sollen, zumindest solange, bis z. B. die Ökologie einen anderen Kalkül ins Spiel bringt.

5.3.2.2 Die gerechtigkeitstheoretische Argumentationsform

Wir fassen unter diesem Namen eine Vielzahl unterschiedlich akzentuierter Positionen zusammen, die jedoch in folgendem übereinstimmen: Sie anerkennen (explizit oder implizit) ein *deontologisches Moralprinzip* (2.5.1), das als *Universalisierungs- und Gerechtigkeitsprinzip* fungiert. Dieses drückt (in irgendeiner Form) die *gleiche Freiheit und Unverfügbarkeit aller Personen* aus. Normenprobleme erhalten unter dieser Voraussetzung folgende *Grundstruktur:*

- Sie treten auf im Fall von *Interessen- bzw. Verteilungskonflikten.* Die gesuchten Normen haben insofern den Charakter von *Regeln gerechter Konfliktlösung* bzw. von *Koordinationsregeln der Freiheit.*
- Auf Grund des im Moralprinzip implizierten Universalisierungs- und Gerechtigkeitsprinzips müssen Normen grundsätzlich *konsensfähig* sein, d. h. so, *daß ihnen prinzipiell jede betroffene Person zustimmen kann.* Diese prinzipielle Konsensfähigkeit ist die notwendige und hinreichende Bedingung der Gültigkeit von Normen. Sie besteht darin, daß alle Betroffenen die Norm als *gerecht* betrachten, weil sie die Interessen eines jeden berücksichtigt. Normen sind also nur dann gültig, wenn sie gerecht, d. h. *distributiv vorteilhaft* für alle sind.

Während der Utilitarismus das sittliche Richtige lediglich als die Optimierung der Nutzensumme bzw. des Durchschnittsnutzens im sozialen Kalkül bestimmen kann, ohne das Problem der gerechten Distribution zu lösen, bringt die gerechtigkeitstheoretische Argumentationsform ein Gerechtigkeitsprinzip ins Spiel, das bei der Unverfügbarkeit (Selbstzweckhaftigkeit) der menschlichen Person ansetzt und darum nur solche Normen als begründet zuläßt, die distributiv vorteilhaft für jeden Betroffenen und darum prinzipiell konsensfähig sind.

Diese Argumentationsform ist in dieser Ausprägung typisch *neuzeitlich.* Ihr Grundanliegen ist es, die Idee des Sittlichen von der Idee des *freien Subjekts* her zu bestimmen. Sittliche Normen sind (ebenso wie Rechtsnormen) gerechte Koordinationsregeln subjektiver Freiheiten bzw. »Bedingungen, unter denen die Willkür des einen mit der Willkür des anderen nach einem allgemeinen Gesetz der Freiheit zusammen vereinigt werden kann« (KANT, MSR B 33). Grundgelegt wurde diese Argumentationsform in den modernen *Vertragstheorien* (Th. HOBBES, J. LOCKE, J. J. ROUSSEAU). Ihre wirkungsgeschichtlich zentrale Ausprägung fand sie bei KANT in seiner Theorie des *Reichs der Zwecke* (3.2.3). KANT faßt die Person als Zweck an sich selbst und insofern als den absoluten Zweck aller Moralität. Ihre *Autonomie* bedingt a priori ihre Stellung in der Gesellschaft als unverfügbares, *mitgesetzgebendes* Glied, dessen Würde es verbietet, bloß als Mittel behandelt zu werden (z. B. im utilitaristischen Nutzenkalkül). Darum ist im Reich der Zwecke keine andere Gesetzgebung gültig als die »eigene [. . .] aller Personen als Glieder« (GMS BA 83).

In Rückbesinnung auf das vertragstheoretische Denken sowie auf KANT entstand seit 1970 eine beträchtliche Anzahl bedeutender gerechtigkeitstheoretischer und diskursethischer Positionen, auf welche die oben gegebene Charakterisierung zutrifft. Man denke etwa an J. RAWLS, R. NOZICK und J. M. BUCHANAN in den USA und an J. HABERMAS, K. O. APEL, W. KUHLMANN, D. BÖHLER, O. SCHWEMMER und O. HÖFFE in Deutschland. Im einzelnen unterscheiden sich diese Positionen in vielfältiger Weise. Eine Divergenz ergibt sich z. B. in der Frage, ob die Konsensfähigkeit von Normen *in realen Diskursen* erwiesen werden muß (so HABERMAS) oder ob es schon genügt, sie »monologisch«, also im stringenten philosophischen Denken aufzuweisen.

Der gerechtigkeitstheoretischen Argumentationsform eignet eine signifikant *vernunftrechtliche* Tendenz. Sie faßt Normen als vernünftig-universalisierbare, formale Koordinationsregeln subjektiver Freiheiten und begründet sie in ihrer Konsensfähigkeit. Zugleich neigt sie dazu, sogenannte *evaluative Fragen,* also Fragen, welche die Wert- und Sinnoptionen des »guten Lebens« betreffen, entweder überhaupt als nicht rechtfertigungs- und diskursfähig der Beliebigkeit des privaten Meinens und den zufällig vorgegebenen Normierungen der Lebenswelt zu überlassen oder sie zumindest als sekundär zu betrachten. Darin zeigt sich ein (für die Moderne typischer) *konstruktivistischer* Zug: Die Frage nach dem sittlichen Normativen wird beschränkt auf den Raum vernünftig-machbarer, konsensfähiger Koordinationsregelungen, während das Problem *natural-unbeliebiger* und insofern sittlich verbindlicher Wert- und Sinnperspektiven des Menschseins in den Hintergrund tritt.

In diesem Sinne unterscheidet HABERMAS »die *moralischen Fragen,* die unter dem Aspekt der Verallgemeinerungsfähigkeit von Interessen oder der *Gerechtigkeit* grundsätzlich rational entschieden werden können« von den *»evaluativen Fragen«,* welche einen »nicht moralisierungsfähigen« Bereich darstellen, »der die besonderen, zu individuellen oder kollektiven Lebensweisen integrierten Wertorientierungen umfaßt«. (HABERMAS, 1983, 118).

5.3.2.3 Die klassisch-naturrechtliche Argumentationsform

Wir fassen diese Argumentationsform so, daß sie nicht nur die rechtsethische Normenbegründung im engeren Sinn betrifft, sondern darüber hinaus den Gesamtraum sittlicher Normenbegründung. Dabei beziehen wir uns vor allem auf die *Lex-naturalis-Lehre* des THOMAS VON AQUIN (4.2). Es geht in dieser Argumentationsform darum, den Raum der sittlichen Normierung nicht auf formale Koordinationsregeln der Freiheit einzuschränken, sondern darüber hinaus auch *das natural Unbeliebige des Menschseins und seiner natürlichen Inklinationen* in den normenbegründenden Diskurs einzubringen. Es gilt also, den Aspekt des Unbeliebigen, das dem Konstruktivismus Grenzen setzt, diskursiv zu thematisieren. Damit erhebt diese Argumentationsform den Anspruch, daß auch *materiale Bestimmungen des Menschenwürdigen im Sinne praktisch relevanter Wert- und Sinnoptionen* diskursfähig und rational entscheidbar sind. Dabei kommt ein *anderer Typus von Diskurs ins Spiel:* Es geht nicht nur darum, beliebige Interessen diskursiv zu koordinieren, sondern auch um die argumentative Erörterung von *Wahrheitsfragen,* welche jene unbeliebigen anthropologischen Sachverhalte betreffen, die in bestimmten ethischen Normenproblemen involviert sind.

Daß die gerechtigkeitstheoretische Argumentationsform an Grenzen ihrer Anwendbarkeit stößt, zeigt folgendes Beispiel: Der australische Präferenzutilitarist P. SINGER vertritt die international intensiv diskutierte Auffassung, das Leben menschlicher Föten, Neugeborener und Geisteskranker sei weniger wert als das Leben (erwachsener und normaler) Schweine, Hunde und Schimpansen (1984, 169); insofern gebe es keine direkten Argumente für das Lebensrecht dieser menschlichen Wesen. Es scheint aussichtslos zu sein, gerechtigkeits- bzw. diskursethisch zu dieser Position Stellung zu nehmen. Denn Gerechtigkeits- und Diskursethiker gehen davon aus, daß es unumstritten ist, wer von einer Normierung betroffen und darum als Träger relevanter Interessen zu berücksichtigen ist bzw. als Diskursteilnehmer zu gelten hat oder, falls er seine Interessen nicht selbst vertreten kann, advokatorisch vertreten werden muß. Sie setzen also die Klasse der Betroffenen als eindeutig definiert voraus. Die Frage, was jemanden zum Rechtssubjekt, zum Diskursteilnehmer bzw. zum relevanten Betroffenen qualifiziert, wird nicht gestellt. Aber eben diese Frage stellt SINGER. Soll SINGERS Position ethisch diskutiert werden, so wird es nötig sein, die Begriffe »Mensch« und »Person« zu klären und aufzuweisen, auf welche Aspekte dieser Begriffe sich die sogenannten Menschenrechte beziehen. Eine solche Diskussion ist aber nicht gerechtigkeits- oder diskursethisch zu führen, sondern anthropologisch.

Es scheint, daß der harte Kern dieser Argumentationsform für die Ethik unverzichtbar ist. Darum fließen klassisch-naturrechtliche Motive indirekt und ohne ausdrückliche Thematisierung zwangsläufig in nahezu alle ethischen Argumentationen ein. So sehr der Mensch einerseits autonomes Subjekt ist, so sehr ist er andererseits auch ein endliches Wesen, das durch das Gefüge seiner Bedürfnisse und seiner existentialen Verfaßtheit unbeliebig bestimmt ist. Darum ist seine Autonomie *(ratio)* immer schon auf diese Bestimmungen *(inclinationes naturales)* bezogen und kann das Richtige der Praxis nur aufweisen, indem sie dieses unbeliebige Gefüge ins Spiel bringt und berücksichtigt. Heute können die *Humanwissenschaften* in vielfältiger Weise helfen, die Relevanz dieser Bestimmungen zu präzisieren und das Richtige in den diversen Bereichen aufzuweisen. Dabei zeigt sich, daß kein menschlicher Praxisbereich einfachhin beliebig entworfen und bestimmt werden kann. Vielmehr gibt es in jedem Bereich unbeliebige Bedingungen und Voraussetzungen, anthropologische Sachverhalte und Konstanten, von deren Berücksichtigung das humane Glücken und Gelingen der bereichsspezifischen Praxis abhängt oder zumindest beeinflußt wird.

Geht es um die Bestimmung des Richtigen in den Bereichen Ernährung, Körperpflege, gesunde Lebensweise oder auch im ökologischen Bereich, so ist man sich ziemlich klar darüber, daß da keine beliebigen Konsensbildungen gefragt sind; vielmehr hängt die Chance richtiger Resultate maßgeblich davon ab, wieweit man in den betreffenden Diskursen die natural-unbeliebigen Faktoren der Bereiche thematisiert und entsprechende Informationen einholt. Auch in weniger »natural« bestimmten Bereichen werden unbeliebige anthropologissche Sachverhalte relevant. Man denke etwa an die Vielfalt des anthropologisch Unbeliebigen, das Entwicklungspsychologen, Pädagogen, Soziologen und Mediziner hinsichtlich des Bereichs *Erziehung* aufzuweisen vermögen. Die klassisch-naturrechtsethische Argumentationsform zielt darauf ab, die Autonomie der Subjekte sittlich so zu koordinieren, daß in allen Lebensbereichen auch dieses anthropologisch Unbeliebige thematisiert wird und Berücksichtigung findet. Sie sucht insofern, die notwendigen materialen Bedingungen des Glückens menschlichen Lebens aufweisen, und bringt damit die Fragen nach den unbeliebigen Wert- und Sinnoptionen des »guten Lebens« ins Spiel.

Dabei ist allerdings darauf zu achten, daß diese Argumentationsform nicht *naturalistisch* mißdeutet wird. Solche Fehlinterpretationen traten (z. B. in der neuscholastischen katholischen Moraltheologie) immer wieder auf. Man meinte, gewissermaßen mit einem Schlag »das Sein selbst« bzw. die ungeschichtlich-konstante Natur des Menschen *(natura humana)* samt ihren natürlichen Inklinationen als die schlechthin *vorgegebene Schöpfungsordnung* so in Sicht bringen zu können, daß die Vernunft nur noch die Rolle eines passiv rezipierenden Ableseorgans objektiv-vorgegebener Normen zu spielen habe. Eine solche Fehlinterpretation, die sich zweifellos nicht auf THOMAS berufen kann, unterbietet ungleichzeitigerweise das Autonomiekonzept der Moderne, um das es in der gerechtigkeitstheoretischen Argumentationsform geht.

Will man dieser Fehlinterpretation entgehen, so ist folgender dialektischer Sachverhalt zu beachten:

- Einerseits ist zwar das *Wesen des Menschen* in gewisser Hinsicht unverfügbar und unveränderlich *vorgegeben.* Darum können wir den Menschen vom Tier und die Weltgeschichte von der Naturgeschichte unterscheiden; und darum haben die Ethologen recht, wenn sie den Menschen als stammesgeschichtlich bedingte und bestimmte Spezies fassen und auf Konstanten menschlichen Verhaltens verweisen.
- Andererseits ist *unser Begriff des Menschen* prinzipiell *geschichtlich.* Das heißt: Die Frage nach dem Wesen des Menschen ist nie schlechthin beantwortet, sondern bleibt trotz des Problembewußtseins vieler vernünftiger Antworten immer auch eine *offene Frage* (H. PLESSNER). Denn es geht in dieser Frage nie bloß um den Aufweis des Vorgegebenen, sondern immer auch darum, wie der Mensch sich (in gesellschaftlicher und geschichtlicher Vermittlung) begreift, interpretiert und entwirft.

Diese Offenheit des Begriffs des Menschen besteht zugleich mit dem Wissen, daß das Wesen des Menschen in gewisser Hinsicht unbeliebig vorgegeben ist. Die heute mögliche (und unverzichtbare) Rezeptionsform klassisch-naturrechtsethischen Argumentierens hat insofern *diese Offenheit und das in ihr angesiedelte Autonomiekonzept ernst zu nehmen.* Sie hat aber zugleich diese Offenheit vor der konstruktivistischen Beliebigkeit zu bewahren. Sie hat (im Rahmen der je-geschichtlich gegebenen, z. B. wissenschaftlichen Möglichkeiten) *die Frage nach dem vorgegebenen Unbeliebigen anthropologisch ins Spiel zu bringen* und im ethischen Diskurs zu thematisieren.

W. KORFF skizziert im Anschluß an THOMAS, welche »Zuordnungslogik« sich auf der Basis der Lehre von den natürlichen Inklinationen für das Normenproblem ergibt:

> Eine Zuordnungslogik, die sich für ihn [THOMAS] grundsätzlich aus der Tatsache legitimiert, daß die inclinationes naturales ein unbeliebig offenes System von Strebungen darstellen, das, wie die Entscheidungsvernunft selbst, von ein und derselben lex aeterna [vgl. 4.2.1] getragen und bewegt ist und als solches seinerseits von sich aus letztlich nichts anderes intendiert als die sich zum Guten entscheidende Handlungsvernunft selbst. Auch die inclinationes naturales tragen sonach eine Teleologie in sich. Sie sind nicht bloßes Material *der Hand-*

lungsvernunft, sondern entziehen diese gerade der Beliebigkeit. Dennoch bedürfen sie als dispositive, entwurfsoffene Größen auch ihrerseits eines »ordinare«. Sie sind keine unmittelbar handlungsleitenden Regeln. Sie sind nicht Normen, sondern Metanormen. Soll das mit ihnen von Natur aus Intendierte erreicht werden, so bedürfen sie der praktischen Vernunft [...], die hierzu die geeigneten Wege und Mittel zu erkunden und darin letztendlich auch das jeweilige Ziel in seiner genaueren Gestalt zu formulieren hat. Die Welt der Normen, die menschliches Handeln konkret regeln, ist dem Menschen nicht einfachhin vorgegeben, sondern kraft des in ihm wirkenden »natürlichen Gesetzes« zur Gestaltung aufgegeben. (1987, 289)

5.3.2.4 Übersicht

Wir können das Verhältnis der skizzierten drei Argumentationsformen folgendermaßen charakterisieren: Es geht nicht darum, sich exklusiv für diese oder jene zu entscheiden. Vielmehr sollte man sie aufeinander beziehen und die zweite als die Weiterbestimmung der ersten sowie die dritte als die Weiterbestimmung der zweiten interpretieren. Die gerechtigkeitstheoretische Argumentationsform kann und soll das berechtigte konsequentialistische und sozialpragmatische Anliegen des Utilitarismus in sich aufnehmen. Ebenso kann und soll die klassisch-naturrechtliche Argumentationsform die gerechtigkeitstheoretische voll rezipieren und weiterbestimmen; durch die Rezeption des Autonomiekonzepts der zweiten entgeht die dritte der naturalistischen Fehlinterpretation, kann aber dennoch ihr zentrales Anliegen ins Spiel bringen. Damit überblicken wir die Grundvarianten ethischen Argumentierens, die uns heute zur Verfügung stehen. Rational-argumentative Normenbegründung im Diskurs scheint heute im wesentlichen auf diese Argumentationsformen angewiesen zu sein.

Zusammenfassung 5

- Die Notwendigkeit sittlicher Normen läßt sich in zweifacher Hinsicht aufweisen: Einerseits zeigt die Dialektik des Gewissens, daß moralische Überzeugungen immer objektive Geltungsansprüche sind, die im subjektiven Gewissen erhoben werden; die Spannung von Objektivität und Subjektivität treibt zu Gewissensbildung und Diskurs und zielt auf sozial anerkannte Normativität. Andererseits läßt sich zeigen, daß die Institutionen menschlicher Vergesellschaftung nur auf der Basis gemeinsam anerkannter sittlicher Normen human lebbare Gestalten konkreter Freiheit sein können.

- Individuelles Gewissen und soziales Ethos bestimmen sich aneinander: Einerseits entwickelt sich das Gewissen in Auseinandersetzung mit dem vorgegebenen Ethos (Gewissensbildung) und andererseits leben die Normen des Ethos von ihrer Akzeptanz in den Gewissen und werden von diesen her verändert (Dynamik des Ethos, Wertewandel).
- Wir unterscheiden vier Sinnebenen der Praxis: Auf der Sinnebene der Moralität steht Praxis in der Differenz von moralisch gut (= gewissensgemäß) und böse; auf der Sinnebene der Sittlichkeit geht es um die Differenz von sittlich (= norm- bzw. ethosgerecht) und unsittlich; auf der des Rechts geht es um die Differenz von legal und illegal und auf der des Glaubens um die von Liebe und Sünde. Diese Sinnebenen hängen systematisch zusammen.
- Normenbegründung kann autoritativ oder diskursiv erfolgen. Normenbegründende Autoritäten können Personen, Texte, Traditionen, Rechtsordnungen oder Wissenschaften sein. Die Effizienz normenbegründender Autoritäten hängt grundsätzlich von ihrer sozialen Akzeptanz ab. Im Zuge des modernen Autonomiedenkens wuchs die Tendenz, Normen nur dann zu akzeptieren, wenn die objektiven Gründe ihrer Geltung subjektiv begriffen sind.
- Für die diskursive Normenbegründung stehen heute vor allem drei Argumentationsformen zur Verfügung: die utilitaristische, die gerechtigkeitstheoretische und die klassisch-naturrechtliche. Die erste ermöglicht Normenbegründung im Rahmen sozialpragmatischer Nutzenkalküle. Die zweite betont die Unverfügbarkeit der Person und bestimmt das Normative als das Gerechte, d. h. als das für alle Betroffenen distributiv Vorteilhafte und darum Konsensfähige. Die dritte bringt darüber hinaus natural unbeliebige Konstanten der Humanität ins Spiel und weitet den normenbegründenden Diskurs auf Fragen der Normierung des guten Lebens hin aus.

6 Tugend

Neben Normen *(Pflichtenlehre)* und Handlungszwecken *(Güterlehre)* bildet die Tugend *(Tugendlehre)* ein zentrales Thema der traditionellen Ethik. Als Einstieg in die Differenzierung des Tugendbegriffs wählen wir die berühmt gewordene Kontroverse zwischen dem Dichter F. SCHILLER (1759–1805) und KANT. Wir wenden uns dann dem klassischen Tugendbegriff zu und beziehen uns dabei vor allem auf PLATON, ARISTOTELES und THOMAS VON AQUIN.

6.1 Schiller und Kant

Wir sahen (3.2.6), daß nach KANT eine Handlung nur dann moralisch gut ist, wenn sie *aus Pflicht* erfolgt, d.h. wenn ihre Triebfeder in der *Achtung vor dem Sittengesetz* besteht. An manchen Stellen fordert KANT geradezu das Mißverständnis heraus, eine Handlung müsse, um moralisch zu sein, »ohne alle Neigung« (GMS BA 11), ja geradezu ungern erfolgen. Gegen diese Tendenz vertrat SCHILLER in der Schrift *Über Anmut und Würde* (1793) folgenden Standpunkt: Er stimmt zwar KANT in der Unterscheidung von kategorischer Pflichtmotivation (aus reiner Vernunft) und hypothetischer Neigungsmotivation (aus Sinnlichkeit) prinzipiell zu, kritisiert aber die Art, wie KANT das Verhältnis beider bestimmt.

»Der Mensch *darf* nicht nur, sondern *soll* Lust und Pflicht in Verbindung bringen.« (Bd. XX, 283) »In der Kantischen Moralphilosophie ist die Idee der Pflicht mit einer Härte vorgetragen, die alle Grazien davor zurückschreckt [...].« (284) Er belächelt diesen Rigorismus KANTS in dem Distichon: »Gerne dien' ich den Freunden, doch tu ich es leider aus Neigung, / und so wurmt es mich oft, daß ich nicht tugendhaft bin.« (I, 357) »Es ist dem Menschen [...] aufgegeben, eine innige Übereinstimmung zwischen seinen beiden Naturen zu stiften, immer ein harmonisches Ganzes zu sein, und mit seiner vollstimmigen ganzen Menschheit zu handeln.« (XX, 289)

SCHILLER insistiert auf einem inneren Zusammenhang von Pflicht und Neigung, der selbst moralisch bedeutsam ist. Die Würde als Ausdruck des herrschenden Geistes, d. h. der kategorisch gebietenden reinen Vernunft, solle sich vereinigen mit der sinnlich-frohen Anmut der Neigungen, und erst diese Vereinigung sei »sittliche Vollkommenheit«. Die »schöne Seele« wird dieser Idee sittlicher Vollkommenheit gerecht in einem Handeln, das einerseits aus Pflicht erfolgt und damit der Würde des Sittengesetzes entspricht, andererseits aber in sinnlicher Anmut, also lustvoll und gern getan wird. SCHILLER nimmt damit ein Motiv des ARISTOTELES auf, der lehrt, niemand sei

> wahrhaft tugendhaft, der an sittlich guten Handlungen keine Freude hat, und niemand wird einen Mann gerecht nennen, wenn er an gerechten, oder freigebig, wenn er an freigebigen Handlungen keine Freude hat (NE I, 1099 a 17–20).

KANT antwortete in einer Fußnote seiner Religionsschrift (Rel B 11 ff.) auf SCHILLERS Bedenken. Er spricht sich ganz im Sinne SCHILLERS dafür aus, die Pflicht solle mit »fröhlicher Gemütsstimmung« getan werden, denn »das fröhliche Herz in Befolgung seiner Pflicht« sei »Zeichen der Echtheit tugendhafter Gesinnung«. Ein Handeln *aus Pflicht* könne und solle durchaus *mit Neigung,* also fröhlich und gern geschehen; nur müsse klargestellt sein, daß die Pflicht und nicht die Neigung Triebfeder der Handlung sei. KANT sieht also keinen Gegensatz zwischen dem Standpunkt SCHILLERS und dem seinen.

Die Kritik SCHILLERS weist jedoch auf ein Problem hin, das durch die Fußnote KANTS nicht hinreichend geklärt ist. Nach KANT gehören Neigungen als Affekte der Sinnlichkeit grundsätzlich in den Raum der *Naturkausalität* (3.3). Ihr Entstehen und Vergehen ist darum zunächst gar kein moralisches Problem, sondern ein naturkausaler (psychisch-empirischer) Vorgang. Als moralisches Subjekt stehe ich vor der Entscheidung, mich entweder *autonom,* also aus Pflicht (Vernunftmotiv) selbst zu bestimmen oder mich *heteronom* aus Neigung (Lust-Unlust-Motiv) naturkausal bestimmen zu lassen. Dabei habe ich zwar die Möglichkeit, die sinnlichen »Affekte zu zähmen« und die »Leidenschaften zu beherrschen« (MST A 50). Aber wieweit bin ich darüber hinaus in der Lage, meine Neigungen, Affekte und Leidenschaften *zu bilden, zu gestalten und zu erziehen*? Wieweit bin ich dazu moralisch verpflichtet und dafür verantwortlich? Nur wenn der Bereich der sinnlichen Lust-Unlust-Motivation nicht nur naturkausal vorgegeben, sondern in gewisser Hinsicht der Gestaltung aus Freiheit moralisch aufgegeben ist, hängt es in moralisch relevanter Weise von mir ab, ob ich das Gute mit »fröhlicher Gemütsstimmung« gerne tue oder nicht. Bei KANT gibt es die Tendenz, das Sinnliche so sehr als naturkausale Vorgabe zu fassen, daß es für die moralische Gestaltung des Sinnlichen aus Freiheit kaum mehr einen Spielraum gibt. Diese Sachlage erschien SCHILLER als unbefriedigend. Insofern verweist seine Kritik auf den klassischen Tugendbegriff.

6.2 Der klassische Tugendbegriff

Wir wollen dieses zentrale Lehrstück der antiken und der mittelalterlichen Ethik in *drei Schritten* skizzieren:

(1) *Vernunft und Neigung.* Der Bereich der sinnlichen Lust-Unlust-Motivation, der unsere Neigungen, Leidenschaften, Affekte, Gefühle

etc. umfaßt, ist nach Auffassung von PLATON und ARISTOTELES nicht bloß Resultat naturkausaler Mechanismen. Er steht vielmehr in einem besonderen Verhältnis zu den *geistigen* Fähigkeiten des Menschen, also zu *Vernunft und Wille*. Während die rein vegetativen Lebensprozesse (z. B. die Verdauung und das Wachstum) unwillkürlich-naturkausal ablaufen, hängen unser Sensorium und damit auch unsere Neigungen in gewisser Hinsicht auch von unserem Willen ab. Darum kann der Mensch den Raum seiner Neigungen *gestalten und erziehen*. Es liegt also in gewisser Hinsicht durchaus an uns, ob wir etwas Pflicht- bzw. Vernunftgemäßes *gerne* tun oder nicht. Insofern ist *die Gestaltung der Sensualität ein moralisches Problem*. Tue ich das Pflichtgemäße ungern, so ist dieser pflichtwidrige Affekt Indiz einer gewissen moralischen Schwäche oder Unzulänglichkeit. Der moralisch Vollkommene, also der Tugendhafte im Sinne von PLATON oder ARISTOTELES (bzw. die »schöne Seele« bei SCHILLER), hat seine Sensualität so gestaltet und erzogen, daß er das Gute gerne tut und keine pflichtwidrigen Affekte mehr auftreten. PLATON verglich das Verhältnis der (geistigen) Vernunft zu den (sinnlichen) Neigungen mit dem eines Wagenlenkers zu seinen Rossen (Phaidros 246).

Darum beschäftigten sich die antiken und scholastischen Ethiker intensiv mit der Klassifizierung und genauen Beschreibung der einzelnen Neigungen und entwickelten Theorien über die »Leidenschaften der Seele« *(passiones animae)*. Richtungweisend wurde PLATONS Unterscheidung zwischen *zwei Grundtypen* von Leidenschaften, dem *begehrenden (epithymetikón, concupiscibile)* und dem *mutartigen (thymoeidés, irascibile)*. Das Begehren richtet sich *direkt* (bejahend oder ablehnend) auf ein Gut, z. B. im Fall der (sinnlichen) Liebe und des Hasses. Das Mutartige richtet sich insofern *indirekt* (positiv oder negativ) auf ein Gut, als dessen Erreichung Hindernisse und Schwierigkeiten im Wege stehen, wie z. B. im Fall des Zorns, der (sinnlichen) Hoffnung und Verzweiflung, der Kühnheit und der Feigheit. Die Unterscheidung ist verwandt mit der S. FREUDS zwischen Libido und Aggression. ARISTOTELES entwickelte auf der Basis dieser Unterscheidung die Theorie der Leidenschaften weiter, und THOMAS VON AQUIN entfaltete, darauf aufbauend, seinen großartigen Traktat über die *passiones animae* (STh I.II. 22–48).

(2) *Der Tugendbegriff.* Im Verständnis der klassischen Ethik ist die Tugend *(areté, virtus) ein erworbener Habitus, der zu bestimmten wertvollen Tätigkeitsweisen qualifiziert.*

Der Begriff »erworbener Habitus« wurde in 4.1.1 im Kontext der *synderesis* erklärt. Während es im Fall der *synderesis* um einen *natürlichen* Habitus geht, geht es im Fall der Tugend um einen Habitus, der *erworben* werden muß.

ARISTOTELES grenzt die *ethischen* Tugenden ab einerseits gegen die *dianoetischen* (d. h. die theoretischen, z. B. Wissenschaft, Weisheit) und andererseits gegen die *poietischen* (d. h. die auf die *poiesis,* das Machen und Erzeugen, bezogenen Tugenden, also die Künste und Fertigkeiten). Die *ethischen* Tugenden, um die es hier geht, qualifizieren zum *guten Handeln.* Sie sind Habitualitäten, durch die uns das moralisch gute Handeln gewissermaßen zur zweiten Natur wird. Dabei kommt den *Neigungen* bzw. der *Lust* eine entscheidende Rolle zu. Denn eine ethische Tugend ist dann erworben, wenn die sinnlichen Neigungen im betreffenden Praxisfeld *vernunftmäßig gestaltet* sind, so daß das Gute *leicht, gerne und mit Freude* getan wird. Der *Erwerb* der Tugend erfolgt durch praktische Gewöhnung, also durch *Einübung.*

> Darum werden uns die Tugenden weder von Natur noch gegen die Natur zuteil, sondern wir haben die natürliche Anlage, sie in uns aufzunehmen, zur Wirklichkeit aber wird diese Anlage durch Gewöhnung. [...] [Wir erlangen die Tugenden] nach vorausgegangener Tätigkeit, wie dies auch bei den Künsten der Fall ist. Denn was wir tun müssen, nachdem wir es gelernt haben, das lernen wir, indem wir es tun. So wird man durch Bauen ein Baumeister und durch Zitherspielen ein Zitherspieler. Ebenso werden wir aber auch durch gerechtes Handeln gerecht, durch Beobachtung der Mäßigkeit mäßig, durch Werke des Starkmuts starkmütig. (NE II, 1103a 23 – 1103b 3).
> Als Zeichen des Habitus muß man die mit den Handlungen verbundene Lust oder Unlust betrachten. Wer sich sinnlicher Genüsse enthält und eben hieran Freude hat, ist mäßig, wer aber hierüber Unlust empfindet, ist zuchtlos. Und wer Gefahren besteht und sich dessen freut oder wenigstens keine Unlust darüber empfindet, ist mutig, wer aber darüber Unlust empfindet, ist feig. Denn die ethische Tugend hat es mit der Lust und Unlust zu tun. Der Lust wegen tun wir ja das sittlich Schlechte, und der Unlust wegen unterlassen wir das Gute. (1104b 4–10)

Die der Tugend entgegengesetzte Haltung ist das *Laster (kakia, vitium),* ein Habitus, der uns in bestimmten Praxisbereichen das vernunftwidrige, böse Handeln gewissermaßen zur zweiten Natur macht.

(3) *Lebensgestaltung.* In den Erörterungen der Teile 3, 4 und 5 ging es vor allem um die *Einzelhandlung,* ihre Moralitätsbewandtnis, ihre Beurteilung im Gewissen und ihre Regelung durch sittliche Normen. Der Tugendbegriff führt uns die Perspektive der moralischen Lebensgestaltung vor Augen, in welcher es letztlich um das *ganze Leben* des Menschen geht. Selbstbestimmung aus Freiheit (3.3) betrifft durch alle Einzelhandlungen hindurch den *Menschen als ganzen.* Sie betrifft einerseits seine personale Ganzheit als *Einheit von Vernunft- und Sinnenwesen* (SCHILLER: die »innige Übereinstimmung zwischen seinen beiden Naturen« als »harmonisierendes Ganzes«) und andererseits die *Ganzheit des Lebensprozesses* als die der Freiheit gestellte moralische Aufgabe. Es geht nicht nur darum, in Einzelhandlungen gut zu handeln, sondern *selbst gut zu werden* und *ein gutes Leben zu führen.*

> In der Freiheit geht es immer um den Menschen als solchen und ganzen. Das Objekt der Freiheit in ihrem ursprünglichen Sinn ist das Subjekt selbst, und

alle zu behandelnden Gegenstände der Umwelterfahrung sind nur Gegenstände der Freiheit, insofern sie dieses endliche und raumzeitliche Subjekt an es selber vermitteln. Dort, wo Freiheit wirklich begriffen wird, ist sie nicht das Vermögen, dieses oder jenes tun zu können, sondern das Vermögen, über sich selbst zu entscheiden und sich selbst zu tun. (K. RAHNER [6]1991, 49) Die Ewigkeit des Menschen kann nur verstanden werden als die Eigentlichkeit und Endgültigkeit der sich ausgezeitigt habenden Freiheit. (50)

6.3 Tugendtafeln

Das tugendtheoretische Anliegen einer moralischen Lebensgestaltung führte (vor allem in Antike und Mittelalter) zu wirkungsgeschichtlich bedeutsamen Versuchen, Tugenden zu unterscheiden und architektonisch zu ordnen. Wir sprechen insofern von *Tugendtafeln.* Da der klassische Tugendbegriff darauf abzielt, *Vernunft und Sinnlichkeit* in praktischer Absicht aufeinander zu beziehen (6.2), liegt den Tugendtafeln zumeist ein *anthropologischer* Ansatz zugrunde. Die Differenzierung und Ordnung der Tugenden als Habitualitäten der Praxis erfolgt auf der Basis der Unterscheidung diverser *geistig-vernunfthafter* und *sinnlich-animalischer* Fähigkeiten des Menschen. Moralische Vollkommenheit im Sinne von Tugendhaftigkeit erhält so die Bedeutung einer *umfassenden und harmonischen Vollendung des ganzen Menschen.* Im folgenden verweisen wir auf PLATON, ARISTOTELES und THOMAS VON AQUIN.

6.3.1 Die Kardinaltugenden Platons

PLATONS Theorie der Kardinaltugenden (= Grundtugenden) wurde für die ganze tugendethische Tradition richtungweisend. Sie entwickelt nicht nur eine Tugendtafel, sondern bringt zugleich das zentrale Motiv aller Tugendethik auf den Punkt. Wie wir bereits in 6.2 andeuteten, unterscheidet PLATON *drei für die Praxis relevante Grundkräfte* (»Seelenteile«) des Menschen: Die *Vernunft,* das *Mutartige* und das *Begehren.* Auf dieser Basis wird die Theorie der Kardinaltugenden entwickelt (Staat IV 434c–444a).

- Die *Vernunft (logistikón, rationale)* nimmt als geistiger Seelenteil den höchsten Rang ein, denn sie ist in der Lage, das *wahre Gute* bzw. die *Idee des Guten* »mit den Augen des Geistes« zu schauen. Darum soll sie die anderen (sinnlichen) Seelenteile beherrschen und ordnen. Um das zu können, muß sie zuerst ihrer wahren und eigentlichen Bestimmung gerecht werden, d. h. sie muß die Tugend der *Weisheit (sophia, sapientia)* erlangen, also den Habitus, der sie mit dem wahren Guten vertraut macht.
- Im Habitus der Weisheit bezieht sich die Vernunft zunächst auf das *Mutartige (thymoeidés, irascibile).* Sie bezieht das Mutartige auf das

wahre Gute und erzieht es dazu, dieses Gute trotz aller Hindernisse und Schwierigkeiten zu erstreben. Das der Vernunft gehorchende Mutartige erlangt damit die Tugend der *Tapferkeit (andreia, fortitudo).*

Zunächst geht es beim mutartigen (zornmütigen, aggressiven) Seelenteil, wie wir sahen (6.2), um jene Affekte, die entstehen können, wenn die Erreichung irgendeines begehrten Gutes auf Hindernisse und Schwierigkeiten stößt. Solche Affekte sind z. B. der Zorn, die Angst, die Kühnheit, die (sinnliche) Hoffnung und die Verzweiflung. Hat die Vernunft in der mutartigen Sinnlichkeit die Kardinaltugend der Tapferkeit bewirkt, so ist das Mutartige trotz aller Hindernisse und Schwierigkeiten tapfer auf das wahre Gute hin ausgerichtet.

- Das zur Tapferkeit erzogene Mutartige richtet sich schließlich auf das *Begehren (epithymetikón, concupiscibile).* Es mäßigt die naturwüchsige Beliebigkeit der Begierden, indem es sie auf das wahre Gute richtet. Das dem tapfer gewordenen Mutartigen entsprechende Begehren erlangt damit die Tugend der *Mäßigung (sophrosýne, temperantia).*

Naturwüchsig richtet sich das sinnlich-triebhafte Begehren im Sinne der beliebigen Lust-Unlust-Motivation (Eros, Libido) ungeordnet auf die verschiedensten Güter oder Scheingüter. Hierher gehören Affekte wie z. B. (sinnliche) Liebe und Haß, Freude und Traurigkeit. Ist das Begehren im Sinne der Vernunft gemäßigt, so richtet es sich in Liebe und Freude auf das wahre Gute, in Haß und Traurigkeit auf das diesem entgegengesetzte Böse.

- Ist diese Ordnung der »Seelenteile« verwirklicht, so ist der Mensch *gerecht.* Denn *Gerechtigkeit (dikaiosýne, iustitia)* ist dann gegeben, wenn »jeder das Seine tut und nicht vielerlei treibt« (433 a). Tut jede Seelenkraft unter der Herrschaft der Vernunft das Ihre, so ist der Mensch in sich gerecht und tugendhaft.

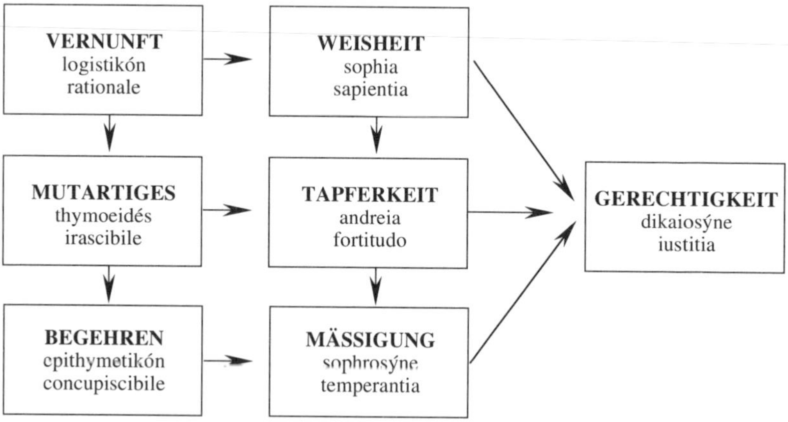

Abb. 16: Die Kardinaltugenden bei Platon

Zunächst beziehen sich die Kardinaltugenden auf das Ziel der *eigenen Vollkommenheit,* also auf die moralisch vollendete Harmonie des Menschen in sich selbst. Es bedarf jedoch nur einer Blickwendung, um die Gerechtigkeit als jene Tugend zu fassen, in welcher es um das Verhältnis zu *anderen Menschen* geht und damit um das Interpersonale und Soziale. Unter dem Einfluß des ARISTOTELES wurde später die *Klugheit (phrónesis, prudentia)* anstelle der Weisheit in das »Viergespann« (J. PIEPER) der Kardinaltugenden aufgenommen. ARISTOTELES faßte die Klugheit als die Tugend der *praktischen* Vernunft.

Bei PLATON steht die Theorie der Kardinaltugenden im Kontext einer Staatslehre. Er meinte, das ideale Staatswesen habe die Ordnung der Seelenteile des Menschen widerzuspiegeln, so daß den Seelenteilen Stände entsprechen müßten. Der Herrschaft der Philosophen (Vernunft) sei ein Wächterstand zu unterstellen (Mutartiges), der den Erwerbsstand (Begehren) zu mäßigen habe.

6.3.2 Die Tugendtafel bei Aristoteles

ARISTOTELES übernimmt von PLATON zwar die Grundgedanken der Theorie der Kardinaltugenden, arbeitet sie aber in eine umfassendere Tugendtafel ein, indem er zwischen den *dianoetischen* (theoretischen) und *ethischen* (praktischen) Tugenden unterscheidet (6.2). Damit faßt er »Tugend« in einem weiteren Sinn als Habitualität auf wertvolle menschliche Tätigkeit (im allgemeinen) hin.

Die *dianoetischen* Tugenden werden in *zwei Gruppen* gegliedert. Die eine betrifft die Vernunft, sofern sie sich in reiner Theorie auf das bezieht, *was keine Veränderung durch menschliches Tun zuläßt.* Die andere Gruppe betrifft die Vernunft, sofern sie sich auf das bezieht, *was durch menschliches Tun verändert werden kann.*

- Zur ersten Gruppe gehören die *Vernunft (nous, intellectus)* als der Habitus der ersten Prinzipien der Erkenntnis, die *Weisheit (sophia, sapientia)* als das Wissen um das »von Natur aus Würdigste« und die *Wissenschaft (epistéme, scientia)* als das aus Prinzipien ableitbare Wissen (vgl. 4.1.1).
- Die zweite Gruppe gliedert sich dadurch, daß es zwei Bereiche des durch menschliches Tun Veränderbaren gibt. Der eine ist der Bereich der *Praxis* im strikten Sinn, also der Bereich des *moralisch relevanten Handelns,* das seinen Wert *in sich selbst* hat. Auf diese (ökonomische, politische, ethische) Praxis bezieht sich die *praktische Vernunft,* deren Tugend die *Klugheit, (phrónesis, prudentia)* ist. Der andere Bereich ist der Bereich des *Machens,* Erzeugens bzw. Gestaltens *(poiesis, facere),* das seinen Wert *im Werk* hat, das es hervorbringt. Die Tugend der *poietischen* bzw. *technischen Vernunft* ist das (technische oder ästhetische) *Können,* die *Kunst (téchne, ars).*

Tugend/ Tüchtigkeit (areté)	- **dianoetisch**	- bzgl. des **Unveränderlichen**	- **Intellekt der Prinzipien** (noûs tôn archôn)
			- **Wissenschaft** (epistéme)
			- **Weisheit** (sophia)
		- bzgl. des **Veränderlichen**	- **Kunst**/Können (téchne) als Tugend des **Machens** (poiein)
			- **Klugheit** (phrónesis) als Tugend des **Handelns** (prattein)
	-**ethisch**	- **allgemein**	- **Tapferkeit** (andreia) als Tugend des Mutartigen (thymoeidés) Mitte zwischen tollkühn und feige
			- **Mäßigkeit** (sophrosýne) als Tugend des Begehrens (epithymetikón) im Gegensatz zur Zuchtlosigkeit
		- im Umgang mit **Geld und Besitz**	- **Freigebigkeit** (eleutheriótes) Mitte zwischen Verschwendung und Geiz
			- **Hochherzigkeit** (megaloprépeia) zwischen Großtuerei und Engherzigkeit
		- bzgl. **Ansehen und Ehre**	- **Hochsinn** (megalopsychia) zwischen Aufgeblasenheit und niederem Sinn
			- **gesunder Ehrgeiz** (philotimia) zwischen zuviel und zuwenig
			- **Sanftmut** (praótes) zwischen zuviel und zuwenig
		- in der **Kommunikation** mit anderen	- **Wahrhaftigkeit** (alétheia) zwischen Prahlerei und Ironie
			- **Artigkeit**/Humor (eutrapelia) zwischen Possenreißerei und Steifheit
			- **Freundlichkeit** (philia) zwischen a) gefallsüchtig-schmeichlerisch b) streitsüchtig-eigensinnig
		- im **politischen** Leben	**Gerechtigkeit** (dikaiosýne)

Abb. 17: Die Tugendtafel des Aristoteles

Die *ethischen* Tugenden (d. h. die Tugenden im engeren Sinne) sind jene, in denen es um die *vernunftgemäße Gestaltung und Erziehung der (sinnlichen) Affekte* geht. Dabei bestimmt ARISTOTELES das Vernunftgemäße der Tugend als die *Mitte (mesótes)* zwischen lasterhaften Extremen. So etwa ist die Tapferkeit die Mitte zwischen Verwegenheit und Feigheit. Die Vielfalt der ethischen Tugenden entfaltet sich im *Kontext des gesellschaftlichen Lebens,* also der Ökonomie (bezogen auf das Haus, den *oikos*), des gesellschaftlichen Umgangs der Bürger miteinander und der Politik. Insofern ist die höchste der ethischen Tugenden die *Gerechtigkeit* als die Tugend, die im Verhältnis zum Mitmenschen jedem das Seine im Sinne eines Ausgleichs bzw. einer gewissen Gleichheit zuordnet.

Wir sahen in 5.3.1.4, daß ARISTOTELES die Politie, also die Polisverfassung, als die bestmögliche Verfassung betrachtet, weil sie die Bürger als freie und gleiche Menschen faßt, die abwechselnd herrschen und gehorchen. In einer solchen Verfassung ist die politische Naturbestimmung des Menschen (als eines politischen Lebewesens, *zoón politikón*) auf ihren Begriff gebracht. Darum sind nach ARISTOTELES die Gesetze der so gearteten Polis und das ihnen entsprechende Ethos schlechthin sittlich normativ. Deshalb nennt er die *Gesetzesgerechtigkeit,* also die sich an den Gesetzen und am Rechtswesen der Polis orientierende Gerechtigkeit »die ganze Tugend« (NE V 1130a 9), die alle anderen ethischen Tugenden in sich einschließt.

Typisch für die Tugendethik des ARISTOTELES ist die konsequente Einbettung der ethischen Tugenden in das *vorgegebene Recht und Ethos* der politisch verfaßten Gesellschaft. Darum zielt seine Ethik nicht darauf ab, (z. B. naturrechtsethisch) eine differenzierte Pflichtenlehre zu entwickeln und Normen zu begründen. Vielmehr leben die vernunft- und tugendgemäßen Normen als unbestrittene Geltungen innerhalb des lebendigen Ethos des politisch-rechtlich verfaßten, vorgegebenen sozialen Lebens. An diesem Leben lassen sich die einzelnen ethischen Tugenden aufweisen, etwa im Umfeld von Geld und Besitz, von Ansehen und Ehrenämtern, von Miteinander-Sprechen und Miteinander-Verkehren. Es geht also gerade nicht darum, das sittlich Normative aus ersten Prinzipien abzuleiten und abstrakt zu begründen, sondern das Sittliche ist im vorgegebenen sozialen Leben eingebettet und anhand der konkret gelebten und geforderten Tugenden zu entdecken. Auf diesem Hintergrund entfaltet der Stagirite die farbige Vielfalt der ethischen Tugenden.

6.3.3 Die Tugendtafel bei Thomas von Aquin

THOMAS entfaltet seine Normenethik (STh. II.II) auf der Basis einer Architektonik von Grundtugenden, in welcher das tugendethische Denken von PLATON und ARISTOTELES mit der christlichen Tradition verbunden ist. Sehen wir von den dianoetischen Tugenden (6.3.2) ab, die er im Anschluß an ARISTOTELES differenziert, so unterscheidet er *zwei Tugendebenen:*

- Auf der ersten geht es um die *vier Kardinaltugenden* als moralische Tugenden *(virtutes morales).* Dabei ist die *Klugheit (prudentia)* die Kardinaltugend der *praktischen Vernunft,* die *Gerechtigkeit (iustitia),* in der es um das Verhältnis zu den anderen geht, die Kardinaltugend des *Willens,* während *Tapferkeit (fortitudo)* und *Mäßigung (temperantia)* den beiden sinnlichen Affekttypten zugeordnet sind, dem Mutartigen *(irascibile)* und dem Begehren *(concupiscibile).* Die moralische Vollkommenheit im Zeichen der vollendeten Tugend soll also den ganzen Menschen in der Einheit seiner geistigen (Vernunft, Wille) und sinnlichen Kräfte vollenden.
- Auf der zweiten Ebene geht es um die sogenannte *theologischen Tugenden (virtutes theologicae),* die dem Menschen durch die Gnade Gottes geschenkt (»eingegossen«, *infusae*) werden und die moralischen Tugenden vollenden. Die drei theologischen Tugenden sind der *Glaube (fides),* der die gnadenhafte Vervollkommnung der *Vernunft* ist, die *Hoffnung (spes)* und die *Liebe (caritas).* Dabei vollenden Hoffnung und Liebe den *Willen,* aber so, daß die Hoffnung zugleich auf das *irascibile* und die Liebe zugleich auf das *concupiscibile* bezogen ist, so daß die Gnade die ganze sinnlich-geistige Wirklichkeit des Menschen voraussetzt und vollendet.

In der Entfaltung der Tugendethik nimmt THOMAS auch die aristotelischen Polistugenden auf und integriert sie in sein (durch die sieben Tugenden gegliedertes) moraltheologisches Werk. Dabei faßt er allerdings das sittlich Normative weniger als etwas, was in sozialen Kontexten und Traditionen eingebettet ist und entdeckt wird; die normenethische Argumentation steht zwar in einem tugendethischen Rahmen, erfolgt aber vor allem in jener klassisch-naturrechtsethischen Argumentationsform (5.3.2.3), die durch die Theorie der *lex naturalis* (4.2) bestimmt ist.

6.4 Klugheit als Kardinaltugend

Wir sahen, daß die Klugheit bei ARISTOTELES als Tugend der praktischen Vernunft gefaßt wird (6.3.2) und in dieser Bestimmung bei THOMAS als Kardinaltugend fungiert (6.3.3). In 4.2.2 zeigten wir, wie THOMAS das Verhältnis von theoretischer und praktischer Vernunft interpretiert und welche Rolle dabei der Klugheit zukommt. Wir wollen etwas genauer auf dieses Lehrstück eingehen, das in der Tradition des Aristotelismus eine wichtige Rolle spielt.

Es geht um folgendes: Die *theoretische* Vernunft entfaltet (etwa in der Wissenschaft) eine allgemeine Theorie. Bewährt sich diese Theorie, so kann das Einzelphänomen an sich problemlos aus dem Allgemeinen (z. B.

aus einem naturwissenschaftlichen Gesetz) abgeleitet bzw. erklärt werden. Der Einzelfall ist also unter das Allgemeine *subsumierbar.*

So können wir etwa mittels der allgemeinen Fallgesetze die einzelnen freien Fälle ableiten bzw. erklären. Das Allgemeine hat den Charakter eines *Subsumtionsallgemeinen.* Das Einzelne ist bloß der Einzelfall des (theoretisch) Allgemeinen.

Ganz anders verhält es sich im Fall der *praktischen* Vernunft. Sie kann die Handlungssituationen nicht einfach als bloße Einzelfälle unter ihr Allgemeines, d. h. unter die moralischen Gesetze und Regeln, subsumieren. Vielmehr werden in der Praxis die vielfältigen *Kontingenzen,* also die konkreten Bestimmungen, Umstände und Eventualitäten der Situation, für das praktische Urteil und das Handeln bedeutsam. In der Bestimmung der konkreten Pflicht *modifizieren sie das Allgemeine.* Die Praxis spielt sich in einem komplexen und durch vielfältige Kontingenzen bestimmten Medium ab, dessen Elemente und Aspekte oft schwer zu überblicken und in ihrem zukünftigen Verhalten oft kaum zu prognostizieren sind. Darum gerät die praktische Vernunft häufig in Entscheidungssituationen, die hinsichtlich der Folgen und Auswirkungen der Handlungen *riskant* sind. Man muß mit *Wahrscheinlichkeiten* rechnen, *unter Unsicherheiten* entscheiden, muß *Handlungsfolgen bzw. Güter gegeneinander abwägen, Kompromisse* schließen und hat oft nur die Wahl zwischen *dem größeren und dem geringeren* Übel. Auf diesem Hintergrund ist die Rolle der Klugheit innerhalb der Ethik des Aristotelismus zu sehen.

Auch hier geht es zunächst darum, daß die relevante Praxis in lebendigen sozialen Kontexten *eingebettet* ist und erlernt bzw. *eingeübt* werden muß. Die Klugheit basiert auf dieser Einbettung und Einübung. Sie ist die im Einüben von Praxis erworbene Fähigkeit, im Abwägen der situativen Kontingenzen zu einem praktischen Urteil zu kommen, das angibt, *wie das Gute unter diesen Umständen optimal realisiert werden kann.* Sie ist insofern so etwas wie ein *Gespür für das moralisch und situativ Richtige.* Die Theorie der Kardinaltugend der Klugheit will folgendes deutlich machen: Es geht im guten Handeln nicht darum, Situationen einfach als Fälle unter Normen zu subsumieren und situationsblind, ohne Rücksicht auf die zu erwartenden Folgen, moralische Grundsätze und Regeln zu befolgen. Vielmehr soll das moralische Urteil eine ausgewogene *Synthese des Allgemeinen* (Norm, Grundsatz, Regel) *und des Besonderen* (die komplex-kontingente Situation) sein. Die richtige Konkretisierung des moralisch Guten erfolgt also nicht situationsunabhängig, sondern im klugen Urteil erhält die Situation selbst normative Bedeutung.

Angesichts dieser Problemlage versuchte z. B. die katholische Moraltheologie, die Handlungskomplexität durch *Regeln* zu reduzieren, welche angeben sollten, wie in der Praxis mit situativen Kontingenzen umzugehen ist. So entwickelte man Regeln für Entscheidungen unter Unsicherheit bzw. Wahrscheinlichkeit sowie für

Güterabwägungen. Zu den letzteren gehört die Regel, im Fall der unausweichlichen Entscheidung zwischen Übeln das geringere Übel *(minus malum)* zu wählen. Intensiv diskutiert wird die Regel der *Doppelwirkung:* Hier geht es darum, in Dilemmasituationen einen moralischen Ausweg aufzuweisen. Eine Handlung kann zugleich zweierlei Wirkung haben, eine gute und eine schlechte. Die Regel der Doppelwirkung gibt an, unter welchen Bedingungen ich die (ungewollte) schlechte Wirkung zulassen bzw. in Kauf nehmen darf, um die gute (gewollte) Wirkung zu erzielen. Man denke etwa an die Frage, ob man in Sterbesituationen schmerzstillende Mittel verabreichen darf, die lebensverkürzend sind. Es wurden vor allem zwei Bedingungen angegeben: Einerseits darf sich die (angestrebte) gute Wirkung nicht direkt aus der (unbeabsichtigten) schlechten ergeben, da der Zweck nicht die Mittel heiligt. Andererseits muß die gute Wirkung die schlechte überwiegen.

ARISTOTELES betont, daß die so verstandene Klugheit sich einerseits unterscheidet vom (theoretischen) *Wissen* (NE VI 1141b) und andererseits von der (moralisch neutralen) *Geschicklichkeit* (1144a). Sie setzt zwar Wissen voraus, fordert aber darüber hinaus das praktisch eingeübte Gespür für die Situation. Ebenso impliziert sie Geschicklichkeit, also die Fähigkeit, die Mittel zur Erreichung eines Zwecks situationsgemäß zu bestimmen; entscheidend ist aber, daß sie nicht neutrale, sondern *moralisch am Guten orientierte Geschicklichkeit* ist im Unterschied zu jener Schlauheit, Gerissenheit und Raffinesse, die auch am moralisch neutralen oder bösen Zweck orientiert sein kann. Alltagssprachlich meint »Klugheit« häufig jene pragmatische Geschicklichkeit, in der man auf seinen Vorteil bedacht ist. Auch KANT faßt Klugheit als »Geschicklichkeit in der Wahl der Mittel zu seinem eigenen größten Wohlsein« (GMS BA 42). Hier jedoch geht es um Klugheit als Tugend, also um einen Habitus, der wesentlich am Guten orientiert ist.

An dieser Stelle ist auf die von M. WEBER eingeführte Unterscheidung von *Gesinnungsethik* und *Verantwortungsethik* hinzuweisen, die große Verbreitung erlangte. In seiner Schrift »Politik als Beruf« (1919, in: 1971) bestimmt er die Unterscheidung folgendermaßen:

- Die *gesinnungsethische* Einstellung faßt sittliche Normen bzw. Gebote als subsumtionsallgemeine Verpflichtungen, denen ohne Rücksicht auf die situationsbedingten Folgen zu gehorchen ist. Nach WEBERS Auffassung sei z.B. »die absolute Ethik des Evangeliums«, etwa der Bergpredigt, in diesem Sinne gesinnungsethisch gemeint: »Der Christ tut recht und stellt den Erfolg Gott anheim.«
- Dagegen steht der *Verantwortungsethiker* auf dem Standpunkt, »daß man für die (voraussehbaren) *Folgen* seines Handelns aufzukommen hat«, also etwa in der Wahl der (unter Umständen moralisch bedenklichen) Mittel um der Folgen willen Kompromisse mit den Erfordernissen der Situation eingehen muß (549–556).

WEBERS Unterscheidung ist philosphisch wenig differenziert und wurde Anlaß zu vielfältigen Mißverständnissen. So etwa wurde die Gesinnungsethik WEBERS häufig mit der Rolle der Gesinnung im Moralitätsverständnis KANTS verwechselt.

(1) WEBER scheint den Gesichtspunkt des (moralisch) Guten und den des (sittlich) Richtigen (vgl. 5.2) nicht hinreichend zu unterscheiden. Wenn es eine eigenständige Bedeutung der Moralität gibt, dann kann sie nur in der Gesinnung des Handelnden bestehen (3.2.6). Fragen wir jedoch nach dem sittlich Richtigen, so klammern wir den subjektiven Gesinnungsaspekt aus und befassen uns (z. B. im Sinne der Argumentationsformen von 5.3.2) mit Fragen objektiv gültiger Normierung.

(2) Verwenden wir die Ausdrücke »Gesinnung« und »Verantwortung« in der in der Ethik üblichen Weise, dann haben sie ihren Ort auf der Sinnebene der Moralität (5.2) und sind dort eng miteinander verschränkt. Von einer verantwortungslosen moralischen Gesinnung kann dann ebensowenig die Rede sein wie von einer gesinnungslosen Verantwortung. WEBER distanziert sich zwar ausdrücklich von einem derartigen Mißverständnis (551); seine Unterscheidung aber provoziert es geradezu.

(3) WEBERS Verantwortungsethiker scheint letztlich ein Utilitarist zu sein. Man könnte dem legitimen Anliegen WEBERS wohl dann am ehesten gerecht werden, wenn man die (aristotelische) Theorie der Klugheit als Tugend ins Spiel bringt und sie mit dem Moralprinzip KANTS (3.2) kombiniert. Man kann dann einerseits durchaus die Verantwortung für die (voraussehbaren) Folgen des Handelns übernehmen, entgeht aber andererseits jenen utilitaristischen Konsequenzen, die wir kritisierten (2.5.2).

(4) Ob die Ethik des Evangeliums tatsächlich den Charakter einer Gesinnungsethik im Sinne WEBERS hat, einer Ethik also, die situationsblind und ohne sich um die Folgen zu kümmern, Fälle unter Normen subsumiert, das mögen die Exegeten entscheiden. Die Rezeption der aristotelischen Tugend der Klugheit durch THOMAS zeigt jedoch, daß es breite Traditionen der christlichen Wirkungsgeschichte des Evangeliums gibt, die sich nicht auf jenen Nenner bringen lassen, den WEBER als Gesinnungsethik charakterisiert.

6.5 Exkurs: Die Tugendethik bei MacIntyre

Die Grundtendenz der aristotelischen Tugendethik wurde im *Neoaristotelismus* der Gegenwart wiederbelebt, etwa in dem vieldiskutierten Werk »Der Verlust der Tugend« (*After Virtue,* 1981, dt. »Der Verlust der Tugend«, 1987) von A. MACINTYRE. Der Autor wendet sich vehement gegen die subjektivistische Auflösung der Ethik im Zuge der Moderne und tritt im Anschluß an ARISTOTELES für die tugendethische Einbettung des Sittlichen in die gegebenen sozialen Kontexte und Traditionen ein. Dabei unterscheidet er drei tugendethische Ebenen:

- Auf der ersten geht es um Tugenden im Rahmen bestimmter *Praxisbereiche.* »Praxis« meint hier »jede kohärente und komplexe Form sozial begründeter, kooperativer menschlicher Tätigkeit« (251). In den diversen Praxisbereichen fallen den Menschen diverse *soziale Rollen* zu. Im gegebenen sozialen Kontext ist es in der Regel ziemlich eindeutig, welche Vortrefflichkeit (Tugend) jeweils im Rahmen einer bestimmten sozialen Rolle erforderlich ist, z. B. was man unter einer guten Mutter, einem guten Freund, Mechaniker, Schaffner, Lehrer oder Politiker zu verstehen hat. Dabei zielen die Tugenden der sozialen Rollen auf *Güter* ab, *die dieser Praxis inhärent sind,* d. h. »daß ihre Erlangung ein Gut für die gesamte Gemeinschaft ist, die an der Praxis teilhat« (255).

> Eine Tugend ist eine erworbene menschliche Eigenschaft, deren Besitz und Ausübung uns im allgemeinen in die Lage versetzt, die Güter zu erreichen, die einer Praxis inhärent sind, und deren Fehlen wirksam verhindert, solche Güter zu erreichen. (255 f.)

- Auf der zweiten Ebene geht es um das *Ziel* und die »narrative Ordnung« des *guten Lebens* eines einzelnen Menschen, also »eines ganzen Menschenlebens, das gut genannt werden kann« (268). Damit kommt die Frage nach dem »endgültigen Telos« ins Spiel (292). Für MACINTYRE steht die umfassende Lebensgestaltung, welche die einzelnen Rollentugenden der Praxisbereiche übersteigt, im Zeichen der *Suche nach dem Gut,* »das uns in die Lage versetzt, andere Güter zu ordnen«, »unser Verständnis von Zweck und Inhalt der Tugenden zu erweitern« und »die Stellung der Rechtschaffenheit und Beständigkeit im Leben zu verstehen« (292).

> Die Tugenden müssen daher als Dispositionen verstanden werden, die nicht nur die Praxis aufrechterhalten und uns befähigen, die der Praxis inhärenten Güter zu erlangen, sondern die uns auch bei der relevanten Art von Suche nach dem Gut unterstützen, indem sie uns in die Lage versetzen, die Leiden, Gefahren, Versuchungen und Ablenkungen zu überwinden, denen wir begegnen, und die uns mit wachsender Selbsterkenntnis und wachsendem Wissen über das Gute ausstatten. [. . .] Das gute Leben für den Menschen ist das Leben, das in der Suche nach dem guten Leben für den Menschen verbracht wird, und die für die Suche notwendigen Tugenden sind jene, die uns in die Lage versetzen, zu verstehen, worin darüber hinaus und worin sonst noch das gute Leben für den Menschen besteht. (293)

- Die dritte Ebene ist dadurch bestimmt, daß mein Leben eingebettet ist »in die Geschichte jener Gemeinschaften, von denen ich meine Identität herleite« (295). Ich stehe mit meinen sozialen Rollen und meiner lebensgestaltenden Suche nach dem endgültigen Telos immer schon in umgreifenden *Traditionen,* die mich unbeliebig kontextualisieren (z. B. Familie, Beruf, Stadt, Nation, Religion, Kultur). Dabei ist eine lebendige Tradition »eine historisch erweiterte und sozial verkörperte Argumentation« (297). Die Einbettung in Traditionen macht eine weitere Tugend erforderlich:

> die Tugend, das adäquate Gefühl für die Traditionen zu haben, denen man angehört oder die einem gegenübertreten. Diese Tugend darf nicht mit einer Form konservativer Begeisterung für das Alte verwechselt werden; ich will nicht diejenigen loben, die sich die konventionelle konservative Rolle des *laudator temporis acti* ausgesucht haben. Es ist eher der Fall, daß

sich ein adäquates Gefühl für Tradition im Zugriff auf jene Zukunftsmöglichkeiten manifestiert, die die Vergangenheit für die Gegenwart verfügbar gemacht hat. (297 f.)

In diesem Sinne ist bei MACINTYRE das Normative tugendethisch in soziale Kontexten und Traditionen eingebettet; es braucht nicht jeweils von ersten Prinzipien her begründet bzw. abgeleitet zu werden, sondern es läßt sich in den lebendigen sozialen Kontexten aufweisen und entdecken.

Tugendethische Ansätze dieser Art können zweifellos in vieler Hinsicht für die Anliegen der Gegenwartsethik fruchtbar gemacht werden. Sie stoßen jedoch dort an Grenzen, wo die Praxis der sozialen Kontexte nicht mehr eindeutig normiert, sondern durch Dissense bestimmt ist, sowie dort, wo die relevanten Traditionen brüchig und umstritten sind. In diesen Fällen gibt es keine Alternative zu den Argumentationsformen, die wir in 5.3.2 erörterten.

Zusammenfassung 6

- Die Kontroverse zwischen SCHILLER und KANT konfrontiert mit der Frage, inwiefern das Gute nicht nur aus Pflicht, sondern zugleich auch mit Freude getan werden sollte. SCHILLER fordert Harmonie zwischen der vernunfthaften Würde des moralischen Anspruchs und der sinnlichen Anmut der Neigungen.
- Eine solche Harmonie hat auch der klassische Tugendbegriff im Auge. Die moralische Tugend ist ein erworbener Habitus, der zu vernunftgemäßem, gutem Handeln qualifiziert. Weil der Tugendhafte seine sinnlichen Affekte vernunftgemäß gestaltet und erzogen hat, tut er das Gute gern. Die Tugendethik bringt die Perspektive der umfassenden moralischen Lebensgestaltung ins Spiel.
- In PLATONS Theorie der Kardinaltugenden geht es darum, daß die zur Weisheit gelangte Vernunft über die aggressiv-mutartige sowie über die begehrende Seite der Sinnlichkeit herrscht und die eine zur Tapferkeit, die andere zur Mäßigung führt. Die Harmonie des ganzen Menschen ist die Gerechtigkeit.
- Bei ARISTOTELES sind die ethischen Tugenden eingebettet in das vorgegebene Recht und das lebendige Ethos der Polis; nur anhand der in sozialen Kontexten eingebetteten Tugenden läßt sich das sittlich Normative bestimmen. Dabei ist die Tugend jeweils die Mitte zwischen lasterhaften (dysfunktionalen) Extremen.

- Die Tugendtafel des THOMAS VON AQUIN kombiniert die Kardinaltugenden (Klugheit, Gerechtigkeit, Tapferkeit, Mäßigung) mit den gnadenhaften theologischen Tugenden (Glaube, Hoffnung, Liebe).
- Die Klugheit als Tugend der praktischen Vernunft ist der (in der Praxis eingeübte) Habitus, das gute Handeln situationsgemäß und unter Berücksichtigung der zu erwartenden Folgen zu bestimmen, d. h. angesichts der situativen Kontingenzen, Umstände und Eventualitäten jenes praktische Urteil zu fällen, welches die richtigen Mittel zur optimalen Erreichung des guten Zieles vorsieht.

7 Glück und Sinn

Wir wollen uns am Ende dieses systematischen Durchgangs mit zwei eng zusammenhängenden Themen beschäftigen, die in der Geschichte der Ethik eine bedeutende Rolle spielten. In beiden geht es um die Perspektive der *Güter,* die im moralisch relevanten Handeln angestrebt werden.

7.1 Glück

In welchem Sinne geht es im moralischen Handeln um das Glück des Menschen? Wir wollen die Tragweite dieser Frage differenzieren, indem wir die Positionen von ARISTOTELES und KANT aufeinander beziehen. Auf den ersten Blick scheinen sie sich zu widersprechen. Bei näherem Zusehen zeigt sich aber eine weitgehende Konvergenz:

- Nach ARISTOTELES ist das Glück *(eudaimonia, beatitudo)* das in aller Praxis erstrebte Ziel, »das vollkommene und selbstgenügsame Gut« und »das Endziel des Handelns« (NE I 1097b 20).

> Das vollkommene Gute scheint aber ein Endziel zu sein. Wenn es also nur ein einziges Endziel gibt, so wäre dies das Gesuchte, wenn aber mehrere, dann das vollkommenste unter diesen. Vollkommener nennen wir das um seiner selbst willen Erstrebte gegenüber dem um anderer Ziele willen Erstrebten [. . .]; allgemein ist das vollkommene Ziel dasjenige, was stets nur an sich und niemals um eines anderen willen gesucht wird. Derart dürfte in erster Linie die Glückseligkeit sein. Denn diese suchen wir stets wegen ihrer selbst und niemals wegen eines anderen [. . .]. Dasselbe scheint sich aus dem Prinzip der Selbstgenügsamkeit zu ergeben. [. . .] Als selbstgenügsam gilt uns dasjenige, was für sich allein das Leben begehrenswert macht und vollständig bedürfnislos. Für etwas Derartiges halten wir die Glückseligkeit, und zwar so, daß sie das Wünschenswerte ist, ohne daß irgend etwas anderes hinzugefügt werden könnte. (1097a 25 -b 16)

- KANT bezeichnet eine Position, in welcher das Glück Triebfeder allen Handelns ist, als *Eudämonismus* und distanziert sie (vgl. 3.2.6). Nach KANT verfehlt ein eudämonistischer Standpunkt prinzipiell die eigenständige Bedeutung der Moralität, da er auf dem Niveau der materialen, subjektiven, hypothetischen und heteronomen Motivation stehen bleibt (3.2.4).

> Nun sagt der *Eudämonist:* diese Wonne, diese Glückseligkeit ist der eigentliche Bewegungsgrund, warum er tugendhaft handelt. Nicht der Begriff der Pflicht bestimme *unmittelbar* seinen Willen, sondern nur *vermittelst* der im Prospekt gesehnen Glückseligkeit werde er bewogen, seine Pflicht zu tun [...]; wenn *Eudämonie* (das Glückseligkeitsprinzip) statt der *Eleutheronomie* (des Freiheitsprinzips der inneren Gesetzgebung) zum Grundsatze aufgestellt wird, so ist die Folge davon *Euthanasie* (der sanfte Tod) aller Moral. (MST A VIIIf.)

Allerdings wendet sich KANT damit nicht ausdrücklich gegen ARISTOTELES, sondern vor allem gegen die hedonistische Ethik des britischen Empirismus (2.2). Im Grunde faßt KANT »Eudämonismus« in der Bedeutung von »Hedonismus«. Nun aber unterscheidet ARISTOTELES scharf zwischen dem Glück (Glückseligkeit, *eudaimonia*) und der (sinnlichen) Lust *(hedoné)*. Denn nach ARISTOTELES besteht das Glück des Menschen in einer *dauerhaften Tätigkeit, in welcher sich die vollkommenste Fähigkeit des Menschen hinsichtlich des vollkommensten Gegenstandes vollendet.* Nun aber ist die vollkommenste Fähigkeit des Menschen die *Vernunft.* Darum kann das Glück nur in der *vernunftgemäßen Tätigkeit* bestehen. Der Eudämonismus des Stagiriten ist also gerade kein Hedonismus.

> Wenn also »das eigentümliche Werk und die eigentümliche Verrichtung des Menschen in der vernünftigen oder Vernunft nicht entbehrenden Tätigkeit der Seele besteht« und wenn »als gut gilt, was der eigentümlichen Tugend und Tüchtigkeit des Tätigen gemäß ausgeführt wird, so kommen wir nach alledem zu dem Ergebnis: das menschliche Gut [und damit das Glück] ist der Tugend gemäße Tätigkeit der Seele, und gibt es mehrere Tugenden: der besten und vollkommensten Tugend gemäße Tätigkeit« (NE I 1097a 6–18).

ARISTOTELES unterscheidet *zwei vollkommenste Gegenstände* der Vernunft und insofern zwei alternative *Möglichkeiten des Glücks:*

- Der eine, vollkommenere, ist die in reiner *Theorie* zu erfassende *Wahrheit;* auf ihn bezieht sich das Glück des theoretischen Lebens *(bios theoretikós, vita contemplativa).*
- Der andere Gegenstand ist das gute Leben und Handeln in *Gesellschaft* und *Polis;* auf ihn bezieht sich das Glück des praktischen Lebens *(bios praktikós, vita activa).*

Während sich der Weise im theoretischen Leben gewissermaßen selbst genügt und keiner ethischen Tugend bedarf, gibt es Vollkommenheit und Autarkie (Selbstgenügsamkeit) im praktischen Leben erst auf der Ebene der gerecht verfaßten Polis (vgl. 5.3.1.4 und 6.3.2). Der gesellschaftliche Aufbau der Polis ist das Feld jenes guten Lebens und Handelns, in welcher sich die zweite Glücksalternative vollzieht. Das Glück besteht hier in der vernunftgemäßen Tätigkeit in Haus, Freundschaft, Nachbarschaft und im politischen Bereich. Es verwirklicht sich in den vernünftig und gerecht gestalteten Praxisbereichen des sozialen und politischen Lebens.

Glück als Endziel der Praxis besteht also nach ARISTOTELES in einer Tätigkeit, *deren Bestimmungsgrund die Vernunft ist.* Lust *(hedoné)* kann niemals Bestimmungsgrund vernünftig-glückhaften Handelns sein. Allerdings zeigt der aristotelische Tugendbegriff (6.2), daß für den Tugendhaften die vernunftgemäße Praxis auch lust- und freudvoll ist.

Nach ARISTOTELES ist die Menge, welche »das höchste Gut und das wahre Glück in der Lust« setzt, »knechtisch gesinnt, indem sie dem Leben des Viehs den Vorzug gibt« (1095 b 15–20); denn sie begnügt sich mit dem, was Mensch und Tier gemeinsam besitzen, die Sinnlichkeit, ohne sich um die Vernunft zu kümmern, die dem Menschen als Menschen eigentümlich ist und ihn vom Tier unterscheidet (1097 b 20 - 1098 a 5). Allerdings: Für den Tugendhaften »müssen die tugendgemäßen Handlungen an sich genußreich, überdies aber auch gut und schön sein, und zwar dieses alles im höchsten Maße [. . .]«. Sein Leben »bedarf der Lust nicht wie einer äußeren Zugabe, sondern es hat dieselbe schon in sich« (1099 a 15–23).

Insofern ist - in der Sprache KANTS - das Handeln des aristotelischen Tugendhaften ein Handeln *aus Pflicht,* d. h. aus Vernunft als Bestimmungsgrund, aber zugleich *mit Neigung,* also lustvoll (vgl. 6.1). Das Glück als höchstes Gut und letztes Ziel, als das Vollkommene und Autarke, umfaßt beides: das Vernunftgemäße, *das motiviert,* und die Lust, mit der das Vernunftgemäße (im Tugendhaften) *an sich verbunden ist.* Wir sehen, daß die Eudämonismuskritik KANTS die Position des ARISTOTELES gerade nicht trifft.

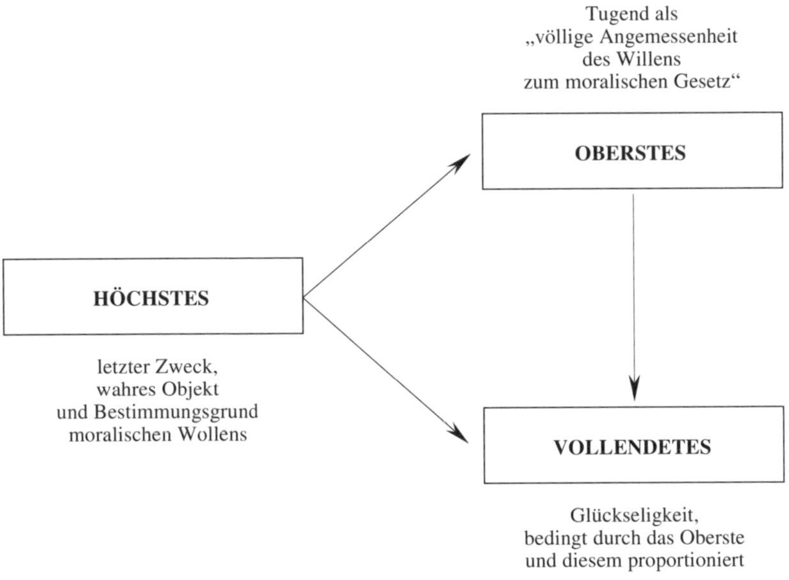

Abb. 18: Das höchste Gut bei Kant

Auch für KANT stellt sich die Frage nach dem *höchsten Gut,* das moralisch »durch die Freiheit des Willens hervorzubringen« ist (KpV A 203). Dieses muß zwei Momente umfassen:

- Einerseits das *oberste Gut* als die »völlige Angemessenheit des Willens zum moralischen Gesetz« (A 220), die auch als Tugend, Sittlichkeit oder Heiligkeit bezeichnet wird und in der Selbstbestimmung aus Freiheit *prinzipiell verfügbar* ist; d. h. es liegt an uns, ob wir das oberste Gut erreichen.
- Andererseits die *Glückseligkeit* als das *vollendete Gut* (A 198–203), das KANT als dem obersten proportioniert faßt; dieses vollendete Gut ist allerdings nur *beschränkt verfügbar;* d. h. seine Verwirklichung hängt nicht nur von uns ab.

KANT faßt im Begriff des Höchsten *das Oberste als Bedingung des Vollendeten,* die Tugendhaftigkeit also als Bedingung der Glückseligkeit.

> Es zeigt sich, »daß sich in praktischen Grundsätzen eine natürliche und notwendige Verbindung zwischen dem Bewußtsein der Sittlichkeit [oberstes Gut] und der Erwartung einer ihr proportionierten Glückseligkeit [vollendetes Gut], als Folge derselben, wenigstens als möglich denken [. . .] lasse; [. . .] daß also das *oberste Gut* (als die erste Bedingung des höchsten Guts) Sittlichkeit, Glückseligkeit dagegen zwar das zweite Element desselben ausmache, doch so, daß diese nur die moralisch-bedingte, aber doch notwendige Folge der ersteren sei. In dieser Unterordnung allein ist das *höchste Gut* das ganze Objekt der reinen praktischen Vernunft [. . .]« (A 214). »Glückseligkeit ist der Zustand eines vernünftigen Wesens in der Welt, dem es, im Ganzen seiner Existenz, alles nach Wunsch und Willen geht [. . .].« (A 224)

In der Idee des höchsten Gutes als Endziel der Praxis spielt also bei KANT das Oberste, das im konkreten Handeln als Pflicht motiviert, die Rolle des Bestimmungsgrundes. Aber das Höchste umfaßt auch die durch das Oberste bedingte Glückseligkeit. Wie ARISTOTELES, so lehrt also auch KANT ein Subordinationsverhältnis von Tugend und Lust, in welchem Tugend Bedingung und Lust das sie begleitende Bedingte ist. Allerdings ist dieses Subordinationsverhältnis bei KANT anders akzentuiert als bei ARISTOTELES, weil KANT nicht mit dem aristotelischen Tugendbegriff arbeitet (6.2). KANT klammert den für den klassischen Tugendbegriff typischen Aspekt weitgehend aus, daß der Tugendhafte auf Grund der moralischen Gestaltbarkeit der Affekte an tugendhaften Handlungen Freude hat, diese also für ihn »an sich mit Lust verbunden« sind.

Noch ein weiteres Problem wird bei KANT anders gelöst als bei ARISTOTELES: KANT betont, daß zwar das Oberste, nicht aber das Vollendete für uns verfügbar ist. Darin stimmt er mit ARISTOTELES überein, der darauf hinweist, daß das Gelingen des Glücks in vieler Hinsicht abhängt von äußeren Lebensverhältnissen (z. B. Gesundheit, Wohlstand,

Freunde, wohlgeratene Kinder), auf die wir nur beschränkt Einfluß haben. Aber ARISTOTELES, der in seiner Ethik die theologische Dimension weitgehend ausklammert und die Perspektive des Glücks diesseitig faßt, begnügt sich angesichts dieser Sachlage damit, *Tugend als die notwendige Bedingung des Glücks* aufzuweisen und die Frage nach der *hinreichenden* Bedingung des Glücks (äußere Lebensverhältnisse) dem biographischen Zufall zu überlassen. Glück wird, wenn überhaupt, nur vom Tugendhaften erreicht. Aber ob er es erreicht, hängt von den zufälligen Gegebenheiten und Umständen der Lebensverhältnisse ab.

KANT argumentiert dagegen so: Im Sittengesetz verpflichtet uns die Vernunft a priori, das höchste Gut in der Welt (z. B. in Form des Reichs der Zwecke) hervorzubringen und zu befördern. Darum muß das höchste Gut *möglich* sein. Der Konnex zwischen Oberstem und Vollendetem muß verwirklicht werden können. Weil aber das Vollendete (die dem Obersten proportionierte Glückseligkeit) für uns nur beschränkt verfügbar ist, muß die praktische Vernunft um der Möglichkeit des höchsten Gutes willen *das Dasein Gottes postulieren,* der allein das dem Obersten proportionierte Vollendete zu gewährleisten vermag (A 223–228). Damit aber erweist sich das der Moralität proportionierte Glück als von Gott abhängig.

Die aristotelische Sicht der Eudämonie *(beatitudo)* erfuhr in christlicher Rezeption eine grundlegende Umgestaltung. Das Glück des *theoretischen Lebens,* das bei ARISTOTELES als das Glück der innerzeitlichen philosophischen Theorie gefaßt war, wurde auf das ewige Leben bezogen und als letztes jenseitiges Sinnziel verstanden. Es erhielt die Bedeutung der beseligenden Schau des Wesens Gottes *(visio beatifica divinae essentiae).* Als eine gewisse Vorstufe dieser ewigen *theoria (visio)* galt die irdische Betrachtung des Göttlichen *(contemplatio),* etwa im beschaulichen Leben *(vita contemplativa* als Übersetzung von *bios theoretikós).* Das praktische, innerweltlich tätige Leben *(vita activa)* konnte zwar in Verwirklichung moralischer und göttlicher Tugenden (vgl. 6.3.3) durchaus eine gewisse irdische Glücksbewandtnis in Aussicht stellen, fungierte aber doch primär als Raum gläubiger bzw. moralischer Bewährung und damit als Voraussetzung und Bedingung der ewigen Seligkeit, wobei zwischen innerzeitlicher Bewährung und ewigem Leben ein proportional gerechtes Verhältnis angenommen wurde.

7.2 Sinnstufen und Sinnansprüche

Im Kontext der Praxis *verstehen wir unter Sinn das Ausgerichtetsein oder die Hinordnung auf ein Ziel.* Es scheint zum Begriff menschlichen Handelns zu gehören, daß die Handlung zielgerichtet in einem Sinnzusammenhang vollzogen wird. Man spricht insofern häufig vom *Sinnapriori der Praxis* und meint damit, daß Praxis wesentlich eine Sinnperspektive voraussetzt. Dabei fügen sich die konkreten Zielintentionen als Mittel in umfassendere Sinnperspektiven. Dieser Sachverhalt wird auch aus empiristischer Sicht nicht bestritten:

> Die meisten reflexiv veranlagten Menschen möchten, daß ihr Leben dann und wann so etwas wie Sinn bekommt. Nur wenige von uns könnten absichtlich eine Lebensweise wählen, die wir als völlig sinnlos betrachten würden. (P. SINGER 1984, 293)

In der moralischen Praxis setzen wir voraus, daß diese Hinordnung auf ein Ziel vernünftigerweise gerechtfertigt ist und insofern verantwortet werden kann.

In unseren bisherigen Überlegungen war vom Sinn bzw. von der vernünftig-verantwortlichen Zielperspektive der moralischen Praxis indirekt in verschiedenen Kontexten die Rede, etwa wenn von Tugend, Glück, dem höchsten Gut oder dem Reich der Zwecke gehandelt wurde. Im folgenden wollen wir versuchen, die allgemeine Sinnperspektive der Praxis *sittlich-normativ zu differenzieren.* Wir wollen in architektonischer Ordnung *Sinnstufen* und auf den Sinnstufen einzelne *Sinnansprüche* unterscheiden. Diese Differenzierung skizziert den Übergang von der Fundamentalethik zu den Praxisfeldern der speziellen Ethik.

Wir können uns in dieser Differenzierung auf Erörterungen des ARISTOTELES ebenso beziehen wie auf die Theorie der natürlichen Inklinationen (4.2) des THOMAS VON AQUIN oder die Einteilungsgesichtspunkte der Tugendlehre bei KANT.

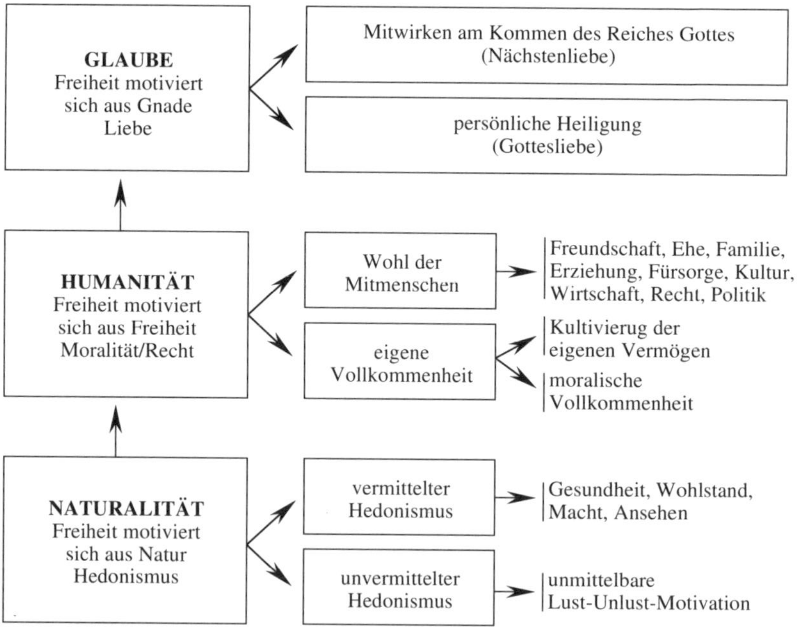

Abb. 19: Sinnstufen und Sinnansprüche

Wir unterscheiden zunächst *zwei Sinnstufen,* in welchen sich Freiheit motivieren kann: die der *Naturalität* und die der *Humanität.* Im Anschluß daran ist zu fragen, inwiefern aus der Perspektive der philosophischen Ethik der *Glaube* als eigenständige *(dritte)* Sinnstufe in Sicht gebracht werden kann. (Vgl. dazu: E. HEINTEL 1981, 215–245)

7.2.1 Naturalität: Der unvermittelte Hedonismus

Wir verstehen unter »Naturalität« jene Sinnstufe der Praxis, auf welcher sich *Freiheit aus Natur,* d.h. aus den natürlichen Trieben, Antrieben und Interessen motiviert. Mit »Natur« meinen wir hier die sinnlich-animalische Wirklichkeit des Menschen.

Nach ARISTOTELES geht es hier um das, was der Mensch mit anderen Lebewesen gemeinsam hat, im Unterschied zu dem, was dem Menschen als Menschen eigentümlich ist und worin er sich von anderen Lebewesen unterscheidet (NE I 1097b–1098a 20). Nach KANT tendiert der Mensch auf dieser Sinnstufe einfach auf Grund des Prinzips der Selbstliebe (Egoismus) dazu, das ihm gemäße Angenehme und Nützliche zu tun; dabei ist zunächst keinerlei Moral erforderlich, sondern lediglich eine gewisse (technische) Geschicklichkeit und die Fähigkeit, pragmatisch zu überlegen (vgl. GMS BA 40ff.).

Die Sinnstufe der Naturalität ist prinzipiell an der *Lust-Unlust-Motivation* orientiert und insofern *hedonistisch* bestimmt. Wir unterscheiden auf dieser Sinnstufe *zwei Typen* von Hedonismus: den *unvermittelten* und den *vermittelten.*

Der Sinnanspruch des *unvermittelten Hedonismus* sieht das Sinnziel der Praxis darin, *die Summe der unmittelbaren Lusterlebnisse zu maximieren.* Als Radikalposition lernten wir ARISTIPP (2.3) kennen. Allerdings vertraten nur sehr wenige Philosophen diesen Standpunkt, gegen den vor allem *drei Überlegungen* sprechen:

- Der unvermittelte Hedonismus scheitert letztlich immer an der *negativen Lust-Unlust-Bilanz.* »Denn alle Lust will Ewigkeit« (NIETZSCHE), ist aber als Lust unfähig, von Dauer zu sein.

> Was man im strengsten Sinn Glück heißt, entspringt der eher plötzlichen Befriedigung hoch aufgestauter Bedürfnisse und ist seiner Natur nach nur als episodisches Phänomen möglich. Jede Fortdauer einer vom Lustprinzip ersehnten Situation ergibt nur das Gefühl von lauem Behagen. (S. FREUD 1953, 75)

Der Versuch, Sinn als Maximierung der Summe derartiger Episoden zu fassen, führt oft genug zu »Katzenjammer«, Schädigung der Gesundheit und sozialer Desintegration. Insofern gebieten schon »Ratschläge der Klugheit«, vom unmittelbaren, konsequenten Hedonismus (ARISTIPP) zum vermittelten Hedonismus (EPIKUR) überzugehen.

- Damit hängt eng das *Paradox des Hedonismus* zusammen:

> Daß diejenigen, die um des Glücks willen nach Glück streben, es oft verfehlen, während andere bei der Beschäftigung mit gänzlich anderen Zielen es finden, das hat man als das »Paradox des Hedonismus« bezeichnet. [. . .] Wir erlangen Glück und Erfüllung, indem wir auf unsere Ziele hin arbeiten und sie erreichen. Evolutionär gesprochen, könnten wir sagen, daß das Glück als innere Belohnung für unsere Leistungen fungiert. Subjektiv betrachtet bedeutet für uns das Erreichen des Ziels (oder Fortschritte zu ihm hin) einen Grund, glücklich zu sein. Unser eigenes Glück ist daher nicht dadurch zu erlangen, daß wir unseren Blick allein auf das Glück richten. (P. SINGER 1984, 295 f.)

Das ist nicht nur die Meinung des ARISTOTELES (7.1); auch die zeitgenössische Logotherapie lehrt:

> Wer Lust zum Prinzip erhebt, zum Gegenstand forcierter Intention oder gar auch noch zum Objekt einer forcierten Reflexion [. . .] macht, der läßt sie nicht das werden, was sie bleiben muß: ein Effekt. Diese Verkehrung von Lust qua Effekt in Lust qua Intentionsobjekt führt aber auch schon zu einer Verfehlung der Lust selbst: das Lustprinzip scheitert an sich selbst. Je mehr es dem Menschen um Lust geht, desto mehr vergeht sie ihm auch schon [. . .]. (V. E. FRANKL 1987, 100)

- Letztlich erweist sich jeder Hedonismus als *menschenunwürdig,* weil er den Sinn des Menschseins auf einem vormenschlichen, naturalen Niveau anzusiedeln versucht und nicht auf der Ebene, die dem Menschen als Menschen eigentümlich ist.

Jeder weiß, wie die Annehmlichkeiten, Bequemlichkeiten und Vergnügungen des Lebens unser Dasein verschönern und bereichern können. Sache der Ethik ist es nicht, diese vielfältigen Freuden madig zu machen. Wohl aber weist die Ethik auf, daß diese Freuden die menschliche Sinnperspektive nicht zu erfüllen vermögen. In der Architektonik der menschlichen Sinnansprüche ist der hedonistische Sinnanspruch der niedrigste. Darum verspottet ARISTOTELES den sagenhaft reichen König Assurbanipal von Ninive; dieser soll sich in einem Grabepigramm gerühmt haben, jetzt zu besitzen, was er gegessen und an Liebeslust genossen habe. ARISTOTELES schreibt: »Auf das Grab eines Rindes hätte man nichts anderes schreiben können.« (NE I, 1095 b 22; vgl. CICERO, Tusc. V, 101)

7.2.2 Naturalität: Der vermittelte Hedonismus

Hier geht es um die Lust-Unlust-Motivation des Prinzips der Selbstliebe *in ihrer vermittelten Form.* An die Stelle der Maximierung der Summe unmittelbarer Bedürfnisbefriedigungen treten längerfristige Sinnperspektiven bzw. Lebenspläne. Die *Lebenskunst* macht es notwendig, auf unmittelbare Befriedigung zu verzichten und kurzfristige Unlust in Kauf zu nehmen, um längerfristige Ziele zu erreichen und so zu einer dauerhaft positiven Gestaltung des Lust-Unlust-Kalküls zu gelangen. Dabei bleibt die Motivation letztlich hedonistisch am Prinzip der Selbstliebe orientiert und damit auf der Stufe der Naturalität. Auf dieser Ebene gibt es eine Vielzahl von Sinnansprüchen. Hierher gehören vor allem die Erhaltung der eigenen *Gesundheit,* aber auch *Wohlstand, Macht* und *Ansehen.*

Um die Gesundheit zu erhalten sowie die Gefährdung des Lebens und die vielfältigen Beschwerden der Krankheit zu vermeiden, müssen wir oft die unmittelbare Befriedigung der Lust-Unlust-Motivation einschränken. Dazu veranlaßt uns zunächst der Pragmatismus des Prinzpis der Selbstliebe. Sich regelmäßig die Zähne zu putzen, um sie gesund zu erhalten und die schmerzhafte Karies zu vermeiden, ist zweifellos vernünftig und begrüßenswert. Es wäre jedoch falsch, deswegen schon von moralischer Praxis zu sprechen. Vielmehr geht es dabei um eine Tätigkeit, die der Lust-Unlust-Kalkül in seiner vermittelten Form als hypothetischer Imperativ (3.2.4) anrät. In unserer Sorge um die Gesundheit bestimmen uns zunächst meist Regeln der Geschicklichkeit und Ratschläge der Klugheit. Insofern sollte man den beliebten Neujahrswunsch »Hauptsache Gesundheit!« doch wohl nicht ganz wörtlich nehmen. So wichtig und bedeutsam das Gut der eigenen Gesundheit auch ist, es ist zunächst ein Gut auf der Sinnstufe der Naturalität und insofern gerade nicht in dem Sinne die Hauptsache, daß die menschliche Sinnproblematik hier abgeschlossen werden könnte.

Im Anschluß an ARISTOTELES legt THOMAS VON AQUIN ausführlich dar, daß Sinnansprüche dieser Art grundsätzlich so beschaffen sind, *daß sie über sich hinausweisen* (STh I.II.2). Sie haben *instrumentellen* Charakter und werden mißverstanden, wenn man sie als Ziele faßt, die sich selbst genügen und um ihrer selbst willen angestrebt werden. *Gesundheit* befähigt zum vollen Einsatz für weitere Ziele. *Wohlstand* eröffnet Spielräume von Gestaltungsmöglichkeiten. *Macht* will verantwortlich ausgeübt werden. *Ansehen* ist Effekt hervorragender Leistungen und insofern (im Vergleich zur Leistung) sekundär. Solange Sinnansprüche dieser Art nur im Rahmen des Prinzips der Selbstliebe motivieren, ist die Ebene der Moralität noch nicht erreicht. Diese wird erst dann erreicht, wenn die *Selbstzweckhaftigkeit des Menschen* »sowohl in deiner Person als in der Person eines jeden anderen« (vgl. 3.2.2) *kategorisch* motiviert und diese Sinnansprüche in ihren Dienst nimmt und damit auf eine andere, nicht mehr hedonistische Stufe hebt, nämlich die der *Humanität.*

7.2.3 Die Sinnstufe der Humanität

Hier geht es um die »eigentümlich menschliche Tätigkeit« (ARISTOTELES), also darum, daß sich Freiheit (Vernunft) *aus Freiheit* motiviert. Wohl bezieht sich Freiheit auch auf dieser Sinnstufe in vielfältiger Weise auf Natur, aber *um der Freiheit willen.*

Wenn im Sinne der Selbstzweckformel des kategorischen Imperativs die Selbstzweckhaftigkeit der menschlichen Person praktisch motiviert, dann ist nie bloß die Person als Vernunftwesen, sondern immer zugleich auch als Naturwesen und damit das Bedürfniswesen im Spiel. Insofern bezieht sich die sich aus Freiheit motivierende Freiheit auch auf die Natur. Sie bezieht sich auf die eigenen naturalen Bedürfnisse und Möglichkeiten und auf die der anderen; aber um der Freiheit willen, d.h. im Hinblick auf die Idee eines gemeinsamen und gerechten Reichs der Zwecke (3.2.3), in welchem jeder als Zweck an sich selbst anerkannt ist.

Erst hier kommen jene Sinnansprüche in Sicht, die es wert sind, daß man für sie lebt. Sie beziehen sich auf *moralische* Güter. Die Sinnstufe der Humanität ist zugleich die der Moralität. Im Anschluß an KANT können wir auf dieser Sinnstufe *zwei Typen von Sinnansprüchen* unterscheiden, zwei »Zwecke, die an sich Pflichten sind« (MST A 11f.); wir nennen sie die *eigene Vollkommenheit* und das *Wohl der Mitmenschen* (A 13).

(1) *Eigene Vollkommenheit.* Die Sinnansprüche dieses Zwecks, der an sich Pflicht ist, umfassen nach KANT *zwei Bereiche:*

- Einerseits geht es um die »Kultur aller Vermögen überhaupt, zu Beförderung der durch die Vernunft vorgelegten Zwecke« (A 23).

> Insofern ist es für den Menschen Pflicht, »sich aus der Rohigkeit seiner Natur, aus der Tierheit (quoad actum), immer mehr zur Menschheit, durch die er allein fähig ist, sich Zwecke zu setzen, empor zu arbeiten: seine Unwissenheit durch Belehrung zu ergänzen und seine Irrtümer zu verbessern und dieses ist ihm nicht bloß die technisch-praktische Vernunft zu seinen anderweitigen Absichten [...] *anrätig,* sondern die moralisch-praktische *gebietet* es ihm schlechthin und macht diesen Zweck ihm zur Pflicht, um der Menschheit, die in ihm wohnt, würdig zu sein« (A 15).

Der Sinnanspruch, die je eigenen Fähigkeiten zu entwickeln und sich im Rahmen der je-eigenen Möglichkeiten zu bilden, hat also nicht bloß den Charakter eines (hypothetischen) Ratschlags der Klugheit, sondern er *verpflichtet* auf Grund der Würde und Selbstzweckhaftigkeit der eigenen Persönlichkeit.

- Andererseits geht es um die »Kultur seines Willens bis zur reinsten Tugendgesinnung« (A 15), um das Streben nach *moralischer Vollkommenheit,* also um das Sinnziel, *ein wahrhaft guter Mensch zu sein.*

Im Anschluß an den klassischen Tugendbegriff (6.2) können wir diesen Sinnanspruch folgendermaßen fassen: Es geht um das Tugendstreben, also um die Erziehung und Gestaltung der Leidenschaften, Affekte, Gefühle und Neigungen auf deren Vernunftgemäßheit hin. Dadurch wird der Mensch zum »Liebhaber des sittlich Guten« (NE I 109a 13). Von hier aus eröffnet sich die Perspektive der Lebensgestaltung im Sinne eines moralischen Bildungsprozesses.

Damit ist der Rahmen der Sinnansprüche umrissen, die den Charakter von *Pflichten gegen sich selbst* haben.

(2) *Wohl der Mitmenschen.* Der Sinnanspruch der moralischen Vollkommenheit ist notwendigerweise verschränkt mit den Sinnansprüchen,

in denen es um das Wohl der Mitmenschen geht. In ihnen differenziert sich die ganze Fülle des *Zwischenmenschlichen und Sozialen.* Man denke etwa an die Hilfsbereitschaft gegenüber dem je *Nächsten,* an das Engagement in *Freundschaft, Ehe, Familie, Erziehung, Kultur, Wirtschaft, Recht* und *Politik.* In all diesen Bereichen artikulieren sich im Sinne des Reichs der Zwecke moralisch relevante Sinnansprüche, in denen sich Freiheit aus Freiheit motiviert und die es wert sind, daß man für sie lebt.

Allerdings ist dieses Engagement in diesen Sinnansprüchen nur dann moralische Praxis im eigentlichen Sinn, wenn sich tatsächlich Freiheit aus Freiheit motiviert, also das Wohl der Mitmenschen Bestimmungsgrund dieses Engagements ist. Das Engagement kann jederzeit in die hedonistisch-egoistische (z. B. strategische) Motivation der Freiheit aus Natur »umkippen«. Dann fungiert nicht mehr das Wohl der Mitmenschen als Bestimmungsgrund, sondern der eigene Vorteil im Sinn von Lust, Gesundheit, Wohlstand, Macht oder Ansehen. Ein solches »Umkippen« bringt allerdings *Sinndefizit* und *Sinnkrise* in Sicht.

Werfen wir einen Blick zurück auf unsere Erörterungen über das Glück (7.1)! Wir sehen jetzt, *daß Glück und Sinn erst auf der Sinnstufe der Humanität möglich werden,* also in der moralischen Praxis, die sich an der eigenen Vollkommenheit und am Wohl der Mitmenschen orientiert. Man könnte sich fragen, ob dieses Ergebnis nicht letztlich doch die moralische Motivation als *heteronom* (3.2.4) erweist. Wenn Glück und Sinn nur durch Moralität zu erreichen sind, so scheint doch die moralische Praxis eine Forderung des Prinzips der Selbstliebe zu sein; der Eudämonismus des ARISTOTELES wäre dann letztlich doch nur eine Variante des Hedonismus. Hat KANTS Eudämonismuskritik nicht auch gegen ARISTOTELES ihren harten Kern, weil auch das Sinnstreben im Zeichen der Moralität dem Prinzip der Selbstliebe unterliegt?

ARISTOTELES setzt sich mit dieser Frage auseinander (NE IX 1168 a 27–1169 b 1). Er unterscheidet *zwei Arten von Selbstliebe (philautia).* Ihr Unterschied liegt in dem, *was man im praktischen Leben für sich erstrebt.*

- Im ersten Fall geht es um Selbstliebe auf der (hedonistischen) Sinnstufe der *Naturalität.* Es ist die Selbstliebe des *Egoisten.* Er strebt danach, sich ein Maximum begrenzt verfügbarer äußerer Güter anzueignen und zögert nicht, seinen Vorteil auch auf Kosten anderer zu realisieren.

> Die eine Seite legt die Selbstliebe in tadelndem Sinn denen bei, die für sich selbst an Geld, Ehre und sinnlicher Lust zu viel beanspruchen. Denn das sind Dinge, nach denen der große Haufen begehrt, und um die er sich ereifert und bemüht, als wären sie die höchsten Güter, weshalb auch ständig Streit um sie ist. Die nun von den genannten Dingen nie genug haben können, sind willfährige Knechte ihrer sinnlichen Lüste und überhaupt ihrer Leidenschaften und des vernunftlosen Seelenteils [. . .] und so trifft denn die Selbstliebe in diesem Sinne gerechter Tadel.

- Im zweiten Fall geht es um einen völlig anderen Typus der Selbstliebe. Hier motiviert *Vernunft (Freiheit) aus sich selbst* und die Güter, um die es geht, sind an sich unbegrenzt verfügbar und tangieren nicht nur nicht die Interessen anderer, sondern fördern sie im Sinne der Gerechtigkeit. Diese Selbstliebe ist nicht egoistisch bzw. heteronom, sondern vollzieht sich im Einsatz für das wahre Gute für sich selbst (eigene Vollkommenheit) und für die anderen (Wohl der Mitmenschen), also auf der Sinnstufe der *Humanität.*

> Denn wenn jemand immer eifrig bemüht sein sollte, selbst mehr als alle anderen die Werke der Gerechtigkeit, der Mäßigkeit oder sonst einer Tugend zu üben, und wenn er überhaupt das sittlich Schöne immer für sich in Anspruch nähme, so würde bei einem solchen Mann niemand von Selbstliebe reden und niemand ihn tadeln. Und doch kann man sagen, daß er diese Eigenschaft noch in höherem Grade besitzt. Beansprucht er doch für sich das Schönste und Beste, dient gern dem vornehmsten Teil seines Selbst und gehorcht ihm in allem. [. . .] Daher ist er am meisten ein Liebhaber seiner selbst, freilich nach einer anderen Art als jener schimpflichen, von der die seine so verschieden ist wie das Leben nach der Vernunft von dem Leben nach der sinnlichen Leidenschaft, und wie das Streben nach sittlichen Zielen von dem Streben nach scheinbarem Vorteil.

Unabhängig von der Sinnebene des Glaubens erhält hier das Bibelwort Bedeutung: »Wer sein Leben zu bewahren sucht, wird es verlieren; wer es dagegen verliert, wird es gewinnen.« (Lk 17,33) Wir erlangen Glück und Sinn genau insofern, als wir in unserer Praxis von unseren bloß subjektiven Eigeninteressen, also von der Motivation des hedonistischen Egoisten, absehen und uns einsetzen für die eigene Vollkommenheit und für das Wohl der anderen, also für Güter und Werte, die uns die praktische Vernunft qua Gewissen als objektiv notwendig vor Augen stellt. Solange wir bloß hedonistisch motiviert sind, nur unseren subjektiven Vorteil verfolgen und lediglich hypothetischen Imperativen gehorchen, solange verfehlen wir Glück und Sinn.

Der *Anspruch der Moralität,* der auf dieser Sinnstufe ins Spiel kommt, erweist sich als *ein durch nichts relativierbarer, absoluter Anspruch.* Er transzendiert alles, »was uns im Leben gelingen oder mißlingen kann, bzw. was wir in ihm bewirken oder erleiden« (HEINTEL 1981, 220). Er relativiert auch das *Leben,* das nicht »der Güter höchstes« ist, während sich die moralische Schuld als »der Übel größtes« (SCHILLER) erweist. In diesem Sinne läßt PLATON den gefangenen SOKRATES sagen, nicht *leben* habe am höchsten zu gelten, sondern *recht leben;* und die Möglichkeit, sterben zu müssen oder was immer zu erleiden, dürfe nicht in Anschlag gebracht werden gegen das Unrechttun (Kriton, 47d – 48e). Trotz dieser Absolutheit des Anspruchs der Moralität stellt sich die Frage, *ob sich die Sinnproblematik des Menschseins auf dieser Stufe abschließen läßt.* Zweifellos ist es faktisch möglich, Humanität bzw. Moralität als abschließende Sinnstufe zu fassen. Die menschliche Kultur kennt jedoch in allen ihren Traditionen eine *dritte Sinnstufe,* welche den eigenständigen und absoluten Anspruch der Moralität zwar anerkennt, ihn aber auf eine andere Bewandtnis der Absolutheit hin transzendiert. Es ist die Sinnstufe des *Glaubens,* auf der es um *Freiheit aus Gnade* geht.

7.3 Ethik und Glaube

Die philosophische Ethik, deren Systematik wir in ihren Grundzügen erörterten, führt zu einer Reihe von *Grenzfragen,* die sie in eigener Kompetenz nicht zu beantworten vermag. Einige dieser Grenzfragen bringen die *Sinnstufen des Glaubens* in Sicht. Es ist kein Zufall, daß sich Ethik bzw. Moral in allen Kulturen zunächst in der Symbiose mit Religion entwickelte und daß die großen Ausprägungen der Religionskritik (z. B. MARX, NIETZSCHE, FREUD) stets zugleich die eigenständige Bedeutung der Moralität in Frage stellten. Wir wollen im folgenden vier derartige Grundfragen erörtern.

7.3.1 Die Transitivität des Sinns

Wir leben alltäglich zumeist in unmittelbar plausiblen Sinnkontexten, die wir nicht weiter problematisieren. Diese Sinnkontexte ergeben sich in der Regel mit den Rollen, die wir in Beruf, Familie, Freizeit etc. übernommen haben. Es kommt aber immer wieder vor, daß wir aus diesem alltäglichen Trott gewissermaßen aufwachen, diese *Sinnkontexte distanzieren* und *nach ihrem Sinn fragen,* also nach ihrem *Stellenwert im je größeren Sinnganzen.* Die Möglichkeit einer derartigen Blickwendung hängt mit jener Grundverfassung des Menschen zusammen, die wir als die transzendentale Differenz (3.1.1) erörterten. Wir gehen in den je bestimmten Sinnkontexten unseres Lebens nicht auf, sondern können sie auf umfassendere Sinnperspektiven hin transzendieren, was zur Frage nach dem *letzten und absoluten Sinn unserer Praxis und unseres Lebens* führt. Dieser letzte Sinn fungiert dann als Bedingung aller anderen Sinnansprüche.

PLATON erörterte dieses Thema in mehreren Variationen. Besonders eindrucksvoll ist seine *Eroslehre,* die er im Symposion (207–211) entwickelte. Der Dämon Eros (vgl. EP 1.2) verkörpert eine menschliche Grundtendenz bzw. Grundbefindlichkeit. Eros ist einerseits *Bewußtsein des Mangels* und andererseits – getrieben vom Mangel – *Streben nach Erfüllung im Schönen.* Sein Streben führt ihn zunächst zu vordergründigen, niedrigeren Stufen des Schönen, auf denen ihn allerdings bald das Bewußtsein des Mangels einholt und weitertreibt. So erreicht er Ebene um Ebene und muß jede distanzieren, bis er in seinem Aufstieg das absolute, in sich selbst Schöne erreicht, in welchem sein Streben zur Ruhe kommt.

Wir zeigten, wie die philosophische Ethik etwa bei KANT das höchste Gut und den letzten Sinn der Praxis bestimmt (7.1): als *Einheit von moralischer Vollkommenheit (Oberstes) und (dieser proportioniertem) Glück.* Diese Antwort führt jedoch in eine eigentümliche Aporetik, wenn wir bedenken, *daß sich der Mensch die Sinnfrage angesichts des vergegenwärtigten Todes stellen muß.*

M. HEIDEGGER erörtert diese Sachlage in folgender Akzentuierung: Während seines ganzen Lebens ist der Mensch handelnd bezogen auf sein *Ganzsein* und *Vollendetsein;* dieses aber *steht aus.* Das Worumwillen seiner Praxis hat angesichts des ausstehenden Ganzseins wesentlich *Zukunftsbewandtnis.* Im *Tod* aber, der das Leben zum Abschluß und insofern zu seinem Ganzsein bringt, schlägt dieses Ganzsein um in das Nicht-mehr-Sein (II, 314–327). Der unvermittelte Tod berücksichtigt nicht die auf positives Ganzsein hin angelegte Sinnproblematik des Menschen. Der Tod ist zwar das Letzte im Leben, aber als solches gerade nicht Vollendung des Ganzseins im Sinne eines letzten Sinnziels (vgl. EP 6.4.1).

Das Unvermittelte des alle Sinnperspektiven abschneidenden Todes scheint in der Frage nach dem Sinn der Praxis in folgende *Alternative* zu führen:

- Entweder das Sinnapriori der Praxis ist angesichts der Identität vom Ganzsein und Nicht-mehr-Sein im Tod zum *Scheitern* verurteilt; eine mögliche Konsequenz dieser Sachlage könnte dann die *heroische Übernahme der absurden Existenz* sein, etwa im Sinne von J.-P. SARTRE und A. CAMUS.
- Oder die Sinnproblematik des Menschseins wird auf die Sinnstufe des *Glaubens* gehoben und dort so gelöst, daß die Transitivität des Sinns *den Tod transzendiert* und jenseits des Todes zu ihrer abschließenden Vollendung gelangt. Dann aber wird die menschliche Sinnproblematik nicht mehr ausschließlich als ein Problem der Moralität gefaßt; vielmehr weiß der Gläubige, daß alle Sinngebung aus moralisch relevanter Praxis nur dann abschließbar ist, wenn sie umgriffen ist von einer Sinngebung, die sich unserer Verfügbarkeit entzieht, da sie vom *Mysterium der Transzendenz* abhängt.

Man entgeht dieser Alternative auch dann nicht, wenn man die Transitivität des Sinns auf jene Sinnansprüche bezieht, die wir unter dem Thema *Wohl der Mitmenschen* (7.2.3) erörterten, also z. B. auf Ehe, Erziehung, Kultur, Wirtschaft, Politik und Recht. Im moralischen Engagement für derartige Sinnansprüche der Sinnstufe der Humanität streben wir zwar danach, Personen und soziale Gebilde zu fördern, deren Sinnbewandtnis unseren Tod transzendieren kann. Dabei setzen wir freilich immer schon voraus, daß das Menschsein jedes Menschen letztlich Sinn hat. Die sozialen Gebilde haben als Institutionen prinzipiell instrumentellen Charakter gegenüber den Personen, die in ihnen leben. Nur die Personen sind Zwecke an sich selbst. Insofern führt die Transitivität des Sinns von den Sinnansprüchen des Wohls der Mitmenschen zuletzt doch wieder zurück zur *Sinnproblematik der individuellen Person.* Ist diese nicht abschließbar, ist jede offen.

7.3.2 Die Unverfügbarkeit des Vollendeten

Nach KANT umfaßt das höchste Gut und letzte Sinnziel der Praxis sowohl das *Oberste* (die moralische Vollkommenheit) als auch das *Vollendete* (das dieser proportionierte Glück). In dieser Bestimmung ist das höchste Gut Objekt der moralischen Praxis (7.1). Das Oberste ist für unseren Willen zumindest prinzipiell verfügbar, da es von unserer moralisch relevanten Freiheit abhängt. Dagegen ist das Vollendete für uns nur beschränkt verfügbar, da es von Lebensverhältnissen, äußeren Umständen und vielfältigen Zufällen abhängt, die sich oft unseren praktischen Möglichkeiten entziehen. Damit aber zeigt sich ein weiterer Gesichtspunkt der *Aporetik* des philosophisch bestimmten höchsten Gutes: Das moralische Gesetz gebietet, das höchste Gut in der Welt zu erstreben. Auf Grund der Unverfügbarkeit des Vollendeten erweist sich dieses höchste Gut aber in vieler Hinsicht als *unerreichbar,* als *unmögliches Sinnziel.* Erweist sich damit nicht auch die Moralität als absurd, weil sie Unmögliches zur Pflicht macht? Nach KANT geraten wir unvermeidlich in diese *Antinomie der praktischen Vernunft:*

> Da nun die Beförderung des höchsten Guts, welches diese Verknüpfung [von Oberstem und Vollendetem] in seinem Begriff enthält, ein a priori notwendiges Objekt unseres Willens ist, und mit dem moralischen Gesetze unzertrennlich zusammenhängt, so muß die Unmöglichkeit des ersteren [des höchsten Guts] auch die Falschheit des zweiten [des moralischen Gesetzes] beweisen. Ist also das höchste Gut nach praktischen Regeln unmöglich, so muß auch das moralische Gesetz, welches gebietet, dasselbe zu befördern, phantastisch und auf leere, eingebildete Zwecke gestellt, mithin an sich falsch sein. (KpV A 205)

Es fällt nicht schwer, diese Antinomie zu illustrieren: Für das faktische Scheitern des höchsten Gutes im Leben individueller Personen liefert das Elend der Hungernden, Unterdrückten, Enttäuschten und Gefolterten Beispiele ohne Zahl. Es wäre absurd zu versuchen, ihr Unglück als proportionierte Folge ihrer Schuldhaftigkeit zu erklären und es moralisch zu verrechnen. – Aber auch die Sinnansprüche des menschlichen Zusammenlebens und der sozialen Gebilde sind von dieser antinomischen Tragik des Scheiterns bedroht. Man denke an das Scheitern von Ehen und Familien, an den Zusammenbruch großartiger Projekte, Unternehmungen, ja ganzer Kulturen, an die Leidenswege von Völkern und an den Untergang grandioser staatlicher Gebilde, dazu an Naturkatastrophen und Epidemien. Mit Recht spricht HEGEL von der Geschichte als »Schlachtbank«. Auch in dieser Hinsicht wäre es aussichtslos, das Mißglücken des Vollendeten moralisch verrechnen zu wollen; oft mißglückt es bei bestem Willen und lauterster Absicht. Erweist sich die Verwirklichung des höchsten Gutes angesichts der »Schlachtbank« nicht als schlichtweg unmöglich? Sind Anspruch und Anstrengung der Moralität nicht immer schon überholt und ad absurdum geführt angesichts der Aussichtslosigkeit, Gerechtigkeit und Humanität in der Welt zu etablieren?

KANT löst diese Antinomie im *Postulat des Daseins Gottes* auf. Soll das moralische Gesetz nicht »auf leere, eingebildete Zwecke gestellt, mithin an sich falsch« sein, so muß das höchste Gut auch hinsichtlich des Vollendeten letztlich möglich sein. Diese Möglichkeit kann aber nur durch Gott gewährleistet werden, da nur für Gott das Vollendete verfügbar ist. Auf der Sinnstufe des (christlichen) Glaubens ergibt sich somit folgende Perspektive: Trotz der penetranten Schlachtbankbewandtnis innerzeitlichen Geschehens weiß der Gläubige Gott als den Garanten der Möglichkeit des höchsten Gutes und damit auch des Zwecks aller Moralität. Wohl muß der Gläubige vor dem Mysterium Gottes das *Theodizeeproblem* aushalten angesichts der Fülle des (moralisch unverrechenbaren) Leidens in der Welt. Aber er kann trotz Tragik und Schlachtbank an der je größeren Gerechtigkeit mitwirken, weil er das *Kommen des Reiches Gottes* erwartet, das letztlich mehr ist als alles, was uns innerzeitlich an Vollendetem gelingt oder mißlingt. Er weiß, daß sich dieses Reich Gottes durch unsere Praxis hindurch innerzeitlich ankündigen will, um sich endzeitlich zu vollenden. Die Perspektive des Kreuzes ist dann - praktisch relevant - an die Perspektive der Auferstehung gebunden.

7.3.3 Das Problem der Schuld

Ein weiterer Gesichtspunkt der Aporetik des philosophisch-ethisch bestimmten höchsten Gutes ergibt sich aus folgender Grunderfahrung: Faktisch scheitern wir nicht nur an der Unverfügbarkeit des Vollendeten, *sondern auch im Raum des für uns an sich verfügbaren Obersten,* also in der Moralität als solcher. Die Ideale der Tugendhaftigkeit bei ARISTOTELES und der Vollkommenheit bei KANT werden in unserer alltäglichen Praxis immer wieder *schuldhaft unterboten.* Wir machen die Erfahrung, *daß wir aus Moralität allein nicht gut und gerechtfertigt sein können.*

Was in christlicher Tradition *Erbsünde (peccatum originale)* heißt, läßt sich philosophisch partiell rekonstruieren: Das böse, schuldhafte Handeln korrumpiert einerseits den Handelnden selbst; denn das Böse verletzt jene personale Harmonie, die der klassische Tugendbegriff intendiert (6.2 und 6.3.1) und führt immer tiefer in den Widerspruch von Vernunft (Sittengesetz) und Neigung (Affekte). Dazu kommt folgendes: Auf Grund der existentialen *Gesellschaftlichkeit* und *Geschichtlichkeit* des Menschen (vgl. EP 6.4 und 6.5) erhält die Schuld zwangsläufig über die schuldig gewordene Person hinaus Bedeutung. Sie erwirkt in der Gesellschaft so etwas wie ein *Klima der Schuld* und in der Geschichte so etwas wie eine *Tradition der Schuld.* Dieses Klima und diese Tradition werden durch jedes schuldhafte Handeln bestätigt und gefestigt. Wir werden in eine Gesellschaft und in eine Geschichte hineingeboren, die immer schon von diesem Sachverhalt geprägt sind. Dieses Klima und diese Tradition spielen in unsere Sozialisation hinein (z. B. durch Vorbilder, Einflüsse, Erfahrungen, Gewohnheiten, »Strukturen der Sünde«) und bewirken jene »Disposition der Unordnung« *(dispositio inordinata),* die zum Bösen geneigt macht: KANT spricht angesichts der Erfahrung des

Ungenügens der strikt moralischen Triebfeder innerhalb der menschlichen Praxis von einem »Hang zum Bösen in der menschlichen Natur« (Rel B 20–39). Diese Disposition hebt zwar die Moralitätsbewandtnis verantwortlicher Freiheit nicht auf, sie erschwert aber das Gute und trägt insofern dazu bei, daß wir immer wieder versagen und schuldig werden. PAULUS schildert diese Erfahrung:

> Ich stoße also auf das Gesetz, daß in mir das Böse vorhanden ist, obwohl ich das Gute tun will. Denn in meinem Innern freue ich mich am Gesetz Gottes, ich sehe aber ein anderes Gesetz in meinen Gliedern, das mit dem Gesetz meiner Vernunft im Streit liegt und mich gefangenhält im Gesetz der Sünde, von dem meine Glieder beherrscht werden. Ich unglücklicher Mensch! (Röm 7,21–24)

Von diesem Gesichtspunkt der Aporetik des höchsten Gutes her stellt sich die Frage nach der *Rechtfertigung* und der *Erlösung* des schuldig gewordenen Menschen, die Frage nach einem *Heil,* das alles transzendiert, was menschliches Handeln im Zeichen der Moralität erwirken kann. Wohl muß dieses Heil so gedacht werden, daß es die eigenständige Bedeutung der Moralität nicht suspendiert, sondern mitumfaßt. Aber was auf der Sinnstufe des Glaubens Gnade und Heil heißt, ist immer schon mehr als alles, was im moralischen »Werk« geleistet und verdient werden kann. Das Scheitern aller Versuche, aus Moralität allein gut und gerechtfertigt zu werden, führt auf der Sinnstufe des Glaubens dazu, Rechtfertigung und Erlösung (Vergebung der Sünden) nicht auf Grund eigener moralischer Würdigkeit, sondern auf Grund der Gnade des heilwirkenden Gottes zu erhoffen. Dabei werden allerdings Gnade und Heil immer auf jenen moralischen Gesichtspunkt zu beziehen sein, der in der Rede von *Umkehr, Reue* und *Buße* enthalten ist. Auf diese Weise kann die Krise, in welche die auf sich selbst gestellte Moralität gerät, überwunden werden und der Mensch im Heil sich in eine neue Tragweite seiner Moralitätsbewandtnis freigegeben wissen.

7.3.4 Der Anspruch des Gewissens

Hier geht es um die Grenzfrage, wie der *absolute und kategorische Anspruch* zu erklären ist, den wir als »Faktum der Vernunft« (3.2.1) in uns entdecken und der für jedes Gewissen und für alle Moralitätsbewandtnis überhaupt konstitutiv ist. KANT thematisiert diese Grenzfrage folgendermaßen:

> Und so begreifen wir zwar nicht die praktische unbedingte Notwendigkeit des moralischen Imperativs, wir begreifen aber doch seine *Unbegreiflichkeit,* welches alles ist, was billigerweise von einer Philosophie, die bis zur Grenze der menschlichen Vernunft in Prinzipien strebt, gefordert werden kann. (GMS BA 128)

Ist die Unbedingtheit dieses Anspruchs zureichend begriffen, wenn wir sie im subjektiv-individuellen Dasein der Transzendentalität (3.1) zu begründen suchen? Im Rahmen unserer Überlegungen zum Verhältnis von Autonomie und Theonomie (4.3) sahen wir, daß die Tradition seit SOKRATES die Unbedingtheit des Gewissensanspruchs häufig *theologisch* begründete. In besonders eindringlicher Weise interpretierte J. H. NEWMAN den Anspruch des Gewissens als Anspruch Gottes:

> Wenn wir, wie es ja der Fall ist, uns verantwortlich fühlen, beschämt sind, erschreckt sind bei einer Verfehlung gegen die Stimme des Gewissens, so schließt das ein, daß hier Einer ist, dem wir verantwortlich sind; vor dem wir beschämt sind; dessen Ansprüche wir fürchten. [. . .] Diese Gefühle in uns sind derart, daß sie als erregende Ursache ein intelligentes Wesen erfordern. Wir sind ja nicht zärtlich gegenüber einem Stein, noch fühlen wir Scham vor einem Pferd oder einem Hund. Wir haben keine Gewissensbisse oder Reue, wenn wir ein bloß menschliches Gesetz brechen. Indessen, so ist es: Das Gewissen erregt all diese peinvollen Gemütsbewegungen, Verwirrungen, böse Ahnungen, Selbstverurteilungen. Und andererseits ergießt es über uns einen tiefen Frieden, ein Gefühl der Sicherheit, eine Ergebung und eine Hoffnung, die kein sichtbarer, kein irdischer Gegenstand hervorlocken kann. »Der Böse flieht, wenn keiner ihn verfolgt.« (Spr 28,1) Aber warum flieht er? Woher sein Schrekken? Wer ist es, den er in der Einsamkeit sieht, in der Finsternis, in den verborgenen Kammern seines Herzens? Wenn die Ursachen dieser Gemütsbewegungen nicht dieser sichtbaren Welt angehören, so muß der Gegenstand, auf den seine Wahrnehmung gerichtet ist, übernatürlich und göttlich sein. So ist also das Phänomen des Gewissens als das eines Befehls dazu geeignet, dem Geist das Bild eines höchsten Herrschers einzuprägen, eines Richters, heilig, mächtig, allsehend, vergeltend. (VIII, 77)

Ohne eine theologisch-gläubige Interpretation des kategorischen Gewissensanspruchs bleibt folgendes unbegreiflich: Der Mensch weiß sich im Gewissen mit seinem ganzen Leben in Anspruch genommen und auf die Verwirklichung der seiner Freiheit aufgegebenen Humanität hin verpflichtet. Aber dann beendet der Tod in unvermittelter Willkür (7.3.1) dieses Leben, ohne daß es sich als sinnvolles Ganzes, als »die Eigentlichkeit und Endgültigkeit der sich ausgezeitigt habenden Freiheit« (K. RAHNER, vgl. 6.2), manifestieren könnte. Der Mensch wäre einerseits radikal und kategorisch in Anspruch und Verantwortung genommen, fiele aber andererseits willkürlich aus diesem Anspruch heraus.

Der Gläubige begreift den kategorischen Anspruch des Gewissens als die unmittelbarste Weise, in welcher der Anspruch Gottes auf das Leben des Menschen erfahrbar wird. In diesem Anspruch kommt zum Ausdruck, daß Gott die Vollkommenheit und Vollendung, das Glück und das Heil des Menschen will. Der Tod wäre in dieser Perspektive nicht mehr der willkürlich-sinnlose Schluß des moralisch beanspruchten und in die Verantwortung genommenen Lebens, sondern der Punkt, in welchem sich dieses Leben vor Gott in seiner Eigentlichkeit und Endgültigkeit manifestieren kann und in welchem diesem Leben von Gott her Gerechtigkeit widerfährt.

Hier stellt sich eine weitere Frage: Inwieweit hängt die existentielle Tragweite des unbedingten, kategorischen Gewissensanspruchs damit zusammen, ob wir diesen Anspruch gläubig als Anspruch Gottes zu fassen vermögen? Gewinnt die moralische Motivation nicht existentiell an Kraft und Bedeutung, wenn sie in die Glaubensbeziehung des Menschen zu Gott eingebettet ist? Umgekehrt: Droht der moralische Anspruch nicht zu verblassen und zu verkümmern, wenn er nicht mehr in diesem Transzendenzbezug steht, sondern nur noch im Subjekt festgemacht ist? Man mißversteht diese Frage, wenn man sie auf die Ebene der Heteronomie der Sanktionen (Lohn und Strafe) schiebt. Es geht durchaus um den Anspruch des *autonomen* Gewissens. Für dieses Gewissen und seine moralische Triebfeder scheint es nicht gleichgültig zu sein, ob sich seine Autonomie gläubig-theonom begreift (4.3) oder nicht. Die Bedeutung moralischer *Verantwortung* ist eine andere, wenn ich sie von jener Antwort her verstehe, die ich dem absoluten, göttlichen Du schulde, von dem ich mich in Anspruch genommen weiß. Dabei braucht man diesen Gesichtspunkt nicht auf die Spitze zu treiben, etwa im Sinne jenes DOSTOJEWSKI-Wortes: »Wenn es Gott nicht gibt, ist alles erlaubt.« Man sollte aber doch die folgende Überlegung von J. HABERMAS bedenken:

> Nachmetaphysisches Denken unterscheidet sich von Religion dadurch, daß es den Sinn des Unbedingten rettet ohne Rekurs auf Gott oder ein Absolutes. [. . .] Der Sinn von Unbedingtheit ist nicht dasselbe wie ein unbedingter Sinn, der Trost spendet. Unter Bedingungen nachmetaphysischen Denkens kann die Philosophie den Trost nicht ersetzen, mit dem die Religion das unvermeidliche Leid und das nicht-gesühnte Unrecht, die Kontingenzen von Not, Einsamkeit, Krankheit und Tod in anderes Licht rückt und zu ertragen lehrt. Wohl kann die Philosophie auch heute noch den moralischen Gesichtspunkt erklären, unter dem wir etwas unparteilich als recht und unrecht beurteilen; insoweit ist die kommunikative Vernunft keineswegs gleich weit von der Moral wie von der Unmoral entfernt. Ein anderes ist es aber, eine motivierende Antwort auf die Frage zu geben, warum wir unseren moralischen Einsichten folgen, überhaupt moralisch sein sollen. In dieser Hinsicht ließe sich vielleicht sagen: einen unbedingten Sinn zu retten ohne Gott, ist eitel. (1991, 125)

Zusammenfassung 7

- Nach ARISTOTELES ist das Glück das Endziel des Handelns. Dabei faßt er das Glück als jene dauerhafte, vernunft- bzw. tugendgemäße Tätigkeit, die für den Tugendhaften zugleich freudvoll ist. Im Glück als höchstem Gut ist also Vernunft Bestimmungsgrund der Praxis. Insofern läßt sich der Eudämonismus des ARISTOTELES der Position KANTS annähern:

Dieser unterscheidet am höchsten Gut das Oberste (die moralische Vollkommenheit) und - diesem subordiniert - das Vollendete (die dem Obersten proportionierte Glückseligkeit).

- Sinn ist das Ausgerichtetsein auf ein Ziel. Wir unterscheiden Sinnstufen der Praxis, indem wir untersuchen, auf welcher Ebene sich Freiheit motiviert. Motiviert sich Freiheit aus Natur, so geht es um jene Sinnstufe, auf welcher die vormoralischen Sinnansprüche des unvermittelten und des vermittelten Hedonismus liegen.
- Motiviert sich Freiheit aus Freiheit, so geht es um die moralische Sinnstufe der Humanität. Nach KANT können wir auf dieser Sinnstufe zwei Typen von Sinnansprüchen unterscheiden: die eigene Vollkommenheit und das Wohl der Mitmenschen. Im ersten Typus geht es um die Kultur unserer Vermögen und um die Moralität unseres Willens. Im zweiten Typus kommen die vielfältigen Sinnansprüche des Zwischenmenschlichen und des Sozialen ins Spiel. Der Anspruch der Moralität, der auf dieser Sinnstufe liegt, erweist sich als ein durch nichts relativierbarer, absoluter Anspruch.
- Die Transitivität des Sinns, die Unverfügbarkeit des Vollendeten, das Problem der Schuld und der Anspruch des Gewissens bringen im Rahmen der philosophischen Ethik die Frage nach dem Glauben in Sicht. Die Sinnstufe des Glaubens suspendiert nicht die eigenständige Bedeutung der Moralität, stellt sie aber in den Horizont der (göttlichen) Transzendenz, in welchem sich Freiheit aus Gnade motiviert.

8 Relativierungen

In den Abschnitten 2 bis 7 skizzierten wir einen systematischen Überblick über die zentralen Fragestellungen der Fundamentalethik. Dabei bezogen wir uns historisch auf das Problembewußtsein der philosophischen Ethik von PLATON bis HEGEL. Wir vollzogen den Einstieg in die fundamentalethische Systematik, indem wir im Gegenzug zur empiristischen Ethik (2) die transzendentale Differenz (3.1) aufwiesen und damit eine metaphysische Position erreichten. Diese ermöglichte es, die eigenständige Bedeutung der Moralität, insbesondere den Begriff der transzendentalen Freiheit zu präzisieren (3.3). Die moralisch relevante *Praxis* wurde damit prinzipiell abgehoben gegenüber naturkausalem, aus empirischen Antezedensbedingungen notwendigerweise resultierendem und insofern einzelwissenschaftlich erklärbarem *Verhalten.* Auf dieser Basis konnten die Grundbegriffe des alltäglichen Vorverständnisses (1) philosophisch rekonstruiert und rehabilitiert werden.

Der enorme Erfolg der *empirischen Einzelwissenschaften* in der Entwicklung der Moderne brachte es mit sich, daß sich der (legitime) *methodische* Empirismus dieser Wissenschaften immer wieder als *philosophischer* Empirismus artikulierte (2.1). Im Bereich der empirischen *Humanwissenschaften* wuchs damit die Tendenz, *menschliche Praxis als naturkausales, empirisch-einzelwissenschaftlich erklärbares Verhalten zu fassen und zu erforschen.* Die damit verbundene Ausblendung der metaphysischen Fragestellung (Praktischwerden reiner Vernunft aus sich selbst, apriorisches Moralprinzip, transzendentale Freiheit) relativiert die eigenständige Bedeutung der Moralitätsbewandtnis der Praxis und stellt sie in Frage. Es entsteht der Eindruck, die Moralitätsbewandtnis habe überhaupt keine eigenständige Bedeutung; vielmehr sei das Moralische lediglich Epiphänomen bzw. Derivat einzelwissenschaftlich erforschbarer und erklärbarer empirischer Prozesse und verdanke den Schein der Eigenständigkeit einem Mangel an wissenschaftlicher Aufklärung.

Derartige Relativierungstendenzen kommen vor allem aus dem Raum der *Soziologie,* der *Psychologie* und der *Biologie.* Da wir nicht die ganze Vielfalt dieser Tendenzen erörtern können, beschränken wir uns auf *vier Positionen,* denen für die Gegenwart zentrale Bedeutung zukommt. Wir behandeln die soziologische Relativierung am Beispiel der von Karl MARX (1818–1883) grundgelegten Theorie des *historischen Materialismus,* die psychologische am Beispiel der *Psychoanalyse* von Sigmund

FREUD (1856–1939) und die biologische am Beispiel der *Ethologie* von Konrad LORENZ (1903–1988). Außerdem gehört hierher die *genealogische* Relativierung bei Friedrich NIETZSCHE (1844–1900), die sich allerdings keiner der genannten Humanwissenschaften zuordnen läßt; sie stellt vielmehr eine geschichtsphilosophische Vermittlung soziologischer, psychologischer und biologischer Motive dar.

Bei der Erörterung dieser Relativierungen ist folgendes zu beachten:

- Diese Positionen tendieren dazu, die eigenständige Bedeutung des Moralischen prinzipiell in Frage zu stellen.
- Zugleich vermitteln sie eine Fülle wichtiger Gesichtspunkte und Erkenntnisse, die im Rahmen der philosophischen Ethik Beachtung verdienen.

Es ist zu zeigen, wie sich der in diesen Positionen enthaltene Erkenntnisfortschritt zum Anliegen der fundamentalethischen Systematik verhält bzw. wo der systematische Ort dieser Erkenntnisse anzusetzen ist und wo die Grenzen ihrer Tragweite liegen.

8.1 Der historische Materialismus (Marx)

Der Zusammenbruch der Systeme des realen Sozialismus beeinträchtigt zwar derzeit die Aktualität des Marxismus. Dennoch spielt MARX in der Entwicklung der Philosophie des 20. Jahrhunderts eine eminente Rolle. Schon zur Jahrhundertwende und in der Zwischenkriegszeit stellte der Marxismus eine einflußreiche philosophische Richtung dar. Die diversen Ausprägungen des Neomarxismus prägten in vieler Hinsicht das Denken der Zeit um 1965–1980 und bildeten bleibende Sedimente im Problembewußtsein der Philosophie. Wir wollen zunächst den Kerngedanken der Theorie des historischen Materialismus darstellen und dann einige Fragen erörtern, die sein Verhältnis zur Ethik betreffen.

8.1.1 Die Theorie des historischen Materialismus

> Ganz im Gegensatz zur deutschen Philosophie [= Deutscher Idealismus von KANT bis HEGEL], welche vom Himmel auf die Erde herabsteigt, wird hier von der Erde zum Himmel gestiegen. D.h. es wird nicht ausgegangen von dem, was die Menschen sagen, sich einbilden, sich vorstellen [. . .], um davon aus bei den leibhaftigen Menschen anzukommen; es wird [vielmehr] von den wirklich tätigen Menschen ausgegangen und aus ihrem wirklichen Lebensprozeß auch die Entwicklung der ideologischen Reflexe und Echos dieser Lebensprozesse dargestellt. Auch die Nebelbildungen im Gehirn der Menschen sind notwendig Supplemente ihres materiellen, empirisch konstatierbaren und an materielle Voraussetzungen geknüpften Lebensprozesses. Die Moral, Religion, Metaphysik und sonstige Ideologie und ihnen entsprechende Bewußtseinsformen behalten hiermit nicht länger den Schein der Selbständigkeit. Sie haben keine Geschichte, sie haben keine Entwicklung, sondern die ihre materielle Produktion

> und ihren materiellen Verkehr entwickelnden Menschen ändern mit dieser ihrer Wirklichkeit auch ihr Denken und die Produkte ihres Denkens. Nicht das Bewußtsein bestimmt das Leben, sondern das Leben bestimmt das Bewußtsein. (MEW III, 26f.)

Wir können den Grundgedanken des historischen Materialismus folgendermaßen zusammenfassen: Das *Bewußtsein* und alle Ausprägungen der *Kultur* des Menschen haben den Charakter eines *Überbaus,* der durch die sozioökonomischen, materiellen Verhältnisse als *Basis* bedingt und bestimmt ist. Der Bewußtseins- und Kulturbereich ist also *Reflex der ökonomisch-materiellen Basis.*

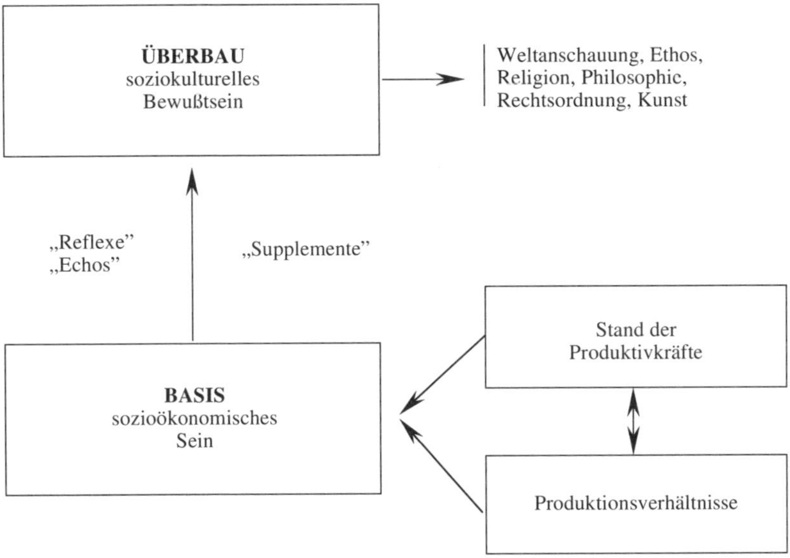

Abb. 20: Das Basis-Überbau-Schema im historischen Materialismus

Diese Basis umfaßt *zwei Aspekte:*

- Einerseits den *Stand der Produktivkräfte,* d.h. den technisch-ökonomischen Entwicklungsstand der Gesellschaft, auf Grund dessen sie z.B. Agrargesellschaft oder Industriegesellschaft ist.
- Andererseits die *Produktionsverhältnisse,* also die sozialen Strukturen, in denen sich die Produktion abspielt. Nach MARX werden die Produktionsverhältnisse primär als *Eigentums-* und damit als *Klassenverhältnisse* gefaßt.

Der *wirkliche Geschichtsprozeß* resultiert aus der Dynamik des Basisverhältnisses zwischen dem Stand der Produktivkräfte und den Produktionsverhältnissen. Die *kulturell-geistige* Entwicklung der Gesellschaft hat Überbaucharakter; sie ist »Reflex«, »Echo« und »Supplement« der grundlegenden Dynamik des Basisverhältnisses. »Das Bewußtsein ist also von vorneherein schon ein gesellschaftliches Produkt und bleibt es, so lange überhaupt Menschen existieren.« (III, 30f.)

Für jeden Stand der Produktivkräfte gibt es ihm adäquate Produktions- bzw. Klassenverhältnisse. Während sich die Produktivkräfte aber ständig entwickeln und verändern, trachten die herrschenden Klassen danach, die Produktionsverhältnisse stabil zu halten, um ihre Privilegien zu sichern. Dadurch wächst die Dysfunktionalität der Produktions- und Klassenverhältnisse gegenüber dem Stand der Produktivkräfte und es entsteht eine *revolutionäre Situation.* Revolutionen führen zu neuen, dem Stand der Produktivkräfte entsprechenden Produktionsverhältnissen, die im Zuge der weiteren Entwicklung der Produktivkräfte wieder dysfunktional werden können. Dieser Grundvorgang wiederholt sich auf immer neuen Ebenen und bringt damit die *Epochen* der Geschichte hervor (Sklavenhaltergesellschaft, Feudalsystem, Kapitalismus), bis die *proletarische* Revolution die klassenlose, kommunistische Gesellschaft etabliert und damit die Geschichte des Klassenkampfes (Naturgeschichte des Menschen) beendet. Hinsichtlich des *kulturellen Überbaus* gilt für diesen ganzen Prozeß: »Die Gedanken der herrschenden Klasse sind in jeder Epoche die herrschenden Gedanken.« (III, 46) Kulturelle Gebilde (Religionen, Philosophien, Rechtsordnungen, Sitten etc.) haben in der Klassengesellschaft *ideologischen* Charakter: Sie sind falsches Bewußtsein und dienen den Interessen der herrschenden Klassen. Erst der kulturelle Überbau des Proletariats, also der letzten, die Klassengesellschaft aufhebenden Klasse, wird wahres Bewußtsein verkörpern.

Damit scheinen auch Moralität und Sittlichkeit ihren »Schein der Selbständigkeit« zu verlieren; der historische Materialismus tendiert dazu, sie als unselbständige Reflexe bzw. Epiphänomene des sozioökonomischen Prozesses zu fassen. Wir wollen in Auseinandersetzungen mit dem historisch-materialistischen Denken im folgenden *drei Fragen* erörtern:

- Wieweit haben die bestimmten Normen, Wertvorstellungen und Ethosformen klassenspezifischen Überbaucharakter?
- Läßt die Theorie ein allgemeinmenschliches, klassenüberschreitendes Moralprinzip zu, oder ist Moral ausschließlich Klassenmoral?
- Ist im historischen Materialismus Raum für das autonome moralische Subjekt und für moralisch relevante Selbstbestimmung aus Freiheit?

Auf diese Fragen erhalten wir bei MARX selbst keine eindeutigen Antworten. MARX entwickelte zwar den Ansatz der Theorie des historischen Materialismus, nicht aber ihre systematische Ausarbeitung. Wir sehen uns also mit diesen Fragen an den Diskurs innerhalb des Marxismus verwiesen.

8.1.2 Überbau und Ethos

Wieweit haben die bestimmten Normen, Wertvorstellungen und Ethosformen klassenspezifischen Überbaucharakter? Es geht in dieser Frage nicht um die Moralitätsbewandtnis als solche, sondern um die bestimmte Ausprägung der *Sittlichkeit* einer Gesellschaft (vgl. 5.2). Inwiefern ist diese als Reflex sozioökonomischer Verhältnisse interpretierbar? Die Antwort hängt davon ab, wie das Basis-Überbau-Schema gefaßt wird. Stark vereinfacht läßt sich sagen, daß sich im Marxismus zwei Interpretationstendenzen finden, eine *lineare* und eine *dialektische:*

(1) In der *linearen* Interpretation *bestimmt die Basis einseitig den Überbau.* Das Bewußtsein ist dann ausschließlich Reflex bzw. Funktion des sozioökonomisch-materiellen Seins und hat gegenüber diesem Sein keinerlei eigenständige, produktive Bedeutung. Sittliche Normen sind dann nichts weiter als Ausdruck klassenspezifischer Interessen und stehen damit prinzipiell unter Ideologieverdacht. *Das herrschende Ethos spiegelt unmittelbar die Interessen der herrschenden Klasse wider.*

Erinnern wir uns an die Überlegungen in 5.1.3! Wir zeigten dort, wie sich individuelles Gewissen und soziales Ethos aneinander vermitteln, was auf der einen Seite die Dynamik des Gewissens und auf der anderen Seite die Dynamik des Ethos bewirkt. Dabei gingen wir davon aus, daß in dieser Vermittlung den individuellen Gewissen eine eigenständige, produktive, kritische Rolle zukommt. Die individuellen Gewissen sind nicht nur unmittelbare Reflexe des sozialen Ethos, sondern *setzen sich mit dem Ethos auseinander.* Genau diese produktive Funktion des Bewußtseins als Gewissen wird in der linearen Interpretation des Basis-Überbau-Schemas ausgeblendet.

Der folgende Text von Friedrich ENGELS (1820–1895) kann als Beispiel für eine lineare Interpretation gelten:

> Für gleiche oder annähernd gleiche ökonomische Entwicklungsstufen müssen die Moraltheorien notwendig mehr oder weniger übereinstimmen. Von dem Augenblick an, wo das Privateigentum an beweglichen Sachen sich entwickelt hatte, mußte allen Gesellschaften, wo dies Privateigentum galt, als Moralgebot gemeinsam sein: Du sollst nicht stehlen. Wird dies Gebot dadurch zum ewigen Moralgebot? Keineswegs. In einer Gesellschaft, wo die Motive zum Stehlen beseitigt sind, wo also auf die Dauer nur noch höchstens von Geisteskranken gestohlen werden kann, wie würde da der Moralprediger ausgelacht werden, der feierlich die ewige Wahrheit proklamieren wollte: Du sollst nicht stehlen! (MEW XX, 87)

Lassen sich sittliche Normen generell in dieser Weise als unmittelbare Reflexe der sozioökonomischen Basis erklären? ENGELS mag recht haben, daß das Verbot des Stehlens wesentlich auf die ökonomische Institution des Eigentums bezogen ist; dabei wäre allerdings noch zu fragen, ob nicht Eigentum im weitesten Sinne so sehr als »Dasein der Freiheit« (HEGEL) zur Person gehört, daß das Verbot des Stehlens unabhängig von der epochal bestimmten ökonomischen Basis immer und notwendig (wenn auch in differenter Ausprägung) gültig sein muß. Aber abgesehen vom Stehlen: Lassen sich sittliche Normen wie z. B. »Sei wahrhaftig!«, »Sei hilfsbereit!«, »Halte gegebene Versprechen!« linear-materialistisch als unmittelbare Reflexe bestimmter sozioökonomischer Basisformationen fassen? Ein derartiges Unterfangen scheint völlig aussichtslos zu sein.

Es scheint, daß die lineare Interpretation schon in empirischer Hinsicht unhaltbar ist. Es ist aussichtslos, die Vielfalt sittlicher Überzeugungen und sozialer Ethosformen innerhalb einer Epoche linear-materialistisch erklären zu wollen. Man denke an die Differenz zwischen sophistischem und sokratischem Ethos, zwischen dem Ethos der Bergpredigt und gleichzeitigen Ethosformen jüdischer und hellenistischer Provenienz, an das Armutsethos der Mendikanten, Katherer, Albigenser, Beginen etc. im Kontext des Ethos der Feudalgesellschaft oder aber an die signifikant empiristische Orientierung der britischen Ethik im Vergleich zur kontinentalen Ethik. Analoges zeigt sich, wenn wir wirkungsgeschichtlich bedeutsame Positionen miteinander vergleichen, etwa die ethischen Positionen von J. LOCKE und J. J. ROUSSEAU oder jene von I. KANT und J. BENTHAM; lassen sich die Differenzen derartiger Positionen linear-materialistisch als Reflexe kollektiver Klassenlagen interpretieren? Die lineare Interpretation erweist sich in ihrer konkreten Anwendung sehr schnell als künstlich und steril.

(2) Die *dialektische* Interpretation hat gegenüber der linearen *revisionistischen* Charakter. Sie bezweifelt zwar nicht, daß die sozioökonomische materielle Basis einen prägenden Einfluß auf das Ethos und seine Normen ausübt. Sie faßt aber das Bewußtsein nicht bloß als Reflex dieser Basis, sondern als eine Kraft, die sich im Rahmen der Möglichkeiten, die von der Basis her gegeben sind, *aktiv* und *produktiv* (reflektierend, kritisch, verändernd) auf das Ethos bezieht. Wohl bestimmt das (sozioökonomische) Sein das Bewußtsein, aber das Bewußtsein reflektiert sich und gelangt damit zur aktiven Auseinandersetzung mit dem Sein; subjektives Bewußtsein (Gewissen) und soziales Ethos sind insofern immer schon mehr als bloße Reflexe vorgegebener Basen bzw. Klassenlagen.

In dieser dialektischen Interpretation des Basis-Überbau-Schemas bringt der historische Materialismus eine wichtige Erkenntnis zum Ausdruck, die sich zwar nicht erst dem Marxismus verdankt, aber vor allem durch ihn Verbreitung und Akzeptanz fand: *Normen, Werte und Ethosformen sind in ihrer bestimmten Ausprägung keine ungeschichtlichen, idealen oder ewigen Geltungen, sondern eingebettet in ihre soziohistorischen Kontexte,* d. h. in die konkreten Lebensverhältnisse der Menschen. Sie sind also einerseits Überbau jener Basen, in welchen der sozioökonomische Entwicklungsstand samt den damit verbundenen Gesellschafts- und Klassenverhältnissen eine wichtige Rolle spielen. Aber sie sind andererseits zugleich Resultat der geistigen Aktivität der in diesen Kontexten lebenden Menschen. Denn diese sitzen im gegebenen Ethos nicht wie

Schnecken in Schneckenhäusern, sondern setzen sich (in den Grenzen ihrer historischen Möglichkeiten) mit den Gegebenheiten auseinander. In diesem Sinne betont der historische Materialismus zurecht die *Geschichtlichkeit des Ethos.* Wir erinnern in diesem Zusammenhang an unsere Erörterungen über die gesellschaftliche und geschichtliche Vermitteltheit des menschlichen Motivationshorizonts (4.1.1).

Besonders wichtig wird dieser Gesichtspunkt, wenn es darum geht, Handlungsweisen von Personen und Gestaltungen von Institutionen vergangener Epochen oder anderer kultureller Hemisphären der heutigen Welt moralisch zu beurteilen. Es wäre ein fragwürdiges Unterfangen, wollte man Standards unseres gegenwärtigen Ethos, etwa das moderne Menschenrechtsethos, als Maßstab einer solchen Beurteilung verwenden. Fragen der moralischen Wertung von Handlungen und der Gerechtigkeit von Institutionen (z.B. Religionsfreiheit, Stellung der Frau, Todesstrafe, Sklaverei und Leibeigenschaft, Krieg, sozialer Ausgleich) stellten sich in grundlegend anderen sozialen Kontexten oft völlig anders als heute in unserer Hemisphäre. Oft läßt uns erst eine gründliche geschichtssoziologische Analyse der sozialen Verhältnisse den Motiavtionshorizont verstehen, innerhalb dessem Menschen vergangener Epochen moralisch relevant handelten. Analoges gilt, wenn wir versuchen, das Ethos anderer gegenwärtiger Hemisphären zu beurteilen.

Andererseits sind derartige uns fremde Ethosformen nicht einfachhin (linear-materialistisch) Reflexe der betreffenden sozialen Basisverhältnisse. Wir können das an einem Beispiel aus dem Neuen Testament illustrieren. PAULUS steht auf dem Boden der sozialen Basisverhältnisse seiner Zeit und hält im Sinne des Ethos seiner Zeit die Institution der Sklaverei nicht grundsätzlich für gerechtigkeitswidrig. Als Christ modifiziert er jedoch dieses vorgegebene Ethos. Er sieht, daß in der Perspektive des christlichen Heilsgeschehens die Sklaverei prinzipiell relativiert ist (Gal 3,26–28), empfiehlt aber jedem, in dem Stand zu bleiben, in dem er berufen wurde (1 Kor 7,20f.). Den zum Christentum bekehrten entlaufenen Sklaven Onesimus schickt er zu seinem Herrn, dem Christen Philemon zurück; aber Philemon soll Onesimus »als geliebten Bruder« (Phlm 16) aufnehmen. Wir sehen: Einerseits bestimmen die vorgegebenen sozialen Verhältnisse (Basis) die moralische Auffassung des Apostels; aber er reflektiert diese Bestimmung in den Grenzen seiner historischen Möglichkeiten und gelangt so zu einer liebespatriarchalischen Interpretation der Sklaverei, die dann ihrerseits das christliche Ethos prägen konnte.

8.1.3 Universelles Moralprinzip oder Klassenmoral?

Läßt der historische Materialismus ein allgemeinmenschliches, klassenüberschreitendes Moralprinzip zu oder ist Moral ausschließlich Klassenmoral? In 8.1.2 ging es um bestimmte Normen, Wertvorstellungen und Ethosformen. Stimmt man dem (dialektisch interpretierten) historischen

Materialismus darin zu, daß soziale Basisverhältnisse die Ausprägung des Ethos einer Gesellschaft maßgeblich mitbestimmen, so stellt sich die weitere Frage: Liegt dieser basisbedingten Differenz der Ausprägung des Ethos ein allgemeinmenschliches, apriorisches Grundverständnis der Moral zugrunde, das sich dann different ausprägt, oder bewirken die Basisverhältnisse (als Klassengegensätze) ein schlechthin differentes Grundverständnis? Es geht um die Frage, ob es ein klassenüberschreitendes Moralprinzip (3.2) gibt oder ob Moral auch in ihrer Wurzel Klassenmoral ist.

Eine konseqent lineare Interpretation des Basis-Überbau-Schemas tendiert dazu, die Klassenbewandtnis der Basis so zu radikalisieren, daß es keinerlei allgemeinmenschliche Moral und zwischen antagonistischen Klassen auch keinerlei moralischen Diskurs geben kann. Ein sittliches Apriori wird abgelehnt. Die Moralitätsbewandtnis ist bis in ihre letzten Wurzeln klassenspezifischer Überbau und im Sinne des Klassenantagonismus gespalten. Zumindest in revolutionären Situationen ergäbe sich diese Spaltung, also dann, wenn sich die unterdrückte Klasse ihrer Klassenlage bewußt wird, ihren eigenen Überbau entwickelt und ihn gegen jenen Überbau ins Treffen führt, den die herrschende Klasse etablierte. Der folgende ENGELS-Text scheint auf der Linie einer derartigen Interpretation zu liegen:

> Wir weisen demnach jede Zumutung zurück, uns irgendwelche Moraldogmatik als ewiges, endgültiges, fernerhin unwandelbares Sittengesetz aufzudrängen, unter dem Vorwand, auch die moralische Welt habe ihre bleibenden Prinzipien, die über der Geschichte und Völkerverschiedenheit stehen. Wir behaupten dagegen, alle bisherige Moraltheorie sei das Erzeugnis, in letzter Instanz der jedesmaligen ökonomischen Gesellschaftslage. Und wie die Gesellschaft sich bisher in Klassengegensätzen bewegte, so war die Moral stets eine Klassenmoral; entweder rechtfertigte sie die Herrschaft und die Interessen der beherrschenden Klasse, oder aber sie vertrat, sobald die unterdrückte Klasse mächtig genug war, die Empörung gegen diese Herrschaft und die Zukunftsinteressen der Unterdrückten. (MEW XX, 87f.)

Die historisch-materialistische Basisbedingtheit betrifft also nicht nur die bestimmten Ethosformen, sondern auch die Grundlagen der Moral. Seit LENIN (Wladimir Iljitsch Uljanow, 1870–1924) die *Partei* als Kopf und Herz des Proletariats faßte, wurde häufig aus dem Parteiprinzip die *Parteilichkeit der Moral* als Klassenmoral im Sinne eines Parteiutilitarismus abgeleitet. In diesem Sinne schreibt LENIN:

> Jede solche Sittlichkeit, die von einem übernatürlichen, klassenlosen Begriff abgeleitet wird, lehen wir ab [. . .]. Wir sagen, daß unsere Sittlichkeit völlig den Interessen des proletarischen Klassenkampfes untergeordnet ist. Unsere Sittlichkeit ist von den Interessen des proletarischen Klassenkampfes abgeleitet. (III, 539)

Nochmals ENGELS:

> Eine über den Klassengegensätzen und über der Erinnerung an sie stehende, wirklich menschliche Moral wird erst möglich auf einer Gesellschaftsstufe, die den Klassengegensatz nicht nur überwunden, sondern auch für die Praxis des Lebens vergessen hat. (XX, 80)

Bis 1950 (Linguistikbrief STALINS) galt im Sowjetmarxismus die Auffassung, es gebe nicht nur keine klassenüberschreitende Moral, sondern auch die Sprache, selbst die Logik und sogar die Naturwissenschaften seien klassenspezifisch; so etwa sei die Relativitätstheorie EINSTEINS kapitalistisch.

Derartige Radikalpositionen mußten in den mitteleuropäischen Ausprägungen des Marxismus einer Revision unterzogen werden. Die allgemeinmenschliche Bewandtnis dessen, was KANT »Faktum der Vernunft« nannte (3.2), erwies sich als unbestreitbar. Auch in der Sowjetunion kam es seit 1950, vor allem im Zuge der Theorie der »friedlichen Koexistenz«, zu einer weitgehenden Preisgabe des Dogmas von der exklusiven Klassenmoral und zur Entwicklung einer Ethik, die trotz klassenspezifischer Prägung ganz bewußt auf allgemeinmenschliche Grundlagen rekurrierte. Dennoch haben Marxismus und Marxisten häufig die Tendenz, ethische Fragestellungen auf klassenspezifische Interessenlagen hin zu interpretieren und damit als Ausdruck von Klassenkonflikten zu entlarven. Diese Tendenz kann im konkreten Fall durchaus fruchtbar und berechtigt sein; sie kann aber auch zur sterilen, stereotypen Manier verkommen.

Die Überwindung der klassenmoralischen Extremposition im *Westmarxismus* war zu Anfang unseres Jahrhunderts vor allem das Verdienst der *Austromarxisten* Karl KAUTSKY (1854–1938) und Max ADLER (1873–1937), die in der Grundlegung der Ethik eine Synthese von MARX und KANT anstrebten.

Wir können die Lösung, die ADLER vorschlägt, folgendermaßen skizzieren: Die kausal-genetische Methode des historischen Materialismus ist insofern berechtigt, als in ihr sichtbar wird,

> daß der geschichtliche Prozeß kausalnotwenditg zu den Zielen führen muß, welche die allgemeinmenschliche Ethik als begründet ansieht, weil eben der wichtigste geschichtliche Kausalfaktor der richtungsbestimmte Wille ist. (Zitiert nach SANDKÜHLER/de la VEGA (Hg.) 1974, 146)

Die Richtungsbestimmung des Willens liegt nach ADLER, ganz im Sinne KANTS, in der »formalen, in jedem menschlichen Bewußtsein gleichmäßig wirkenden ethischen Beurteilung« (144). Der kategorische Imperativ fungiert also als die treibende Kraft, die in der Geschichte (am Material der ökonomischen Basis, also durch Klassenkämpfe und Revolutionen hindurch) letztlich das ihm gemäße »Reich der Zwecke« anstrebt und erreicht, nämlich die sozialistische Gesellschaft, in welcher Menschen nicht mehr bloß als Mittel gebraucht, sondern als Zwecke an sich selbst anerkannt werden.

Die meisten Hauptvertreter des Westmarxismus (z. B. Georg LUKACS, Ernst BLOCH, Roger GARAUDY) lehnten die klassenmoralische Extremposition ab. Die neomarxistische Forderung nach Demokratisierung aller Gesellschaftsbereiche sowie die in Weiterentwicklung der Kritischen Theorie entstandene Diskursethik (J. HABERMAS) setzten die Universalität eines Moralprinzips implizit oder explizit voraus.

8.1.4 Moralisches Subjekt oder Ensemble der Verhältnisse?

Ist im historischen Materialismus Raum für das autonome moralische Subjekt und für moralisch relevante Selbstbestimmung aus Freiheit? Selbst wenn man der Auffassung wäre, nicht nur die Ausprägungen des Ethos, sondern auch die prinzipiellen Grundlagen der Moralitätsbewandtnis seien klassenmoralisch bestimmt, ließe sich fragen, inwieweit individuelle Personen sich (im Rahmen der gegebenen Moral) verantwortlich frei entscheiden können, dieser Moral im Handeln zu entsprechen oder nicht zu entsprechen. Selbst wenn das subjektive Gewissen lediglich unselbständiges Moment des kollektiven Klassenbewußtseins wäre, bliebe also die Frage, *ob das Subjekt in moralisch relevanter Freiheit überhaupt eine Wahl zwischen Gut und Böse, d. h. zwischen Gewissensgemäßem und Gewissenswidrigem habe.* Ist im Rahmen des Basis-Überbau-Schemas ein sich selbst bestimmendes Subjekt möglich oder ist Praxis immer schon von der Klassenlage her *kollektiv präjudiziert*? MARX schreibt in der 6. These über FEUERBACH:

> Aber das menschliche Wesen ist kein dem einzelnen Individuum innewohnendes Abstraktum. In seiner Wirklichkeit ist es das Ensemble der gesellschaftlichen Verhältnisse. [. . .] Das Wesen kann daher nur als »Gattung«, als innere, stumme, die vielen Individuen natürlich verbindende Allgemeinheit gefaßt werden. (MEW III,6)

Bei MARX und in vielen Ausprägungen des Marxismus besteht zumindest die starke Tendenz, das individuell-personale Subjekt im überindividuell-kollektiven Gattungswesen, im »Ensemble der Verhältnisse«, im Interaktionsprozeß der Arbeit als dem materiellen Leben, aufzulösen und es damit im kollektiven Reflex (Bewußtsein) der Klassenlage zu absorbieren. Die substantielle Wirklichkeit (»das Wesen«) des Menschen ist dann im Sinne der zitierten 6. These *nicht die Person, sondern die Klasse bzw. die Gattung.* Die individuell-personale Bewandtnis der Praxis wird in dieser Perspektive irrelevant und verflüchtigt sich ebenso wie jene des Gewissens zu einem bloßen Moment dessen, was MARX die »innere, stumme, die vielen Individuen natürlich verbindende Allgemeinheit« nennt. Es fällt auf, daß die Frage nach der personalen, moralisch relevanten Selbstbestimmung bzw. nach dem, was wir im Anschluß an KANT transzendentale Freiheit (3.3) nannten, in den meisten marxistischen Positionen auf größtes *Desinteresse* stößt. Das gleiche Desinteresse betrifft den gesamten individualethischen Bereich, z. B. Fragen der persönlichen Lebensführung oder der Ehe- und Familienmoral. Fragen dieser Art werden häufig als Relikte bürgerlich-subjektivistischen Bewußtseins gefaßt, als Probleme, die angesichts des je-aktuellen Klasseninteresses und Klassenkampfs im Grunde überflüssig und kontraproduktiv sind.

Oft wird die Frage nach moralischer Subjektivität auch einfach mißverstanden oder umgedeutet und auf eine soziale, strukturelle bzw. klassenbezogene Ebene transponiert. Ein typisches Beispiel einer derartigen Umdeutung ist die Erörterung über den freien Willen bei ENGELS im *Anti-Dühring*. Ausgehend von einem Wort HEGELS, Freiheit sei Einsicht in die Notwendigkeit, schreibt er:

> Freiheit des Willens heißt daher nichts anderes als die Fähigkeit, mit Sachkenntnis entscheiden zu können. Je freier also das Urteil eines Menschen in Beziehung auf einen bestimmten Fragepunkt ist, mit desto größerer Notwendigkeit wird der Inhalt dieses Urteils bestimmt sein [. . .]. Freiheit besteht also in der auf Erkenntnis der Naturnotwendigkeit gegründeten Herrschaft über uns selbst und über die äußere Natur; sie ist damit notwendig ein Produkt der geschichtlichen Entwicklung. Die ersten, sich vom Tierreich sondernden Menschen waren in allem Wesentlichen so unfrei wie die Tiere selbst; aber jeder Fortschritt in der Kultur war ein Schritt zur Freiheit. (MEW XX, 106)

Ganz offenkundig bringt ENGELS unter dem Titel »Freiheit des Willens« ausschließlich das in Sicht, was wir in 3.3 die Handlungs- und Entscheidungsfreiheit nannten, also die Freiheit als Spielraum. Die Frage nach der moralisch relevanten Freiheit kommt nicht in Sicht. Sie interessiert nicht.

Werden Gut und Böse von der verantwortlichen Zurechenbarkeit der handelnden Subjekte abgetrennt, so können diese Grundkategorien der Moralität nur mehr als *Prädikate von Verhältnissen, Strukturen bzw. Klassenlagen* gebraucht werden. In der Tat werden moralische Wörter im Marxismus meist in dieser Bedeutung verwendet. Primär böse (ungerecht, repressiv, ausbeutend, reaktionär etc.) sind insofern die sozialen Verhältnisse, Strukturen und Klassenlagen, während Personen und Handlungen höchstens sekundär böse genannt werden können, da ihr Bösesein letztlich bloß Reflex, Epiphänomen und Konsequenz des primär Bösen, d. h. *Resultat der objektiven Entfremdungssituation in der Klassengesellschaft ist.*

Damit hängt die Tendenz vieler Anhänger der Linken zusammen, in Fragen des Strafrechts und Strafvollzugs den subjektiven Schuldcharakter des Verbrechens zu relativieren und die illegale Handlung als quasi zwangsläufiges Epiphänomen der Klassenlage des Täters zu fassen. Zweifellos ist diese Relativierung zum Teil berechtigt. Es ist sicher kein Zufall, daß Verbrechen überproportional häufig von Tätern verübt werden, die bestimmten sozial schwachen bzw. marginalisierten Schichten zugeordnet werden müssen.

Innerhalb der lateinamerikanischen *Theologie der Befreiung* gibt es Positionen, welche (in mehr oder weniger differenzierter Weise) den historischen Materialismus als Methode der sozialanalytischen Vermittlung rezipieren (z. B. G. GUTIERREZ, L. BOFF, C. BOFF, E. DUSSEL). Diese Rezeption erklärt, warum im Werk dieser Theologen das *strukturell Böse* bzw. die *Strukturen der Sünde* eine so große Rolle spielen. Wir wiesen in 7.3.3 darauf hin, daß Schuld auf Grund der Gesellschaftlichkeit und Geschichtlichkeit des Menschen über den Schuldigen hinaus Bedeutung erhält, und sprachen insofern von *Klima und Tradition* der Schuld, die zu quasi selbständigen negativen Dispositionen der Praxis werden können. Die Theologen der Befreiung akzentuieren dieses Motiv im Sinne der historisch-materialistischen *Klassenanalyse* und interpretieren das strukturell Böse bzw. die Strukturen der Sünde als dysfunktionale, marginalisierende, verelendende Abhängigkeits- und Ausbeutungsverhältnisse, die nach *befreiender Praxis* verlangen. Wir müssen hier von der Frage absehen, wieweit derartige Analysen empirisch zutreffende Diagnosen zu liefern vermögen. In philosophisch-ethischer Hinsicht hängt die Berechtigung derartiger Ansätze davon ab, ob das Basis-Überbau-Schema *linear oder dialektisch* interpretiert wird.

In 3.2.5 unterschieden wir zwischen *Individualethik und Sozialethik*. Während es in der Individualethik um die moralische Beurteilung individuell zurechenbarer Handlungen, Handlungsweisen und Haltungen geht, beschäftigt sich die Sozialethik mit der moralischen Beurteilung sozialer Gebilde, Verhältnisse, Strukturen, Institutionen, Gesetze etc. Die Erörterung des historischen Materialismus führt zu folgender Differenzierung:

- Der historische Materialismus weist zurecht darauf hin, daß sowohl das soziale Ethos als auch der Motivationshorizont des individuellen Gewissens durch die gegebenen sozialen Verhältnisse, Strukturen, Institutionen, Gesetze etc. beeinflußt werden.
- Im Sinne der dialektischen Interpretation ist jedoch folgendes zu betonen: Der sozialethische Gesichtspunkt suspendiert nicht den individualethischen, sondern bleibt auf ihn bezogen; das ist in zwei Hinsichten der Fall:
  - Einerseits können Verhältnisse in vielfältiger Hinsicht *Resultate* individuell zurechenbarer Handlungen sein; so können ungerechte Verhältnisse das Ergebnis eines rücksichtslosen Gewinn- oder Machtstrebens von Personen oder Personengruppen sein.
  - Andererseits verweist der sozialethische Aufweis der Ungerechtigkeit von Verhältnissen auf die Dringlichkeit *verändernden Handelns* und ruft damit nach moralischer Praxis, nach Engagement; dabei geht es letztlich immer um individuell zurechenbares Handeln (z. B. im Raum von Politik, Ökonomie und Kultur).

Individuelle Personen bzw. Gewissen sind nie bloß Funktionen oder Epiphänomene der Verhältnisse oder Strukturen. Vielmehr können sie (zumindest in den Grenzen ihrer soziokulturellen Motivationshorizonte) diese Verhältnisse und Strukturen kritisch reflektieren und sich als moralische Subjekte für eine verändernde Praxis entscheiden. Das Anliegen, ungerechte Verhältnisse zu überwinden, ist darum nicht auf den Nenner kollektiver, vom Antagonismus der Klassen determinierter, revolutionärer Prozesse zu bringen, sondern primär eine Frage der individuell zurechenbaren klugen, kooperativen Praxis vieler Personen, die sich in dieser Praxis als moralische Subjekte erweisen.

Die im Marxismus verbreitete Tendenz, die eigenständige Bedeutung der Moralität und des moralischen Subjekts klassenanalytisch zu relativieren, hängt zweifellos eng mit der Tatsache zusammen, daß im Rahmen aller Ausprägungen des sogenannten »real existierenden Sozialismus« die Rechtstellung der Personen im Sinne der Freiheitsrechte grob vernachlässigt wurde. Die Tendenz, die Person theoretisch in der Klasse bzw. im Kollektiv zu nivellieren, führte in der politischen, ökonomischen und kulturellen Praxis zu totalitären Systemen der Unfreiheit, deren Brutalität und Ineffizienz erst nach deren Scheitern voll bekannt wird.

Trotz dieser Sachlage sollte man nicht vergessen, daß der Marxismus in seinem Ansatz eine zutiefst *humanistische* Bewegung darstellt, der es im Grunde um die *Zurückführung der menschlichen Welt, der Verhältnisse, auf den Mensch selbst*« (MEW I, 370) geht und die insofern auch einen eminent positiven Beitrag zum modernen Projekt der menschlichen Emanzipation lieferte. Was die philosophische Ethik vom historischen Materialismus lernen kann, faßt W.-D. NARR folgendermaßen zusammen:

> Die Gefahren philosophischer Ethiken bis heute sind in einem gesellschaftlich abstrakten und zugleich unmittelbar personal festgetäuten Moralbegriff zu erkennen. [...] Weiß man, daß [...] Moral nur ist, insofern sie mitten in Geschichte und Gesellschaft steckt, erdenhaft, rundum und durch und durch, als Faktum und Fatum zugleich, dann wird der personale Bezug erst thematisierbar. Er ist selbstverständlich nicht aufzugeben, als könne, als dürfe man die Subjekt-Geschichte der Neuzeit voraufklärerisch oder postaufklärerisch überspringen. (Indem man beispielsweise nur noch von ›Systemen‹ spricht, von Medien, Zahlen, statistischem Durchschnitt, Nummern.) Deswegen bleiben die Personen und ihre Entscheidungs-, ihre Sprach-, Denk- und Handlungsfähigkeit Voraussetzung und letzter Bezug allen ethischen Räsonnements. Nur: Diese Person als je geschichtliche ist gerade um moralischer Kritik und Position willen inmitten der jeweiligen Institutionen der strukturellen Gegebenheiten einer Gesellschaft zu verstehen. Das heißt aber zugleich: Will man herausfinden, wie es um die moralische Wirklichkeit einer Gesellschaft bestellt ist, [...] dann muß man deren materielle Bedingungen analysieren, man muß sie orts- und funktionsfest machen. (In: FETSCHER/MÜNKLER 1985, 78)

8.1.5 Exkurs: Moralität und Systemtheorie (N. Luhmann)

Wir beschäftigten uns mit der Theorie des historischen Materialismus, da sie für die Gegenwartsphilosophie das zweifellos wichtigste Beispiel einer soziologischen Relativierung der Moralitätsbewandtnis darstellt.

Selbstverständlich gibt es darüber hinaus viele andere, nicht-marxistische Theorien, denen dieselbe relativierende Tendenz eignet. Wir wollen das illustrieren, indem wir einige Überlegungen des Systemtheoretikers N. LUHMANN skizzieren, dessen Position in der gegenwärtigen Soziologiediskussion eine wichtige Rolle spielt.

Einheiten bzw. Ganzheiten verschiedenster Art können als *Systeme* im Sinne der Systemtheorie gefaßt werden. Man spricht insofern von mechanischen, organischen, psychischen und sozialen Systemen. Dabei sind Systeme grundsätzlich durch zwei Differenzen bestimmt und analysierbar:

- *Intern* geht es um die Differenz von *Element und Relation.* Systeme bestehen aus Elementen, die in bestimmter Weise aufeinander bezogen sind. Sie besitzen insofern eine *Struktur.*
- *Extern* geht es um die Differenz von *System und Umwelt.* Systeme sind bestimmt durch ihre Abgrenzung von ihrer Umwelt.

Die generelle *Funktion* eines Systems besteht darin, durch die Gestaltung seiner Eigenkomplexität (Elemente/Relationen) die *Weltkomplexität* so zu reduzieren, daß die Grenze zwischen System und Umwelt stabilisiert und die auftretenden Probleme gelöst werden können. Dabei müssen Systeme in der Lage sein, »die Differenz von System und Umwelt systemintern als Orientierung und als Prinzip der Erzeugung von Informationen verwenden« zu können (LUHMANN 1984, 25). Sie sind insofern *selbstreferentiell.* Soweit einige Hinweise auf den allgemein-systemtheoretischen Rahmen.

> Wir gehen davon aus, daß soziale Systeme entstehen, wenn immer Personen [personale Systeme] zueinander in Beziehung treten. Die Einzelpersonen bleiben im Verhältnis zueinander, aber auch im Verhältnis zu den sich bildenden Sozialsystemen Umwelt. Sie verschmelzen sich weder miteinander, noch mit dem sozialen System. Ebenso bleibt von ihnen aus gesehen das soziale System (notendige oder nichtnotwendige) Umwelt. Für jedes soziale System, für die beteiligten Personen ebenso wie für das Sozialsystem, das sie bilden, ist die Umwelt stets komplexer als das System selbst. Ausgangslage ist somit ein *mehrfaches gegenläufiges Komplexitätsgefälle.* (LUHMANN/PFÜRTNER 1977, 43)

Auf diesem Hintergrund will LUHMANN »Moral als eine Struktur sozialer Systeme« begreifen (43). Im einfachsten Fall heißt dies folgendes: Zwei personale Systeme (Personen), Ego und Alter, bilden ein soziales System, indem sie in Kommunikation treten. Dabei muß jeder den anderen zunächst als *kontingent handelnd* interpretieren, d. h.: Ego kann das Handeln von Alter ebensowenig abschätzen wie Alter jenes von Ego. Damit aber ergibt sich eine unerträgliche Komplexität:

> Sobald Ego und Alter aus welchen (zufälligen) Gründen auch immer in eine doppelkontingente Beziehung zueinander geraten, sich wechselseitig kontingentes Handeln zurechnen und infolgedessen jeweils füreinander auch als alter

Ego fungieren, müssen *beide jeweils in sich selbst eine dreifache Rolle integrieren.* Jeder ist für sich selbst zunächst Ego, weiß aber auch, daß er für den anderen Alter ist und außerdem noch, daß der andere ihn als alter Ego betrachtet. (46)

Bedingung für das Gelingen der Kommunikation bzw. des sozialen Systems von Ego und Alter ist die Reduktion dieser Komplexität. Das geschieht durch die wechselseitige Zuteilung von *Achtung.*

Als Indikator für einen akzeptierbaren Einbau des Ego als Alter und als alter Ego in die Sichtweise und Selbstidentifikation seines Alter dient der Ausdruck von *Achtung* und die Kommunikation über die Bedingungen wechselseitiger Achtung. Ego achtet Alter und zeigt ihm Achtung, wenn er sich selbst als Alter im Ego wiederfindet, wiedererkennt und akzeptieren kann oder doch sprechende Aussichten zu haben meint. [. . .] Das Gelingen perspektivisch integrierter Kommunikation wird durch Achtungserweise entgolten, das Mißlingen durch Achtungsentzug bestraft, und all das in abstufbarer Dosierung. (46f.)

In größeren sozialen Systemen wird es notwendig, die Bedingungen für Achtungserwerb und Achtungsverlust durch die *Generalisierung* der Achtungsbedingungen zu stabilisieren. Insofern ist *Moral* »ein Codierprozeß mit der spezifischen Funktion, über Achtungsbedingungen Achtungskommunikation [. . .] zu steuern« (51). (Hier ist auf die Affinität zur Sympathietheorie bei HUME zu verweisen; vgl. 2.4.2.) Der Moral kommt die Funktion zu, die Kommunikation bzw. das soziale System zu stabilisieren. Sie soll das Komplexitätsgefälle zwischen der Eigenkomplexität des Systems und der Umweltkomplexität so gestalten, daß Komplexität reduziert, die Grenze zwischen System und Umwelt stabilisiert und die Probleme des sozialen Handelns lösbar bleiben. Dabei ergibt sich im Sinne der Selbstreferenz der sozialen Systeme die *Dynamik* der Moral.

Insofern gibt es keine eigenständige, an die transzendentale Bewandtnis eines Subjekts gebundene Bedeutung der Moralität bzw. kein Praktischwerden reiner Vernunft aus sich selbst (KANT, vgl. 3.2). Vielmehr wird die Moralitätsbewandtnis reduziert auf ein funktionales, soziologisch bzw. systemtheoretisch erforschbares Epiphänomen des Gefüges der Differenzen Elemente/Relationen und System/Umwelt. Wir haben es also mit einer soziologischen Relativierung der Moralität zu tun, die in gewisser Hinsicht analog gelagert ist wie jene, die wir als die lineare Interpretation des historisch-materialistischen Basis-Überbau-Schemas diskutierten. Insofern treten auch hier jene Probleme auf, die wir in den drei Fragen erörterten, die wir an den historischen Materialismus stellten (8.1.2 bis 8.1.4).

Wir können das durch einige Beispiele illustrieren: *Normen, Wertvorstellungen und Ethosformen* resultieren in systemtheoretisch erklärbarer Weise aus den Mechanismen des genannten Differenzierungsgefüges und bilden allmählich »verfestigte, tradierbare Sinnkomplexe einer vertexteten Moral«, die »auf der Basis des elementaren Achtungsgeschehens« entwicklungsfähig und regenerierbar ist (52). - Die moralisch relevante (transzendentale) *Freiheit* wird reduziert auf *Kontingenz,* also auf beschränkte Prognostizierbarkeit äußeren Verhaltens in Kommunikation:

> Freiheit ist kein Merkmal des Verhaltens selbst und erst recht nicht eine natürliche Eigenschaft des Menschen. Sie ist ein Effekt der Kommunikation von Erwartungen, Normierungen und Voraussagen, entsteht und vergeht also mit Kommunikation. (60)

Die Differenz von *Gut und Böse* wird gefaßt als bivalente Qualifizierung von Bedingungen der Zuteilung von Achtung und Mißachtung im Rahmen der Kommunikation; sie dient der »Konsistenz der Achtungsrpaxis« sowie der »Vorabsicherung des Konsenses mit Dritten«. Damit aber ist die Rekonstruktion der Moral grundsätzlich heteronom (3.2.4) angelegt. - Der Kern dieser Relativierungen liegt letztlich in der methodischen Entscheidung der Systemtheorie, daß Systeme »nicht aus Individuen, sondern aus Kommunikationen bestehen« (31); mit der Auflösung des Subjekts in der Kommunikation verliert auch das *moralische Subjekt* »den privilegierten Status« (40), den es in der Tradition der Ethik hatte.

Ähnlich wie im Fall des historischen Materialismus haben wir auch hier kritisch zu unterscheiden:

- Einerseits sind der Motivationshorizont der individuellen Gewissen und die Formen des sozialen Ethos in vielfältiger Weise gesellschaftlich und geschichtlich vermittelt und bedingt; darum können sie legitimerweise Thema soziologischer bzw. systemtheoretischer Forschung werden.
- Andererseits erreichen derartige methodisch-abstrakte einzelwissenschaftliche Forschungen gerade nie jene Fragestellungen, um die es in der eigenständigen Bedeutung der Moralitätsbewandtnis geht.

Wenn derartige einzelwissenschaftliche Theorien über ihre legitimen Möglichkeiten hinaus den Anspruch erheben, das Wesen der Moralität empirisch-soziologisch zu bestimmen, so geraten sie zwangsläufig in einen *Reduktionismus,* der genau das mißverstehen muß, worum es geht.

> Moralwissenschaft ist von der Erfahrungswirklichkeit des Moralischen in seiner eigenständigen Qualität zu entwickeln. Theorien von Wissenschaft, die nicht von dieser eigenständigen Dimension her entworfen sind, werden dem Phänomen des Moralischen nicht gerecht und vermögen keine hinreichende Erforschung desselben zu leisten. Die Analyse unserer Gesamterfahrung zeigt, daß dieses Phänomen in seinen verschiedenen Erscheinungsformen nicht wegzudiskutieren ist. Der Eigenständigkeit des Moralischen als Erfahrungswirklichkeit muß die eigene Form ethischer Argumentation und der Wissenschaftscharakter der Moral entsprechen. (PFÜRTNER in: LUHMANN/PFÜRTNER 1977, 242)

8.2 Die genealogische Relativierung der Moral (Nietzsche)

NIETZSCHES Kritik an der abendländischen Tradition der Ethik stellt eine radikale Herausforderung dar für ein Ethikverständnis, das sich dieser Tradition verpflichtet weiß und das außerdem im Kontext des christlichen Glaubens steht. Dabei besitzt die Philosophie NIETZSCHES gegenwärtig enorme Aktualität. Besonders die französische Gegenwartsphilosophie und die philosophische Postmoderne sind maßgeblich von NIETZSCHE geprägt.

Wir versuchen im folgenden, einige Grundgedanken NIETZSCHES systematisch darzustellen (vgl. dazu: EP 4.7). In mehreren Gesichtspunkten dieser Systematisierung schließe ich mich dem NIETZSCHE-Buch von Gilles DELEUZE an. Vor allem beziehe ich mich auf die Werke »Also sprach Zarathustra«, 1886 (Z) und »Zur Genealogie der Moral«, 1887 (GM).

8.2.1 Grundbegriffe

Gehen wir aus von NIETZSCHES Kritik an der *mechanistischen Biologie* im Evolutionismus von Charles DARWIN und Herbert SPENCER! Das mechanistische Modell operiert, so kritisiert NIETZSCHE, mit einem *homogenen, bloß quantitativ differenzierbaren Begriff der Kraft,* der im Evolutionismus eine mechanistische Fassung des Begriffs der *Anpassung* bedingt. Dagegen vertritt NIETZSCHE die Auffassung, die Wirklichkeit des Lebens lasse sich nur begreifen aus der *qualitativen* Differenz *zweier* Grundkräfte, der *aktiven* und der *reaktiven* Kraft.

> Nach NIETZSCHE stellt der biologische Mechanismus im Begriff der Anpassung »eine Aktivität zweiten Ranges, eine bloße Reaktivität« in den Vordergrund. »Damit ist aber das Wesen des Lebens verkannt, sein *Wille zur Macht,* damit ist der prinzipielle Vorrang übersehen, den die spontanen, angreifenden, übergreifenden, neu-auslegenden, neu-richtenden und gestaltenden Kräfte haben, auf deren Wirkung erst die ›Anpassung‹ folgt; damit ist im Organismus selbst die herrschaftliche Rolle der höchsten Funktionäre abgeleugnet, in denen der Lebenswille aktiv und formgebend erscheint.« (GM V, 316)

Diese Differenz der Kräfte betrifft alle Bereiche des Lebendigen und macht sie zu Feldern eines *Kampfspiels.* In beiden Kräften waltet der *Wille zur Macht,* also der Grundtrieb, über die Gegenkraft zu siegen. Dieser Wille zur Macht qualifiziert sich jedoch in der aktiven Kraft anders als in der reaktiven. Er zeigt insofern, worin die qualitative Differenz der Kräfte besteht. Er bringt eine *prinzipielle Wertdifferenz und Wertordnung* ins Spiel:

- In der *aktiven* Kraft *bejaht* der Wille zur Macht *das Leben* und siegt dadurch, daß er die (aktive) Kraft des Lebens *in das hinein freigibt, was sie kann.*
- In der *reaktiven* Kraft wirkt der Wille zur Macht als *Verneinung des Lebens* und siegt dadurch, daß er die (aktive) Kraft des Lebens *von dem trennt, was sie kann.*

Wir können diese Differenz am Beispiel der Krebserkrankung illustrieren. Auf der einen Seite steht die *aktive* Kraft des Organismus. Sie ist gestaltend, aufbau-

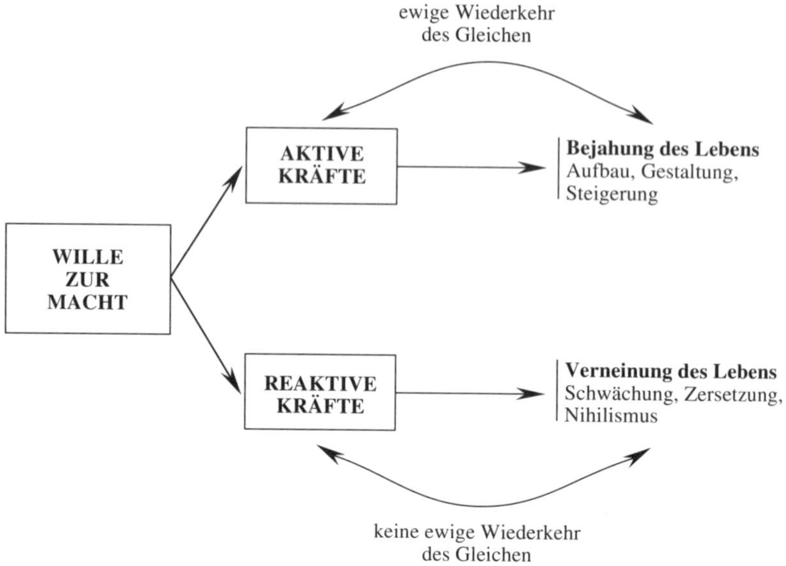

Abb. 21: Der Wille zur Macht und die Differenz der Kräfte

end, formgebend, lebensbejahend; sie unterwirft alles ihrem Prinzip, dem positiven, starken, vitalen Leben. Das Krebsgeschwür dagegen verkörpert die *reaktive* Kraft. Sie setzt die aktive Kraft des Organismus voraus und wendet sich reaktiv-verneinend gegen diese aktive Kraft des Lebens. Im Wuchern des Krebses drängt der reaktive Wille zur Macht zum Sieg, d. h. er versucht fortschreitend, die aktive Kraft des Lebens von dem zu trennen, was sie kann. Der Sieg der reaktiven Kraft ist der Sieg der Lebensverneinung, der Zerstörung, der Beseitung des Höheren. Es ist der Sieg der strukturlosen, destruktiven, in sich formlosen Wucherung über die aktive, strukturierende, gestaltende, formgebende, aufbauende Kraft des Lebens. Insofern ist die reaktive Kraft *nihilistisch*.

Ein weiterer Grundbegriff NIETZSCHES ist die *ewige Wiederkehr des Gleichen*. Er meint zunächst einfach, daß sich das Leben in einer anfangs- und endlosen Prozessualität vollzieht, in welcher *das Werden immer wiederkehrt*. Das Sein des Lebens ist nichts Statisches, sondern ewige Wiederkehr seines gleichen Werdens. Allerdings betrifft die ewige Wiederkehr des Gleichen aktive Kräfte völlig anders als reaktive:

- In *aktiven* Kräften erstrebt der Wille zur Macht die ewige Wiederkehr, indem er das bejaht, wählt und verwirklicht, *was immer wieder bejaht, gewählt und verwirklicht werden kann und soll:* das Leben. Insofern vollbringt das Prinzip der ewigen Wiederkehr des Gleichen in den aktiven Kräften eine *Zuchtwahl* auf das Starke, Gesunde, Lebensvolle, Vitale hin.

- In »reaktiven Kräften jedoch führt der Wille zur Macht *zu keiner ewigen Wiederkehr.* Denn die reaktiven Kräfte zersetzen nihilistisch das Leben, ohne etwas aufzubauen, das der Wiederkehr fähig wäre. Ihr Wille zur Macht ist nicht der Wille zur Wiederkehr, sondern der *Wille zum Nichts.* Siegen die reaktiven Kräfte, so müssen sie sich letztlich *selbstzerstörend* und selbstzersetzend gegen sich selbst wenden.

So vollzieht sich das Leben im gesunden Organismus als Wille zur Macht im Sinne der ewigen Wiederkehr des Gleichen. Es baut sich selbst immer wieder neu auf in Stoffwechsel, Wachstum und Fortpflanzung. Ganz anders der Krebs. Er kann über die aktive Kraft des Lebens nur siegen, indem er sich zugleich selbst zerstört. Sein Wille zur Macht erweist sich sowohl am Organismus wie an ihm selbst als Wille zum Nichts. Er geht mit dem Organismus zugrunde, den er zugrunde richtet.

8.2.2 Die Genealogie der Moral

NIETZSCHE lehnt die eigenständige Bedeutung des Geistigen, Vernunfthaften radikal ab. Die sogenannten *geistigen Fähigkeiten* des Menschen werden von ihm konsequent *vitalistisch* interpretiert. Sie sind Ausdruck und Ausprägung des (letztlich biologisch gefaßten) Lebens. Darum sind die in 8.2.1 skizzierten Grundbegriffe uneingeschränkt auf den Menschen anwendbar. Auch der Mensch ist Schauplatz des Kampfspiels der beiden Kräfte. Je nach der Dominanz der einen oder anderen Kraft im Menschen haben wir zwischen *aktiven* (starken, vitalen, formgebenden, schöpferischen) und *reaktiven* (schwachen, gemeinen, destruktiven, unfähigen) *Menschen* zu unterscheiden. Darum setzt NIETZSCHE der traditionellen moralischen Wertdifferenz von *Gut und Böse* die der »natürlichen« Wertordnung entsprechende Wertdifferenz von *Gut und Schlecht* entgegen, die sich aus der qualitativen Differenz der dominanten Kräfte ergibt:

> Was ist gut? - Alles, was das Gefühl der Macht, den Willen zur Macht, die Macht selbst im Menschen erhöht. / Was ist schlecht? - Alles, was aus der Schwäche stammt. / Was ist Glück? - Das Gefühl davon, dass die Macht *wächst,* dass ein Widerstand überwunden wird. / *Nicht* Zufriedenheit, sondern mehr Macht; *nicht* Friede überhaupt, sondern Krieg; *nicht* Tugend, sondern Tüchtigkeit (Tugend im Renaissance-Stile, virtù, moralinfreie Tugend). / Die Schwachen und Missrathnen sollen zu Grunde gehn: erster Satz *unserer* Menschenliebe. Und man soll ihnen noch dazu helfen. / Was ist schädlicher als irgend ein Laster? - Das Mitleid der That mit allen Missrathnen und Schwachen - das Christentum ... (VI, 170)

Nach NIETZSCHE liegt der Ursprung der moralischen Rede von *Schuld* im ökonomischen Gläubiger-Schuldner-Verhältnis, in welchem einer dem anderen *etwas schuldet* und *verspricht,* es zurückzugeben.

Dabei fungiert das Versprechen als Prinzip der *Zuchtwahl:* Es zeigt sich, *wer versprechen darf.* Je stärker, mächtiger und aktiver ich bin, desto mehr darf ich versprechen und habe meine Schuld gewissermaßen im Griff, weil ich das Versprochene halten kann. Darum hat im ursprünglich-positiven Sinn nur der aktive Mensch *Gewissen.*

Gewissen ist das »stolze Wissen um das außerordentliche Privilegium der Verantwortlichkeit, das Bewußtsein dieser seltenen Freiheit, dieser Macht über sich selbst und das Geschick« (GM V, 294). Darum ehrt der Starke die ihm Gleichen, die versprechen können und ihre Schuld im Griff haben, und verachtet jene »schmächtigen Windhunde«, die versprechen, ohne es zu dürfen, weil sie nicht die Macht haben, das Versprochene zu halten. »Ein Thier heranzüchten, welches versprechen darf – ist das nicht gerade jene paradoxe Aufgabe selbst, welche sich die Natur in Hinsicht auf den Menschen gestellt hat?« (291) In der natürlich-ursprünglichen Zuchtwahl bilden die Aktiven, die Gewissen haben, ein Tribunal, das (Ursprung aller Justiz) zwingt, persönlich für das Reaktive Verantwortung zu übernehmen und Strafe zu tragen. Vor diesem Tribunal zeigt und entscheidet sich Gutes und Schlechtes, Aktives und Reaktives. Die Aktiven verständigen sich miteinander und beherrschen die Reaktiven, d. h. sie zwingen diese in eine dem höheren und aktiven Leben dienstbare Lebensform. – NIETZSCHE bestimmt auch das Verhältnis der *Geschlechter* von der Differenz der Kräfte her: Das Männliche ist das eher Aktive, das Weibliche das eher Reaktive.

Diese natürliche Wertordnung war nur in Anfangsstadien der Geschichte und auch da nur partiell verwirklicht. Auf Dauer konnte sich die (natürliche) *Herrenmoral* des aktiven Willens zur Macht nicht durchsetzen. Sie scheiterte am *Ressentiment* der reaktiven Kräfte. Der Name »Ressentiment« bezeichnet die Strategie des reaktiven Willens zur Macht, der sich in der Geschichte als siegreich erwies: Kann sich die reaktive Kraft nicht nach außen »abreagieren«, indem sie »zurückschlägt«, etwa weil sie dazu zu schwach, zu feige oder zu unfähig ist, dann vollzieht sich die *Reaktion im Innern,* im Gefühl, im *Sentiment.* Die Reaktion wird zum Ressentiment, zum *Geist der Rache.* Im Ressentiment wird der Wille zur Macht der reaktiven Kräfte *reaktiv-schöpferisch.* Die »Genealogie der Moral« rekonstruiert das Entstehen der traditionellen Gut-Böse-Moral aus dem Ressentiment:

> Der Sklavenaufstand in der Moral beginnt damit, dass das *Ressentiment* selbst schöpferisch wird und Werthe gebiert: das Ressentiment solcher Wesen, denen die eigentliche Reaktion, die der That, versagt ist, die sich nur durch eine imaginäre Rache schadlos halten. Während alle vornehme [= natürliche Gut-Schlecht-] Moral aus einem triumphierenden Ja-sagen zu sich selber herauswächst, sagt die Sklaven-Moral von vornherein Nein zu einem »Ausserhalb«, zu einem »Anders«, zu einem »Nicht-Selbst«: und *dies* Nein ist ihre schöpferische Tat. (GM V, 270f.)

Diese aus dem Geist der Rache, dem Ressentiment, geborene *Sklavenmoral* setzte sich in der abendländischen Tradition durch, etwa im Platonismus, in der jüdisch-christlichen Ethik, im Menschenrechtsethos, in der Ethik KANTS und im Sozialismus. Sie setzte die Umwertung der vornehm-natürlichen Wertordnung (Gut-Schlecht) in die reaktiv-moralische Wertordnung (Gut-Böse) durch. Das aktive Gute wird umgewertet in das moralisch Böse, während das reaktiv Schlechte aufgewertet wird zum moralisch Guten.

In der Herrenmoral ist das Gute das Aktive, Starke, Edle, Vitale, Gesunde und Mannhafte; das Schlechte das Schwache, Unfähige, Gemeine, Kranke, Niedrige, Weibische. Die sklavenmoralische Umwertung stellt diese natürliche Wertordnung auf den Kopf. So etwa preist Jesus das (herrenmoralisch gesehen) Schlechte selig (Mt 5,3–12), während er das (herrenmoralisch gesehen) Gute mit Weherufen zum Bösen umwertet (Lk 6,24–26). Aber auch die Goldene Regel, das Gebot der Nächstenliebe, die menschenrechtsethische Gleichheitsidee, die Universalisierung im Kategorischen Imperativ und die Idee einer klassenlosen Gesellschaft haben sklavenmoralischen Charakter. Denn sie verpflichten das aktive, starke Leben, mitleidig Solidarität zu üben mit dem auf primitivem Niveau dahinvegetierenden niedrig-gemeinen Leben, statt frei zu sein für den eigenen, aktiv-vitalen Willen zur Macht.

Der *Herdentrieb* der reaktiven, ressentimentbestimmten Menschen verschaffte der sklavenmoralischen Umwertung der natürlichen Wertordnung Breitenwirkung und ermöglichte den Aufbau einer *reaktiven Ressentiment-Kultur.* Diese Kultur war, weil reaktiv, *lebensverneinend.* Einerseits wandte sie sich in ihrem *asketischen Ideal* gegen das Leben und andererseits machte sie den *Schein,* die *Hinterwelt des Jenseits,* anstelle des wirklichen Lebens zum Eigentlichen und Wahren.

Besonderes Interesse widmet NIETZSCHE dem *Problem der Schuld* in der christlichen Ausprägung der Sklavenmoral. Die Schuld verliert im christlich-reaktiven Kontext die konkret überschaubare Bedeutung, die sie im interpersonalen Gläubiger-Schuldner-Verhältnis hatte; sie wird (auf Grund des Herdentriebs) *in den Herdenverband projiziert* und dadurch zur Sünde der Welt sozialisiert und kollektiviert, aber doch so, daß jeder durch sie belastet ist. Sie wächst damit zur *unendlichen, niemals abtragbaren Schuld vor dem Hinterwelt-Gott* als Gläubiger. Die christliche *Erlösungslehre* verschärft noch diese reaktiv-selbstzerstörerische Konstellation: Die Erlösungstat des Gottmenschen, dieser ungeschuldete Liebeserweis des Gläubigers, vervielfacht noch die Schuld vor Gott; niemand ist schuldbewußter als der Erlöste.

Die Pointe dieser ganzen (von der Scheinaktivität der Priester administrierten) Konstellation ist folgende: Warum bringt das Ressentiment diese Konstellation hervor? Was will der reaktive Wille zur Macht letztlich durch diese selbstzerstörerische Konstruktion erreichen? Er will den aktiven, starken, machtvollen, vitalen Menschen ein *schlechtes Gewissen* anzüchten, sie von dem trennen, was sie können, und damit *die aktiven Kräfte reaktiv machen.*

Das sind alles Menschen des Ressentiments, dieses physiologisch Verunglückten und Wurmstichigen, ein ganzes zitterndes Erdreich unterirdischer Rache, unerschöpflich, unersättlich in Ausbrüchen gegen die Glücklichen und ebenso in Maskeraden der Rache, in Vorwänden der Rache: wann würden sie eigentlich zu ihrem letzten, feinsten, sublimsten Triumph der Rache kommen? Dann unzweifelhaft, wenn es ihnen gelänge, ihr eigenes Elend, alles Elend überhaupt, den Glücklichen *in's Gewissen zu schieben,* so dass diese sich eines Tags ihres Glücks zu schämen begönnen und vielleicht untereinander sich sagten: ›es ist eine Schande, glücklich zu sein! *es giebt zu viel Elend!*‹ (GM V, 370f.)

8.2.3 Geschichte

Auf diesem Hintergrund zeichnet sich bei NIETZSCHE ein Geschichtsbild ab, in welchem sich *drei Epochen* unterscheiden lassen:

(1) Die erste Epoche ist gekennzeichnet durch die weitgehende *Dominanz der natürlichen Wertordnung.* In Europa ist es die Epoche des griechisch-römischen Geistes. Hier herrscht die vornehme, lebensvolle, aktive Denkweise.

Der junge NIETZSCHE analysierte sie vor allem unter dem Gesichtspunkt des Dionysischen und des Tragischen. Auch die Religion ist in dieser Epoche künstlerische, heitere »Religion des Lebens«, in welcher »alles Vorhandene vergöttlicht ist, gleichviel ob es gut oder böse ist« (I, 559f.).

(2) Die zweite Epoche ist gekennzeichnet durch den »Sklavenaufstand in der Moral«, also durch das Vordringen, die Ausbreitung und den *Sieg der reaktiven Kräfte* über die natürliche Wertordnung und über deren Kultur. In der europäischen Tradition geht es dabei um die vom Platonismus vorbereitete und dann vom jüdisch-christlichen Geist geprägte Epoche. Aus dem Ressentiment entsteht eine lebensfeindliche Kultur, in welcher sich der reaktive Wille zur Macht immer mehr durchsetzt. In lebensverneinder Abkehr von der Wirklichkeit des Seins und des Lebens etabliert die Ressentiment-Kultur ihre metaphysischen und religiösen *Hinterwelten* mit dem jüdisch-christlichen *Gott* als deren Schlußstein. Das *asketische Ideal* siegt über Lebenskraft und Lebensfreude und die *Sklavenmoral* des Mitleids und der Nächstenliebe über die herrenmoralisch-vornehme Option für das starke, gesunde und vitale Leben. Der ganze reaktive Kulturentwurf setzt *den Schein über das Sein* und *das Nichts über das Leben.*

NIETZSCHE sah zwar in der Renaissance eine gewisse Chance der Wiedergeburt der vornehmen, lebensvoll-starken Denkweise. Diese Chance wurde jedoch vertan dank »jener gründlich pöbelhaften (deutschen und englischen) Ressentiment-Bewegung, welche man Reformation nennt« (GM V, 287). Mit Reformation und Gegenreformation vollendete sich der Sieg des reaktiven Willens zur Macht und damit der *schöpferische Nihilismus* der Ressentiment-Kultur.

(3) Die dritte Epoche resultiert aus der Tatsache, daß es für den reaktiven Willen zur Macht *keine Wiederkehr des Gleichen* gibt (8.2.1). Der Sieg des Reaktiven über das Aktive zwingt den reaktiven Willen zur Macht - wie im Fall der Krebswucherung -, sich *reaktiv gegen sich selbst* zu wenden und die von ihm geschaffene, siegreiche Ressentiment-Kultur zu zerstören, weil er nichts der Wiederkehr Fähiges aufzubauen vermag. Es ist die Epoche, in der wir leben. Sie wurde durch die *Aufklärung* eröffnet, in welcher die Selbstzersetzung der Ressentiment-Kultur ihren Anfang nahm. Das zentrale Ereignis dieser Epoche des *destruktiven Nihilismus* ist der *Tod Gottes*. Der reaktive Wille zur Macht demoliert den Schlußstein der Hinterwelt, die Basis der von ihm geschaffenen Ressentiment-Kultur.

Ähnlich wie bei MARX die Passion des Proletariats (Ausbeutung, Entfremdung, Verelendung) bis zum Äußersten geführt werden muß, um sich zu vollenden und in den revolutionären Sieg umschlagen zu können, so muß auch bei NIETZSCHE die Selbstzersetzung des Reaktiven bis zur äußersten Konsequenz erfolgen. Die Krebswucherung muß nicht nur alles Starke und Vitale, sondern auch sich selbst vollständig zersetzen.

Im »Zarathustra« erreicht der Notschrei der »höheren Menschen« Zarathustra. NIETZSCHE zeichnet diese höheren Menschen als die völlig ruinierten, abgedankten und ausgeflippten Repräsentanten jener Faktoren, welche die alte, zusammengebrochene Ressentiment-Kultur bestimmt und getragen hatten. Ihr Notschrei zeigt, daß die Selbstzersetzung vollendet und die Stunde des »letzten Menschen« da ist.

8.2.4 Der Übermensch

NIETZSCHE faßt die Vollendung der Selbstzerstörung des Reaktiven als den Zeitpunkt der möglichen *Peripetie* (»die tiefe Mitternacht«, Z IV, 399), des Übergangs *vom Menschen zum Übermenschen,* des Anfangs eines neuen Menschentums, das möglich wird, nachdem sich der reaktive Wille zur Macht totgelaufen und ohne Wiederkehr endgültig vernichtet hat.

> *Ich lehre euch den Übermenschen.* Der Mensch ist Etwas, das überwunden werden soll. Was habt ihr gethan, ihn zu überwinden? / Alle Wesen bisher schufen Etwas über sich hinaus: und ihr wollt die Ebbe dieser grossen Fluth sein und lieber noch zum Thiere zurückgehn, als den Menschen überwinden? / Was ist der Affe für den Menschen? Ein Gelächter oder eine schmerzliche Scham. Und ebendas soll der Mensch für den Übermenschen sein: ein Gelächter oder eine schmerzliche Scham. / Ihr habt den Weg vom Wurme zum Menschen gemacht, und Vieles ist in euch noch Wurm. Einst wart ihr Affen, und auch jetzt noch ist der Mensch mehr Affe, als irgendein Affe. / [. . .] / Seht, ich lehre euch den Übermenschen! / Der Übermensch ist der Sinn der Erde! Euer Wille sage: der Übermensch *sei* der Sinn der Erde! (Z IV, 14)

NIETZSCHES Charakterisierung des Übermenschen skizziert eine neue, aller herkömmlichen Moral radikal entgegengesetzte Ethik. Wir wollen ihre Grundzüge in vier Punkten darstellen:

(1) *Die Dominanz der Bejahung im Willen zur Macht.* Der Wille zur Macht bejaht sich selbst als Bejahung; er bejaht sein *Sein im Werden* und treibt damit immer höheres, lebensvolleres Sein hervor.

> Höchstes Gestirn des Seins! / – das kein Wunsch erreicht, / das kein Nein befleckt, / ewiges Ja des Sein's, / ewig bin ich dein Ja. (VI, 405)

(2) *Aktive Verneinung.* Aus dieser unbedingten Dominanz der Bejahung folgt die ebenso unbedingte *Verneinung alles Reaktiven,* aller Werte und Produkte der Ressentiment-Kultur, aller herkömmlichen Tugend- und Sittenlehren, aller Wertordnungen, des asketischen Ideals und der ganzen überlieferten Moral.

> Ich bin bei weitem der furchtbarste Mensch, den es bisher gegeben hat; dies schliesst nicht aus, dass ich der wohltätigste sein werde. Ich kenne die Lust am *Vernichten* in einem Grade, die meiner *Kraft* zum Vernichten gemäß ist, – in Beidem gehorche ich meiner dionysischen Natur, welche das Neinthun nicht vom Jasagen zu trennen weiß. Ich bin der erste *Immoralist:* damit bin ich der *Vernichter* par excellence. (VI, 366)

(3) *Die große Umwertung.* Der aktive, bejahende Wille zur Macht vollzieht die Umwandlung *des Schweren ins Leichte.* Die bloße Bejahung des Vorgegebenen ist nicht die Bejahung des Lebens als des Seins im Werden, sie ist vielmehr das *Ja des Esels,* der das aufgeladene Schwere, die Last, bejaht (»I-A«). Dagegen sind *Tanz, Lachen und Spiel* gewissermaßen die Existentialien des Übermenschen.

- *Tanz.* Wer (wie der Esel) das Schwere schwer nimmt, ist auf das Vorgegebene fixiert und bejaht nicht das Sein im Werden. Der Übermensch »tanzt« über das bloß vorgegebene Sein hinweg.

  > – auch das schlimmste Ding hat gute Tanzbeine: so lernt mir doch euch selbst, ihr höheren Menschen, auf eure rechten Beine zu stellen! / [...] Ihr höheren Menschen, euer Schlimmstes ist: ihr lerntet alle nicht tanzen, wie man tanzen muß – über euch hinweg tanzen! (Z IV, 367)

- *Lachen.* Hier geht es um die Bejahung des Lebens auch im Leiden. Das Negative des Leidens war seine Verinnerlichung im Ressentiment und im schlechten Gewissen. Der Übermensch faßt das Leiden als »Köder des Lebens«:

  > Des Menschen Fernstes, Tiefstes, Sternen-Höchstes, seine ungeheure Kraft: schäumt Das nichts alles gegen einander in eurem Topfe? / Was Wunders, daß mancher Topf zerbricht! Lernt über euch lachen, wie man lachen muss! [...] Stellt kleine gute vollkommene Dinge um euch, ihr höheren Menschen! Deren goldene Reife heilt das Herz. Vollkommenes lehrt hoffen. (364) Welches war hier auf Erden bisher die grösste Sünde? War es nicht das Wort Dessen, der sprach: »Wehe Denen, die hier lachen!« / Fand

er zum Lachen auf Erden selbst keine Gründe? So suchte er nur schlecht. Ein Kind findet hier noch Gründe. (365) Wie Vieles ist noch möglich! So lernt doch über euch hinweg lachen! Erhebt eure Herzen, ihr guten Tänzer, hoch! höher! und vergesst mir auch das gute Lachen nicht! (367)

- *Spiel.* Im Spiel geht es um die Bejahung des Notwendigen im Zufall. Der Reaktive sagt: Eines tut not! – und wartet passiv auf das eine. Der Übermensch sieht das Leben in seiner ganzen Vielfalt und Zufälligkeit und bejaht darin den aktiven Willen zur Macht. Er ist der Spieler, der mit dem Zufall würfelt und immer die richtige Zahl wirft; denn er ergreift das, was zufälligerweise geschieht, als seine Chance, die er nützt.

Scheu, beschämt, ungeschickt, einem Tiger gleich, dem der Sprung missrieht: also, ihr höheren Menschen, sah ich oft euch bei Seite schleichen. Ein *Wurf* missrieht euch. / Aber, ihr Würfelspieler, was liegt daran! Ihr lerntet nicht spielen und spotten, wie man spielen und spotten muss! Sitzen wir nicht immer an einem grossen Spott-und Spieltische? (363 f.)

(4) *Die Autonomie des Bejahens.* Die Selbstbejahung des Willens zur Macht als Bejahung hat die Bedeutung *radikaler Autonomie.* Der Übermensch entwirft in uneingeschränkter Autonomie *seine Werte,* und zwar so, *wie er will.* Allerdings hat diese Autonomie nichts zu tun mit trägem oder ausschweifendem Sich-gehen-Lassen. Denn für den bejahenden Entwurf gibt es ein Kriterium: die *ewige Wiederkehr des Gleichen.* Der Übermensch will, *was er immer wieder wollen kann,* also das, was die Fülle des Lebens steigert und das Sein im Werden bejaht. So soll er frei, keinem Sittengesetz unterworfen, einzig den aktiven Willen zur Macht bejahend, also tanzend, lachend, spielend, seine Werte und damit sein Sein im Werden, sein Leben entwerfen.

Man beachte die prinzipielle Differenz zwischen der Autonomielehre KANTS und jener NIETZSCHES! Für KANT ist alle Autonomie des Gewissens bestimmt durch den apriorischen Anspruch des Kategorischen Imperativs, also des (formalen) Sittengesetzes. Für NIETZSCHE jedoch ist der Kategorische Imperativ letztlich das Moralprinzip der Sklavenmoral.

Ihr Schaffenden, ihr höheren Menschen! Man ist nur für das eigne Kind schwanger. / Lasst euch Nichts vorreden, einreden! Wer ist denn *euer* Nächster? Und handelt ihr auch »für den Nächsten«, – ihr schafft doch nicht für ihn! / Verlernt mir doch dieses »Für«, ihr Schaffenden: eure Tugend gerade will es, dass ihr kein Ding mit »für« und »um« und »weil« thut. Gegen diese falschen kleinen Worte sollt ihr euer Ohr zukleben. / Das »für den Nächsten« ist die Tugend der kleinen Leute: da heisst es »gleich und gleich« und »Hand wäscht Hand«: – sie haben nicht Recht noch Kraft zu *eurem* Eigennutz! / In eurem Eigennutz, ihr Schaffenden, ist der Schwangeren Vorsicht und Vorsehung! Was Niemand noch mit Augen sah, die Frucht: die schirmt und schont und nährt eure ganze Liebe. / Wo eure ganze Liebe ist, bei eurem Kinde, da ist auch eure ganze Tugend! Euer Werk, euer Wille ist *euer* »Nächster«: lasst euch keine falschen Werthe einreden! (362)

8.2.5 Übersicht

Wir versuchten, einige Grundgedanken NIETZSCHES *systematisch* nachzuzeichnen. Das Werk selbst ist äußerst unsystematisch und brilliert in seiner essayistischen und aphoristischen Form oft eher durch seinen Esprit und poetische Qualitäten als durch philosophische Differenzierung. So etwa ließe sich zeigen, daß die philosophische Grundlegung des vitalistischen Ansatzes weitgehend fehlt und der fragwürdige Ansatz im Grunde als bloße Behauptung ins Spiel kommt. Weiters ließe sich zeigen, daß NIETZSCHE zentrale Lehren des Christentums falsch bzw. äußerst verzerrt darstellt. Dazu kommt, daß er sich nicht einmal andeutungsweise mit der Frage auseinandersetzt, wie das individualistische Konzept des Übermenschen im sozialen Kontext (etwa familial, ökonomisch, politisch, rechtlich) gedacht werden müßte.

Aus der Sicht des christlichen Glaubens wird man NIETZSCHE gegenüber vor allem folgendes betonen: Gerade die durch das Geschenk der Erlösung (Gnade) möglich gewordene Liebe zu Gott und dem Mitmenschen vermag den Menschen in jene »Freiheit und Herrlichkeit der Kinder Gottes« (Röm 8,21) zu führen, in welcher nicht mehr das Ressentiment herrscht, sondern die »Fülle des Lebens« lebbar wird. Aber dieser in der Nachfolge Christi lebende, im Glauben wiedergeborene »neue« Mensch lebt im Unterschied zum Übermenschen bei NIETZSCHE diese Freiheit gerade nicht als einen letztlich selbstbezüglichen Willen zur Macht, sondern als Liebe. Auch im christlichen »Liebe und tu', was du willst!« (AUGUSTINUS) geht es um Autonomie sowie um Tanz, Lachen und Spiel - im Unterschied zum Ja des Esels. Aber diese autonome Liebe »sucht nicht ihren Vorteil« (1 Kor 13,5). Sie gewinnt die Fülle des Lebens genau dadurch, daß sie von sich absieht und sich verschenkt (vgl. 7.2.3). Hier liegt der entscheidende Differenzpunkt zwischen dem Paradigma des Übermenschen und dem Paradigma christlicher Existenz. Allerdings wird man zugeben müssen, daß NIETZSCHE gewisse Fehlentwicklungen innerhalb des Christentums mit Recht bloßstellt und karikiert.

Es ist hier nicht der Ort, diesen vielfältigen Fragen näher nachzugehen. Der springende Punkt der Herausforderung, die NIETZSCHE für die gesamte traditionelle Ethik darstellt, liegt in der Tatsache, daß er das *Moralprinzip im weitesten Sinne* (etwa als Goldene Regel, als Gebot der Nächstenliebe, als Kategorischen Imperativ, aber auch als utilitaristisches Sozialprinzip, als menschenrechtliche Grundoption für Freiheit und Gleichheit, als sozialistischen Egalitarismus) in Frage stellt und ablehnt. Die zentrale Frage lautet demnach: *Ist das Moralprinzip ein für das Menschsein konstitutives, apriorisches Faktum der Vernunft oder läßt es sich genealogisch entlarven als Sediment einer defizienten Kultur, das nach deren Überwindung zur Disposition steht?* Wie ist zu argumentieren, wenn der (in den genannten Varianten des Moralprinzips enthaltene) Gesichtspunkt der *Universalisierung* verworfen und durch *egoistische, elitäre, aristokratische,* rassistische oder sexistische Optionen ersetzt wird?

KANT weist in transzendentaler Reflexion das Sittengesetz (Kategorischer Imperativ) als Bedingung moralisch relevanter Praxis auf. Wenn es moralisch relevante Praxis gibt, dann muß das Sittengesetz als Apriori vorausgesetzt werden. *Daß* es moralisch relevante Praxis gibt, daß also reine Vernunft *tatsächlich* aus sich selbst im Sinne des Sittengesetzes praktisch wird, das faßt KANT als ein *Faktum der Vernunft,* das er für »unleugbar« (KpV A 56, vgl. 3.2.1) hält. Er beansprucht also für dieses transzendentale Faktum letztlich *Evidenz.* Wird diese Evidenz an dieser schlechthin grundlegenden »Grenze der menschlichen Vernunft« (GMS BA 128) bestritten, wie das NIETZSCHE tut, so gibt es im Grunde keine philosophische Argumentation mehr. In diesem Sinn ist NIETZSCHE im entscheidenden Punkt philosophisch nicht widerlegbar. Allerdings ist auch er selbst nicht in der Lage, die These zu widerlegen, das Moralprinzip *sei* transzendentales Faktum der Vernunft. Seine Genealogie widerlegt nicht; sie behauptet eine Alternative.

Die Frage, ob diese Alternative möglich sei, verweist auf die je-eigene transzendentale Erfahrung, also auf die Frage, ob das von KANT behauptete »Faktum der Vernunft« tatsächlich »unleugbar« ist. Kann ich tatsächlich (etwa nach erfolgter genealogischer Aufklärung) »guten Gewissens« das Moralprinzip suspendieren und den (egoistischen oder elitären) Willen zur Macht zum obersten Prinzip meiner Praxis machen? Oder scheitert jeder Versuch dieser Art in der Praxis letztlich doch daran, daß ich dabei (trotz aller genealogischen Aufklärung) ein »schlechtes Gewissen« kriege und mich schuldig weiß, eben weil sich das vom Moralprinzip bestimmte Gewissen als transzendentales Faktum erweist? Die Unleugbarkeit dieses Faktums muß sich in der je-eigenen Existenzerhellung zeigen und bewähren. Denn wenn reine Vernunft »wirklich praktisch ist, so beweist sie ihrer Begriffe Realität durch die Tat, und alles Vernünfteln wider die Möglichkeit es zu sein, ist vergeblich« (KpV A 3).

8.2.6 Exkurs: Postmoderne

Die Aktualität NIETZSCHES zeigt sich besonders deutlich in jenen Tendenzen der Gegenwartskultur, die man unter der Bezeichnung *Postmoderne* zusammenfaßt. Sie artikulieren sich im Bereich der Kunst ebenso wie innerhalb der Philosophie. Das Gemeinsame dieser Tendenzen liegt in der *Ablehnung der großen Universalkonzepte der Moderne,* deren umfassender Geltungs- und Wahrheitsanspruch verneint wird. An ihre Stelle setzt die Postmoderne einen radikalen *Pluralismus,* d.h. eine Pluralität schöpferisch-experimentierender Entwürfe, die ohne Anspruch auf Ausschließlichkeit nebeneinander koexistieren. In philosophischer Perspektive geht es um folgendes: *Kein Rationalitätstypus kann einen Monopolanspruch auf Vernunft erheben.* Vielmehr treten mehrere Rationalitätstypen »klar geschieden auseinander und erweisen sich aus autonom und irreduzibel« (WELSCH 1991, 1139). In dieser postmodernen Pluralisierung der Rationalitätstypen artikuliert sich jene radikalisierte Autonomie, die NIETZSCHE dem Übermenschen zuschrieb.

Als moderne Universalkonzepte oder Rationalitätstypen mit Monopolanspruch könnten genannt werden: Die Transzendentalphilosophie bei KANT und FICHTE, die Geistphilosophie HEGELS, die Theorie des wissenschaftlichen Sozialismus im Anschluß an MARX, der Neopositivismus des Wiener Kreises und seiner Nachfolger, die Rationalität des wissenschaftlich-technisch-ökonomischen Komplexes, die Systemtheorie etc. Die postmoderne Kritik erlangte etwa seit 1975 zunehmend an Bedeutung. Einer ihrer ersten Wortführer war der Austroamerikaner P. FEYERABEND. In Frankreich erlangte J.-F. LYOTARD mit seinem Werk *La condition postmoderne* (1979, dt.: Das postmoderne Wissen, 1982) programmatische Bedeutung. Aber auch die Kritik von A. GLUCKSMANN an den »Meisterdenkern«, die subtilen Analysen divergierender Wissenschafts- und Kulturtypen bei M. FOUCAULT sowie die Arbeiten von J. DERRIDA und J. BAUDRILLARD erlangten Bedeutung.

Dabei läßt sich dieser Prozeß der Pluralisierung der Vernunft als ein »Grundvorgang der entwickelten Moderne« fassen. Er verweist nicht nur auf NIETZSCHE, sondern ist im Grunde bereits in der Vernunftkritik KANTS angelegt. Im 20. Jahrhundert können eine Reihe von Motiven als vorbereitende Impulse dieser postmodernen Entwicklung gefaßt werden. Hier wäre etwa die Lehre vom *Seinsgeschick* bei M. HEIDEGGER zu nennen, nach welcher sich uns das Sein je-geschichtlich zuschickt und sprachlich auslegt; das Sein ist demnach kein einheitlich fixierbares Absolutes, sondern es verflüssigt sich geschichtlich-epochal. Im Sinne der *Hermeneutik* (EP 3.4.3) läßt sich zeigen, daß Konzeptionen vorverständnisbedingt sind und insofern aus letztlich uneinholbaren Vorurteilen resultieren. Der späte WITTGENSTEIN (EP 4.4.5) suchte aufzuweisen, daß Sprache immer *sprachspielbedingt* und insofern pragmatisch-kontextual ist, was die Perspektive einer Pluralität autonom koexistierender Sprachspiele eröffnet. Th. W. ADORNO entlarvte die monopolisierte Vernunft als »desaströs«, weil sie sich von den *Interessen der Herrschenden* instrumentalisieren und korrumpieren ließ. Dazu kommt das Programm des *Strukturalismus,* der zu zeigen sucht, daß sich die Unterschiede der diversen Sprachen, Völkerkulturen und Epochen auf systematische Strukturkomplexe zurückführen lassen, also auf bestimmte kontextuale Zugriffsweisen. Auf diesem Hintergrund kann die Postmoderne als letzte Konsequenz der modernen »Wende zum Subjekt« gesehen werden. LYOTARD schildert die Situation folgendermaßen:

> Bei extremer Vereinfachung hält man die Skepsis gegenüber den Metaerzählungen [= Universalkonzepten der Moderne] für »postmodern«. Diese ist ohne Zweifel ein Resultat des Fortschritts der Wissenschaften; aber dieser Fortschritt setzt seinerseits diese Skepsis voraus. Dem Verhalten des metanarrati-

> ven Dispositivs der Legitimation entspricht namentlich die Krise der metaphysischen Philosophie und der von ihr abhängigen universitären Institutionen. Die narrative Funktion verliert ihre Funktoren, den großen Heroen, die großen Gefahren, die großen Irrfahrten und das große Ziel. Sie zerstreut sich in Wolken, die aus sprachlich-narrativen, aber auch denotativen, präskriptiven, deskriptiven usw. Elementen bestehen, von denen jedes pragmatische Valenzen sui generis mit sich führt. Jeder von uns lebt an Punkten, wo viele von ihnen einander kreuzen. Wir bilden keine sprachlich notwendigerweise stabile Kommunikation, und die Eigenschaften derer, die wir formen, sind nicht notwendigerweise mitteilbar. (1982, 14f.)

Allerdings kann es beim bloßen Nebeneinander derartiger unvermittelt-disparater »Wolken« offenbar nicht bleiben. Denn wir sehen uns unabweisbar genötigt, in vielfältigen sozialen Gebilden und letztlich im »Raumschiff Erde« zusammenzuleben und dieses Zusammenleben politisch, ökonomisch und kulturell so zu gestalten, daß es gewissen Bedingungen der Humanität bzw. Gerechtigkeit entspricht. Die Ausdifferenzierung disparater Rationalitätstypen darf also nicht so weit gehen, daß *Kommunikation* unmöglich wird. Kommunikation ist vielmehr in zwei Hinsichten unverzichtbar: einerseits bezüglich der *Humanitäts- bzw. Gerechtigkeitsbedingungen* des Zwischenmenschlichen und andererseits bezüglich der *konkreten Gestaltung* der erforderlichen Institutionen des Sozialen. Hier gilt die These, die wir in 5.1.2 formulierten: Nur auf der Basis gemeinsam anerkannter sittlicher Normen können Institutionen menschlicher Vergesellschaftung human lebbare Gestalten konkreter Freiheit sein. Insofern erhält die heutige *Aufgabe der Vernunft,* die WELSCH im folgenden skizziert, eine eminent ethisch relevante Tragweite:

> Durch die Pluralisierung entgeht man zwar der alten Herrschafts- und Uniformierungsmisere der Vernunft, aber auf der anderen Seite erwächst jetzt das neue Problem des korrekten Verhältnisses der diversen Rationalitäten. [...] Daher liegt die Aufgabe von Vernunft jetzt darin, als Anwalt des korrekten Verhältnisses der Erkenntnisterritorien mit ihren je territorial kompetenten, transterritorial aber eher blinden Rationalitäten tätig zu sein. Vernunft muß das Verhältnis dieser Rationalitäten klären und sichern – und wohl auch korrigieren und verändern. [...] Diese Aufgabe ist unabweisbar und dringend. (1140)

Was hier von den Territorien der diversen Rationalitätstypen gesagt wird, gilt – mutatis mutandis – auch von den *Territorien diverser möglicher Ethosformen.* Die Pluralisierung des Ethos in diversen Ethosformen mag bis zu einem bestimmten Grad legitim und sozial fruchtbar sein. Ihre Berechtigung stößt jedoch an Grenzen; sei es daß derartige Ethosformen einen »Willen zur Macht« entwickeln, der sich »transterritorial« gebärdet, sei es daß das Praktizieren von Ethosformen Folgen zeitigt, welche die Gesellschaft über die limitierten Territorien hinaus belasten und beeinträchtigen. Dabei ist zu vermuten, daß sich die autonome Gestaltung sozialer Binnenräume ziemlich rasch transterritorial - positiv oder negativ - auswirkt.

Ein Koexistieren diverser territorial abgegrenzter Ethosformen gab es schon vor der Moderne. Man denke etwa an das Koexistieren von Ehe- und Ordensstand innerhalb der Kirche. Eine bemerkenswerte philosophische Erörterung der Pluralität von Ethosformen lieferte N. HARTMANN. Er suchte in seiner *Ethik* (1925) zu zeigen, daß sich der sittliche Grundwert des Guten unterschiedlich gestalten und ausprägen kann, je nach dem, wie man sein Verhältnis zu den anderen sittlichen Grundwerten bestimmt; als solche nennt er das Edle, die Fülle und die Reinheit. Während das Edle das Gute hochherzig und großzügig auf das Hohe und Ideale hin interpretiert, faßt die Fülle das Gute im Sinne einer möglichst mannigfaltigen und allseitigen Wertteilhabe; der Reinheit geht es darum, sich einfach und geradlinig am Guten zu orientieren als dem Einen, das nottut. Aus diesen differenten Interpretationen des Guten ergeben sich differente Ethos- bzw. Moraltypen.

> Die postmoderne Pluralität ist nicht nur mit Freiheitsgewinnen, sondern auch mit einer Verschärfung von Problemlasten - oder einer neuen Sensibilität für Problemlagen verbunden. Die Probleme sind sowohl praktischer als auch theoretischer Natur. Die Postmoderne ist wesentlich ethisch grundiert. Sie erfordert eine neue Art des Umgangs mit Pluralität - und zwar mit einer ob ihrer Radikalität schwieriger gewordenen Pluralität. Sie verlangt eine neuartige, eine genau auf diesen radikalen und daher eo ipso konflikthaften Pluralismus zugeschnittene Ethik. (WELSCH [3]1991, 7)

Gegenüber den vielfältigen Rufen nach einer *neuen Ethik* ist Skepsis angebracht. Es kann ja nicht darum gehen, das (alte) Moralprinzip zur Disposition zu stellen, wie es NIETZSCHE tat, sondern nur darum, dieses Moralprinzip auf immer neue, relevant gewordene Problemlagen zu beziehen. Auch die postmoderne Pluralität bleibt moralisch dem Imperativ unterworfen, Personen nie bloß als Mittel zu gebrauchen, sondern sie immer zugleich als Zwecke an sich selbst zu achten und Institutionen so zu gestalten, daß sie gerecht, d.h. distributiv vorteilhaft für alle Betroffenen sind. Eine Pluralisierung, welche die Kommunikation über ein so verstandenes »Reich der Zwecke« unmöglich machte, wäre inhuman und moralisch verwerflich.

8.3 Ethik und Psychoanalyse (Freud)

Als Beispiel für eine psychologische Nivellierung der eigenständigen Bedeutung der Moralitätsbewandtnis wählen wir die Psychoanalyse Siegmund FREUDS (1856-1939). Wie MARX und NIETZSCHE neigt auch FREUD dazu, Moral als Überbauphänomen einer empirischen Basiskonstellation zu fassen und insofern naturkausal zu erklären. Die Basis wird hier durch das psychoanalytische Modell bestimmt. Wir beziehen uns im folgenden vor allem auf die Schriften »Abriß der Psychoanalyse« (1938) und »Das Unbehagen in der Kultur« (1930).

8.3.1 Der psychische Apparat

Wir nehmen an, daß das Seelenleben die Funktion eines Apparates ist, dem wir räumliche Ausdehnung und Zusammensetzung aus mehreren Stücken zuschreiben, den wir uns also ähnlich vorstellen wie ein Fernrohr, ein Mikroskop u.dgl. Der konsequente Ausbau einer solchen Vorstellung ist ungeachtet gewisser bereits versuchter Annäherung eine wissenschaftliche Neuheit. (Abriß 9)

FREUD arbeitet also mit einem im Grunde mechanistisch konzipierten Strukturmodell des Psychischen. Er nimmt außerdem an, daß kein wesentlicher Unterschied bestehe zwischen dem psychischen Apparat des Menschen und jenem der höheren Tiere. Dieser psychische Apparat umfaßt *drei* »Instanzen«, »Bezirke« oder »Provinzen«:

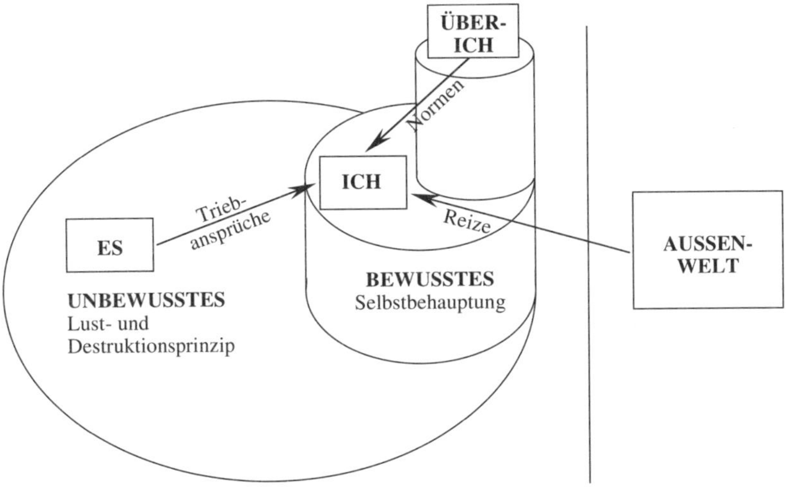

Abb. 22: Der psychische Apparat bei Freud

(1) *Das Es.* Es bilde die psychische *Grundkonstellation,* auf der alles weitere aufbaut. Zum Es gehören vor allem die *Triebe,* als deren Grundtypen FREUD das *Lustprinzip* (Eros, Libido) und das *Destruktionsprinzip* (Aggression, Todestrieb) faßt. Das Es hat die psychische Qualität des Unbewußten.

Die älteste dieser psychischen Provinzen oder Instanzen nennen wir das *Es;* sein Inhalt ist alles, was ererbt, bei Geburt mitgebracht, konstitutionell festgelegt ist, vor allem also die aus der Körperorganisation stammenden Triebe, die hier einen ersten, uns in seinen Formen unbekannten psychischen Ausdruck finden. [Dazu als Fußnote:] Dieser älteste Teil des psychischen Apparates bleibt durchs ganze Leben der wichtigste. An ihm hat auch die Forschungsarbeit der Psychoanalyse eingesetzt. (9)

(2) *Das Ich.* Das Ich ist ein *Teil des Es,* der eine eigenständige Organisation erlangte und *zwischen dem Es und der Außenwelt* vermittelt. Ihm kommt die Funktion der *Selbstbehauptung* in doppelter Hinsicht zu:

- einerseits gegenüber den *Reizen* der Außenwelt und
- andererseits gegenüber den *Triebansprüchen* des Es.

Das Ich besitzt die psychische Qualität des *Bewußten.*

> Infolge der vorgebildeten Beziehung zwischen Sinneswahrnehmung und Muskelaktion hat das Ich die Verfügung über die willkürlichen Bewegungen. Es hat die Aufgabe der Selbstbehauptung, erfüllt sie, indem es nach außen die Reize kennenlernt, Erfahrungen über sie aufspeichert (im Gedächtnis), überstarke Reize vermeidet (durch Flucht), mäßigen Reizen begegnet (durch Anpassung) und endlich lernt, die Außenwelt in zweckmäßiger Weise zu seinem Vorteil zu verändern (Aktivität); nach innen gegen das Es, indem es die Herrschaft über die Triebansprüche gewinnt, entscheidet, ob sie zur Befriedigung zugelassen werden sollen, diese Befriedigung auf die in der Außenwelt günstigen Zeiten und Umstände verschiebt oder ihre Erregungen überhaupt unterdrückt. (10)

Die zwischen Es und Außenwelt vermittelnde Selbstbehauptung des Ich vollzieht sich also im Sinne einer Art *Triebkalkül.* Die Freiheit des Ich besteht darin, im Zeichen des Lustprinzips (Lust-Unlust-Motivation) so zu kalkulieren und zu entscheiden, daß ein Optimum an Lust und ein Minimum an Unlust erreicht wird.

> In seiner Tätigkeit wird es durch die Beachtung der in ihm vorhandenen oder in dasselbe eingetragenen Reizspannungen geleitet. Deren Erhöhung wird allgemein als *Unlust,* deren Herabsetzung als *Lust* empfunden. Wahrscheinlich sind es aber nicht die absoluten Höhen dieser Reizspannung, sondern etwas im Rhythmus ihrer Veränderung, was als Lust und Unlust empfunden wird. Das Ich strebt nach Lust, will der Unlust ausweichen. (10)

(3) *Das Über-Ich.* Im Zuge der Auseinandersetzung des Ich mit besonderen Teilen der Außenwelt, vor allem den *Eltern,* bildet sich ein Teil des Ich zu einer eigenständigen Instanz aus, zum Über-Ich. Im Über-Ich ist die *Autorität der Eltern verinnerlicht;* der elterliche Einfluß setzt sich fort.

> Im Elterneinfluß wirkt [. . .] nicht nur das persönliche Wesen der Eltern, sondern auch der durch sie fortgepflanzte Einfluß von Familien-, Rassen- und Volkstradition sowie die von ihnen vertretenen Anforderungen des jeweiligen sozialen Milieus. Ebenso nimmt das Über-Ich im Laufe der individuellen Entwicklung Beiträge von seiten späterer Fortsetzer und Ersatzpersonen der Eltern auf, wie Erzieher, öffentliche Vorbilder, in der Gesellschaft verehrte Ideale. (10f.)

Nach FREUD repräsentieren das Es und das Über-Ich in je verschiedener Weise *Vergangenheit.* Dabei geht es im *Es* um die im *biologischen* Sinn ererbte Vergangenheit, im *Über-Ich* um die im *kulturellen* Sinn aus Tradition ererbte Vergangenheit. Die Grundsituation des *Ich* ist demnach so bestimmt, daß es zwischen *drei Instanzen* vermitteln muß: dem Es (Triebansprüche), der Außenwelt (Reize) und dem Über-Ich (Normen). In der Dynamik dieser psychischen Konstellation kann es zu Vorgängen kommen, die FREUD *Verdrängungen* nennt.

> Ein Rückblick auf die Entwicklungsgeschichte der Person und ihres psychischen Apparates läßt uns eine bedeutsame Unterscheidung im Es feststellen. Ursprünglich war ja alles Es, das Ich ist durch den fortgesetzten Einfluß der Außenwelt aus dem Es entwickelt worden. Während dieser langsamen Entwicklung sind gewisse Inhalte des Es in den vorbewußten Zustand gewandelt und so ins Ich aufgenommen worden. Andere sind unverändert im Es als dessen schwer zugänglicher Kern geblieben. Aber während dieser Entwicklung hat das junge und unkräftige Ich gewisse bereits aufgenommene Inhalte wieder in den unbewußten Zustand zurückversetzt, fallen gelassen und gegen manche neue Eindrücke, die es hätte aufnehmen können, sich ebenso verhalten, so daß diese, zurückgewiesen, nur im Es eine Spur hinterlassen konnten. Diesen letzten Anteil des Es heißen wir mit Rücksicht auf seine Entstehung das Verdrängte. (23)

Nach FREUD liegt hier der Ursprung vieler *Neurosen.* Ihre Heilung erfolgt durch eine Therapie, welche das Verdrängte ins Bewußtsein hebt und dadurch neutralisiert.

8.3.2 Der Sinn der Praxis und des Lebens

Für das Verständnis der psychoanalytischen Theorie und ihres Verhältnisses zu den Fragestellungen der Ethik ist es bedeutsam zu wissen, wie FREUD über den *Sinn menschlicher Praxis* und letztlich über den *Sinn des menschlichen Lebens* denkt. Er äußert sich zu dieser Frage ziemlich ausführlich und eindeutig. Nach FREUD ist die Dynamik des psychischen Apparats vom Es her unverfügbar bestimmt durch das *Programm des Lustprinzips.* Die Selbstbehauptung des Ich kann darum nur im Zeichen einer *individuellen Libidoökonomie* erfolgen. Die Psychoanalyse FREUDS gründet demnach in einem Vorverständnis von Praxis, das ausgesprochen *hedonistisch* geprägt ist. Allerdings ist FREUDS Hedonismus *pessimistisch:* Das Programm des Lustprinzips ist ständig vom Scheitern bedroht und – wenn überhaupt – nur sehr beschränkt realisierbar.

> Es ist, wie man merkt, einfach das Programm des Lustprinzips, das den Lebenszweck setzt. Das Prinzip beherrscht die Leistung des seelischen Apparates vom Anfang an; an seiner Zweckdienlichkeit kann kein Zweifel sein, und doch ist sein Programm im Hader mit der ganzen Welt [. . .]. Es ist überhaupt nicht durchführbar, [. . .] man möchte sagen, die Absicht, daß der Mensch »glücklich« sei, ist im Plan der »Schöpfung« nicht enthalten. Was man im strengsten Sinn Glück heißt, entspringt der eher plötzlichen Befriedigung hoch aufgestauter Bedürfnisse und ist seiner Natur nach nur als episodisches Phänomen möglich. Jede Fortdauer einer vom Lustprinzip ersehnten Situation ergibt

nur ein Gefühl von lauem Behagen; wir sind so eingerichtet, daß wir nur den Kontrast intensiv genießen können, den Zustand nur sehr wenig. Somit sind unsere Glücksmöglichkeiten schon durch unsere Konstitution beschränkt. (Unbehagen, 74 f.)

FREUDS Versuch, den Begriff des Lebenszwecks, des höchsten Guts bzw. des Glücks zu bestimmen, kommt im Grunde nicht über jene Überlegungen hinaus, die der egoistische Hedonismus der Antike bei ARISTIPP und EPIKUR (2.3) ins Spiel brachte. Die Fragestellung, die wir als Diskurs zwischen ARISTOTELES und KANT erörterten (7.1), kommt nicht in Sicht. Die *Vernunft* ist durch das vom Es her vorgegebene Programm des Lustprinzips völlig *instrumentalisiert* und darum von vorneherein nicht in der Lage, als reine Vernunft praktisch zu werden (3.2). Die eigenständige Bedeutung der Moralität ist damit empiristisch nivelliert. In der Frage, wie man trotz der pessimistischen Aussichten versuchen kann, das Programm des Lustprinzips »irgendwie der Erfüllung näherzubringen«, sieht FREUD nur die Alternative zwischen den Vorschlägen von ARISTIPP und EPIKUR:

Man kann sehr verschiedene Wege dahin einschlagen, entweder den positiven Inhalt des Ziels, den Lustgewinn, oder den negativen, die Unlustvermeidung, voranstellen. Auf keinem dieser Wege können wir alles, was wir begehren, erreichen. Das Glück in jenem gemäßigten Sinn, in dem es als möglich erkannt wird, ist ein Problem der individuellen Libidoökonomie. Es gibt hier keinen Rat, der für alle taugt; ein jeder muß selbst versuchen, auf welche besondere Fasson er selig werden kann. (80 f.)

In der Beurteilung der Rolle, die in diesem Kontext der *Religion* zukommen könnte, kommt ein religionskritisches Motiv zum Ausdruck, das an NIETZSCHE erinnert:

Die Religion beeinträchtigt dieses Spiel der Auswahl und Anpassung, indem sie ihren Weg zum Glückserwerb und Leidensschutz allen in gleicher Weise aufdrängt. Ihre Technik besteht darin, den Wert des Lebens herabzudrücken und das Bild der realen Welt wahnhaft zu entstellen, was die Einschüchterung der Intelligenz zur Voraussetzung hat. Um diesen Preis, durch gewaltsame Fixierung eines psychischen Infantilismus und Einbeziehung in einen Massenwahn gelingt es der Religion, vielen Menschen die individuelle Neurose zu ersparen. Aber kaum mehr; es gibt, wie gesagt, viele Wege, die zu dem Glück führen können, wie es dem Menschen erreichbar ist; keinen, der sicher dahin leitet. Auch die Religion kann ihr Versprechen nicht halten. Wenn der Gläubige sich endlich genötigt findet, von Gottes »unerforschlichem Ratschluß« zu reden, so gesteht er damit ein, daß ihm als letzte Trostmöglichkeit und Lustquelle im Leiden nur die bedingungslose Unterwerfung übriggeblieben ist. Und wenn er zu dieser bereit ist, hätte er sich wahrscheinlich den Umweg ersparen können. (82)

Diese radikal reduktionistische Tendenz FREUDS, Praxis hedonistisch als Resultat der Libidoökonomie zu fassen, ist keineswegs für alle Positionen der Psychoanalyse typisch. So etwa gelangen E. FROMM und V. E. FRANKL zu einem weit reicheren Begriff der Praxis und ihres Sinns als FREUD. Wenn es darum geht, Psychoanalyse fruchtbar zu machen für die Ethik, ist es wichtig, sich über das Praxis- und Sinnverständnis klar zu werden, mit welchem die betreffende psychoanalytische Position arbeitet. Man muß die methodische Abstraktion kennen, der sie sich als einzelwissenschaftliche Theorie verdankt. Bezieht man Psychoanalyse und Ethik ohne vorausgehende methodologische Reflexion unmittelbare aufeinander, so sind Mißverständnisse unvermeidlich.

8.3.3 Ethik und Kultur

Ist der psychische Apparat so bestimmt, daß es keine eigenständige Bedeutung des Moralischen geben kann, dann stellt sich die Frage nach der Basis, aus welcher das Moralische als Epiphänomen resultiert. Nach FREUD ist Ethik ein *notwendiges Produkt der Kultur,* die ihrerseits aus der Libidoökonomie hervorgeht. Die Kultur *entlastet* das Individuum in der Ausübung seiner Libidoökonomie, da sie dem Schutz des Menschen gegenüber der *Natur* und der Regelung der Beziehungen *zwischen den Menschen* dient. In hohem Maß leistet die Kultur das auch heute. Dennoch konstatiert FREUD, daß wir uns in unserer Kultur nicht wohlfühlen. FREUDS Begründung erinnert wieder an NIETZSCHE:

> Das menschliche Zusammenleben wird erst ermöglicht, wenn sich eine Mehrheit zusammenfindet, die stärker ist als jeder einzelne und gegen jeden einzelnen zusammenhält. Die Macht dieser Gemeinschaft stellt sich nun als »Recht« der Macht des einzelnen, die als »rohe Gewalt« verurteilt wird, entgegen. Diese Ersetzung der Macht des einzelnen durch die der Gemeinschaft ist der entscheidende kulturelle Schritt. Ihr Wesen besteht darin, daß sich die Mitglieder der Gemeinschaft in ihren Befriedigungsmöglichkeiten bechränken, während der einzelne keine solche Schranke kannte. (90)

Damit ergibt sich eine prinzipielle *Spannung zwischen dem Programm des Lustprinzips und den Anforderungen der Kultur.* Einerseits entlastet die Kultur, andererseits kollidiert sie permanent mit der individuellen Libidoökonomie, indem sie dem Individuum ständig Triebhemmung und Triebverzicht zumutet. Allerdings sieht FREUD auch das Positive dieses Vorgangs: Triebverzicht eröffnet die Möglichkeit der *Triebsublimierung* und damit der Steigerung der Kultur:

> Die Triebsublimierung ist ein besonders hervorstechender Zug der Kulturentwicklung, sie macht es möglich, daß höhere psychische Tätigkeiten, wissenschaftliche, künstlerische, ideologische, eine so bedeutsame Rolle im Kulturleben spielen. (92)

Aber warum muß die Kultur mit solcher Härte auf individuellem Triebverzicht bestehen? Wir sahen, daß das Triebsystem des Es nicht nur durch das Lustprinzip, sondern auch durch die *Aggression* bestimmt ist; die Triebstruktur des Es enthält also auch ein *destruktives* Potential. Die

Aggression in ihrer Tendenz zu Unmittelbarkeit, Brutalität und Gewalt ist aber extrem *kulturfeindlich.* Sie muß durch Kultur beschränkt und beherrscht werden. Da aber *Lustprinzip und Aggression,* Eros und Tod, *ineinander verschränkt* sind, was sich in der Sexualität etwa an den Phänomenen des Sadismus und des Masochismus zeigt, trifft die kulturelle Triebhemmung unvermeidlich beide.

FREUD schwankt in der Frage, ob die Aggression letztlich der Libido untergeordnet sei oder sich antagonistisch zu ihr verhalte. Im »Unbehagen in der Kultur« tendiert er zum Antagonismus:

> Dieser Aggressisonstrieb ist der Abkömmling und Hauptvertreter des Todestriebes, den wir neben dem Eros gefunden haben, der sich mit ihm die Weltherrschaft teilt. Und nun, meine ich, ist uns der Sinn der Kulturentwicklung nicht mehr dunkel. Sie muß uns den Kampf zwischen Eros und Tod, Lebenstrieb und Destruktionstrieb zeigen, wie er sich an der Menschenart vollzieht. Dieser Kampf ist der wesentliche Inhalt des Lebens überhaupt und darum ist die Kulturentwicklung kurzweg zu bezeichnen als der Lebenskampf der Menschenart. (110)

Der Erfolg der Libidoökonomie ist also nicht nur seitens der Außenwelt gefährdet; vielmehr arbeitet ihr aus dem Es heraus auch die destruktive Aggression entgegen, indem sie sich mit ihr verschränkt.

In dieser Konstellation entsteht die *Moral.* Die Moral ist die *Strategie, in welcher sich die Kultur gegen die Destruktivität der Aggression durchzusetzen sucht.* Da die Kultur (in vermittelter Weise) dem Lustprinzip dient, ist die Moral letztlich eine Funktion der Libidoökonomie. Worin besteht genauerhin die Strategie der Kultur? Sie besteht darin, *daß die Kultur im Individuum das Über-Ich installiert.* FREUD schildert diesen Vorgang folgendermaßen:

> Die Aggression wird introjiziert, verinnerlicht, eigentlich aber dorthin zurückgeschickt, woher sie gekommen ist, also gegen das eigene Ich gewendet. Dort wird sie von einem Anteil des Ichs übernommen, das sich als Über-Ich dem übrigen [Ich] entgegenstellt, und nun als »Gewissen« gegen das Ich dieselbe strenge Aggressionsbereitschaft ausübt, die das Ich gerne an anderen, fremden Individuen befriedigt hätte. Die Spannung zwischen dem gestrengen Über-Ich und dem ihm unterworfenen Ich heißen wir Schuldbewußtsein; sie äußert sich als Strafbedürfnis. Die Kultur bewältigt also die gefährliche Aggressionslust des Individuums, indem sie es schwächt, entwaffnet und durch eine Instanz in seinem Innern, wie durch eine Besatzung in der eroberten Stadt, überwachen läßt. (111)

Der Mensch ist demnach nicht von Natur aus, also wesentlich moralisches Subjekt, sondern seine Moralitätsbewandtnis ist Resultat von Kultur, die ihrerseits zwar libidoökonomisch notwendig ist, in ihrer bestimmten Ausprägung jedoch auf Grund ihrer oft überzogenen Strenge das besagte »Unbehagen« erzeugt. Aber warum läßt das Ich die Installierung des Über-Ich so ohne weiteres zu? Warum fügt es sich in diese Strategie der Kultur? Nach FREUD liegt der Grund darin, daß sich das einzelne Ich als *schwach, abhängig und schutzbedürftig* erfährt. Es weiß sich angewiesen auf den Schutz, die Hilfe und das Wohlwollen dessen, von dem es abhängt; im Fall des Kindes etwa des Vaters. Lebt das Ich seine Aggression aus, so läuft es Gefahr, dieses Wohlwollen zu verlieren, auf das es angewiesen ist. Es ist also die *Angst vor dem Liebesverlust,* was das Ich so bereit macht, der Strategie der Kultur zu entsprechen und die Installation des Über-Ich zuzulassen. Der Anspruch des Gewissens (Über-Ich) ist also im Kern ein *Ratschlag der Klugheit:* Handle gewissenskonform, sonst verlierst du das Wohlwollen dessen, dessen Schutz und Hilfe du brauchst. Selbstverständlich hat die so fundierte Moralitätsbewandtnis *strikt heteronomen Charakter.*

> Ein ursprünglich, sozusagen natürliches Unterscheidungsvermögen für Gut und Böse darf man ablehnen. Das Böse ist oft gar nicht das dem Ich Schädliche oder Gefährliche, im Gegenteil auch etwas, was ihm erwünscht ist, ihm Vergnügen bereitet. Darin zeigt sich also fremder Einfluß; dieser bestimmt, was Gut und Böse heißen soll. Da eigene Empfindung den Menschen nicht auf denselben Weg geführt hätte, muß er ein Motiv haben, sich diesem fremden Einfluß zu unterwerfen. Es ist in seiner Hilflosigkeit und Abhängigkeit von anderen leicht zu entdecken, kann am besten als Angst vor dem Liebesverlust bezeichnet werden. Verliert er die Liebe des anderen, von dem er abhängig ist, so büßt er auch den Schutz vor mancherlei Gefahren ein, setzt sich vor allem der Gefahr aus, daß dieser Übermächtige ihm in der Form der Bestrafung seine Überlegenheit beweist. Das Böse ist also anfänglich dasjenige, wofür man mit Liebesverlust bedroht wird; aus Angst vor diesem Verlust muß man es vermeiden. (111 f.)

Selbstverständlich kann FREUD bei dieser Sachlage mit einem apriorischen Moralprinzip nichts anfangen. Wie sehr er das damit Gemeinte mißversteht, zeigt die folgende Begründung, mit welcher er das christliche Gebot der Nächstenliebe ablehnt:

> Wir möchten schon hier unsere zwei hauptsächlichen Bedenken nicht zurückhalten. Eine Liebe, die nicht auswählt, scheint uns einen Teil ihres eigenen Wertes einzubüßen, indem sie an dem Objekt ein Unrecht tut. Und weiter: es sind nicht alle Menschen liebenswert. (95)

8.3.4 Individuelles und kulturelles Über-Ich

FREUD unterscheidet *zwei Varianten der Über-Ich-Einsetzung,* die analog strukturiert sind:

- eine *individuell-lebensgeschichtliche* Variante, in der sich die Über-Ich-Einsetzung vor allem im Rahmen der Kindheit vollzieht, und
- eine *überindividuell-kollektiv-kulturelle* Variante, in welcher es um die Über-Ich-Einsetzung in der Kultur-, Volks- und Menschheitsgeschichte geht.

Die Unterscheidung steht in einer gewissen Analogie zu jener, die wir in 5.2 zwischen Moralität und Sittlichkeit bzw. in 5.1.3 zwischen Gewissen und Ethos machten. In der Erklärung beider Varianten kommt dem *Ödipuskomplex* eine Schlüsselstellung zu. Wir skizzieren den Prozeß der Über-Ich-Einsetzung in seinen beiden Varianten in drei Schritten:

(1) Am Anfang beider Varianten steht die *Autorität des Vaters,* in der ersten des *familialen,* in der zweiten des *Urvaters,* des Patriarchen der Sozietät. Dieser fordert (in beiden Varianten) *Triebverzicht.* Die *Reaktion* auf diese Forderung besteht in einer eigentümlichen Verschränkung von *Eros und Aggression.* Der Eros bezieht sich auf die Schutz- und Hilfsfunktion des Vaters, die Aggression auf die Forderung nach Triebverzicht. Die Aggression ist ständig begleitet von der *Angst vor dem Liebesverlust,* die *Schuldgefühle* bewirkt.

(2) Die Aggression führt zur *Tötung des Vaters.* Individuell geht es dabei um die Ablösung vom familialen Vater, kollektiv um die tatsächliche oder mythische Tötung des Urvaters. Entscheidend ist die *Ambivalenz in der Tötung:* Der Vater wird *zugleich geliebt und gehaßt.* Er, den man aus aggressivem Haß tötet, ist zugleich der, den man aus Schutzbedürfnis und Abhängigkeit liebt. In dieser Ambivalenz gründet das Phänomen der *Reue.*

Es ist wirklich nicht entscheidend, ob man den Vater getötet oder sich der Tat enthalten hat, man muß sich in beiden Fällen schuldig finden, denn das Schuldgefühl ist der Ausdruck des Ambivalenzkonflikts, des ewigen Kampfes zwischen dem Eros und dem Destruktions- und Todestrieb. (118)

In der Schrift »Der Mann Moses und die monotheistische Religion« (1938) nahm FREUD an, die Juden hätten Moses getötet und der biblische Monotheismus sei im Sinne des Ödipuskomplexes in dieser Tötung begründet. Schon in »Totem und Tabu« (1914) ist der Vatermord in der Urhorde ein zentrales Thema.

(3) Die Tötung des Vaters aus Aggression führt zur *Verinnerlichung des Vaters* aus Liebe, Reue und Schuldgefühl. Es kommt zur Über-Ich-Einsetzung, individuell in der Form des *Gewissens,* kollektiv in der Form *Gottes.* Die Aggression, die das Ich zunächst nach außen tätigte, wendet sich damit – individuell und kollektiv – vom Über-Ich aus gegen das Ich. Dabei setzt sich im Verhältnis von Ich und Über-Ich – wieder individuell und kollektiv – der Ambivalenzkonflikt von Eros und Aggression fort. Die Aggression wendet sich gegen das Über-Ich (Gewissen, Gott) und erzeugt damit (auf Grund des Eros) Angst, Reue und Schuldgefühle. Nach FREUD wirkt sich diese Konstellation höchst *nachteilig* auf die menschliche Psyche aus.

Die Sachlage läßt sich mit jener vergleichen, die wir bei NIETZSCHE kennenlernten (8.2.2). Dort ging es darum, daß die vom ursprünglichen und überschaubaren Gläubiger-Schuldner-Verhältnis losgelöste und in den Herdenverband projizierte Schuld unüberschaubar, unendlich und unbewältigbar wird. Ähnlich verhält es sich bei FREUD: Während der Ambivalenzkonflikt im ursprünglichen Verhältnis zum wirklichen Vater einigermaßen überschaubar ist, führt er auf Grund der Über-Ich-Einsetzung (Gewissen, Gott) in eine aporetische Situation und in eine Hypertrophie der Angst, Reue und Schuldgefühle:

> Hier hilft der Triebverzicht nicht genug, denn der Wunsch bleibt bestehen und läßt sich vor dem Über-Ich nicht verheimlichen. Es wird also trotz des erfolgten Verzichts ein Schuldgefühl zustande kommen und dies ist ein großer ökonomischer Nachteil der Über-Ich-Einsetzung, wie man sagen kann, der Gewissensbildung. Der Triebverzicht hat nun keine voll befreiende Wirkung mehr, die tugendhafte Enthaltung wird nicht mehr durch die Sicherung der Liebe gelohnt, für ein drohendes äußeres Unglück - Liebesverlust und Strafe von seiten der äußeren Autorität - hat man ein andauerndes inneres Unglück, die Spannung des Schuldbewußtseins, eingetauscht. (114)

Auf diesem Hintergrund kritisiert FREUD das Über-Ich sowohl in seiner Ausprägung als individuelles Gewissen als auch in seiner überindividuellen Form, in welcher es das soziale Ethos trägt:

> In der Neurosenforschung und Neurosentherapie kommen wir dazu, zwei Vorwürfe gegen das Über-Ich des einzelnen zu erheben: Es kümmert sich in der Strenge seiner Gebote und Verbote zu wenig um das Glück des Ichs, indem es die Widerstände gegen die Befolgung, die Triebstärke des Es und die Schwierigkeiten der realen Umwelt nicht genügend in Rechnung bringt. Wir sind daher in therapeutischer Absicht sehr oft genötigt, das Über-Ich zu bekämpfen, und bemühen uns, seine Ansprüche zu erniedrigen. Ganz ähnliche Einwendungen können wir gegen die ethischen Forderungen des Kultur-Über-Ichs erheben. Auch dies kümmert sich nicht genug um die Tatsachen der seelischen Konstitution des Menschen, es erläßt ein Gebot und fragt nicht, ob es dem Menschen möglich ist, es zu befolgen. Vielmehr, es nimmt an, daß dem Ich des Menschen alles psychologisch möglich ist, was man ihm aufträgt, daß dem Ich die unumschränkte Herrschaft über sein Es zusteht. (126)

Offensichtlich faßt FREUD sowohl die Pflichtinhalte des (individuellen) Gewissens als auch die Inhalte der Normen des (sozialen) Ethos als in sich *irrationale* Resultate individual- bzw. sozialpsychologischer Mechanismen auf der Basis des Ödipuskomplexes. Er blendet dabei den Gesichtspunkt aus, daß sowohl die individuelle Gewissensbildung als auch die diskursive Dynamik des sozialen Ethos (vgl. 5.1.3) darauf angelegt sind, diese Inhalte *vernünftig zu vermitteln* und ihre moralische Notwendigkeit argumentativ aufzuweisen. Dabei gehört zum rationalen Aufweis auch die Einsicht, daß nicht-praktizierbare, hypertrophe, überzogene Verpflichtungs- und Normierungsansprüche moralisch nicht verbindlich sein können, weil sie unvernünftig sind. Hier gilt der alte Grundsatz: Niemand ist zu Unmöglichem verpflichtet *(ad impossibile nemo tenetur)*. Insofern kann es nicht darum gehen, (etwa in der Therapie) »das Über-Ich zu bekämpfen«; das wäre, wenn wir dem Über-Ich die moralische Bedeutung des Gewissens unterstellen, ein in sich unmoralisches Unterfangen. Vielmehr müßte es darum gehen, ganz im Sinne des Anspruchs des Gewissens, das ja darauf angelegt ist, das wahre Gute zu gebieten, *Gewissensbildung* vernünftig zu betreiben (5.1.1).

Der folgende Text faßt die Stellung der Ethik innerhalb der Psychoanalyse FREUDS zusammen:

> Das Kultur-Über-Ich hat seine Ideale ausgebildet und erhebt seine Forderungen. Unter den letzteren werden die, welche die Beziehungen der Menschen zueinander betreffen, als Ethik zusammengefaßt. Zu allen Zeiten wurde auf diese Ethik der größte Wert gelegt, als ob man gerade von ihr besonders wichtige Leistungen erwartete. Und wirklich wendet sich die Ethik jenem Punkt zu, der als die wundeste Stelle jeder Kultur leicht kenntlich ist. Die Ethik ist also als ein therapeutischer Versuch aufzufassen, als Bemühung, durch ein Gebot des Über-Ichs zu erreichen, was bisher durch sonstige Kulturarbeit nicht zu erreichen war. (126)

8.3.5 Übersicht

Wir skizzierten die Ethik-Theorie FREUDS als ein wirkungsgeschichtlich besonders wichtiges Beispiel für Tendenzen innerhalb der Psychologie, die eigenständige Bedeutung der Moralität in Frage zu stellen bzw. Praxis auf naturkausal erklärbares Verhalten zu reduzieren. Dabei ist zu betonen, daß derartige reduktionistische Tendenzen keineswegs typisch sind für die heutige Psychologie. Viele Psychologen (auch Psychoanalytiker) wissen differenziert zu unterscheiden zwischen ihrer empirisch-einzelwissenschaftlichen Forschung und jenen philosophischen Fragestellungen, die gerade nicht Thema empirisch-psychologischer Forschung sein können. Wir wollen im Anschluß an FREUD *drei kritische Überlegungen* anstellen, die sich nicht nur auf FREUD, sondern auch auf andere reduktionistische Tendenzen innerhalb der Psychologie beziehen lassen.

(1) *Der Modellcharakter des psychischen Apparates.* Empirische Wissenschaften arbeiten mit Modellen. Ein Modell ist *eine Konstruktion, die einen Gegenstandsbereich in bewußter Vereinfachung auf eine bestimmte Struktur reduziert.* Der Wert eines Modells liegt in seinem empirisch-theoretischen Erklärungspotential. Manche Modelle sind anschaulich und bieten insofern Vorstellbarkeit und Übersichtlichkeit. So etwa ist das Atommodell von N. BOHR ein anschauliches Modell. Beim Umgang mit einzelwissenschaftlichen Modellen sollte man *philosophisch* unbedingt die *nominalistische Differenz* beachten: Die Modelle beanspruchen nicht, Wirklichkeit abzubilden bzw. »Begriff« (HEGEL) der Wirklichkeit zu sein; sie werden vielmehr bloß als Konstrukte, als »schematische Fiktionen« gefaßt, die sich in der theoretischen Erklärung von Phänomenen als praktisch erweisen und empirisch bewähren. Man sollte also Modelle *nicht ontologisieren.*

So etwa entwickeln die Naturwissenschaften in ihren diversen Bereichen *Modelle der Natur.* Sie beanspruchen damit jedoch nicht, in diesen theoretischen Modellkonstruktionen das *Wesen der Natur* zu erfassen. Darin unterscheiden sie sich prinzipiell vom Anspruch der Naturphilosophie von ARISTOTELES bis HEGEL. Die (nominalistische) Differenz zwischen dem (einzelwissenschaftlichen) Modell der Natur und dem Wesen der Natur ist gerade nicht Thema der modernen Naturwissenschaft.

Auch der psychische Apparat der Psychoanalyse FREUDS stellt eine (anschauliche) *Modellkonstruktion* dar, deren Wert in ihrem empirisch-theoretischen Potential, psychische Phänomene zu erklären, sowie in ihrer therapeutischen Brauchbarkeit besteht. Auch wenn sich das Modell bewährt (was umstritten ist), folgt daraus keineswegs, daß seine Teile, Instanzen und Funktionen (Es, Ich, Über-Ich, Verdrängung, Ödipuskomplex, Lustprinzip, Todestrieb etc.) ontologisiert und als philosophisch-anthropologisch relevante Gegebenheiten des Menschseins gefaßt werden dürften. FREUD überschreitet ständig die Grenzen des Anspruchs, den ein einzelwissenschaftliches Modell erheben kann. Er ontologisiert das Modell, ohne zu beachten, daß es Resultat einer vereinfachenden methodischen Reduktion ist. Sein Übergang vom (legitimen) methodischen zum *philosophischen Empirismus* (Hedonismus, Instrumentalisierung der Vernunft, Ablehnung des Moralprinzips etc., vgl. 2.1) stellt eine philosophische Option dar, die er weder empirisch zu bestätigen vermag noch philosophisch zu begründen sucht.

Dabei ist nicht zu bezweifeln, daß FREUD gerade in diesen Grenzüberschreitungen zentrale Fragen der philosophischen Anthropologie und Ethik anspricht. Er kann sie allerdings mit dem Instrumentarium seines Modells nicht beantworten. In einem Modell, welches das »Seelenleben« als Funktion eines räumlich-ausgedehnten und (wie ein Fernrohr) aus mehreren Stücken zusammengesetzten Apparats faßt (Abriß 9), kann begreiflicherweise keine Rede sein vom Praktisch-werden reiner Vernunft aus sich selbst, von moralisch relevanter Freiheit und von Autonomie. Das wohl brillanteste Beispiel einer umfassenden philosophischen Bewältigung der von FREUD angesprochenen Fragen lieferte P. RICOEUR in seinem Werk *Die Interpretation. Ein Versuch über Freud* (1974).

(2) *Psychologische und moralische Sicht der Praxis.* Empirisch-psychologische Handlungstheorien sind bestrebt, Praxis (Handlungen, Einstellungen, Haltungen) mittels theoretischer Modelle als Resultat psychisch-empirischer Wirkungszusammenhänge (2.1) zu erklären. Solche Erklärungen sind grundsätzlich *naturkausal* (3.3) und blenden die praktische Tragweite der (nichtempirischen) Kausalität aus Freiheit und damit die eigenständige Bedeutung moralischer Relevanz und Verantwortung methodisch aus. Praxis wird tendenziell reduziert auf *empirisch erklärbares Verhalten.* Wir wählten die Psychoanalyse FREUDS als Beispiel für diese Tendenz. Nun wird kein Ethiker bestreiten, daß diese methodisch-abstrakte Sicht der Praxis Erkenntnisse zu vermitteln vermag, die für ein umfassendes Verständnis der Praxis unverzichtbar sind. Die Sachlage gleicht jener, die wir im Kontext des historischen Materialis-

mus hinsichtlich der soziologischen Sicht der Praxis erörterten. Menschliche Praxis hat eine empirische Seite, die in vielfältiger Weise Thema einzelwissenschaftlicher Forschung werden kann. Kritisch wird es erst, wenn sich die empirische Sicht der Praxis *empiristisch* gebärdet.

Bei FREUD ist das etwa dann der Fall, wenn transzendentale Freiheit naturkausal in libidoökonomischen Mechanismen aufgelöst, die Differenz von Gut und Böse auf den Nenner von Belohnung und Bestrafung (Liebesverlust) reduziert und Schuld in Schuldgefühlen nivelliert wird.

Soll das Verhältnis von psychologischer und moralischer Sicht der Praxis näher bestimmt werden, sind vor allem drei Dinge zu beachten:

- Die *formale Moralitätsbewandtnis der Praxis* ist im Grunde gar nicht betroffen von der Tatsache, daß die konkrete Bestimmung, Prägung bzw. Fixierung des individuellen Gewissens und seiner Einstellungen in psychologisch erforschbarer Weise empirisch bedingt ist. Wie immer sich der Motivationshorizont des Gewissens empirisch entwickelt und darstellt, er ist der Raum, innerhalb dessen Selbstbestimmung aus Freiheit bzw. moralisch-verantwortliche Entscheidung zwischen Gewissensgemäßem (Gutem) und Gewissenswidrigem (Bösem) statthat. Zumindest gilt das, solange nicht der Grenzfall der Unzurechenbarkeit gegeben ist, der die moralische (und rechtliche) Verantwortlichkeit aufhebt.

  Man sollte hier *zwei Fragen* genau unterscheiden. Die erste: *Warum halten bestimmte Menschen dieses oder jenes für gut und für böse?* Die zweite: *Warum tun bestimmte Menschen das, was sie für gut bzw. für böse halten, bzw. warum tun sie es nicht?* Niemand bezweifelt, daß empirische Humanwissenschaften zur Beantwortung der ersten Frage viel Erhellendes beitragen können, denn die Genese des Motivationshorizonts unseres Gewissens ist in vieler Hinsicht empirisch bedingt. Die zweite Frage bringt etwas ins Spiel, was auf einer ganz anderen Ebene liegt: das Problem der (im strikten Sinn) moralisch relevanten Selbstbestimmung aus Freiheit. Hier können die empirischen Humanwissenschaften (z. B. die Psychologie) immer *nur notwendige,* aber gerade *nicht die hinreichenden* Bedingungen aufweisen.

- Befaßt sich der Ethiker über die formale Bewandtnis des Gewissens hinaus mit der *materialen Wirklichkeit des konkreten Gewissens,* seines Motivationshorizonts und der *Gewissensbildung,* so ist er in vielfältiger Hinsicht auf die Ergebnisse empirisch-humanwissenschaftlicher Forschung angewiesen. So wird für ihn auch die Frage bedeutsam, inwieweit mit *unbewußten* Komponenten des Motivationshorizonts (Verdrängungen, Komplexen, Archetypen etc.) gerechnet werden muß, die aus Konstellationen der individuellen Kindheit oder des kollektiven kulturellen Kontextes resultieren. W. KORFF skizziert diese Relevanz der Psychoanalyse folgendermaßen:

> Es besteht ein grundsätzlicher Zusammenhang zwischen sittlicher Handlungseinstellung und psychischer Disposition. Daraus ergibt sich zugleich, daß es bei entsprechenden psychosozial bedingten Formen der Versehrung zu entsprechenden Verkürzungen und Engführungen im ethischen Zugangsverständnis zur Wirklichkeit kommen kann. Es gibt ohne jeden Zweifel neurotisch imprägnierte Erscheinungsformen des Ethischen. (1985, 15)

In diesem Sinn versucht KORFF eine Typisierung. Er ordnet der *zwanghaften* Neurosenstruktur den Typus des *Legalisten,* der *schizoiden* den des *Machiavellisten,* der *hysterischen* den des *Utopisten* und der *depressiven* den Typus des *Pedanten* zu. Dabei ist zu beachten, daß eine derartige Typisierung gerade nicht die formale Moralitätsbewandtnis betrifft, sondern die materiale Wirklichkeit des konkreten Gewissens.

- Analoges gilt, wenn es um die bestimmten *Ausprägungen des sozialen Ethos* geht. Wenn es die Aufgabe des Ethikers ist, qualifiziert an der »Ethik des Ethos« mitzuarbeiten, dann wird er nicht nur an soziologischen, sondern auch an *sozialpsychologischen* Erklärungspotentialen interessiert sein, die ihm helfen, gegebenes Ethos aus seiner Genese zu verstehen. Derartige Kenntnisse können einerseits Bedeutung für die kulturethische Diagnose gewinnen und andererseits auch dazu beitragen, die richtigen Ansätze einer positiv-verändernden Entwicklung zu entdecken.

(3) Der Gesichtspunkt der *transzendentalen Differenz* (3.1.1) führt in diesem Kontext zu folgender Überlegung: So vielfältig die Genese unseres Motivationshorizonts empirisch bedingt und insofern einzelwissenschaftlich aufklärbar ist, so ist sie doch nie bloß Resultierende empirischer Determinanten, Konstellationen und Mechanismen, sondern schließt als Prozeß der Gewissensbildung immer zugleich die *Selbstreflexion und Spontaneität des Subjekts* ein. Daran ist auch dann festzuhalten, wenn man die Einsicht der Psychoanalyse ernst nimmt, daß *unbewußte* Faktoren und Prozesse im menschlichen Motivationshorizont eine wichtige Rolle spielen. FREUD scheint diese Funktion dem professionellen Analytiker, Therapeuten, Arzt bzw. Psychologen vorzubehalten, während Personen ohne diese Qualifikation eine solche Fähigkeit fehlt. Letztere scheinen in ihren Fixierungen zu sitzen wie Schnecken in ihren Schneckenhäusern.

> Es heißt, daß unbewußt Gewordenes in Bewußtsein verwandelt, dem Ich wieder zugeeignet wird, daß verdrängte Regungen aufgespürt und kritisiert werden, daß das gespaltene Selbst keine Synthese mehr zustande bringt usw. Im Strukturmodell ist aber die Ich-Instanz mit der Fähigkeit, an die mit jenen Ausdrücken appelliert wird, gerade nicht ausgestattet: das Ich übt die Funktionen der intelligenten Anpassung und der Triebzensur aus, aber die spezifische Leistung, von der die Abwehrleistung nur das Negativ ist, fehlt: Selbstreflexion. (HABERMAS 1975, 299 f.)

FREUD scheint insofern mit zwei ganz verschiedenen Typen von Ich zu operieren:

- Auf der einen Seite steht das bloß empirisch gefaßte Ich des Strukturmodells, das der Selbstreflexion unfähig ist und der Kultur- und Ethiktheorie zugrunde liegt.
- Auf der anderen Seite steht das (gewissermaßen transzendental fungierende) der Selbstreflexion fähige, die ganze Konstellation durchschauende Ich des Arztes bzw. Psychologen, der Analyse bzw. Therapie betreibt.

Offenbar faßt FREUD das zweite Ich nicht im Sinne des Strukturmodells. Wenn er dazu neigt, das Psychische, die Kultur, die Religion, die Ethik ausschließlich vom ersten, beschränkten, der Selbstreflexion unfähigen Ich des Strukturmodells her zu verstehen, so scheint er nicht zu bedenken, daß er in seiner Theorie immer schon das zweite, transzendental fungierende und der Selbstreflexion fähige Ich voraussetzen muß. Sieht man von Extremfällen psychischer Krankheit ab, wird man jeder menschlichen Person auch diese zweite, transzendentale Ich-Bewandtnis zuerkennen müssen, auch dann, wenn diese Person nicht die Sprache des Modells spricht. Ansonsten böte die Herrschaft von Psychologen-Eliten die einzige Chance, der kollektiven Neurose zu entgehen.

8.4 Ethik in ethologischer Sicht (Lorenz)

Wir wählen Konrad LORENZ (1903–1989), den Begründer der Vergleichenden Verhaltensforschung (Ethologie), als Vertreter einer *biologischen* Relativierung der eigenständigen Bedeutung der Moralitätsbewandtnis. Das folgende Zitat formuliert seine Grundthese:

> Wir werden der verantwortlichen Moral die Lösung [ihrer Probleme] nicht erleichtern, wenn wir ihre Macht überschätzen. Eher mag dies durch die bescheidene Erkenntnis erreicht werden, daß sie »nur« ein Kompensationsmechanismus ist, der unsere Ausstattung mit Instinkten an die Anforderungen des Kulturlebens anpaßt und mit ihnen eine funktionelle Systemganzheit bildet. (1984, 352)

Die These basiert auf der Unterscheidung von *Stammesgeschichte* und *Kulturgeschichte.* Der Mensch ging aus der (evolutionstheoretisch rekonstruierbaren) Stammesgeschichte mit einer komplexen biologischen *Ausstattung* hervor, die ihn artspezifisch bestimmt. Im Unterschied zur Stammesgeschichte ist die Kulturgeschichte *Evolution des menschlichen Geistes.* Dabei ist *Geist* für LORENZ etwas Über-Individuelles, *Soziales.* Individuelle Subjektivität ist als solche nicht geistig, sondern lediglich *psychisch* und unterscheidet sich insofern nicht qualitativ von der psychischen Verfaßtheit anderer Animalien. Das sozial Geistige, das gegenüber dem Vormenschlichen eine qualitativ neue Systemeigenschaft darstellt, entsteht in der Evolution durch *Fulguration* (*fulgur* = lat. der Blitz), also durch blitzartiges Entspringen einer neuen Qualität aus der Verbindung mehrerer Systeme. Die überindividuell-soziale Fassung des Geistes läßt sich vergleichen mit der Konzeption von »Welt 3« bei K. POPPER (POPPER/ ECCLES ^{3}1991, 61–77).

Geist ist für mich eben diese durch begriffliches Denken, Wortsprache und gemeinsame Tradition verursachte Grundleistung der menschlichen Gesellschaft. Geist ist also ein sozialer Effekt. Ich habe schon gesagt, daß ein Mensch, für sich genommen, gar kein Mensch ist: nur als Mitglied einer geistigen Gruppe kann er voll Mensch sein: Geistiges Leben ist grundsätzlich überindividuelles Leben; die individuelle konkrete Verwirklichung geistiger Gemeinsamkeiten nennen wir Kultur. (LORENZ [3]1985, 70)

Mit dieser überindividuell-sozialen Fassung des Geistes ist die Perspektive der autonomen, transzendental-freien, moralisch-subjekthaften Person (etwa im Sinne KANTS) weitgehend ausgeblendet. LORENZ interessiert sich auch kaum für die *persönliche* Moralitätsbewandtnis, sondern fast ausschließlich für Probleme des *sozialen Ethos.*

Es ist offensichtlich, daß die stammesgeschichtliche Evolution *langsamer* verläuft als die kulturgeschichtliche. Während die Kulturgeschichte in einem atemberaubend raschen Epochenwechsel die Welt veränderte, gab es kaum nenneswerte stammesgeschichtliche Veränderungen. Kulturell leben wir im Atomzeitalter; unsere stammesgeschichtliche Ausstattung reicht jedoch nur für die Steinzeit zu. Diese Diskrepanz macht deutlich, welche *Rolle der Ethik* zukommt: Die Ethik hat die Aufgabe, *dieses stammesgeschichtliche Defizit zu kompensieren.* Die Normen des sozialen Ethos haben also die Funktion, die stammesgeschichtlich-biologische Ausstattung so zu ergänzen, daß der Mensch in der Kulturgeschichte lebensfähig bleibt.

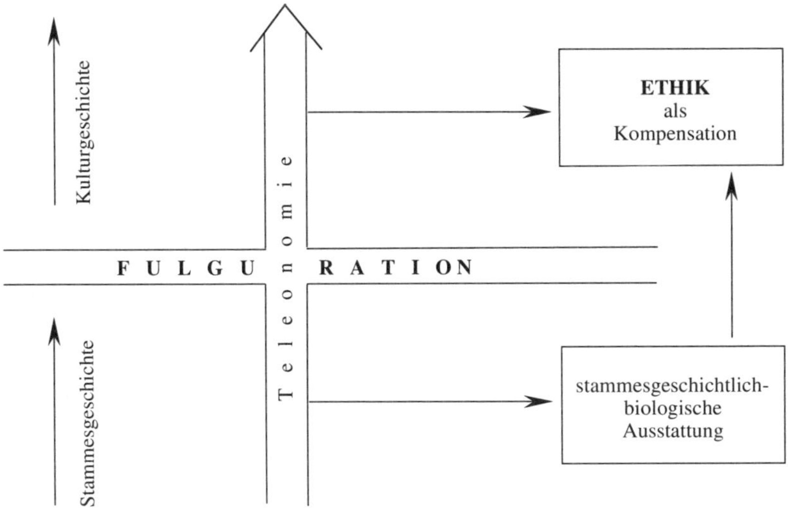

Abb. 23: Ethik als Kompensationsmechanismus

Diese These führt zu einer bedenklichen Konsequenz: Wird Ethik als kultureller Kompensationsmechanismus stammesgeschichtlich-biologischer Ausstattungsdefizite interpretiert, so *fungiert die biologische Zielgerichtetheit (Teleonomie) der Stammesgeschichte als oberste Norm der ganzen ethisch-kulturellen Kompensation.* Der biologisch zentrale Gesichtspunkt der Stammesgeschichte, die *Arterhaltung,* wird damit zum Kriterium des Sittlich-Richtigen. Sittliche Normen sind dann vom biologischen Primat der Arterhaltung her dahingehend zu überprüfen, *wieweit sie biologisch teleonom sind.* Das Ergebnis, das LORENZ kaum in allen seinen Konsequenzen bedacht haben dürfte, wäre ein *biologisches Naturrecht* bzw. ein *biologischer Utilitarismus.* Ganz in diesem Sinne interpretiert LORENZ den Kategorischen Imperativ KANTS:

> Wenn man sich Kants kategorische Frage stellt: »Kann ich die Maxime meines Handelns zum Naturgesetz erheben, oder ergäbe sich bei diesem Versuch etwas der Vernunft Widersprechendes?«, so erweisen sich alle Verhaltensweisen, auch rein instinktive, als durchaus vernünftig, vorausgesetzt, daß sie die arterhaltende Leistung vollbringen, zu der sie von den großen Konstrukteuren des Artenwandels (Selektionsdruck und Anpassung) geschaffen wurden. Vernunftwidriges ergibt sich nur bei der Fehlfunktion eines Instinkts. Sie aufzuspüren ist die Aufgabe der kategorischen Frage, sie zu kompensieren, die des kategorischen Imperativs. Instinkte, die richtig »im Sinne der Konstrukteure« funktionieren, vermag die Selbstbefragung nicht vom Vernunftmäßigen zu unterscheiden. (1984, 358)

Die letztlich normierende Vernunft ist demnach die *biologisch-teleonome Vernunft* der stammesgeschichtlichen Konstrukteure; diese ist in der menschlichen *Instinktausstattung* im Grundriß vorgegeben. Die *sittliche* Vernunft ist durch die biologisch-teleonome Vernunft völlig *instrumentalisiert.* Sie kompensiert bzw. korrigiert kulturbedingte Fehlfunktionen der Instinkte im Sinne der biologischen Teleonomie.

Natürlich wird die Intention KANTS in der Interpretation von LORENZ völlig mißverstanden. Bei KANT ist letztlich die *Selbstzweckhaftigkeit* bzw. *Autonomie* der *Person* der springende Punkt, um den es der praktischen Vernunft in der Frage der Universalisierbarkeit von Maximen geht. Bei LORENZ ist es der letztlich empirische Gesichtspunkt der biologischen Teleonomie bzw. der Arterhaltung.

Diese biologische Relativierung der Ethik verbindet sich im Zuge eines neuen Ökologie-, Natur- und Kosmosbewußtseins (z. B. New Age) oft mit Tendenzen, welche die Stellung des Menschen im Kosmos biologisch (als Spezies unter anderen Spezies) nivellieren. Aus der Sicht der Systematik, die wir erarbeiteten, ist dazu folgendes zu sagen: Für die Richtigkeit sittlicher Normen können biologische Gesichtspunkte wie Arterhaltung, Teleonomie, Ökologie etc. unter Umständen zwar gewisse *notwendige Bedingungen* beibringen; diese sind jedoch keineswegs *hinreichend* für die Bestimmung des sittlichen Richtigen. Die an der unverfügbaren Selbstzweckhaftigkeit der Person orientierte Humanitätsforderung des Moralprinzips entwickelte in Begriffen wie *Gemeinwohl, Gerechtigkeit, Solidarität, Freiheit, Menschenrechte, Emanzipation* eine Perspektive des Sittlichen, die weit über den Rahmen hinausgeht, den rein biologische Motive in Sicht zu bringen vermögen. Das biologisch gesunde Leben ist moralisch nicht »der Güter höchstes« (7.2.3). Darum ist immer mit der Möglichkeit zu rechnen, daß sittlich gerechtfertigte Normen, wenn man sie nach rein biologischen Kriterien (Arterhaltung, Teleonomie, Ökologie) beurteilt, weniger effektiv erscheinen als inhumane Maßnahmen.

Sind Demokratie und Menschenrechte teleonom vorteilhaft? Läge es nicht auf der Linie des biologischen Selektionsprinzips, ungesundes Erbgut auszumerzen, Schwache, Kranke und Behinderte eher zu eliminieren als zu fördern, ja überhaupt zwischen lebenswertem und nicht-lebenswertem menschlichen Leben zu unterscheiden? Lehren »die großen Konstrukteure des Artwandels« nicht gerade den Vorrang des Gesunden, Vitalen, Starken gegenüber dem Kranken und Schwachen? Wäre es angesichts der globalen Bevölkerungsentwicklung nicht biologisch vernünftig, mit allen, also auch mit inhumanen Maßnahmen eine ökologisch vertretbare Ausbreitung der Spezies Mensch durchzusetzen? Wäre in der heutigen ökologischen Situation eine Ökodiktatur nicht eher teleonom als ein an den Menschenrechten orientierter Rechts- und Verfassungsstaat? Fragen dieser Art treten auf, wenn man das Sittlich-Richtige lediglich von der biologischen Teleonomie her faßt.

In biologischer Perspektive gilt: Individuen sind um ihrer Arten *(propter speciem)* und Arten um ökologischer Totalitäten willen da. Das Humanitätsziel der Moral besagt: Personen sind um ihrer selbst willen da (*propter seipsum*, vgl. THOMAS VON AQUIN CG III, 112). Wohl können wir dem von H. JONAS formulierten Imperativ, »*daß* eine Menschheit sei« (1979, 91), ebenso zustimmen wie seiner differenzierten Forderung nach einer ökologischen Neubesinnung unserer technologischen Zivilisation. Zweifellos haben wir allen Grund, die von LORENZ geäußerten gravierenden Sorgen um die Zukunft der Menschheit zu teilen. Aber trotz der unbestreitbaren Dringlichkeit dieser Anliegen *darf die Unverfügbarkeit der Person nicht einem biologisch-utilitaristischem Konsequenzenkalkül geopfert werden.* Auch der (unbestrittene) biologisch-ökologische Zweck heiligt nicht inhumane Mittel. Vielmehr hat die praktische Vernunft ihre moralisch-normativen Orientierungen so zu bestimmen, daß sie die biologisch aufweisbaren Erfordernisse des Art- und Naturgerechten mit der Selbstzweckhaftigkeit der Personen auf die Idee eines Reiches der Zwecke (3.2.3) hin vermittelt.

Hier ist auf einen weiteren Gesichtspunkt der ethologischen Relativierung der Moralitätsbewandtnis hinzuweisen, der eng mit der skizzierten Kompensationstheorie zusammenhängt. Die Rückbindung des Moralischen an die (stammesgeschichtlich erklärbare) artspezifische Instinktausstattung, die LORENZ behauptet, fördert eine doppelte Tendenz:

- Einerseits wird versucht, die menschliche Moralitätsbewandtnis (Gewissen, Wertorientierung, Normenbildung) möglichst vollständig aus *angeborenen biologischen Mechanismen, Dispositionen bzw. Strukturen* zu erklären, die sich in ähnlicher, nur graduell verschiedener Weise auch bei Tieren finden. Ein typisches Beispiel bildet der sogenannte »angeborene auslösende Mechanismus« (AAM), der etwa am »Kindchenschema« illustriert werden kann: Das Erscheinungsbild des Kleinkinds wirkt auf uns irgendwie lieb, herzig, goldig, rührend-hilflos und löst insofern eine affektive Gesamteinstellung sowie das entsprechende fürsorgliche Zuwendungsverhalten gegenüber dem Kind aus. So kann Mutterliebe als AAM erklärt werden. LORENZ führt menschliche Werturteile größtenteils auf AAM zurück.
- Andererseits werden *tierische Verhaltensweisen anthropomorph interpretiert* und mit moralisch relevanten Wörtern gekennzeichnet. So schildert LORENZ die »Liebe« und »Ehe« der Graugänse, die »selbstlose Kameradenverteidigung bei Dohlen« und spricht Ratten nicht nur »ein Wissen um die Unentrinnbarkeit eines gräßlichen Todes« zu, sondern auch die Fähigkeit, sich »zu wahren Mordspezialistinnen« zu entwickeln.

Eine gute Übersicht über diese doppelte Tendenz findet sich bei W. SCHILD (1981, 249–52). Es soll nicht bestritten werden, daß auch die menschliche Praxis stammesgeschichtlich erklärbare, vormenschliche Dispositionen voraussetzt; die eigenständige Bedeutung ihrer Moralitätsbewandtnis wird jedoch durch derartige Nivellierungstendenzen verfehlt und mißverstanden.

8.5 Relativierungen und transzendentale Differenz

Wir zeigten, daß die vier erörterten Relativierungstendenzen jeweils einen wichtigen Gesichtspunkt ins Spiel bringen, den die philosophische Ethik zu bedenken und zu berücksichtigen hat. Der kritische Haupteinwand gegen alle soziologischen, genealogischen, psychologischen und biologischen Relativierungsvarianten ergibt sich aus dem Gesichtspunkt der *transzendentalen Differenz* (3.1). Wir bezogen uns bereits mehrfach auf diesen Einwand und stellen ihn abschließend in *drei Schritten* dar:

(1) *Der doppelte Vernunftbegriff.* Alle Relativierungsvarianten operieren mit zwei ganz verschiedenen Bedeutungstypen von »Vernunft«. Wir wollen sie mit »V(1)« und »V(2)« abkürzen.

- V(1) ist die *unaufgeklärte,* sich mehr oder weniger unmittelbar als Reflex oder Epiphänomen einer empirisch-naturkausalen Basis vollziehende Vernunft.
- V(2) ist die *aufgeklärte,* die Bedingtheit von V(1) durchschauende, der Selbstreflexion fähige, transzendental fungierende und theoriebildende Vernunft.

Wir können diesen doppelten Vernunftbegriff an den diversen Relativierungsvarianten aufzeigen:

- Im historischen Materialismus ist V(1) die von der sozioökonomischen Basis her klassenspezifisch bestimmte, überbauhafte und insofern ideologische Vernunft im Sinne des linear interpretierten Basis-Überbau-Schemas, während V(2) das revolutionäre Bewußtsein des Proletariats als der fortschrittlichen letzten Klasse ist, das in der Theorie des historischen Materialismus den Ideologiecharakter von V(1) durchschaut und überwindet.
- Bei NIETZSCHE ist V(1) die von der Reaktivität des Ressentiments und seiner Kultur (moralisch, christlich) bestimmte Vernunft, während V(2) - im Grunde bereits übermenschlich - die Fixierung von V(1) genealogisch durchschaut, überwindet und die absolute Position erreicht.
- Bei FREUD ist V(1) das der Selbstreflexion und Analyse unfähige Ich des Strukturmodells, das (neurotisch, komplexbehaftet) in den Fixierungen seiner Kindheit und seiner Kultur aufgeht, während V(2) die Mechanismen des Apparats durchschaut, Analyse und Therapie vollzieht und die Theorie der Psychoanalyse entwickelt.
- Bei LORENZ ist V(1) die Vernunft, die unreflektiert in Funktion des biologisch-teleonom gesteuerten Kompensationsmechanismus mehr oder weniger arterhaltende Normen erzeugt, während V(2) - ethologisch geschult - Überlegungen über die Todsünden der zivilisierten Menschheit erstellt.

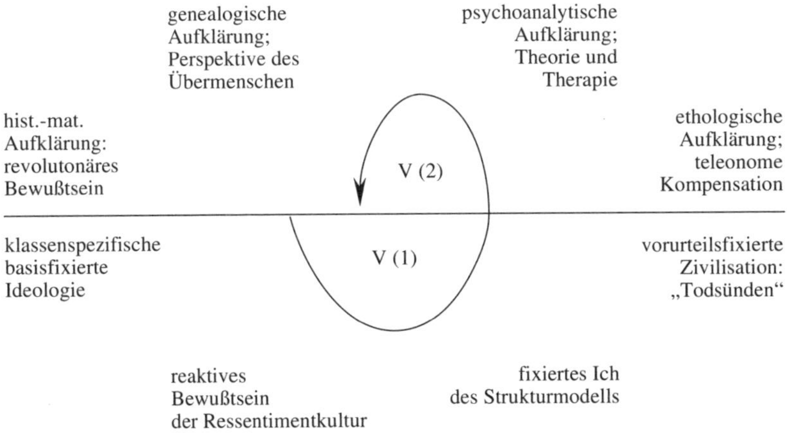

Abb. 24: Bedingtheit und Selbstreflexion

(2) *Wer erreicht V(2)?* Alle vier Varianten behaupten, das Niveau V(2), also der Status der Selbstreflexion, in welchem das Niveau V(1) überwunden und durchschaut wird, falle *mit der je eigenen Theorie zusammen.* Ob Menschen auf dem Niveau V(1) bleiben oder sich zu V(2) emanzipieren, hänge also davon ab, ob sie sich durch die betreffende Theorie aufklären lassen. Dem Aufklärungspotential der Theorie wird in V(1) ein borniert-

unmittelbarer, unaufgeklärter, basisfixierter und reflexionsloser Status als Folie gegenübergestellt. Hier ist zu fragen: Kann tatsächlich angenommen werden, daß es Menschen gibt (gab), die schlechthin auf einem Status nach Art von V(1) festgelegt sind (waren)? Dabei ist zu bedenken, daß alle Varianten V(1) als einen Status beschreiben, in welchem der Mangel an relevanter Selbstreflexion *menschliche Praxis in ihrer eigentlichen Bedeutung* unmöglich macht.

Wohl kann es der Fall sein, daß wir vor dem Entstehen bzw. der Kenntnisnahme einer bedeutenden Theorie *in bestimmter Hinsicht* unwissend und unaufgeklärt sind. Auch ist nicht zu bezweifeln, daß unser Motivationshorizont vielfältig (z. B. sozioökonomisch, genealogisch, psychologisch, biologisch) bedingt und beschränkt ist. Wir können nie alle Grenzen endlich-kontingenter Bedingtheit übersteigen und jenseits unserer beschränkten Faktizität eine schlechthin absolute Position erreichen. Daraus ergibt sich aber keinerlei Einwand gegen die Annahme, *innerhalb der je eigenen Grenzen seien Selbstreflexion, moralische Subjektivität, Selbstbestimmung aus Freiheit und verantwortliche Praxis möglich.* Vielmehr scheinen diese Bestimmungen wesentlich zum *Begriff des Menschen* zu gehören. Kein zum Gebrauch der Vernunft gelangter Mensch, welcher Epoche man ihn auch zuordnen mag, lebt einfachhin bloß in einem (als V(1) charakterisierbaren) unmittelbar-reflexionslosen Status; vielmehr umfaßt menschliches In-der-Welt-Sein immer zugleich die reflexiv-vermittelnde Bewandtnis im Sinne von V(2). Denn zum Begriff des Menschen gehört in jeder Spielart endlich-kontingenter Bedingtheit »die Unmittelbartkeit, welche die Vermittlung nicht außer ihr hat, sondern diese selbst ist« (HEGEL Phän 30). Wäre der Mensch nicht immer schon zugleich empirisches *und* transzendentales Ich, V(1) *und* V(2), so wäre nicht einzusehen, wie er überhaupt je in der Lage wäre, in dieser oder jener bestimmten Hinsicht das Niveau von V(2) zu erlangen.

Die genannten Relativierungsvarianten tendieren dazu, die Differenz von V(1) und V(2) zu radikalisieren und sie (letztlich willkürlich) an den von ihnen jeweils absolut gesetzten Theorieaspekten festzumachen, etwa am proletarisch-revolutionären Bewußtsein, an der Peripetie von Mensch zu Übermensch, an der Entdekkung der Strukturen des Unbewußten sowie am Aufweis stammesgeschichtlich bedingter Dispositionen der Praxis. Jede Variante meint, ihre Theorie thematisiere den für den Status des Bewußtseins und der Praxis schlechthin ausschlaggebenden Aspekt. Die philosophische Ethik kann ohne Schwierigkeiten anerkennen, da jeder dieser Theorieaspekte bedeutsame Gesichtspunkte ins Spiel bringt. Sie wird jedoch die geschilderte Radikalisierung der Differenz von V(1) und V(2) und die willkürliche Absolutsetzung der Aspekte ablehnen und die eigenständige Bedeutung der Moralitätsbewandtnis betonen.

(3) *Relativierung der Ethik?* Stellen wir uns Personen vor, die im Sinne der skizzierten Relativierungsvarianten jenes Niveau V(2) erreicht haben,

das sie in die Lage versetzt, die Basisfixierungen von V(1) zu durchschauen und sich von den Vorurteilen des unaufgeklärten Status zu befreien! Sie hätten also mit tradierten Ethosformen Schluß gemacht und wüßten, worin der springende Punkt aller Praxis besteht. Es scheint allerdings, daß der durchlaufene Aufklärungsprozeß letztlich doch wieder zu jenen Grundfragen der Ethik zurückführen müßte, um die sich auch die Tradition bemühte. Es sind vor allem folgende Fragen:

- Wie sollen wir unser persönliches Leben (gut, sinnvoll, verantwortbar) führen?
- Wie sollen wir unsere zwischenmenschlichen Beziehungen gestalten?
- Nach welchen Gesichtspunkten sollen die sozialen Bereiche (Familie, Wirtschaft, Kultur, Politik etc.) geregelt werden?

Selbst wenn wir die (materialistische, genealogische, psychoanalytische, ethologische) Aufklärung mit allen Konsequenzen hinter uns gebracht haben, bleiben diese Fragen nach wie vor aktuell. Zwar haben wir dann zweifellos vieles durchschaut und gelernt. Aber es scheint, daß sich auch dann keine Alternative anbietet zum Moralprinzip der Tradition und zu den vielfältigen Fragen, die sich in seinem Umfeld stellen.

Wo marxistische Positionen den Anspruch des Moralprinzips historisch-materialistisch ablehnten und das Programm einer konsequenten *Klassenmoral* vertraten, trugen sie zu jener offenkundigen Inhumanität bei, die der Zusammenbruch des realen Sozialismus an den Tag brachte. Bei NIETZSCHE scheint die Praxis des Übermenschen *vital-egoistisch* motiviert zu sein; es finden sich aber kaum Hinweise, welche zeigen, wie auf dieser Basis die sozialen Bereiche zu gestalten wären. Bei FREUD scheint der Sinn von Praxis letztlich auf den egoistischen Hedonismus der subjektiven *Libidoökonomie* hinauszulaufen; eine Perspektive, die als Basis der Gestaltung der interpersonalen und der sozialen Bereiche eher prekär wirkt. Bei LORENZ instrumentalisiert die biologische *Teleonomie* die sittliche Vernunft und ordnet die Würde und Selbstzweckhaftigkeit der Person dem biologischen Zweck der Arterhaltung unter. Für die Beantwortung der drei genannten Fragen wirken diese Ansätze außerordentlich ernüchternd.

Zusammenfassung 8

- Der historische Materialismus relativiert die eigenständige Moralitätsbewandtnis insofern, als er das Basis-Überbau-Schema linear interpretiert und Praxis (Gewissen, Subjektivität, Ethos) lediglich als klassenbedingten Reflex der ökonomisch-materiellen Basis faßt. Die dialektische Interpretation des Schemas weist mit Recht auf die sozioökonomische und soziohistorische Vermitteltheit von Gewissen und Ethos hin.

- NIETZSCHE faßt die traditionelle Moral als die Sklavenmoral, welche sich durch das Ressentiment der sich herdenmäßig zusammenschließenden reaktiven Menschen gegen die vornehme Herrenmoral durchsetzt. Die fortschreitende Selbstzersetzung der Ressentiment-Kultur stellt die Peripetie vom Menschen zum Übermenschen in Aussicht, der die alte, lebensverneinende Moral überwindet und eine neue, vitale, lebensbejahende, radikal autonome Praxis möglich macht.
- Nach FREUD ist Moral Resultat der durch Kultur bewirkten individuellen (Vater, Gewissen) und kollektiven (Gott, Ethos) Über-Ich-Einsetzung, die im Ödopus-Komplex gründet und die Aggresion eindämmen soll, indem sie Triebverzicht fordert. Der Sinn des Lebens und der Praxis ist durch die Libidoökonomie bestimmt.
- Nach LORENZ fungiert die Moral als Kompensationsmechanismus, der die biologische Instinktausstattung des Menschen an die Erfordernisse des Kulturlebens anpassen soll. Grundnorm der Moral ist somit die auf Arterhaltung abziehende biologische Teleonomie.
- Tendenziell setzen diese Relativierungsvarianten einer (klassenspezifisch, ressentimenthaft, neurotisch bzw. instinkthaft) fixierten, reflexionslosen Praxis und deren (defizienter) traditioneller Moral ein (durch die betreffende Theorie) aufgeklärtes neues Bewußtsein gegenüber, das eine neue Praxis ermöglichen soll.
- In der Radikalisierung dieser Differenz und in der Absolutsetzung der (an sich legitimen und bedeutsamen) Theorieaspekte wird oft übersehen, daß der Motivationshorizont des Menschen zwar immer endlich-kontingent und vielfältig bedingt ist, aber in dieser Beschränkung auch immer Horizont eines selbstbewußt-freien, reflektierenden und der verantwortlichen Praxis fähigen Subjekts ist.

9 Neuansätze

Innerhalb der Gegenwartsphilosophie wurden eine Reihe von Versuchen gemacht, durch Neuansätze eine Grundlegung der Ethik zu schaffen, die sich von den traditionellen Formen der Fundamentalethik mehr oder weniger stark unterscheiden. Wir skizzieren im folgenden die *materiale Wertethik,* die *existentialistische Ethik* sowie die *Diskursethik* und verweisen im Anschluß daran kurz auf einige andere Neuansätze.

9.1 Die materiale Wertethik

Sie entstand im Rahmen der von Edmund HUSSERL (1859–1938) begründeten *phänomenologischen Philosophie,* die bis etwa 1970 großen Einfluß auf das kontinentaleuropäische Denken ausübte (EP 3.4.1). Für das Entstehen der materialen Wertethik war auch das ethische Werk von Franz BRENTANO (1838–1917) bedeutsam. Als Hauptvertreter der materialen Wertethik gelten Max SCHELER (1874–1928), Nikolai HARTMANN (1882–1950) und Dietrich von HILDEBRAND (1889–1977).

Es war das Grundanliegen der phänomenologischen Philosophie, mittels der sogenannten *phänomenologischen Methode* die reinen Wesenheiten und Wesenssachverhalte freizulegen, die der inneren und äußeren Erfahrung zugrunde liegen, und sie der sogenannten *Wesensschau* zugänglich zu machen. Darum nennt man die Phänomenologie auch *Wesensphilosophie.* Die phänomenologischen Forschungen ergaben eine Fülle wertvollen Analysematerials zur Erkenntnistheorie, zur Theorie des Subjekts, zur Psychologie, aber auch zu Logik, Mathematik, Ontologie, Naturphilosophie, Religionsphilosophie und Ästhetik. Die materiale Wertethik wendet die phänomenologische Methode in modifizierter Form auf die Ethik an. Als Hauptwerke gelten SCHELERS *Der Formalismus in der Ethik und die materiale Wertethik* (1913–16) sowie HARTMANNS *Ethik* (1926).

9.1.1 Der wertethische Ansatz

Die Grundthese aller Wertethiker läßt sich folgendermaßen fassen: *Wie sich die rational erkennende Wesensschau zur Wesenheit verhält, so verhält sich das irrational erkennende Wertgefühl zum Wert.* Werte sind also keine rational erfaßbaren, argumentativ aufweisbaren Sinngehalte, sondern sie erschließen sich einem *Wertfühlen,* das im Unterschied zu allem sinnlich-affekthaften Gefühl als ein *geistiges, aber irrationales* Fühlen gefaßt wird. Manche Wertethiker nehmen an, es gebe eine *reine, ungeschichtliche und absolute Ordnung der Werte an sich,* also eine *apriorisch strukturierte Wertwelt,* die sich unserem Wertfühlen (im Vorziehen und Nachsetzen, im Lieben und Hassen) in verschiedenen Graden der Adäquation erschließt. Nicht die Werte sind geschichtlich-wandelbar, sondern unser Entwicklungsstand des Wertfühlens verändert sich gegenüber der unveränderlich-ungeschichtlichen Welt der Werte. SCHELER schreibt:

> Der eigentliche Sitz alles Wertapriori [. . .] ist die im Fühlen, Vorziehen, in letzter Linie im Lieben und Hassen sich aufbauende *Wert-Erkenntnis* resp. *Wert-Erschauung,* sowie die Zusammenhänge der Werte, ihres »Höher-« und »Niedrigerseins«, d. h. die *»sittliche Erkenntnis«.* Diese Erkenntnis erfolgt also in *spezifischen* Funktionen und Akten, die von allem Wahrnehmen und Denken toto coelo verschieden sind und den einzig möglichen *Zugang* zur Welt der Werte bilden. Nicht nur »innere Wahrnehmung« oder Beobachtung (in der ja nur Psychisches gegeben ist), sondern *im* fühlenden, lebendigen Verkehr mit der *Welt* [. . .], *im* Vorziehen und Nachsetzen, *im* Lieben und Hassen selbst, [. . .] blitzen die Werte und ihre Ordnungen auf! Und in dem so Gegebenen liegt auch der apriorische Gehalt. (II 88 f.) Hierbei kann ein Wert (respektive sein Rang) im Fühlen und Vorziehen in den verschiedensten Graden der *Adäquation* bis zur *»Selbstgegebenheit»* (mit der »absolute Evidenz« zusammenfällt) gegeben sein. (89) Ob also ein Ich überhaupt Werte »hat« oder »erfährt«, ist für deren Sein überhaupt ganz gleichgültig. [. . .] Das Sein des Wertes setzt so wenig ein Ich voraus, als die Existenz von Gegenständen (z. B. Zahlen) oder als die gesamte Natur ein »Ich« voraussetzt. (280) Sowohl für den historischen Menschen als für das Individuum ist die Entwicklungsfähigkeit des Wertfühlens eine unbegrenzte; und auch der Mensch als Gattung ist ein sich wandelndes Glied der Entwicklung des universellen Lebens. Indem sich sein Fühlen entwickelt, *schreitet* er erst in die Wertfülle der vorhandenen Werte *hinein.* (281) Je weniger wir aktiv Besitz nehmen von unserer geistigen Person, desto mehr sind die Werte uns nur als Zeichen für Güterdinge gegeben, die für unsere leiblichen Bedürfnisse wichtig sind. Je mehr wir »in unserem Bauche« leben – wie der Apostel sagt –, desto wert*ärmer* wird die Welt und desto mehr sind auch die noch gegebenen Werte nur in der Einschränkung ihrer möglichen Zeichenfunktion für vital und sinnlich »wichtige« Güter da. *Darin,* aber nicht in den Werten selbst, liegt das subjektive Element der Wertgegebenheit. (281 f.)

Wir sehen, daß SCHELER in eigentümlicher Weise versucht, das gefühlsethische Motiv der empiristischen Tradition (vgl. HUME, 2.4.3) mit dem Apriorismus KANTS zu verbinden. Außerdem erinnert sein Ansatz an die *logique du coeur* bei Blaise PASCAL. Er kritisiert vehement den Formalismus des sittlichen Apriori bei KANT (3.2.1) und behauptet im Gegensatz dazu den materialen, objektiven, sich im Wertfühlen erschließenden Apriorismus der Werte. Dabei vertritt er folgende Rangordnung im Bereich der Wertgruppen:

- Die unterste Stufe bilden die Werte des *Angenehmen und Unangenehmen* im Sinne der (sinnlichen) *Lust-Unlust-Motivation.*
- Höherrangig sind die Werte des *vitalen Fühlens* im Sinne der *Höhe des Lebensgefühls,* etwa im Gegensatz von Edlem und Gemeinem, Gesundem und Kranken, Jugend und Alter; hier nimmt SCHELER Motive von NIETZSCHE auf.
- Höher als die vitalen Werte stehen die *geistigen Werte,* zu denen die moralischen, aber auch die rechtlichen und ästhetischen Werte, sowie die Werte des Wahren (z. B. in der Wissenschaft) gehören.
- Die höchste eigenständige Wertgruppe bilden die Werte des *Heiligen und Unheiligen.*

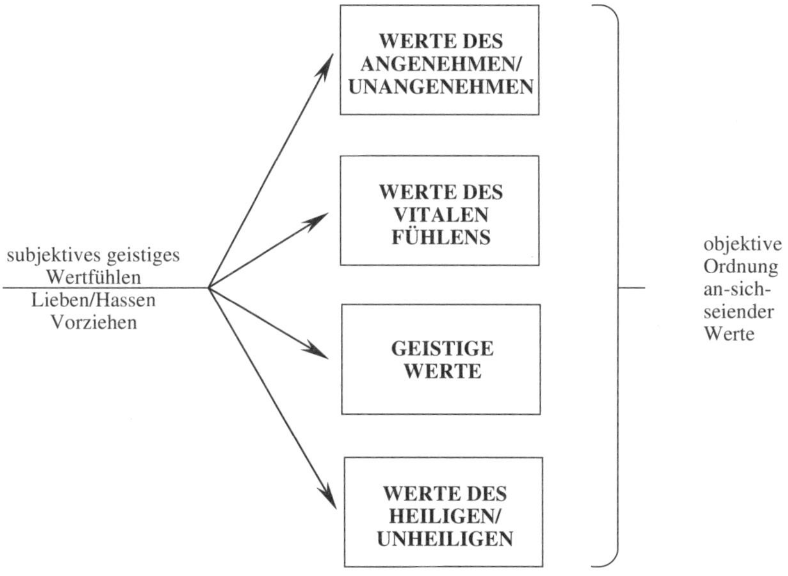

Abb. 25: Das Wertfühlen bei Scheler

Worin besteht bei SCHELER das Eigentümliche der *moralischen Werte,* die Thema der Ethik sind? Im Unterschied zu anderen (z. B. vitalen, ästhetischen oder religiösen) Werten implizieren die moralischen Werte ein *Sollen.* Fühle ich einen moralischen Wert, so fühle ich damit zugleich, *daß seine Verwirklichung sein soll.* Diese Sollensbewandtnis hat zunächst den Charakter eines *idealen Sollens,* also eines Sollens überhaupt, das sich nicht konkret an mich in meiner Situation richtet. Dieses ideale Sollen wird zum *realen Sollen,* wenn ich in bestimmter Situation das *Fehlen* der Verwirklichung eines moralischen Wertes konstatiere. Dieses reale Sollen erlangt die Bedeutung eines *Imperativs:* Ich weiß mich dann verpflichtet, die Verwirklichung des Wertes hier und jetzt anzustreben und entsprechend zu handeln.

Wir können das Gemeinte folgendermaßen illustrieren: *Hilfsbereitschaft* erfühlen wir ganz allgemein (unabhängig von einer konkreten Situation) als moralischen Wert, denn das Wertfühlen erschließt unmittelbar Hilfsbereitschaft als einen Wert, der mit einem idealen Sollen verbunden ist. Sehe ich nun, wie ein alter, blinder Mann hilflos versucht, die Straße zu überqueren, so bestimmt sich das ideale Sollen zum realen und damit zum Imperativ. Ich sehe, daß Hilfsbereitschaft hier und jetzt real verwirklicht werden sollte; daraus entspringt für mich die Verpflichtung, den alten Mann über die Straße zu führen.

> Alle Imperative sind selbst nur *berechtigte* Imperative, wenn sie auf ein ideales Sollen und indirekt auf den dazu gehörigen Wert zurückgehen. (227)

Was sind diese Werte *in sich selbst?* Nach SCHELER sind sie *an sich geltende, objektive Zielgehalte menschlichen Strebens,* die sich als reine (nicht-empirische), wesenhaft-universelle Qualitäten an den empirisch-realen Wertträgern zeigen und sich dem Wertfühlen (mehr oder weniger) erschließen. Damit aber wird der *Status der Werte* zu einem schwierigen *ontologischen* Problem. Die Wertethiker lehnen es strikt ab, die Werte als Sinnentwürfe und damit als Artefakte auf das Subjekt zurückzuführen, sondern behaupten ein von den Subjekten völlig unabhängiges Ansichsein der Werte. HARTMANN versuchte, den ontologischen Status der Werte durch die Einführung einer eigenen Ebene des Seins zu klären, nämlich durch das *ideale Sein.* Er stellt (in schlecht platonistischer Weise, vgl. EP 5.1.2.4) dem realen Sein diverse Sphären des idealen Ansichseins gegenüber und siedelt dort die Wertwelt in der Nachbarschaft der ansichseienden Sphären der idealen logischen und mathematischen Gegenstände an:

> Die eigentliche Seinsweise der Werte ist offenkundig die eines *idealen Ansichseins.* Sie sind ursprünglich Gebilde einer *ethisch idealen Sphäre,* eines Reiches mit eigenen Strukturen, eigenen Gesetzen, eigener Ordnung. Die Sphäre schließt sich der theoretisch idealen Sphäre, der logischen und mathematischen Seinssphäre, sowie derjenigen der reinen Wesenheiten überhaupt, organisch an. Sie ist deren Fortsetzung. Wie wesensverschieden auch ideale Seinsstrukturen jener Gebiete den Werten sein mögen, sie teilen mit ihnen doch den modalen Grundcharakter des idealen Ansichseins. (136)

9.1.2 Kritische Überlegungen

Die Annahme objektiver, ansichseiender, ungeschichtlicher und bewußtseinsunabhängiger Werte erwies sich als philosophisch unhaltbar. Schon ihr ontologischer Status (z. B. als Sphäre des idealen Seins bei HARTMANN) führt in unlösbare Probleme. Seit der *Existentialismus* den subjektiv-freien Entwurfcharakter allen Wertens herausgestellt hatte, die *Hermeneutik* den letztlich uneinholbaren Vorverständnisbezug und der *Neomarxismus* die historisch-materialistische Tragweite der Geschichtlichkeit, büßte die materiale Wertethik weitgehend die Bedeutung ein, die sie um die Jahrhundertmitte hatte. Werte als materiale Qualitäten, als Zielgehalte des Strebens und Sinnansprüche der Praxis sind nichts Ansichtseiendes. Sie sind Setzungen und Entwürfe des wertenden Bewußtseins. Moralische Werte resultieren einerseits aus der wertsetzenden (praktischen) Vernunft qua *Gewissen* und werden andererseits auf Grund sozialer Akzeptanz intersubjektiv zu normenbildenden Elementen des sozialen *Ethos* (5.1.3). Insofern haben Werte eine *artifizielle* Bewandtnis; das heißt freilich nicht, daß Wertsetzungen einfachhin willkürlich und beliebig erfolgen. Darum verweisen die beiden großen Paradigmen der ethischen Tradition, die *lex naturalis* bei THOMAS (4.2) und die Selbstzweckformel des Kategorischen Imperativs bei KANT (3.2.2), auf eine unbeliebige, apriorische Grundstruktur allen Wertens, deren *materiale* Füllung allerdings immer in gesellschaftlicher und geschichtlicher Vermittlung steht.

Auch die Annahme, daß sich Werte in nonkognitivistischer Weise einem alogischen, *irrationalen Wertfühlen* erschließen, erwies sich – zumindest bezüglich der moralischen Werte – als äußerst fragwürdig. Sie wird der offenkundigen *Diskursivität* des Moralischen nicht gerecht, der Tatsache also, daß wir über das sittlich Richtige Diskurse führen und rational argumentieren können. Wir erörterten dieses Thema, als wir über die Dialektik des Gewissens (5.1.1) und über das Verhältnis von Gewissen und Ethos (5.1.3) handelten. Sowohl die beiden zitierten Paradigmen der Tradition als auch die aktuellen diskursethischen, gerechtigkeitstheoretischen und utilitaristischen Ansätze sind kognitivistisch. Die Wertethik führt in die prekäre Situation, daß sich Personen im Fall von Wertdivergenzen im Grunde nur auf ihr je-eigenes Wertgefühl berufen, dessen subjektiven Entwicklungsstand absolutsetzen bzw. ihn durch Autoritäten absichern lassen können. Damit aber leistet sie gerade jenen subjektivistischen und relativistischen Tendenzen Vorschub, gegen die sie mit der Behauptung der Objektivität ansichseiender Werte antrat.

Unabhängig von dieser Kritik am wertethischen Ansatz ist auf die Vielfalt wertvoller wertethischer Analysen hinzuweisen, die von den Wertethikern vorgelegt wurden. Man denke etwa an SCHELERS Unterscheidung von Werten und Gütern, an seine subtilen Differenzierungen der Wertarten (z.B. Person- und Sachwerte, Eigen- und Fremdwerte, Akt-, Funktions-, Reaktions-, Gesinnungs-, Handlungs- und Erfolgswerte, Individual- und Kollektivwerte, Selbst- und Fremdwerte) oder an die großartige Werttafel bei HARTMANN.

9.1.3 Exkurs: Moral und Gefühl

Die These der Wertethiker, es gebe ein eigenständiges, nichtsinnliches, geistiges Wertfühlen, widerspricht den großen Traditionen der philosophischen Ethik, welche den emotional-affektiven Bereich meist der Sinnlichkeit zuordneten, während nur das (vernunfthafte) Erkennen und das (freie) Wollen als geistige Vollzüge betrachtet wurden. Es scheint keinen zwingenden Grund zu geben, diese traditionelle Zuordnung in Frage zu stellen. Dennoch verweist die Auffassung der Wertethiker berechtigterweise auf die besondere Bedeutung, die dem Bereich des Emotional-Affektiven innerhalb der Moral zukommt.

Wir wiesen bereits in 6.2 darauf hin, daß die antike sowie die scholastische Ethik diesem Bereich *(passiones animae)* große Bedeutung einräumten und ihn zu differenzieren suchten. Auch in der empiristischen Ethik (vgl. 2.4.3) spielen die Gefühle eine zentrale Rolle. Wir erinnern uns, daß SCHILLER (6.1) gegenüber KANT eindringlich darauf insistierte, diesen Bereich innerhalb des Moralischen stärker zu beachten. Im Rahmen der analytischen Ethik werden wir zeigen, daß der *Emotivismus* die Bedeutung des Emotionalen unter einem anderen (wichtigen) Gesichtspunkt ins Spiel bringt. Wir skizzieren im folgenden drei Aspekte des Zusammenhangs von Moral und Gefühl:

(1) *Der Aspekt der Spannung.* Im Raum der Moralität machen wir oft die Erfahrung, daß wir gegenüber dem Anspruch der Pflicht emotional-affektiv *ablehnend* reagieren. Wir wissen dann zwar, daß wir etwas sollten, aber was wir sollten, tun wir *nicht gern.* Manchmal setzt die Pflichterfüllung eine beträchtliche Anstrengung voraus, weil die Pflicht auf einen starken Widerstand seitens der Emotionen stößt (z.B. Angst, Widerwille, Ekel, Lethargie, Zorn, Begierde, Eitelkeit etc.). Diese Grunderfahrung macht deutlich, daß der moralische Anspruch häufig in einer Spannung zu unserer emotional-affektiven Gestimmtheit steht; wir empfinden die Emotionen bzw. Affekte als moralitätswidrig und wissen uns verpflichtet, sie zu überwinden.

In 3.2.6 sahen wir, daß das moralisch *Böse* immer als pflicht- bzw. vernunftwidriges empirisches Motiv motiviert, also als ein Motiv, das uns emotional-affektiv bewegt. KANT betonte dieses Phänomen der Spannung in der Gegenüberstellung von *Pflicht und Neigung.* Auf Grund dieser Spannung sprechen wir etwa von Selbstüberwindung, Selbstbeherrschung oder Selbstdisziplin.

(2) *Der Aspekt der positiven Resonanz.* Der Aspekt der Spannung betrifft das Verhältnis von Moral und Gefühl nur partiell. Denn oft sind unsere Emotionen bzw. Affekte mit unseren Pflichten im Bunde und unterstützen sie; dann tun wir das Gute gern. Wir machen vielfältig die Erfahrung einer emotionalen Resonanz der Moralität im emotional-affektiven Bereich. Die Emotionalität korreliert in diesem Fall positiv mit der Moralität. Dabei können wir zwei Möglichkeiten unterscheiden:

- Im Fall der ersten geht es darum, daß die Korrelation von Moralität und Emotionalität *apriorisch* grundgelegt ist; sie hat dann den Charakter eines *natürlichen Habitus* (4.1.1). Dabei kommen wichtige Aspekte des Phänomens des *Gewissens* in Sicht.

Auf einen zentralen Aspekt verweist KANT mit dem Begriff der *Achtung fürs Gesetz*. Während das Gesetz (als reines Vernunftgesetz) im Praktischwerden reiner Vernunft aus sich selbst gründet (3.2), ist die Achtung eine Emotion.

> Man könnte mir vorwerfen, als suchte ich hinter dem Worte *Achtung* nur Zuflucht in einem dunklen Gefühle, anstatt durch einen Begriff der Vernunft in der Frage deutlich Auskunft zu geben. Allein wenn Achtung auch ein Gefühl ist, so ist es doch kein durch Einfluß *empfangenes*, sondern durch einen Vernunftbegriff *selbstgewirktes* Gefühl und daher von allen Gefühlen der ersteren Art, die sich auf Neigung oder Furcht bringen lassen, spezifisch unterschieden. Was ich unmittelbar als Gesetz für mich erkenne, erkenne ich mit Achtung, welche bloß das Bewußtsein der *Unterordnung* meines Willens unter einem Gesetze ohne Vermittlung anderer Einflüsse auf meinen Sinn bedeutet. (GMS BA 16 Anm.)

Von diesem zentralen Aspekt her können wir auch die emotionale Seite jener Phänomene verstehen, die wir in 4.1.2 erörterten. Wir zeigten dort, wie THOMAS VON AQUIN die Grundfunktionen des Gewissens vor und nach der Handlung charakterisiert (*inclinare, remurmurare, remordere, excusare* etc.). Auch alltagssprachlich ist die Rede vom guten Gewissen als dem »sanften Ruhekissen« im Unterschied zum »Gewissensbiß« bzw. »Gewissenswurm« des schlechten Gewissens. Diese vielfältigen Formen des Korrelierens von Moralität und Emotionalität bzw. der emotionalen Resonanz des Moralitätsanspruchs gründen nach KANT letzlich in jener apriorischen Grundresonanz des Sittengesetzes im emotional-affektiven Bereich, eben der Achtung fürs Gesetz. (Vgl. dazu auch das NEWMAN-Zitat in 7.3.4)

- Im Fall der zweiten Möglichkeit geht es um jene Resonanz der Moralität im emotional-affektiven Bereich, wie wir im Kontext des *klassischen Tugendbegriffs* erörterten (6.2). Hier ist die Korrelation nicht apriorisch vorgegeben, sondern im Tugendstreben zu leisten; durch die Gestaltung und Erziehung der je-eigenen Sensualität wird der Moralität Resonanz im emotional-affektiven Bereich verschafft und die Widerspenstigkeit der Neigungen abgebaut. Der Tugendhafte lebt dann nicht mehr in der Spannung des ersten Aspekts, sondern freut sich am Guten und tut es gern.

Vielleicht könnte man das, was die Vertreter der materialen Wertethik mit dem *Wertfühlen* meinen, zumindest partiell durch diesen Aspekt der Resonanz-Emotionalität erklären.

(3) *Der Aspekt der Fixierung*. Wir können hier auf Gesichtspunkte hinweisen, welche die *Ethologie* (8.4) ins Spiel brachte. Zweifellos gibt es viele stammesgeschichtlich vorgegebene und kulturgeschichtlich modifizierte emotional-affektive Reaktionsweisen, die bewirken, daß wir auf

bestimmte Motive, Phänomene oder Situationen in bestimmter Weise reagieren. Wir müssen damit rechnen, daß unsere Sensualität vielfältig durch Bestimmungen fixiert ist, die man ethologisch als Instinktausstattung, Prägung, AAM-Struktur etc. erklären kann, etwa im Sinne des Kindchen-Schemas oder der Tötungshemmung. Manche dieser emotional-affektiven Reaktionsweisen erscheinen uns in ähnlicher Weise *wertbezogen* wie die moralische Motivation; darum werden sie auch von manchen Ethologen moralanalog interpretiert. Tatsächlich liegen derartige Fixierungen jedoch auf einem *vormoralischen* Niveau. Sache der praktischen Vernunft ist es, den Inhalt der Pflicht zu bestimmen, ohne sich an diese Fixierungen auszuliefern. Unsere Sensualität ist auch bezüglich derartiger Fixierungen plastisch, gestaltbar bzw. erziehbar; wir sollten sie so gestalten, daß Moralität in ihr emotional-affektiv Resonanz findet.

Spontane emotionale Reaktionsweisen können die Vernunftmotivation verstärken und unterstützen, sie können sich aber auch als vernunftwidrig erweisen. So etwa können spontane Mitleidsaffekte die Hilfsbereitschaft gegenüber Mitmenschen fördern; sie können aber auch fehl am Platze und unvernünftig sein, man denke etwa an jene alten Damen, die aus Mitleid (AAM-bedingt?) mit besonders niedlichen Tieren maßlos Tauben füttern und damit erheblich zur Taubenplage beitragen, an der unsere Städte leiden.

9.2 Existentialistische Ethik

Der Existentialismus spielte zwischen 1920 und 1960 eine beträchtliche Rolle innerhalb der europäischen Philosophie. Seine Auswirkungen, vor allem die seiner großen Analysen der Existentialien (= Grundstrukturen der menschlichen Existenz), sind nach wie vor bedeutsam. Der wirkungsgeschichtlich maßgebliche Vorläufer des Existantialismus unseres Jahrhunderts war der Däne Sören KIERKEGAARD (1813–1855). Als Hauptvertreter des neueren Existentialismus gelten Karl JASPERS (1883–1969), Martin HEIDEGGER (1889–1976), Gabriel MARCEL (1889–1973) und Jean-Paul SARTRE (1905–1980). Wir wollen im folgenden zunächst die ethisch relevanten Grundgedanken KIERKEGAARDS und dann einige ethische Hauptthemen des neueren Existentialismus skizzieren (vgl. EP 3.4.2).

9.2.1 Kierkegaard

Die drei Überlegungen KIERKEGAARDS, mit denen wir uns beschäftigen wollen, wurden im existentialistischen Denken unseres Jahrhunderts in vielfältigen Variationen rezipiert. Wir beziehen uns im folgenden vor allem auf die Werke *Entweder Oder* (1843), *Unwissenschaftliche Nachschrift zu den philosophischen Brosamen* (1849) und *Die Krankheit zum Tode* (1849).

9.2.1.1 Objektive und subjektive Reflexion

Mit der Unterscheidung dieser beiden Möglichkeiten der *Selbstreflexion* erörtert KIERKEGAARD eine für die gesamte existentialistische Philosophie entscheidende *Grunddifferenz:*

- In der *objektiven Reflexion* werde ich mir selbst zum Objekt, d.h. ich denke mich *als etwas;* dieses Etwas ist immer ein Abstraktum, ein Allgemeines, ein Universale. Damit wird das Subjekt als die individuelle, je-eigene, konkret-einzelne *Existenz* ausgeklammert; es wird nicht Thema der Reflexion.

  In der objektiven Reflexion denke ich mich z.B. *als* Mann, Vater, Beamter, Philosoph, Patient etc., d.h. als etwas, *was andere auch sind* und worin ich durch andere ersetzbar erscheine.

  > Der Weg der objektiven Reflexion macht das Subjekt zum Zufälligen und dadurch Existenz zu etwas Gleichgültigem, Verschwindendem. Vom Subjekt fort geht der Weg zur objektiven Wahrheit, und während das Subjekt und die Subjektivität gleichgültig werden, wird es die Wahrheit auch und gerade dies ist ihre objektive Gültigkeit [...]. (Nachschrift 355, Ausg. DIEM)

- In der *subjektiven Reflexion* geht es genau *um mich als dieses individuell-existierende Subjekt,* um die subjektive Innerlichkeit meines je-eigenen Existierens und seine individuell-subjektiven Möglichkeiten, also um das, worin ich gerade nicht ersetzbar bin. Dem subjektiven Denker geht es darum, »sich selbst in Existenz zu verstehen« (519), sich auf seine eigensten Möglichkeiten hin zu erfassen und sich der radikal konkreten Offenheit des je-eigenen Werdens zu stellen.

  > Während das denkende Subjekt und seine Existenz dem objektiven Denken gleichgültig ist, ist der subjektive Denker als Existierender wesentlich an seinem eigenen Denken interessiert, ist in ihm existierend. [...] Während das objektive Denken alles im Resultat ausdrückt und der ganzen Menschheit durch Abschreiben und Ableiern des Resultats und des Fazits zum Mogeln verhilft, setzt das subjektive Denken alles ins Werden und läßt das Resultat weg, teils weil dies gerade dem Denker angehört, da er den Weg hat, teils weil er als Existierender beständig im Werden ist, was ja jeder Mensch ist, der sich nicht dazu hat narren lassen, objektiv zu werden, unmenschlich zur Spekulation zu werden. (200f.)

KIERKEGAARD wendet sich mit dieser Unterscheidung einerseits gegen die philosophischen Systeme des Deutschen Idealismus, vor allem gegen das spekulativ-absolute System HEGELS, andererseits aber auch gegen den positivistischen Anspruch der methodisch-abstrakten Einzelwissenschaften. Sie alle bewegen sich in objektiver Allgemeinheit und klammern darum genau das aus, worum es letztlich geht: die je-eigene, konkret-subjektive Existenz.

> Für die objektive Reflexion wird die Wahrheit ein Objektives, ein Gegenstand, und es kommt darauf an, vom Subjekt abzusehen; für die subjektive Reflexion wird die Wahrheit die Aneignung, die Innerlichkeit, die Subjektivität und es geht darum, sich existierend in die Subjektivität zu vertiefen. (331)

9.2.1.2 Selbst - Verzweiflung - Glaube

In der Schrift *Die Krankheit zum Tode* entwickelt KIERKEGAARD einen Gedankengang, der vom *Selbst* (= dem in subjektiver Reflexion Existierenden) über die existentielle *Verzweiflung* zum *Glauben* führt. Der Gedankengang beginnt mit einer Präszisierung des existentialistischen Ansatzes. Zunächst der zentrale Text:

> Der Mensch ist Geist. Aber was ist Geist? Geist ist das Selbst. Aber was ist das Selbst? Das Selbst ist ein Verhältnis, das sich zu sich selbst verhält, oder ist das im Verhältnis, daß das Verhältnis sich zu sich selbst verhält. (31, Ausg. DIEM)

Ausgehend von diesem Text versuchen wir, in drei Schritten dem Gedankengang zu folgen; dabei wollen wir Symbole verwenden.

(1) Das Selbst wird bestimmt als »ein Verhältnis, das sich zu sich selbst verhält«. Die Definition umfaßt zwei Elemente. Das erste, *Verhältnis* (»V«), meint im Kontext die im Menschen gesetzte Differenz von Natur und Geist. Endlichem und Unendlichem, Zeitlichem und Ewigem, Notwendigkeit und Freiheit. Sie läßt sich analog fassen zu jener Grundbewandtnis des Menschseins, die wir als *transzendentale Differenz* charakterisierten (3.1).

Verwenden wir für die gegensätzlichen Bestimmungen die Symbole »A« (= Natur, Endliches, Zeitliches, Notwendigkeit) und »B« (= Geist, Unendliches, Ewiges, Freiheit), so können wir das erste Element der Definition als Verhältnis von A und B charakterisieren.

Wir fassen also das erste Definitionselement als »V(AB)«. Aber: »So betrachtet ist der Mensch noch kein Selbst.« (31) Die philosophische Sicht des Menschen als V(AB) verbleibt auf der Ebene der objektiven Reflexion. Erst das zweite Definitionselement bringt die existentielle Pointe ins Spiel: Das Selbst ist ein Verhältnis (»V^1«), in welchem sich V(AB) *zu sich selbst verhält*. Schreiben wir für »V(AB)« vereinfacht »V«, so können wir die Definition des Selbst formalisieren als »V^1(VV)«.

> Das Selbst ist nicht das Verhältnis [V(AB)], sondern daß das Verhältnis [V] sich zu sich selbst [V] verhält [V^1]. [. . .] Verhält sich das Verhältnis zu sich selbst, so ist dieses Verhältnis [V^1] das positive Dritte, und dieses ist das Selbst. (31)

Damit ist die Perspektive der objektiven Reflexion überstiegen und die subjektive Reflexion erreicht.

(2) Erfaßt das Selbst (als V^1) sich selbst als V(AB), so ist es existentiell der radikalen *Widersprüchlichkeit* und *Paradoxie* konfrontiert, die in der

Grunddifferenz V(AB) liegt. Die Konsequenz dieser Konfrontation ist *Verzweiflung.* KIERKEGAARD unterscheidet zwischen zwei Typen von Verzweiflung, der *uneigentlichen* und der *eigentlichen.*

- Die *uneigentliche* Verzweiflung ist der Zustand, in dem sich der Mensch dem Existieren bzw. der subjektiven Reflexion entzieht und in den Spielarten der objektiven Reflexion verharrt. Er ist zwar ein Selbst, ist sich aber seiner selbst als Selbst nicht bewußt. Nach KIERKEGAARD ist diese uneigentliche Verzweiflung die Gesinnung der *Welt* im neutestamentlichen Wortsinn.

> [Die uneigentliche Verzweiflung ist] die verzweifelte Unwissenheit darüber, daß der Mensch ein Selbst, und zwar ein ewiges Selbst hat. (67) In der Unwissenheit verzweifelt [...], ist der Mensch am weitesten davon entfernt, sich als Geist bewußt zu sein. Aber gerade das, sich nicht als Geist bewußt zu sein, ist Verzweiflung, ist Geistlosigkeit [...]. (70)

- Die *eigentliche* Verzweiflung ist »die Verzweiflung eines Menschen, der sich bewußt ist, verzweifelt zu sein, der sich bewußt ist, ein Selbst zu haben, worin doch etwas Ewiges ist«; es ist also die Verzweiflung des *Existierenden,* der »entweder verzweifelt nicht er selbst sein will, oder verzweifelt er selbst sein will« (73). Insofern gibt es *zwei Varianten* der eigentlichen Verzweiflung. In der ersten geht es darum, bis zum Extrempunkt des Selbstmords hin *sich los sein zu wollen,* in der zweiten geht es darum, das Selbst *in seiner Identität zu stabilisieren,* was aussichtslos ist:

> Es gibt in der ganzen Dialektik, innerhalb derer das Selbst handelt, nichts Festes: was das Selbst ist, steht in keinem Augenblick fest, das heißt ewig fest. (102)

Die Verzweiflung in ihrer geistlos-defizienten Uneigentlichkeit oder in ihrer bewußten Eigentlichkeit stellt eine *Grundbefindlichkeit* des Menschen dar.

> Das kommt daher, daß die Verzweiflung eine Bestimmung von Geist ist, sich zum Ewigen im Menschen verhält. Aber das Ewige kann er nicht verlieren, in alle Ewigkeit nicht; er kann es nicht ein für allemal von sich werfen, nichts ist unmöglicher; er muß in jedem Augenblick, in dem er es nicht hat, es fortgeworfen haben oder von sich werfen – aber es kommt zurück, das heißt, jeden Augenblick, wenn er verzweifelt, zieht er sich die Verzweiflung zu. Denn die Verzweiflung folgt nicht aus dem Mißverhältnis [V(AB)], sondern aus dem Verhältnis, das sich zu sich selbst verhält [V^1]. Und um das Verhältnis zu sich selbst kann ein Mensch nicht kommen, sowenig wie um sein Selbst, was übrigens ein und dasselbe ist, da ja das Selbst das Verhältnis zu sich selbst ist. (36)

(3) Für KIERKEGAARD ist es entscheidend, daß sich das Verhältnis $V^1(VV)$ als *abhängiges* Verhältnis begreift, als ein Verhältnis also, *das sich nicht selbst gesetzt hat.*

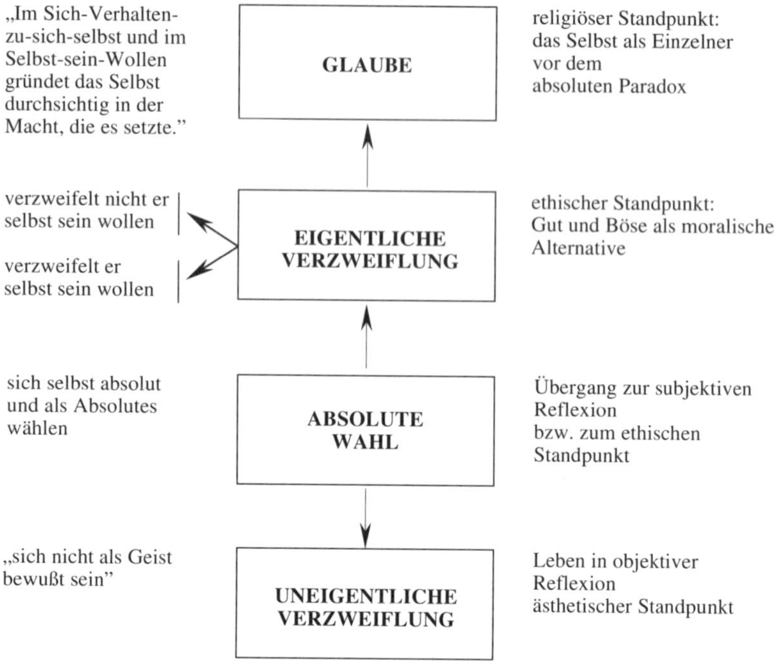

Abb. 26: Eigentliche und uneigentliche Verzweiflung bei Kierkegaard

> Ist das Verhältnis, das sich zu sich selbst verhält [V^1] durch ein anderes [X] gesetzt, so ist das Verhältnis [V^1] zwar das Dritte, aber dieses Verhältnis, das Dritte, ist doch wieder ein Verhältnis [V^2], welches sich zu dem verhält, was das ganze Verhältnis gesetzt hat. (31 f.)

Insofern ist das Selbst ein »abgeleitetes, gesetztes Verhältnis«, »das sich zu sich selbst verhält und, indem es sich zu sich selbst verhält, sich zu einem anderen verhält« (32). Dieses andere (X) ist *Gott.* Das Selbst kann insofern folgendermaßen gefaßt werden: $V^2(V^1X)$.

Damit erhalten die beiden Varianten der eigentlichen Verzweiflung die Bedeutung der *Sünde;* die erste ist die der *Schwachheit,* die zweite die des *Trotzes.* Alternative zur Sünde und zur Verzweiflung ist der *Glaube:*

> Das Mißverhältnis der Verzweiflung ist nicht ein einfaches Mißverhältnis, sondern ein Mißverhältnis in einem Verhältnis, das sich zu sich selbst verhält, und gesetzt von einem andern, so daß das Mißverhältnis in jenem für sich seienden Verhältnis sich zugleich unendlich im Verhältnis zu der Macht reflektiert, die es setzte. Dies ist nämlich die Formel die den Zustand des Selbst beschreibt, wenn die Verzweiflung ganz ausgerottet ist: im Sich-Verhalten-zu-sich-selbst und im Selbst-sein-Wollen gründet das Selbst durchsichtig in der Macht, die es setzte. (32 f.)

Allerdings ist das göttliche X, zu dem sich das Selbst in V^2 verhält, *absolutes Paradox,* etwas (objektiv gesehen) Absurdes und ein »logisches Ärgernis«, was sich vor allem darin zeigt, »daß Gottes Sohn Mensch geworden ist«. Glaube ist insofern Entscheidung und Wagnis aus subjektiver Reflexion und insofern existierendes Ausharren als Einzelner (Selbst) vor dem absoluten Paradox.

9.2.1.3 Praxis

KIERKEGAARD erörterte das Problem der Praxis auf drei Ebenen: der *ästhetischen,* der *ethischen* und der *religiösen.*

In *Entweder Oder* (1843) stellte er die ästhetische Lebensauffassung der ethischen gegenüber. In *Furcht und Zittern* (1843) wird die ethische durch die religiöse relativiert und in den *Stadien auf des Lebens Weg* (1845) werden die drei Ebenen weiter bestimmt und aufeinander bezogen.

(1) Der *ästhetische* Standpunkt läßt sich der objektiven Reflexion und der uneigentlichen Verzweiflung zuordnen. Hier geht es um eine Praxis, die sich ausschließlich vom Interesse leiten läßt, *das Leben zu genießen.* Der Mensch der ästhetischen Lebensweise lebt in einer Unendlichkeit bloßer Möglichkeiten, ohne in Wahrheit wirklich zu existieren. Da er aber doch ein in die Wirklichkeit gesetzter Einzelner ist, muß er an dieser uneigentlichen und unwahren Scheinfreiheit ästhetischer Nicht-Existenz letztlich verzweifeln.

KIERKEGAARD unterscheidet zwischen der *unmittelbar-unreflektierten* und der *reflektierten* Form der ästhetischen Existenzweise. In der unreflektierten ist der Mensch der *Äußerlichkeit* verfallen und erlebt die Welt der Dinge und Menschen als unendliches Prisma bunter Möglichkeiten; diese Form wird illustriert durch den Don Giovanni der Mozart-Oper. In der reflektierten Form geht es darum, *das Genießen zu genießen,* also die innere Welt der Stimmungen und Gefühle als Reich der Möglichkeiten auszukosten; KIERKEGAARD illustriert diese Form am Beispiel des Verführers, der seine eigene Verführungskunst genießt. Beide Varianten sind aporetisch; sie münden letztlich in Banalität und Langeweile.

(2) Der *ethische* Standpunkt entspricht der subjektiven Reflexion und führt zu eigentlichen Verzweiflung. Er wird durch die *Wahl* bezogen, in welcher ich mich angesichts des Entweder-Oder von ästhetischem Unernst und eigentlichem Selbstsein *als ein Selbst wähle.* Im entscheidenden Akt der Freiheit wähle ich mich als diesen wirklich-konkreten, existierenden Einzelnen, als dieses kontingent-endliche, geschichtlich gewordene Ich. Ich wähle absolut das Ich als Absolutes und damit die Praxis des *eigentlichen Existierens.*

Was aber ist es nun, das ich wähle, ist es dies oder jenes? Nein, denn ich wähle absolut, und absolut wähle ich ja eben dadurch, daß ich gewählt habe, nicht dies oder jenes zu wählen. Ich wähle das Absolute, und was ist das Absolute? Das bin ich selbst in meiner ewigen Gültigkeit. Etwas anderes als mich selbst kann ich niemals als das Absolute wählen, denn wähle ich etwas anderes, so wähle ich es als eine Endlichkeit und wähle es also nicht absolut. (Entweder Oder 771f., Ausg. DIEM) Das Individuum wählt also sich selbst als eine mannigfaltig bestimmte Konkretion [. . .]. Diese Konkretion ist die Wirklichkeit des Individuums; da es sie aber nach seiner Freiheit wählt, so kann man auch sagen, sie sei seine Möglichkeit oder [. . .] sie sei seine Aufgabe. (817)

Dabei ist die Wahl, um die es hier geht, noch nicht die konkrete Wahl zwischen Gut und Böse, sondern die Wahl des Standpunkts, auf dem die Wahl zwischen Gut und Böse erst möglich wird. Der ästhetische Standpunkt war der Standpunkt der (vormoralischen) Indifferenz. Erst der ethische Standpunkt bringt die moralische Differenz in Sicht.

Mein Entweder-Oder bezeichnet nicht zunächst die Wahl zwischen Gut und Böse, es bezeichnet die Wahl, durch die man Gut und Böse wählt oder sie ausschließt. [. . .] Daß, wer Gut und Böse wählt, das Gute wählt, ist zwar wahr, aber es zeigt sich erst hinterher; denn das Ästhetische ist nicht das Böse, sondern die Indifferenz, und daher eben sagte ich, daß das Ethische die Wahl konstituiere. Es ist deshalb nicht so sehr die Rede davon, daß man wähle, ob man das Gute oder das Böse will, als vielmehr davon, daß man das Wollen wählt; damit aber ist wiederum das Gute und das Böse gesetzt. Wer das Ethische wählt, wählt das Gute, das Gute aber ist hier völlig abstrakt, sein Sein ist damit nur gesetzt, und daraus folgt noch keineswegs, daß der Wählende nicht wieder das Böse wählen kann, obwohl er das Gute gewählt hat. (718)

Es geht also um eine *doppelte* Wahl. In der ersten Wahl wählt sich das Ich als Selbst und Einzelner »aus der Welt heraus«, indem es sich absolut setzt. In der zweiten, der konkreten Wahl von Gut oder Böse, wählt es sich wieder »in die Welt zurück«, in die bestimmte Situation, in welcher es als das absolute, konkret-einzelne Selbst seiner Pflicht konfrontiert ist.

(3) Der *religiöse* Standpunkt verhält sich zum ethischen nicht im Sinne des Entweder-Oder, welches das Verhältnis des ethischen zum ästhetischen bestimmte. Vielmehr gehören Ethisches und Religiöses nach KIERKEGAARD zusammen. Das Religiöse vollendet das Ethische. Das Ethische verweist über sich hinaus auf das Religiöse.

Das Ungenügen des ethischen Standpunkts läßt sich folgendermaßen charakterisieren: Wähle ich mich als Absolutes und setze ich mich damit absolut frei, so weiß ich mich völlig auf mich selbst gestellt; aber ich bin nicht nur absolut, unendlich, ewig und frei, sondern zugleich kontingent, endlich, zeitlich und in Notwendigkeiten eingebunden. Ich weiß mich als V(AB). Wähle ich mich in der konkreten moralischen Praxis in die Welt zurück, so finde ich in der Welt nur Endliches. Auf mich selbst gestellt und in die Welt verwiesen, finde ich keinen Halt. Daraus ergibt sich jene Befindlichkeit der *Angst,* die eng mit der *eigentlichen Verzweiflung* zusammenhängt. In diesem »Schwindel« droht sich die Freiheit selbst preiszugeben und ans Endliche zu verlieren.

Aus diesem »Schwindel der Freiheit« führt der »Sprung« in den Glauben heraus. Wenn es von *Gott* her, der das Verhältnis des Selbst gesetzt hat, eine Bewegung ins Endliche gibt, dann kann das Selbst Halt finden und im Endlichen als Selbst seine Pflicht tun. Diese Bewegung aber ist die *Menschwerdung* Gottes in Jesus Christus. Allerdings ist die nach dem »Sprung« mögliche ethisch-gläubige Praxis zuinnerst betroffen davon, daß Gott und die Menschwerdung für das Denken nur als *Paradox* gefaßt werden können. Der Glaube konfrontiert mit dem Paradox und ruft den Einzelnen dazu auf, in »Furcht und Zittern« als Einzelner im Angesicht des Paradox zu existieren.

9.2.2 Charakteristika

Wir verweisen im folgenden auf einige charakteristische Gesichtspunkte der neueren existentialistischen Ethik. Dabei wird sich zeigen, daß sich fast alle relevanten Motive auf die skizzierten Gedankengänge KIERKEGAARDS zurückbeziehen lassen.

(1) *Existenz und Freiheit.* Signifikant ist folgende (von mehreren Existentialisten formulierte) These: *Das Wesen des Menschen ist seine Existenz.* Sie besagt: Es gibt kein dem Existieren vorgegebenes Wesen des Menschen, sondern *was ich bin,* entscheidet sich *im Existieren selbst.* Existenz ist *Offenheit* auf Möglichkeiten hin und *Freiheit* zum Entwurf seiner selbst. Es geht um das Motiv der subjektiven Reflexion (9.2.1.1) und der absoluten Wahl des Selbst bei KIERKEGAARD (9.2.1.3).

SARTRE interpretiert dieses Motiv *atheistisch:* Gäbe es Gott, so wäre der Mensch nach einem von Gott konzipierten, vorgegebenen Wesen geschaffen, das für das Existieren normativ wäre. Da es Gott nicht gibt, wird dem Menschen die uneingeschränkte Verantwortung für sich selbst angelastet. Angesichts der Offenheit der Möglichkeiten bewirkt diese Verantwortung *Verzweiflung.* Aber es gibt keine Alternative:

> Der Mensch ist verurteilt, frei zu sein. Verurteilt, weil er sich nicht selbst erschaffen hat, andererseits aber dennoch frei, da er, einmal in die Welt geworfen, für alles verantwortlich ist, was er tut. (1975, 16) Der Mensch ist nichts anderes als sein Entwurf, er existiert nur in dem Maße, in welchem er sich verwirklicht, er ist nichts anderes als die Gesamtheit seiner Handlungen, nichts anderes als sein Leben. (22)

(2) *Endlichkeit.* Existenz als Freiheit vollzieht sich wesentlich in *endlich-kontingenter Situiertheit.* Sie ist ins Sein »geworfen«, vollzieht sich als Sein-zum-Tode und ist als In-der-Welt-Sein bestimmt. In ihrer subjektiven *Jemeinigkeit* ist die Existenz radikal zeitlich-geschichtlich, zum Scheitern verurteilt und darum in *Angst* und *Sorge.*

Nach JASPERS ist die Geschichtlichkeit Einheit von Dasein (Objektivität, Zeitlichkeit, Notwendigkeit) und Existenz (Subjektivität, Ewigkeit, Freiheit), womit das Motiv aufgenommen wird, das wir bei KIERKEGAARD mit V(AB) charakterisierten. Die Aporetik dieses Widerspruchs spitzt sich bei atheistischen Existentialisten (z. B. SARTRE) zur Auffassung zu, Existenz sei in sich *absurd,* während (philosophisch oder christlich) gläubige Existentialisten in diesem Grundwiderspruch und seinen Konsequenzen Chiffren der Transzendenz (JASPERS) bzw. die Möglichkeit der Partizipation am (göttlichen) Sein (MARCEL) sehen.

(3) *Eigentlichkeit und Uneigentlichkeit.* Bei allen Existentialisten geht es vor aller konkreten Entscheidung zwischen Gut und Böse um folgende *Grundentscheidung:*

- Entweder ich verharre in der Uneigentlichkeit der Objektivität, d.h. in der durchschnittlich-alltäglichen, unpersönlich-allgemeinen Lebensorientierung (objektive Reflexion und ästhetischer Standpunkt bei KIERKEGAARD)
- oder ich übernehme im freien und eigentlichen Existieren die je-meinige, geworfene, endlich-geschichtliche Subjektivität als eigenste Möglichkeit und Aufgabe (subjektive Reflexion und ethischer Standpunkt bei KIERKEGAARD).

Diese Grundentscheidung ist für die gesamte existentialistische Ethik absolut vorrangig.

Großartig akzentuiert HEIDEGGER diese Alternative. In durchschnittlicher Alltäglichkeit ist das Dasein (der Mensch) *an das Man verfallen.* Das Wer des Daseins ist dann das Man:

> Das Wer ist nicht dieser und nicht jener, nicht man selbst und nicht einige und nicht die Summe aller. Das »Wer« ist das Neutrum, *das Man.* (II. 169) Das Man ist überall dabei, doch so, daß es sich auch immer schon davongeschlichen hat, wo das Dasein auf Entscheidung drängt. Weil das Man jedoch alles Urteilen und Entscheiden vorgibt, nimmt es dem jeweiligen Dasein die Verantwortlichkeit ab. Das Man kann es sich gleichsam leisten, daß »man« sich ständig auf es beruft. Es kann am leichtesten alles verantworten, weil keiner es ist, der für etwas einzustehen braucht. (170)

Aus dieser durchschnittlich-alltäglichen Verfallenheit an das Man ruft das *Gewissen* das Dasein (den Menschen) in die *Eigentlichkeit:*

> [Der] Ruf, als welchen wir das Gewissen kennzeichnen, ist Anruf des Man-selbst in seinem Selbst; als dieser Anruf der Aufruf des Selbst zu seinem Selbstseinkönnen und damit ein Vorrufen des Daseins auf seine Möglichkeiten. (364) *Das Gewissen offenbart sich als der Ruf der Sorge:* der Rufer ist das Dasein, sich ängstigend in der Geworfenheit [. . .] um sein Seinkönnen. Der Angerufene ist eben dieses Dasein, aufgerufen zu seinem eigensten Seinkönnen [. . .]. Und aufgerufen ist das Dasein durch den Anruf aus dem Verfallen an das Man [. . .]. (368 f.)

Oft wird die Seinsweise der Uneigentlichkeit in Verbindung gebracht mit dem Aufgehen im objektivierenden, existenzvergessenen Weltverhältnis des *wissenschaftlich-technisch-ökonomischen* Komplexes. Insofern neigt der Existentialismus zu einer *wissenschaftskritischen* Haltung.

Bei MARCEL wird die Grunddifferenz von Eigentlichkeit und Uneigentlichkeit als jene von *Sein und Haben* gefaßt. Während *Sein* die Einstellung der engagierten, sich leibhaftig den anderen aussetzenden Existenz ist, die sich in Liebe, Treue und Glaube verfügbar macht, ist das *Haben* charakterisiert als die Einstellung des Subjekts, das sich aus allem auf sich selbst zurückzieht, alles objektiviert, auf sich bezieht und sich alles verfügbar macht.

(4) *Situation.* Den Existentialismus kennzeichnet in allen seinen Spielarten ein signifikant *situationsethischer* Zug. Ethosartige Werte bzw. allgemeine Normen werden entweder ausdrücklich zurückgewiesen oder zumindest stark relativiert. Der Imperativ der Grundentscheidung, sich im eigentlichen Existieren frei und entschlossen auf die eigensten Möglichkeiten zu entwerfen, verweist das Subjekt auf Grund seiner geschichtlich-endlichen Geworfenheit *in seine Situation.* In dieser erschließt sich dem Existieren die konkrete Pflicht. Wird die sich (in je-eigener Endlichkeit) konkret entwerfende Freiheit auf die je-einmalige Situation bezogen, dann konkretisiert sich die Pflicht in einer Weise, die sich gegen die Universalität von Normen sperrt.

> Die Entschlossenheit bringt das Sein des Da in die Existenz einer Situation. Die Entschlossenheit aber umgrenzt die existentiale Struktur des im Gewissen bezeugten Seinkönnens, des Gewissen-haben-wollens. In ihm erkannten wir das angemessene Anrufverstehen. Daraus wird vollends deutlich, daß der Gewissensruf, wenn er zum Seinkönnen aufruft, kein leeres Existenzideal vorhält, *sondern in die Situation vorruft.* (HEIDEGGER II. 397f.) *Dem Man dagegen ist die Situation wesenhaft verschlossen.* Es kennt nur die *»allgemeine Lage«* [. . .]. (397)

(5) *Schuld.* Manche Existentialisten fassen Schuld als *Existential,* d.h. als unvermeidliche Grundgegebenheit oder unverfügbare Grundstruktur des Existierens. Im frei gewählten Entwurf auf die je-eigenen Möglichkeiten hin werden wir notwendigerweise schuldig im Hinblick auf die *nicht-gewählten Möglichkeiten.* Dieses existentiale Schuldigsein darf nicht verwechselt werden mit der moralischen Schuld bzw. mit dem moralischen Bösen. Existentiale Schuld ist vielmehr die Voraussetzung aller Moralitätsbewandtnis.

> Wenn ich im Dasein [hier: nicht-existentielle Seinsweise] mögliche Existenz bin, werde ich wirklich [eigentlich-existentiell] durch das Eine. Das Eine ergreifen, heißt *anderes Mögliche,* wenn auch still und im Sinne rationaler Moral schuldlos, *zurückweisen.* Das Andere aber sind Menschen als mit mir mögliche Existenzen. [. . .] Dadurch, daß ich tätig das Leben ergreife, nehme ich den anderen weg, lasse ich in den Verstrickungen die Unreinheit der Seele entstehen, verletze ich durch meine ausschließliche Verwirklichung im Zurückweisen mögliche Existenz. Erschrecke ich vor dieser Form meines Tuns, so kann ich wohl denken, die Schuld zu vermeiden, indem ich, nicht eintretend in die Welt, gar nichts tue; [. . .]. Aber *Nichthandeln* ist selbst ein Handeln, nämlich Unterlassen. [. . .] Also ob ich handle oder nicht handle, beides hat Folgen, in jedem Falle gerate ich unvermeidlich in Schuld. (JASPERS, Philosophie II, 247)

Nach HEIDEGGER besagt dieses existentiale Schuldigsein »Grundsein einer Nichtigkeit«:

> Grund-seiend, das heißt als geworfenes existierend, bleibt das Dasein [hier: der Mensch] ständig hinter seinen Möglichkeiten zurück. [. . .] Grundsein besagt demnach, des eigensten Seins von Grund auf *nie* mächtig zu sein. Dieses *Nicht* gehört zum existentialen Sinn der Geworfenheit. Grundseiend ist es selbst eine Nichtigkeit seiner selbst. (377f.) Die gemeinte Nichtigkeit gehört zum Freisein des Daseins für seine existenziellen Möglichkeiten. Die Freiheit aber *ist* nur in der Wahl der einen, das heißt im Tragen des Nichtgewählthabens und Nichtauchwählenkönnens der anderen. (378) Das rechte Hören des Anrufs [des Gewissens] kommt dann gleich einem Sichverstehen in seinem eigensten Seinkönnen, das heißt dem Sichentwerfen auf das eigenste Schuldigwerdenkönnen. (381)

Insofern geht es im Existieren um *drei Formen des Negativen,* die zu unterscheiden sind:

- In der Perspektive der *Grundentscheidung* ist das Negative das *Verharren in der Uneigentlichkeit* des objektiven Denkens (KIERKEGAARD), des bloßen Daseins (JASPERS), der Verfallenheit an das Man (HEIDEGGER) bzw. des Habens (MARCEL). Dieses Negative steht im Widerspruch zur Grundforderung (HEIDEGGER: Ruf des Gewissens), *eigentlich zu existieren.*
- Das eigentliche Existieren hat *wesentlich* das Negative des *existentialen Schuldigsein an sich.* Diese Schuld ist nicht moralisch zurechenbar, sondern notwendige Konsequenz der endlich-kontingenten, zum Mitsein mit anderen bestimmten Bedingtheit des Existierens.
- Erst auf der Ebene dieses existentialen Schuldigseins gibt es die *konkrete Wahl zwischen Gut und Böse* und damit das moralisch Böse als dritte Form des Negativen. Die Tragweite dieser dritten Form wird allerdings bei den meisten Existentialisten stark eingeschränkt und relativiert durch die beiden anderen. Dazu HEIDEGGER:

> Dieses wesenhafte Schuldigsein ist gleichursprünglich die existentiale Bedingung der Möglichkeit für das »moralisch« Gute und Böse, das heißt für die Moralität überhaupt und deren faktisch mögliche Ausformungen. Durch die Moralität kann das ursprüngliche Schuldigsein nicht bestimmt werden, weil sie es für sich selbst schon voraussetzt. (380)

Wir sahen (9.2.1.3), daß KIERKEGAARD Gut und Böse in zwei Bedeutungen faßt: Einerseits *abstrakt* im Kontext der Grundentscheidung von Eigentlichkeit und Uneigentlichkeit und andererseits *konkret* im Kontext der (im engeren Sinne) moralischen Wahl, die nur auf dem Boden eigentlichen Existierens erfolgen kann. HEIDEGGER und JASPERS scheinen ihm darin zu folgen. Bei SARTRE wird die konkret-moralische Wahl zwischen Gut und Böse durch die Grundentscheidung bzw. durch die Freiheit des Existierens völlig absorbiert. Habe ich mich auf den Boden der Freiheit gestellt und mich absolut gewählt, so ist das Gute durch die Wahl definiert und konkretisiert sich in jeder konkret-freien Wahl. Das Böse ist letztlich immer nur das Negative der Grundentscheidung: sich nicht als Freiheit absolut zu wählen. »Der schlechte Wille ist offenbar eine Lüge, weil er die totale Freiheit der Bindung verhehlt.« (31)

(6) *Die Anderen.* Je konsequenter Existenz als je-meinige, einzelne Subjektivität gefaßt wird, desto schwieriger wird es, das je-eigene Existieren als Mitsein mit anderen Existierenden zu begreifen. In mehreren Varianten lassen sich *zwei Grundtendenzen* unterscheiden:

- Die eine faßt Existenz radikal als *absolute Selbstwahl* und Entwurf auf die *je-eigensten Möglichkeiten* hin. In dieser Grundtendenz ist das Für-den-andern-Sein letztlich zum *Scheitern* verurteilt. Wir denken hier an das Selbst als Einzelnen bei KIERKEGAARD und an die Existenz als unbedingte Freiheit bei SARTRE.
- Die andere faßt Existenz als *wesentlich kommunikativ* bzw. als *dialogisch-mitmenschlich.* Typisch für diese Tendenz ist MARCELS Versuch, Existenz als Engagement bzw. Partizipation zu denken, aber auch die Auffassung von JASPERS, Existenz *werde* im liebenden Kampf der Kommunikation.

Nach SARTRE ist die Existenz des Andern angesichts der absoluten Selbstwahl »ein unüberbietbarer Skandal«; die Ekstase des Für-den-andern-Seins erweist sich als aporetisch und muß scheitern. In der Humanismus-Schrift modifiziert SARTRE zwar die in *L'être et le néant* (1943) vertretene Extremposition und legt eine existentialistische Variante des Universalisierungsprinzips (KANT) vor. Im Sich-Wählen ist die Pflicht enthalten, auch die Freiheit des anderen zu bejahen:

> Wir wollen die Freiheit um der Freiheit willen und durch jeden besonderen Einzelumstand hindurch. Und indem wir die Freiheit wollen, entdecken wir, daß sie ganz und gar von der Freiheit der anderen abhängt, und daß die Freiheit der andern von der unsern abhängt. Gewiß hängt die Freiheit als Definition des Menschen nicht vom andern ab, aber sobald ein Sichbinden vorhanden ist, bin ich verpflichtet, gleichzeitig mit meiner Freiheit die der andern zu wollen, und ich kann meine Freiheit nicht zum Ziel nehmen, wenn ich nicht die Freiheit der andern zum Ziel nehme. (32) Indem wir sagen, daß der Mensch sich wählt, verstehen wir darunter, daß jeder unter uns sich wählt; aber damit wollen wir ebenfalls sagen, daß, indem er sich wählt, er alle Menschen wählt. Tatsächlich gibt es nicht eine unserer Handlungen, die, indem sie den Menschen schafft, der wir sein wollen, nicht gleichzeitig ein Bild des Menschen schafft, so wie wir meinen, daß er sein soll. Wählen, dies oder jenes zu sein, heißt gleichzeitig, den Wert dessen, was wir wählen, bejahen, denn wir können nie das Schlechte wählen. Was wir wählen, ist immer das Gute, und nichts kann für uns gut sein, wenn es nicht für alle gut ist. (12)

Aber diese Universalisierung des Sich-selbst-Wählens ist völlig festgemacht an der je-eigenen Freiheit und ihrem Entwurf. Sie ist also gerade nicht kommunikativ bzw. diskursiv auf ein »Reich der Zwecke« hin, sondern radikal *mein* Konzept, das sich in *meiner* Situation konkretisiert. Ich universalisiere *mein* Bild des Menschen, den Wert, den *ich* bejahe, das Gute, das *meine* Wahl ist. Ob das mit dem freien Entwurf des Anderen zusammenstimmen kann, bleibt offen. »Es gibt kein anderes All [...] als das All der menschlichen Ichheit.« (35)

Dem dialogisch-kommunikativen Ansatz von MARCEL steht auch das Denken der sogenannten *Ich-Du-Philosophie* nahe. Für ihren Hauptvertreter Martin BUBER (1878–1965) verwirklicht sich menschliches Eigentlichsein als *Personsein* (Personalismus) nur *dialogisch,* also in der Dimension des *Zwischen* (in der Beziehung zwischen Ich und Du). Dem dialogischen Grundwort des wahren Selbstseins (Ich-Du) stellt BUBER das monologische Grundwort der defizienten Subjektivität (Ich-Es) gegenüber.

9.2.3 Kritische Überlegungen

Ähnlich wie NIETZSCHE radikalisiert das existentialistische Denken die moderne Wende zum Subjekt. Während jedoch NIETZSCHE in optimistisch-vitalistischer Perspektive den Sieg des aktiven Willens zur Macht im Übermenschen ankündigt (8.2.4), existiert das Subjekt der Existentialisten als endlich-kontingentes, zur Freiheit verurteiltes, schuldiges und in seiner Geworfenheit sich ängstigendes Ich. Gemeinsam mit NIETZSCHE kritisiert der Existentialismus den Anspruch der Vernunft, durch ihre Universalkonzepte (Idealismus, Marxismus, Positivismus, einzelwissenschaftliche Rationalität) die Praxis des Menschen zu bestimmen, und setzt dagegen den aus absoluter Selbstwahl resultierenden freien Entwurf. Insofern wirken NIETZSCHE und der Existentialismus im postmodernen Denken nach (8.2.6). – Wir können den *positiven Beitrag* des Existentialismus zur Fundamentalethik in *vier Punkten* auflisten.

(1) Der Existentialismus betont radikal die Tragweite der *Selbstbestimmung aus Freiheit,* die *Autonomie* der individuell-endlichen Subjektivität und deren praktische *Verantwortung.* Damit protestiert er gegen die verbreitete Tendenz, Praxis in einzelwissenschaftlich erklärbares naturkausales Verhalten umzudeuten und zu nivellieren. Gegen alle Spielarten, die eigenständige Bedeutung der Praxis soziologisch, psychologisch oder biologisch zu relativieren, ruft er den Menschen in die je-eigene Aufgabe verantwortlich-freier Existenz.

(2) Als fruchtbar für die fundamentalethische Systematik erwies sich die Unterscheidung zwischen den *beiden Ebenen des Moralischen,* der Ebene der *Grundentscheidung,* aus der Uneigentlichkeit des Daseins herauszutreten, um aus der absoluten Selbstwahl heraus eigentlich zu existieren, und der Ebene der *konkreten moralischen Wahl* zwischen Gut und Böse, welche die Grundentscheidung voraussetzt. In mehreren Varianten analysieren die Existentialisten die sich der Grundentscheidung verweigernde *Seinsweise der Uneigentlichkeit,* etwa als objektives Denken, uneigentliche Verzweiflung und ästhetischen Standpunkt (KIERKEGAARD), als Verfallenheit an das Man (HEIDEGGER), als Weltdasein (JASPERS), als Unfreiheit (SARTRE), als die Haltung des Habens (MARCEL) oder als Grund-

wort Ich-Es (BUBER). Sie betonen damit, daß der Mensch nicht sich selbst vorweg, ohne weiteres und immer schon autonomes, moralisch-verantwortliches Subjekt ist, *sondern es nur wird, wenn er sich dazu entscheidet.*

Damit kommt die Möglichkeit in Sicht, im Modus der Uneigentlichkeit und Defizienz Mensch zu sein. Einerseits ist diese Seinsweise insofern *vormoralisch,* als sie in ihrer geistlos-oberflächlichen, durchschnittlich-alltäglichen, heteronom-existenzvergessesnen Verfallenheit unfrei bleibt und insofern jene Autonomie ausschließt, welche Bedingung aller konkreten Moralität ist. Andererseits aber ist das Verharren in dieser defizienten Seinsweise (im Sinne KIERKEGAARDS) *abstrakt böse;* sie verweigert sich dem »Ruf des Gewissens«, das zum eigentlichen (moralischen) Selbstsein aufruft. (HEIDEGGER)

(3) Mit Recht betont der Existentialismus die *geschichtlich-konkrete, kontingente Endlichkeit* des Subjekts und seiner Situation. Er wendet sich damit gegen jede Hypertrophie abstrakt-allgemeiner Normierungen und Wertungen, also gegen die Tendenz, die Moralitätsbewandtnis menschlichen Handelns auf den Nenner der Konformität mit subsumtionsallgemeinen Regeln zu bringen. Wir sahen in 6.4, daß die Ethik des Aristotelismus die moralische Tragweite des konkret-kontingenten Kontextes im Begriff der Klugheit als Tugend bedachte. Allerdings neigt die existentialistische Ethik dazu, diesen Gesichtspunkt situationsethisch zu übertreiben.

(4) Wir verweisen nochmals auf die eminente Bedeutung, welche die existentialistischen *Existentialienanalysen* innerhalb der Ethik erlangten. Man denke etwa an die Analysen der Weltlichkeit, Zeitlichkeit, Geschichtlichkeit, Leiblichkeit, des Seins zum Tode, des Man, der Liebe, der Sexualität, der Verzweiflung, der Angst, des Habens, des Ekels, der Scham etc. Derartige phänomenologische Analysen verdeutlichen im Aufweis von Grundstrukturen menschlichen Existierens die vielschichtige Einbindung der Praxis und ihres Motivationshorizonts in unbeliebige anthropologische Gegebenheiten.

Die *Defizite und Grenzen* des Existentialismus wurden deutlich, als im Zuge der sechziger Jahre die neomarxistische Welle die *soziale Problematik* in den Vordergrund stellte. Obwohl manche Existentialisten (z. B. SARTRE) mit dem Marxismus sympathisierten, zeigte sich doch, daß das existentialistische Denken von seinen Grundlagen her *kaum Zugang zur sozialen Dimension der Praxis* hat, da es sich weithin auf die (letztlich private) Eigentlichkeit des individuellen Selbst bzw. des Ich-Du konzentriert. Die unabweisbaren ethischen Fragen nach argumentativ aufweisbarer, sozial akzeptierbarer sittlicher Normativität (5.1.2) sowie nach den Bedingungen sozialer Gerechtigkeit in komplexen Gesellschaften sind dem Existentialismus von seinem Ansatz her fremd. Allerdings war es nicht zuletzt dieses existentialistische Insistieren auf der Bedeutung des individuell-einzelnen Subjekts, was den Neomarxismus daran hinderte, in platte Kollektivismen abzugleiten.

9.3 Diskurs- und Kommunikationsethik

Die Diskursethik von Jürgen HABERMAS (geb. 1929) steht einerseits in der Tradition KANTS und schließt andererseits an das neomarxistische Motiv der Demokratisierung aller Gesellschaftsbereiche an. Auch die transzendentalpragmatische Kommunikationsethik von Karl-Otto APEL (geb. 1922) modifiziert den Ansatz der Ethik KANTS. Beide Positionen stehen in einem engen Zusammenhang und verkörpern miteinander den in Mitteleuropa heute am meisten diskutierten Neuansatz der Ethik.

9.3.1 Jürgen Habermas

Wir versuchen im folgenden, einige Grundgedanken der äußerst komplexen und differenzierten Position von HABERMAS darzustellen.

(1) *Strategisches und kommunikatives Handeln.* Soziales Handeln ist grundsätzlich in zwei Varianten möglich: strategisch und kommunikativ.

- Strategisches Handeln ist primär *erfolgsorientiert* und verfolgt Ziele, ohne das Einverständnis der betroffenen anderen Personen zu suchen.
- Kommunikatives Handeln ist *verständigungsorientiert* und bestrebt, eigene Handlungspläne mit denen anderer zu koordinieren.

Die Grundthese der Diskursethik lautet: *Dem kommunikativen Handeln kommt der normative Vorzug gegenüber dem strategischen Handeln zu.* Kommunikatives Handeln impliziert *Diskurse,* in welchen Verständigung erfolgt.

(2) *Lebenswelt.* Sie bildet den *Kontext* des kommunikativen Handelns, also den *Hintergrund eines kulturell eingespielten Vorverständnisses,* und umfaßt insofern sozial akzeptierte Deutungsmuster und Normensysteme.

> Wir können uns die Lebenswelt, soweit sie als *Interpretationsressource* in Betracht kommt, als sprachlich organisierten Vorrat von Hintergrundannahmen vorstellen, der sich in der Form kultureller Überlieferung reproduziert. Das kulturell überlieferte Hintergrundwissen nimmt gegenüber den kommunikativen Äußerungen, die mit seiner Hilfe erzeugt werden, eine gewissermaßen transzendentale Stellung ein. Es sorgt dafür, daß die Kommunikationsteilnehmer den Zusammenhang zwischen objektiver, sozialer und subjektiver Welt bereits inhaltlich interpretiert vorfinden. (1984, 591)

Kommunikation erfolgt also immer in bestimmten lebensweltlichen Kontexten. Sie setzt einen durch kulturelle Tradition bestimmten sozialen Rahmen voraus, in welchem vielfältige gemeinsame Überzeugungen in Geltung sind, unter anderem Sitten und Normen eines mehr oder weniger dichten sozialen Ethos.

Auf diesem lebensweltlichen Hintergrund hat das kommunikative Handeln in *Diskursen* Verständigung herzustellen über die Vereinbarkeit subjektiver Handlungspläne, Zielsetzungen und Interessen. Das ist dann nötig, *wenn lebensweltliche Geltungsansprüche problematisch werden und ihre soziale Akzeptanz verlieren,* was zu Störungen der sozialen Interaktion führt.

Solange die lebensweltlich vorgegebenen Normen unproblematisch gelten und für die Regelungen unseres sozialen Handelns ausreichen, haben wir keine moralischen Probleme. Erst wenn das nicht mehr der Fall ist, ergibt sich die Aufgabe, in Diskursen Verständigung herzustellen (vgl. 5.3.1.6).

> [Diskurse sollen] in Situationen der gestörten Interaktion eine Verständigung über problematisch gewordene Geltungsansprüche wiederherstellen (die Alternative sind entweder Umstellung auf strategisches Verhalten oder Abbruch der Kommunikation). (1973, 215)

(3) HABERMAS formuliert das folgende *formale Universalisierungsprinzip* (»U«) als *Universalisierungsprinzip* der Diskursethik:

> Jede gültige Norm muß der Bedingung genügen, daß die Folgen und Nebenwirkungen, die sich aus ihrer *allgemeinen* Befolgung für die Befriedigung der Interessen *jedes* Einzelnen voraussichtlich ergeben, von *allen* Betroffenen zwanglos akzeptiert werden können. (1983, 131)

Dieses Prinzip fungiert als *Argumentationsregel.* Es ist also keine inhaltliche Prämisse, aus welcher Normen abgeleitet werden können, sondern die normative *Festsetzung einer Prozedur.* Dieser Gesichtspunkt wird unterstrichen durch den *diskursethischen Grundsatz,*

> daß jede gültige Norm die Zustimmung aller Betroffen, wenn diese nur an einem praktischen Diskurs teilnehmen könnten, finden würde (132).

Prinzip und Grundsatz drücken »lediglich den normativen Gehalt eines Verfahrens diskursiver Willensbildung« aus und müssen »daher sorgfältig von Argumentationsinhalten unterschieden werden.«.

> *Alle* Inhalte, auch wenn sie noch so fundamentale Handlungsnormen betreffen, müssen von realen (oder ersatzweise vorgenommenen, advokatorisch geführten) Diskursen abhängig gemacht werden. Der diskursethische Grundsatz verbietet, bestimmte normative Inhalte (z. B. bestimmte Prinzipien der Verteilungsgerechtigkeit) im Namen einer philosophischen Autorität auszuzeichnen und moraltheoretisch *ein für allemal* festzuschreiben. (133)

Ohne Zweifel steht dieses Universalisierungsprinzip in der Tradition der *Selbstzweckformel* des Kategorischen Imperativs bei KANT (3.2.2). Nach HABERMAS besteht die entscheidende Differenz des diskursethischen Moralprinzips gegenüber dem Kategorischen Imperativ KANTS in folgendem: KANT konzipiert sein Moralprinzip *monologisch* und bezieht es auf das *subjektive Bewußtsein* (Gewissen), das überlegt, ob die fragliche Maxime als allgemeines Gesetz gewollt werden könne bzw. ob die bestimmte Regel der Maxime entspreche (vgl. 3.2.5). Die Diskursethik *exteriorisiert* die

die Überlegung, d. h. sie *verlagert sie vom subjektiven Bewußtsein in die reale Kommunikation hinein.* Die regulative Idee des »Reichs der Zwecke« (KANT) ist nach HABERMAS *in realen Diskursen* anzustreben.

Nach KANT hat *jeder für sich* (d. h. im je-eigenen Gewissen) zu fragen, ob die fragliche Norm in der Perspektive des Reichs der Zwecke konsensfähig sei. Nach HABERMAS ist eine solche »monologische« Überlegung unzureichend, wenn es gilt, eine konsensuelle Beilegung von Handlungskonflikten im Fall eines gestörten Konsenses zu erreichen:

> Die Reparaturleistung kann mithin nur darin bestehen, einem zunächst strittigen und dann entproblematisierten, oder einem anderen, für diesen substituierten Geltungsanspruch intersubjektive Anerkennung zu sichern. Diese Art von Einverständnis bringt einen *gemeinsamen Willen* zum Ausdruck. Wenn aber moralische Argumentationen ein Einverständnis dieser Art produzieren sollen, genügt es nicht, daß sich ein Einzelner überlegt, ob er einer Norm zustimmen könnte. Es genügt nicht einmal, daß alle Einzelnen, und zwar jeder für sich, diese Überlegung durchführen, um dann ihre Voten registrieren zu lassen. Erforderlich ist vielmehr eine »reale« Argumentation, an der die Betroffenen kooperativ teilnehmen. Nur ein intersubjektiver Verständigungsprozeß kann zu einem Einverständnis führen, das reflexiver Natur ist: nur dann können die Beteiligten wissen, daß sie sich gemeinsam von etwas überzeugt haben. (1983, 77)

(4) *Diskursvoraussetzungen.* Soll das Programm des Universalisierungsprinzips realisiert werden, müssen die Diskurse bestimmten Voraussetzungen genügen. Diese Voraussetzungen haben den Charakter von *Bedingungen des Verständigungserfolgs der Diskursprozesse.* Sie umfassen *drei Ebenen:*

- *Die logische Ebene der Produkte.* Hier geht es darum, daß die Diskursteilnehmer *formal vernünftig,* d. h. entsprechend den logischen und semantischen Regeln, also *konsistent* argumentieren.
- *Die dialektische Ebene der Prozeduren.* Hier geht es um alles, »was für eine als Wettbewerb eingerichtete kooperative Wahrheitssuche notwendig ist«, so etwa um die *Zurechnungsfähigkeit* und *Wahrhaftigkeit* der Teilnehmer sowie um »allgemeine Kompetenz- und Relevanzregeln für die Verteilung der Argumentationslasten, für die Ordnung der Themen und Beiträge usw.« (98).
- *Die rhetorische Ebene der Prozesse.* Hier geht es darum, daß der Diskursvorgang allgemeinen Symmetriebedingungen genügt und Repression bzw. Kommunikationssperren vermeidet, also eine *ideale Sprechsituation* anstrebt.

Der Kreis der potentiellen Diskursteilnehmer muß alle betroffenen sprach- und handlungsfähigen Subjekte umfassen. Alle Teilnehmer müssen in der Argumentation chancengleich sein. Diese Chancengleichheit schließt jede Art von Unterdrückung von Personen bzw. Argumenten aus, d. h. der Diskurs sollte *herrschaftsfrei* geführt werden können.

Es ist klar, daß diese Diskursvoraussetzungen in realen Diskursen nie perfekt realisiert werden können. Das Gelingen der Diskurse und der normativen Konsense hängt aber davon ab, wieweit versucht wird, diesen idealen Diskursvoraussetzungen zumindest *annähernd* gerecht zu werden.

Wir sehen, daß es sich auf der dialektischen und der rhetorischen Ebene vorwiegend um *moralische* Voraussetzungen handelt. Damit wird deutlich, daß die Diskursethik *drei verschiedene Ebenen des moralisch Normativen* umfaßt:

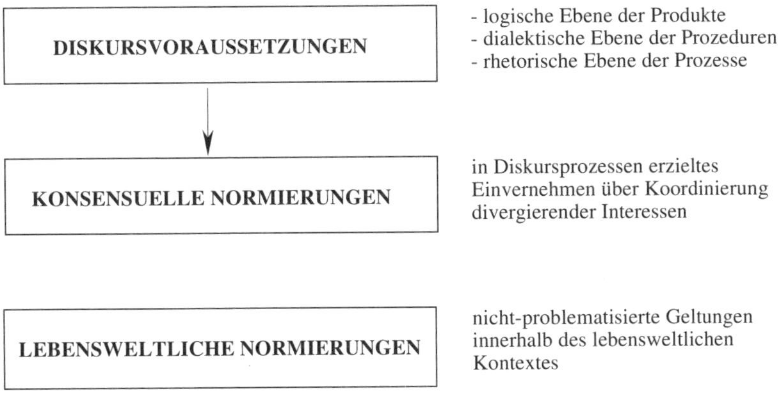

Abb. 27: Drei Ebenen des Normativen

- Die erste ist die Ebene der *Diskursvoraussetzungen,* die den Charakter von Bedingungen der Möglichkeit haben, das Moralprinzip zu verwirklichen. Sie sind transzendental aufzuweisen und verpflichten zum moralisch-kommunikativen Handeln *im Diskurs selbst.* Insofern sind sie *formal* und *inhaltlich neutral.*
- Die zweite Ebene umfaßt die *normativen Diskursresultate,* also jene *konsensuellen Normierungen,* zu denen der diskursive Verständigungsprozeß führt. Hier geht es um die normativen *Inhalte.*
- Die dritte Ebene umfaßt die *nicht-problematisierten lebensweltlichen Normierungen.*

(5) *Gesellschaft.* Die Diskursethik will bei inhaltlicher Neutralität eine Prozedur normieren. In der Regel bezieht sie sich dabei auf vorgegebene lebensweltliche Verhältnisse und soziale Lebensformen, deren Geltungen vorausgesetzt, bei Bedarf diskursiv überprüft und nötigenfalls auf Grund diskursiver Verständigung verändert werden. Allerdings setzt die Diskursethik damit Verhältnisse voraus, *die Diskurse ermöglichen* und sie nicht repressiv behindern. Das gilt prinzipiell für alle Bereiche der sozialen Interaktion, also für alle Gesellschaftsbereiche.

Insofern fordert die Diskursethik Verhältnisse, in welchen alle Subjekte die Chance haben, ihre Positionen und Interessen partizipativ und zwangsfrei in jene Diskurs- bzw. Normierungsprozesse einzubringen, von deren Resultaten sie betroffen sind. Sind solche Verhältnisse nicht gegeben, so verwandeln sich moralische Fragen in Fragen der *politischen* Ethik:

> Es handelt sich um Fragen einer Politik, die sich die Transformation von Lebensformen unter moralischen Gesichtspunkten zum Ziel setzt, obgleich sie nicht reformistisch, d. h. gemäß schon bestehenden und für legitim gehaltenen Gesetzen verfahren kann. (1985, 1051)

Im Fall der Unangemessenheit des Gesamtsystems kann sich dann eine revolutionäre Moral als notwendig erweisen, im Fall partieller Unangemessenheit ziviler Ungehorsam.

(6) *Das Begründungsproblem.* Warum *sollen* wir kommunikativ und nicht strategisch handeln? Welchen Grund gibt es, das diskursethische Universalisierungsprinzip anzuerkennen?

In den beiden großen Traditionen, die wir in der Systematik erörterten, erfolgt die Letztbegründung *metaphysisch;* das gilt für die *lex naturalis* bei THOMAS ebenso wie für den Kategorischen Imperativ bei KANT. HUME vertritt eine empiristische Letztbegründung, wonach das *moral feeling* in der menschlichen Triebstruktur natural-universell verankert ist (2.4). Die von MARX, NIETZSCHE und FREUD ausgehenden Impulse relativierten den Letztbegründungsanspruch. HABERMAS hält Metaphysik für unmöglich und vertritt einen *postmetaphysischen* Standpunkt. Allerdings distanziert er sich auch vom Empirismus. Er gibt den Letztbegründungsanspruch auf und bezieht in der Begründungsfrage eine schwächere Position.

Nach HABERMAS können wir zeigen, daß jemand, der das diskursethische Universalisierungsprinzip argumentativ bestreitet, sich selbst widersprechen muß; denn der Opponent setzt in den Sprechhandlungen des Opponierens genau das voraus, was er bestreitet. Im Argumentieren ist er verständigungsorientiert, seine Sprechhandlungen sind kommunikativ und setzen insofern die dargelegten Diskursvoraussetzungen voraus. Der Opponent kann also nur im *performativen* (in der Sprechhandlung als solcher gegebenen) *Widerspruch* opponieren.

> Wenn jeder, der in Argumentationen eintritt, u. a. Voraussetzungen machen muß, deren Gehalt sich in Form der Diskursregeln [...] darstellen läßt; und wenn wir ferner mit gerechtfertigten Normen den Sinn verbinden, daß diese gesellschaftliche Materien im gemeinsamen Interesse der möglicherweise Betroffenen regeln, dann läßt sich jeder, der den ernsthaften Versuch unternimmt, normative Geltungsansprüche diskursiv einzulösen, intuitiv auf Verfahrensbedingungen ein, die einer impliziten Anerkennung von »U« gleichkommen. Aus den genannten Diskursregeln ergibt sich nämlich, daß eine strittige Norm unter den Teilnehmern eines praktischen Diskurses Zustimmung nur finden kann, wenn »U« gilt [...]. (1983, 103)

Der Aufweis des performativen Widerspruchs zeigt nach HABERMAS zwar die *Alternativenlosigkeit* des Universalisierungsprinzips »U«, begründet es aber letztlich nicht. Allerdings hält HABERMAS eine Letztbegründung auch nicht für erforderlich. Der Aufweis der Alternativenlosigkeit räumt »U« einen starken Status ein. Dazu kommt, daß die moralischen Alltagsintuitionen in ihrer lebensweltlichen Einbettung weitgehend sich selbst genügen und nicht der philosophischen Aufklärung bedürfen. Insofern fügt sich die Diskursethik bei Verzicht auf Letztbegründung ein

> in den Kreis jener rekonstruktiven Wissenschaften, die es mit den rationalen Grundlagen von Erkennen, Sprechen und Handeln zu tun haben. Wenn wir den Fundamentalismus der überlieferten Transzendentalphilosophie gar nicht mehr anstreben, gewinnen wir für die Diskursethik neue Möglichkeiten der Überprüfung. Sie kann, in Konkurrenz mit anderen Ethiken, für die Beschreibung empirisch vorgefundener Moral- und Rechtsvorstellungen eingesetzt, sie kann in Theorien der Entwicklung des Moral- und Rechtsbewußtseins, sowohl auf der Ebene der soziokulturellen Entwicklung wie der Ontogenese, eingebaut und auf diese Weise einer indirekten Überprüfung zugänglich gemacht werden. (107f.)

Als Beispiel für letzteres kann etwa die entwicklungspsychologische Theorie der Moralstufen bei Lawrence KOHLBERG dienen, die HABERMAS philosophisch diskutiert und als empirische Bestätigung der Diskursethik faßt.

9.3.2 Karl-Otto Apel

Wir skizzieren einige Grundgedanken der kommunikationsethischen Position von APEL in drei Schritten:

(1) *Transzendentalpragmatik.* APEL geht aus von der prinzipiellen Verschränkung von Denken und (intersubjektiver) Sprachlichkeit. Weil Denken sprachlich ist und Sprache (selbst im Fall des Selbstgesprächs) kommunikativ, muß die transzendentale Reflexion KANTS auf eine neue Basis gestellt werden. Es ist zu fragen nach den *Bedingungen der Möglichkeit sprachlicher Kommunikation.* APEL zeigt, daß Kommunikation notwendigerweise die Idee einer *idealen Kommunikationsgemeinschaft* voraussetzt. In dieser Idee sind die *apriorischen* Bedingungen aller Kommunikation enthalten. Der transzendentale Rekurs bezieht sich also nicht (wie bei KANT) auf transzendentale Subjektivität, sondern auf transzendentale *Intersubjektivität.*

> Zu den Bedingungen der Möglichkeit gültiger Argumentation [...] gehört [...] die Voraussetzung einer – im Prinzip unbegrenzten – *idealen Kommunikationsgemeinschaft,* in der eine Sinnverständigung und eine Konsensbildung über Wahrheitsansprüche im Prinzip möglich sein muß. Ohne diese – ausdrückliche oder unausdrückliche – Unterstellung würde offenbar jede ernstgemeinte

> Diskussion ihren Sinn verlieren. Mit der a priori notwendigen Unterstellung einer idealen Kommunikationsgemeinschaft – die auch im Prinzip realisierbar, ja in einem gewissen Maß schon realisiert sein muß, wenn Argumentation möglich sein soll –, mit dieser Voraussetzung muß aber auch die intersubjektive Gültigkeit einer normativen Ethik der idealen Kommunikationsgemeinschaft immer schon unterstellt werden. Dies besagt unter anderem: Niemand kann auch nur mit sich selbst sich aufrichtig im Denken verständigen, der nicht schon im Prinzip alle Normen einer aufrichtigen Kommunikation unter Bedingungen wechselseitiger Anerkennung der Kommunikationspartner anerkannt hat. (1980, 288)

Die kommunikative Sprechhandlung (gr. *prâgma* = Handlung, davon: Transzendentalpragmatik) verweist also transzendental auch auf sittliche Normen als Bedingungen ihrer Möglichkeit.

(2) *Grundnormen.* Im Apriori der Kommunikationsgemeinschaft lassen sich folgende ethisch-normativen Grundsätze aufweisen:

(a) Alle Betroffenen – das heißt letztlich: *alle kommunikationsfähigen Wesen der Gegenwart und der Zukunft* – sind als gleichberechtigte Partner zur Argumentationsgemeinschaft zugelassen.

Die Einbeziehung künftiger kommunikationsfähiger Wesen besagt, daß auch die Interessen künftiger Generationen relevant sind und in der Argumentationsgemeinschaft advokatorisch vertreten werden müssen.

(b) Alle Teilnehmer der Argumentationsgemeinschaft sind zur *Wahrhaftigkeit* verpflichtet.

(c) Sowohl alle *Behauptungen* als auch alle *Ansprüche* sind *argumentativ* zu rechtfertigen.

> Im Apriori der Argumentation liegt der *Anspruch,* nicht nur alle »Behauptungen« der Wissenschaft, sondern darüber hinaus alle menschlichen *Ansprüche* (auch die impliziten Ansprüche von Menschen an Menschen, die in Handlungen und Institutionen enthalten sind) zu *rechtfertigen.* Wer argumentiert, der anerkennt implizit alle möglichen *Ansprüche* aller Mitglieder der Kommunikationsgemeinschaft, die durch vernünftige Argumente gerechtfertigt werden können (sonst würde der Anspruch der Argumentation sich selbst thematisch beschränken), und er verpflichtet sich zugleich, alle eigenen Ansprüche an Andere durch Argumente zu rechtfertigen. [...] Der Sinn der moralischen Argumentation könnte geradezu in dem [...] Prinzip ausgedrückt werden, daß alle *Bedürfnisse* von Menschen – als virtuelle *Ansprüche* – zum Anliegen der Kommunikationsgemeinschaft zu machen sind, die sich auf dem Wege der Argumentation mit den Bedürfnissen aller übrigen in Einklang bringen lassen. (1976, 424f.)

(3) *Regulative Prinzipien.* Wie in der analogen Fragestellung bei HABERMAS ist es auch bei APEL klar, daß die *faktisch-reale* Kommunikationsgemeinschaft nicht die Verwirklichung der *idealen* darstellt. Angesichts dieser Spannung werden *zwei grundlegende regulative Prinzipien* für die langfristige moralische Handlungsstrategie formuliert:

> Erstens muß es in allem Tun und Lassen darum gehen, das *Überleben* der menschlichen Gattung als der *realen* Kommunikationsgemeinschaft sicherzustellen, zweitens darum, in der realen die *ideale* Kommunikationsgemeinschaft zu verwirklichen. Das erste Ziel ist die notwendige Bedingung des zweiten Ziels; und das zweite Ziel gibt dem ersten seinen Sinn, - den Sinn, der mit jedem Argument schon antizipiert ist. (431)

Ähnlich wie bei HABERMAS ergibt sich bei APEL eine *Zweistufigkeit* des Normativen. Auf der ersten Stufe geht es um die *apriorischen Grundnormen und regulativen Prinzipien,* die in der konkreten Argumentation vorausgesetzt werden müssen, auf der zweiten darum, im praktischen Argumentieren zu situationsbezogenen, inhaltlich-konsensuellen Einzelnormen zu gelangen. Im Unterschied zu HABERMAS erhebt APEL für seine transzendentalpragmatische Reflexion den *Letztbegründungsanspruch.* Er geht

> von der Idee der transzendentalpragmatischen Reflexion aus, in der sich das Subjekt die Bedingungen bewußt macht, auf die es sich bereits eingelassen haben mußte, als es sprachlich mit anderen kommunizierte. Die Bedingungen selbst sind in die Kommunikationsgemeinschaft eingelassen, sie werden durch das Subjekt reflektierend erschlossen, als unhintergehbar erkannt und anerkannt. In diesem Sinn spricht die Kommunikationsethik von der Letztbegründung der Grundnormen sprachlicher Kommunikation. (W. BENDER 1988, 91)

9.3.3 Kritische Überlegung

(1) *Gewissen und Kommunikation.* Der skizzierte Neuansatz zeigt die Tendenz, das subjektiv-monologische Gewissen in die reale Kommunikation (Diskurse) hinein zu *exteriorisieren.* Es geht um einen Paradigmawechsel von der *Bewußtseinsphilosophie* (KANT) zur *Sprach- und Kommunikationsphilosophie* im Rahmen der Ethik. An die Stelle des »einsamen« Subjekts tritt die Intersubjektivität des reziproken Verständigungsprozesses kommunikativen Handelns in der Kommunikationsgemeinschaft. Wir wollen diese Tendenz auf die Differenz von *Moralität und Sittlichkeit* beziehen, die wir in 5.2 erörterten.

Wir unterschieden Moralität und Sittlichkeit als Sinnebenen der Praxis. Dabei bestimmten wir Moralität als die fundierende Sinnebene, auf der es um das moralische Subjekt, sein Gewissen und seine Selbstbestimmung aus Freiheit geht. Wir zeigten, wie die Sinnebene der Moralität in das Normenproblem gerät (5.1) und insofern auf die Sinnebene der Sittlichkeit verweist. Dabei wiesen wir der Diskursethik (im weitesten Sinne) ihren systematischen Ort auf der Sinnebene der Sittlichkeit zu (5.3.2). Wir haben also zwei Fragestellungen zu unterscheiden:

- die Frage nach der *individuell-subjektiven Moralitätsbewandtnis;* diese verweist notwendigerweise auf das je-eigene, in bestimmter Hinsicht letztlich immer monologische Gewissen;

- die Frage nach *sozial akzeptierten sittlichen Normen,* ihrem Zustandekommen, ihre Begründung und den Bedingungen ihres Geltens; soweit die Etablierung derartiger Normen nicht autoritativ möglich ist (5.3.1), kann sie nur in Diskursprozessen erfolgen.

Der diskurs- bzw. kommunikationsethische Ansatz betont zurecht, daß die intersubjektive Akzeptanz von Normen und die sittliche Identität eines sozialen Ethos heute nur in Diskursprozessen hergestellt und gesichert werden können. Außerdem macht er differenziert die Bedingungen derartiger Diskurse bewußt. Es ist jedoch wichtig, die *Genese von Normen in (realen) Diskursen auf der Sinnebene der Sittlichkeit* zu unterscheiden von der (letztlich monologischen) *Bestimmung der Pflicht im subjektiven Gewissen im Rahmen der Sinnebene der Moralität.* Diese Unterscheidung bleibt auch dann relevant, wenn wir berücksichtigen, daß das subjektive Gewissen immer schon kommunikativ ist (Dialektik des Gewissens, vgl. 5.1.1), das Apriori der Kommunikationsgemeinschaft voraussetzt und auch faktisch in vielfältigen Diskursen steht. Dem moralischen Subjekt und seinem Gewissen kommt dennoch eine unverzichtbare Schlüsselstellung im Gesamtraum der Ethik zu. Nur das subjektive Gewissen kann letztverbindlich bestimmen, was für das Subjekt Pflicht ist. Die subjektive Gewissensüberlegung *(consilium rationis)* und das Urteil, zu dem sie führt, lassen sich nie einfachhin in Diskurse exteriorisieren, sondern das Gewissen steht gegenüber allen lebensweltlich-ethosartigen Normierungen sowie gegenüber allen Resultaten diskursiver Verständigung in einer prinzipiellen Spannung, in welcher es beansprucht, *letzte Instanz* zu sein. Kein Diskurs bzw. Konsens kann diese Spannung völlig aufheben.

(2) *Der diskursfähige Inhalt.* Der Ansatz verweist normativ auf diskursive *Prozeduren,* in welchen der moralische Inhalt als *konsensuelles Diskursresultat* zu bestimmen ist. Dabei besteht die Tendenz, die moralisch-diskursfähigen Inhalte auf jene Normierungen einzugrenzen, welche den Charakter *distributiver Koordinierung divergierender Interessen bzw. Ansprüche* haben. Wir sahen in 5.3.2.2, daß HABERMAS diese Begrenzung ausdrücklich vornimmt: Für ihn sind nur *Gerechtigkeitsfragen* rational entscheidbare moralische Fragen, während die *evaluativen* (d.h. wertbezogenen) Fragen des guten Lebens nicht moralisierungs- und diskursfähig sind. Sie können nur im Rahmen der vorgegebenen lebensweltlichen Sittlichkeit erörtert werden. Insofern treten (diskursiv entscheidbare) *Normen* und (lebenweltlich vorgegebene) *Werte* auseinander.

Diese Eingrenzung des moralisch-diskursfähigen Inhalts auf Gerechtigkeitsfragen verstärkt den Eindruck, daß das Ergebnis des Ansatzes eher dürftig und zur Bewältigung konkreter moralischer Probleme wenig hilfreich ist. Es läuft auf die (alternativenlose bzw. letztbegründete) Forderung hinaus, sich im Fall divergierender Interessen und Ansprüche diskursiv um Verständigung zu bemühen. Diese Forderung ist zweifellos moralisch plausibel; sie führt jedoch angesichts der genannten Eingrenzung zu folgendem Problem: In vielen moralischen Fragen *ist die Divergenz von Interessen bzw. Ansprüchen untrennbar verschränkt mit einer Divergenz von Wert- und Sinnoptionen,* so daß die Abstraktion des Gerechtigkeitsaspekts vom evaluativen Aspekt gar nicht möglich ist. Gilt der evaluative Aspekt als nicht rational entscheidbar bzw. als nicht diskursfähig, so scheint es in solchen Fällen keine Aussicht auf diskursive Verständigung zu geben.

Wir wiesen in 5.3.2.3 auf die Schwierigkeiten hin, in welche der Ansatz gerät, wenn er etwa mit jenen moralischen Fragen konfrontiert wird, die P. SINGER (1979) aufwirft. Es gibt eine Vielzahl aktuell diskutierter moralischer Probleme, die sich nicht auf den Nenner evaluativ neutraler Gerechtigkeitsfragen bringen lassen. Man denke etwa an die Themen Abtreibung, aktive Euthanasie, Humangenetik, Nutzung von Embryonen in der Forschung, Tierversuche, industrielle Massentierhaltung etc. In derartigen moralischen Fragen ist genau das umstritten, was der Ansatz als unproblematisch voraussetzt: Wer hat als Betroffener zu gelten? Wessen Interessen müssen im Diskurs (advokatorisch) vertreten werden? Erst wenn evaluativ geklärt ist, welcher Status Embryonen, Föten, Schwerstbehinderten, Komatösen, höheren Tieren etc. einzuräumen ist, lassen sich die (dann eher sekundären) Gerechtigkeitsfragen erörtern. Analoges gilt, wenn innerhalb der ökologischen Ethik darüber Divergenz besteht, ob die Natur (lebendige Individuen, Arten, Ökosysteme) anthropozentrisch zu betrachten ist oder gegenüber menschlichen Interessen und Ansprüchen einen Eigenwert besitzt. In der Rechtsethik kommen evaluative Fragen ins Spiel, wenn es um den Schutz von Ehe und Familie geht. In Fragen der sozialpolitisch gerechten Verteilung muß geklärt sein, welcher Wert dem Eigentumsrecht zukommt, etwa angesichts der Divergenz zwischen J. RAWLS und R. NOZICK.

Darum gelangten wir in 5.3.2.3 zu dem Ergebnis, daß die gerechtigkeitstheoretische bzw. diskursethische Argumentationsform nur dann zu befriedigenden Resultaten führt, wenn sie Anliegen der *klassisch-naturrechtlichen Argumentationsform* berücksichtigt und einbezieht. Diskursive Verständigung scheint in vielen Fällen vorauszusetzen, daß auch evaluative Fragen, Fragen der Wert- und Sinnoptionen, als rational entscheidbare, diskursfähige Fragen gefaßt werden können. Es geht in diesen Fragen um das *natural Unbeliebige* des Menschseins und seiner Stellung in der Welt, bzw. um die *materiale Bestimmung des Menschenwürdigen* im Rekurs auf den philosophisch-anthropologisch zu entfaltenden *Begriff des Menschen.* Allerdings wären Diskurse über derartige evaluative Fragen anders zu charakterisieren als jene, in denen es lediglich um die distributive Koordinierung divergierender Interessen und Ansprüche geht. Denn es ginge nicht nur darum, daß Betroffene argumentativ Interessenkonflikte austragen und beilegen, sondern auch darum, daß evaluativ relevante Wahrheitsprobleme erörtert und bewältigt werden. Gilt das als unmöglich, so dürfte sich die von HABERMAS entworfene Perspektive, daß unsere komplexe Gesellschaft auf dem Weg der Diskursethik eine vernünftige Identität ausbilden könne, als Utopie erweisen; das letzte Wort hätte dann letztlich doch der postmoderne Identitätsverzicht (8.2.6).

9.4 Hinweise

Wir verweisen im folgenden kurz auf einige sehr unterschiedliche Positionen innerhalb der Gegenwartsethik, die in der aktuellen Diskussion eine bedeutende Rolle spielen.

9.4.1 Theodor W. Adorno

ADORNO (1903–1969) vertrat im Rahmen der neomarxistischen Kritischen Theorie eine sogenannte *negative Ethik*. Ihr Grundgedanke ist folgender: Die durch Tauschverhältnisse bestimmte Totalität der Gegenwartsgesellschaft wird kritisch als das Negative entlarvt: *Das Ganze ist das Unwahre.* Dieses »Unwesen« der negativen Totalität betrifft alles Einzelne und zieht es in seinen Bann. Moralität wird in diesem Rahmen unmöglich. »Es gibt kein richtiges Leben im falschen.« (IV. 43) In dieser Situation leistet das kritische Denken Widerstand gegen diese Totalität, indem es sie thematisiert und ihre Negativität aufzeigt. Als Folie dieser Entlarvung der Negativität und Unvernünftigkeit des Wirklichen fungiert die *Möglichkeit des Anderen,* des Absoluten, die »Idee einer Verfassung der Welt, in der nicht nur bestehendes Leid abgeschafft, sondern noch das unwiderruflich vergangene widerrufen wäre« (VI. 395). Von dieser Folie her hat die Philosophie die Aufgabe, eindringlich die penetrante Negativität des Ganzen aufzuweisen. Denn der Bann der negativen Totalität schließt jede positiv-inhaltliche Konzeption einer Alternative aus. Die utopische Idee des Gutartigen artikuliert sich nur in bestimmter Negation. Sie kommt nur als die »Spiegelschrift ihres Gegenteils« (IV. 281) in Sicht.

Dieser fatalen Konsequenz der Kritischen Theorie stellt HABERMAS seine Diskursethik entgegen (9.3.1), welche Wege zeigt, trotz gegebener Negativität Positives in diskursiver Verständigung praktisch ins Werk zu setzen.

9.4.2 Kritischer Rationalismus

Diese Position, deren Hauptvertreter Karl R. POPPER (geb. 1902) und Hans ALBERT (geb. 1921) sind, wurde zunächst im Rahmen der Wissenschaftstheorie bedeutsam, gewann aber auch in der Ethik Einfluß.

Als *wissenschaftstheoretische* Position betont der kritische Rationalismus, daß alle wissenschaftlichen Theorien grundsätzlich hypothetisch sind. Es gibt keine Letztbegründung des Wissens und darum auch keine letzte Gewißheit. Wissenschaften sind Netze von Hypothesen, Gewebe von Vermutungen. Sinnvolle wissenschaftliche Aussagen müssen aber empirisch überprüfbar und insofern *falsifizierbar* sein, d. h. es muß klar sein, wie empirisch gezeigt werden müßte, daß sie falsch sind. Der Fortschritt des Wissens besteht darin, daß Aussagen überprüft, Fehler entdeckt und falsifizierte Theorien durch andere ersetzt werden. So lernen wir aus Fehlern, gelangen zu Theorien, die sich bewähren, und nähern uns auf diese Weise der Wahrheit. Der kritische Rationalismus ist durch eine empiristische, antimetaphysische Grundhaltung gekennzeichnet (vgl. EP 4.4.4).

Mit dieser wissenschaftstheoretischen Position hängt folgende *ethische Grundoption* zusammen: Da wir um die prinzipielle Fehlbarkeit unseres Erkennens *(Fallibilismus)* wissen, sollten wir offen sein für jede Art rationaler Kritik und für eine *offene Gesellschaft* eintreten, in welcher freie, rationale Kritik uneingeschränkt möglich ist. Insofern ist der kritische Rationalismus eine Einstellung,

> die zugibt, daß »*ich mich irren kann, daß du recht haben kannst und daß wir zusammen vielleicht der Wahrheit auf die Spur kommen werden*«. Er ist eine Einstellung, die die Hoffnung nicht leichtfertig aufgibt, daß man durch Argument und durch sorgfältiges Beobachten in vielen wichtigen Problemen zu einer Art Übereinstimmung kommen kann; und er glaubt, daß es sogar dort, wo verschiedene Interessen und Forderungen aufeinanderprallen, möglich ist, über diese Vorschläge und Forderungen zu argumentieren und [. . .] einen Kompromiß zu erreichen, der wegen seiner Billigkeit für die meisten, wenn nicht für alle annehmbar ist. (POPPER 1958, 276)

ALBERT wendet diese kritisch-rationalistische Einstellung auch auf die Normenprobleme der Ethik an und kommt im *Traktat über rationale Praxis* (1978) zu folgendem Ergebnis: Im Raum des Sozialen legen sich vor allem *vier* unbestrittene *Zielsetzungen* nahe, die als regulative Ideen interpretiert werden können: *Friede, Wohlstand, Freiheit* und *Gerechtigkeit.* Mit diesen Ideen ist ein teleologischer (2.5.1) Bezugsrahmen der Praxis gegeben. In diesem Bezugsrahmen sind ethische *Systeme und Einzelnormen,* die in diversen sozialen Kontexten vorgefunden und vertreten werden, *kritisch zu überprüfen.* Es ist zu untersuchen, wieweit ihre Befolgung die Verwirklichung des genannten Bezugsrahmens fördert oder behindert. Im Bezugsrahmen erweisen sie sich als grundsätzlich *falsifizierbar.* Die rationale Kritik behandelt also ethische Systeme und Normen ähnlich wie wissenschaftliche Theorien und Aussagen. Dabei wird besonders die Tendenz bekämpft, Normierungen irrational bzw. autoritativ zu *dogmatisieren* und gegenüber der Kritik zu *immunisieren.*

Kritisch wurde gegenüber dem kritischen Rationalismus immer wieder geltend gemacht, daß er den Rationalitätsbegriff, den er normativ ins Spiel bringt, letztlich nicht zu begründen vermag. Er übernimmt ihn aus der Wissenschaftstheorie der empirischen Einzelwissenschaften und tendiert damit dazu, einen bestimmten Typus (empiristisch-szientistisch eingefärbter) Rationalität absolut zu setzen.

9.4.3 John Rawls

In 5.3.2.2 wiesen wir auf die aktuelle Bedeutung von Gerechtigkeitstheorien im Rahmen der Normenethik hin. Diese Theorien schließen an die großen modernen Vertragstheorien (HOBBES, LOCKE, ROUSSEAU, KANT) an und entwickeln sie weiter. Als besonders fruchtbar und einflußreich erwies sich die *Theorie der Gerechtigkeit* (1971, dt. 1975) des Amerikaners John RAWLS (geb. 1921), die er als Alternative zum Utilitarismus konzipierte, den er einer grundlegenden Kritik unterzog.

Im Gegensatz zum Utilitarismus vertritt RAWLS den *Vorrang des Gerechten vor dem (utilitaristisch) Guten,* d. h. vor der Perspektive der konsequentialistischen Nutzensumme (2.5.1). Höchste normative Qualität kommt darum den deontologischen *Gerechtigkeitsgrundsätzen* zu, die er mittels einer fiktiven Urzustandssituation aufweist. Die Grundsätze bestimmen die Gerechtigkeit als *Fairneß.*

Wir können die Urzustandsfiktion folgendermaßen skizzieren: Nehmen wir eine Anzahl von Personen an, denen die Aufgabe zukommt, gemeinsam die Grundsätze jener Gesellschaftsordnung festzulegen, unter der sie dann selbst zu leben haben. Es wird vorausgesetzt, daß jede dieser Personen vernünftig, auf ihren Vorteil bedacht und mit einem gewissen Gerechtigkeitssinn ausgestattet ist. Weiters wird angenommen, daß keine dieser Personen weiß, in welchem kulturellen Kontext, in welcher Klasse oder Schicht, in welchem Geschlecht oder Gesundheitszustand, mit welcher Begabung und in welcher Generation sie dieser Gesellschaft angehören wird. Die Personen beraten also unter dem »Schleier des Nichtwissens«. Dieser Schleier macht subjektive Interessen und Präferenzen gegenstandslos. Welche Grundsätze werden diese Personen wählen?

> Zusammen mit dem Schleier des Nichtwissens definieren diese Bedingungen die Grundsätze der Gerechtigkeit als diejenigen, auf die sich vernünftige Menschen, die ihre Interessen verfolgen, als Gleiche einigen würden, wenn von keinem bekannt ist, daß er durch natürliche oder gesellschaftliche Umstände bevorzugt oder benachteiligt ist. (RAWLS 1975, 37)

RAWLS weist auf, daß sich diese Personen notwendigerweise für folgende *zwei Gerechtigkeitsgrundsätze* entscheiden würden. Der erste ist der Grundsatz der *größtmöglichen Freiheit;* er lautet:

> Jedermann hat gleiches Recht auf das umfangreichste Gesamtsystem gleicher Grundfreiheiten, das für alle möglich ist.

Der zweite Gerechtigkeitsgrundsatz umfaßt a) das *Unterschiedsprinzip* und b) das Prinzip der *fairen Chancengleichheit.* Er lautet:

> Soziale und wirtschaftliche Ungleichheiten müssen folgendermaßen beschaffen sein:
> (a) sie müssen unter der Einschränkung des gerechten Spargrundsatzes den am wenigsten Begünstigten den größtmöglichen Vorteil bringen, und
> (b) sie müssen mit Ämtern und Positionen verbunden sein, die allen gemäß fairer Chancengleichheit offenstehen. (336)

Der im Unterschiedsprinzip enthaltene Spargrundsatz berücksichtigt die Interessen der künftigen Generationen.

Im Blick auf diese vorrangigen deontologischen Gerechtigkeitsgrundsätze entwickelt RAWLS eine *zweistufige Theorie des Guten:*

(1) In der *schwachen* Theorie des Guten geht es um das individuell-persönliche *Wohl des Menschen,* das definiert ist als »die erfolgreiche Ausführung eines vernünftigen Lebensplanes« (472) im Rahmen einer gerechten Ordnung. In dieser schwachen Theorie werden alle jene Güter relevant, die in einem vernünftigen Lebensplan eine Rolle spielen, also »Freiheit und Chancen, Einkommen und Vermögen und vor allem Selbstachtung« (472). An dieser schwachen Theorie sind die Personen im Urzustand orientiert, wenn sie im Sinne ihrer Interessen die Gerechtigkeitsprinzipien konzipieren.

> Wir brauchen die schwache Theorie des Guten, um den vernünftigen Wunsch nach Grundgütern und den Begriff der Vernünftigkeit zu erklären, der der Wahl der Grundsätze im Urzustand zugrundeliegt. Aus dieser Theorie gehen die Voraussetzungen hervor, die zur Herleitung der Gerechtigkeitsgrundsätze nötig sind. (435)

(2) In der *vollständigen* Theorie des Guten geht es um den *guten,* d. h. *moralisch wertvollen* Menschen. Er kann bestimmt werden als jemand,

> der in überdurchschnittlichem Maße die grundlegenden Eigenschaften einer moralischen Persönlichkeit aufweist, die die Menschen im Urzustand vernünftigerweise aneinander wünschen. Da die Gerechtigkeitsgrundsätze festgelegt sind und wir vollständige Konformität voraussetzen, weiß jeder, daß er in der Gesellschaft wünschen wird, daß die anderen die moralische Gesinnung haben, die auf die Befolgung dieser Grundsätze hinzielt. (476)

Eine *gute Gesellschaft* wäre eine solche, in welcher nicht nur die Gerechtigkeitsgrundsätze etabliert sind, sondern der (moralische) *Gerechtigkeitssinn* das öffentliche Bewußtsein bestimmt. In der Entfaltung der Theorie des Guten nimmt RAWLS tugendethische Motive des ARISTOTELES auf (vgl. 6.3.2).

9.4.4 Hans Jonas

JONAS (geb. 1903) nennt sein Werk *Das Prinzip Verantwortung* (1979) einen »Versuch einer Ethik für eine technologische Zivilisation«. Ausgangspunkt des Versuchs ist die Möglichkeit einer globalen ökologischen bzw. technologischen Katastrophe. Wir greifen drei zentrale Gesichtspunkte heraus:

(1) JONAS versucht aufzuweisen, daß aus der *ontologischen Idee* des Menschen als eines moralischen Subjekts, d. h. eines zur Pflicht fähigen Wesens, der kategorische moralische Imperativ folge, *daß eine Menschheit sei.* Die ontologische Idee des Menschen fordert »die Anwesenheit ihrer Verkörperung in der Welt«, also »daß eine solche Anwesenheit sein

soll, also gehütet werden soll, sie also uns, die wir sie gefährden können, zur Pflicht« wird (91).

(2) Auch die *Erhaltung der Natur* ist Pflicht und zwar *um ihrer selbst willen.* Denn schon in der vormenschlichen Natur herrscht *Zweckkausalität* (Teleologie im Sinne des ARISTOTELES, vgl. EP 2.4.4.2). Jeder Lebensprozeß, aber auch der Evolutionsprozeß als ganzer zeigen, daß naturales Sein sich teleologisch, also zweckhaft vollzieht. Zweckhaftigkeit aber erweist sich nach JONAS als *Gut-an-sich* und insofern als *Grundwert.* Im Menschen erreicht die Teleologie der naturalen Evolution die Freiheit, sich selbst Zwecke zu setzen. Für den Menschen wird die Zweckhaftigkeit des naturalen Seins als Gut-an-sich und Grundwert zur *Pflicht,* die Natur zu bewahren.

(3) Die *Verantwortung* des Menschen bezieht sich demnach auf die Menschheit und auf die Natur. Nach JONAS ist diese Verantwortung *total,* da sie sich auf die Ganzheit ihres Gegenstandes beziehen muß. Sie ist weiters *kontinuierlich,* d. h. sie muß »ihren Gegenstand in seiner Geschichtlichkeit umgreifen« (196), und sie ist *zukunftsorientiert:* »Die eigene Zukünftigkeit des Verantworteten ist der eigentliche Zukunftsaspekt der Verantwortung.« (198)

JONAS vollzieht den Übergang von der ontologischen Idee des moralischen Subjekts zur moralischen Pflicht, dessen menschheitliche Anwesenheit zu erhalten, sowie jenen von der ontologischen Naturteleologie zum moralisch verpflichtenden Grundwert in einer eigenartigen naturrechtlichen Argumentation, die sich von jener unterscheidet, die wir in 5.3.2.3 erörterten. Die Stringenz dieser Argumentation wird mit Recht bezweifelt. Abgesehen von der Argumentationsweise dürfte es unbestritten sein, daß wir für die Menschheit und die Natur verantwortlich sind. Allerdings ist dieses Insistieren auf *Globalverantwortung* wenig hilfreich, wenn es nicht (sozialphilosophisch bzw. sozialethisch) so differenziert wird, daß die *konkrete* Verantwortung in Sicht kommt, die tatsächlich übernommen und getragen werden kann. Solange jeder für alles verantwortlich gemacht wird, besteht die Gefahr, daß sich keiner konkret verantwortlich fühlt.

9.4.5 Peter Singer

Der australische Ethiker (geb. 1946) wurde vor allem durch seine *Praktische Ethik* (*Practical ethics,* 1979, dt. 1984) weltweit bekannt und wegen einiger provokanten Thesen heftig diskutiert. Im folgenden skizzieren wir den theoretischen Grundgedanken der *Praktischen Ethik.*

In der Ethik ist zu bestimmen, welche Pflichten wir gegenüber anderen Wesen haben. SINGER unterscheidet *drei Klassen anderer Wesen* und differenziert damit die Frage der moralischen Verpflichtung.

(1) *Wesen ohne Bewußtsein.* Hierher gehören leblose Dinge, Pflanzen und Tiere ohne Zentralnervensystem. Da sie keine bewußten Erlebnisse

haben, d.h. nicht Lust und Schmerz empfinden können, haben sie *keinen Wert an sich.* Wir haben ihnen gegenüber keine Verpflichtungen; sie sind grundsätzlich verfügbar.

(2) *Bewußt-empfindende Wesen.* Hierher gehören Animalien, die über ein Zentralnervensystem verfügen. Da Lust Wertbewandtnis hat, kommt diesen Wesen ein *Wert an sich zu.* SINGER faßt die moralische Verpflichtung, die wir ihnen gegenüber haben, *klassisch-utilitaristisch* (2.5.1): Wir sollten so mit ihnen umgehen, daß wir die Summe der Lust in der Welt erhöhen. Sofern diese Wesen jedoch *nicht selbstbewußt* sind, sich also nicht als distinkte Entitäten mit Vergangenheit und Zukunft wissen, haben sie nur als »Gefäße« der Lust Wert an sich und sind insofern *individuell austauschbar* bzw. *ersetzbar.*

SINGER schwankt, ob die Vermehrung der Lustsumme im Sinne der *Totalansicht* oder im Sinne der *Vorausgesetzte-Existenz-Ansicht* zu fassen ist. Im ersten Fall ist es gleichgülttig, ob die »Vermehrung der Gesamtsumme von Lust [...] durch die Vermehrung von Lust bei existierenden Wesen geschieht oder durch die Vermehrung der Zahl von Wesen, die existieren« (120). Im zweiten Fall werden nur Wesen berücksichtigt, die bereits existieren. – In diesem klassisch-utilitaristischen Argumentationsrahmen werden das Töten von Tieren, ihre Verwendung in Experimenten und die industrielle Tierhaltung erörtert.

(3) *Personen.* Sie sind »sich selbst als distinkte Entitäten mit einer Vergangenheit und Zukunft bewußt« (130). Die moralische Verpflichtung gegenüber Personen faßt SINGER (nicht ausschließlich, aber primär) *präferenz-utilitaristisch* (2.5.2): Wir haben so zu handeln, daß wir die *Präferenzen* (Interessen, Wünsche, Zukunftspläne) aller von unserer Handlung Betroffenen *in gleicher Weise erwägen und berücksichtigen.* Im Unterschied zu bloß bewußt-empfindenden Wesen gibt es bei Personen keine individuelle Ersetzbarkeit. Sie haben ein individuelles *Recht auf Leben.*

Das Provokante an der Position SINGERS ergibt sich daraus, daß er diese drei Klassen nicht (substantialistisch bzw. »speziesistisch«) bestimmten Arten zuordnet, sondern strikt *aktualistisch* argumentiert. So ist ein Wesen dann und nur dann Person, wenn es *aktuell* in der Lage ist, die Indikatoren des Personseins zu vollziehen. Insofern sind nach SINGER menschliche Embryonen, Neugeborene, Schwerstbehinderte und Komatöse keine Personen; andererseits rechnet er damit, daß gewisse höhere (erwachsene und gesunde) Tiere, etwa Schimpansen, Gorillas, Wale und Delphine Personen sind.

Diese aktualistische Position führt zu weitreichenden Konsequenzen. So etwa nimmt SINGER an, daß Föten von weniger als 18 Wochen kein Bewußtsein und darum keinerlei Wert an sich haben; sie können also ohne weiteres abgetrieben werden. Ältere Föten sowie Neugeborene werden als bewußt-empfindende Wesen betrachtet, jedoch nicht als Personen; ihnen gegenüber gelten die gleichen Ver-

Wesen	Wert	Verpflichtung
Wesen ohne Bewußtsein	besitzen keinen Wert an sich	keine
bewußt empfindende Wesen	Wert an sich „Gefäße der Lust" ersetzbar	klassisch-utilitaristisch
Personen: selbstbewußte Wesen mit Vergangenheit und Zukunft	Wert an sich Recht auf Leben nicht ersetzbar	präferenz-utilitaristisch

Abb. 28: Arten der Verpflichtung nach Singer

pflichtungen wie gegenüber bewußt-empfindenden, nicht-personalen Tieren. Besonders umstritten sind die Konsequenzen, die SINGER aus diesem Ansatz im Hinblick auf das Problem der *aktiven Euthanasie* zieht.

Die innere Konsistenz der Position SINGERS mag zwar in dieser oder jener Hinsicht anfechtbar sein, aber ihre partiellen Defizite erscheinen korrigierbar. Der springende Punkt liegt in seinem *Personbegriff*. Will man gegen SINGER argumentieren, müßte man hier ansetzen und philosophisch-anthropologisch aufweisen, *warum seine aktualistische Fassung des Personenbegriffs unhaltbar ist* und *warum nur Menschen Personen sind.*

Die SINGER-Diskussion machte vor allem drei Dinge deutlich: Erstens zeigte sie, zu welchen Konsequenzen empiristisch-utilitaristische Positionen in der angewandten Ethik führen, wenn sie nur hinreichend folgerichtig auf die konkreten moralischen Fragen bezogen werden. Zweitens zeigte sie, wie hilflos gerechtigkeitstheoretische und diskursethische Argumentationsformen sind, wenn es um Fragen dieser Art geht. Drittens schließlich wurde deutlich, wie fremd der mit SINGER konfrontierten Öffentlichkeit jene klassisch-naturrechtliche Argumentationsform (5.3.2.3) ist, die hier gefragt wäre, weil hier nur ein ethisches Argumentieren weiterführt, das im philosophisch-anthropologischen Theoriebezug steht. Die oft heftige Emotionalisierung der Diskussion hat nicht zuletzt darin ihren Grund, daß man SINGERS Konsequenzen ablehnt, ohne gegen seine Position argumentieren zu können.

Zusammenfassung 9

- Die materiale Wertethik nimmt ein hierarchisch gegliedertes Reich objektiver, ungeschichtlich vorgegebener, an-sich-seiender Werte an, die sich dem menschlichen Wertfühlen im Vorziehen und Nachsetzen, Lieben und Hassen erschließen. Unterschiede im Wertbewußtsein gründen demnach in unterschiedlichen Entwicklungsformen des Wertfühlens, nicht in einer Wandelbarkeit der Werte selbst.
- Die existentialistische Ethik fordert zum Existieren auf. Das Subjekt soll in absoluter Selbstwahl aus der Uneigentlichkeit und Verfallenheit durchschnittlich-alltäglichen Daseins heraustreten, sein eigentliches endlich-kontingentes Seinkönnen übernehmen, sich auf seine eigensten Möglichkeiten hin entwerfen und den Entwurf in der je-konkreten Situation bewähren. Dabei wird Existenz entweder eher auf den Einzelnen bezogen oder eher dialogisch gefaßt.
- Diskurs- und kommunikationsethische Ansätze gehen aus von der Alternativenlosigkeit kommunikativen Handelns. Einerseits weisen sie dessesn normative Voraussetzungen transzendental auf und andererseits bestimmen sie moralische Normen als konsensuelle Resultate von Diskursen bzw. von argumentativen Verständigungsprozessen.
- Weitere aktuell diskutierte Neuansätze sind die negative Ethik bei Th. W. ADORNO, die ethischen Überlegungen des kritischen Rationalismus (K. POPPER, H. ALBERT), die Gerechtigkeitstheorie von J. RAWLS, die Verantwortungstheorie bei H. JONAS und der Präferenzutilitarismus bei P. SINGER.

10 Analytische Ethik

Die analytische Ethik oder Metaethik ist eine Forschungsrichtung innerhalb der philosophischen Ethik, die sich mit *logischen, semantischen, pragmatischen bzw. linguistischen Analysen der moralischen Sprache* befaßt. Der Name *Metaethik* weist darauf hin, daß es sich um eine Metatheorie des moralischen Diskurses handelt.

Die analytische Ethik analysiert die Begriffe, Sätze, Äußerungen, Sprechakte, Argumentations- und Dialogformen, die im Rahmen der Normenethik verwendet werden. Die folgende Gliederung der Ethik (Abb. 29) bietet einen Überblick über deren zentrale Disziplinen und gibt die Stellung der analytischen Ethik innerhalb der gesamten philosophisch-ethischen Wissenschaft an.

Die analytische Ethik entwickelte sich seit 1900 zunächst primär im angelsächsischen Raum sowie im (neopositivistischen) *Wiener Kreis* (vgl. EP 4.4.3). Seit 1950 gewann sie auch im übrigen Europa stark an Bedeutung. Ihre Analysen erwiesen sich als fruchtbar für die Erörterung normenethischer Fragen. In der Forschungspraxis sind analytische Ethik und Normenethik häufig aufeinander bezogen. Wir skizzieren im folgenden einige zentrale metaethische Positionen und beziehen sie auf die erarbeitete fundamentalethische Systematik.

10.1 Klassifizierungen

Zur Aufgabe der analytischen Ethik gehört die Klassifizierung ethischer Theorien. Wir bieten im folgenden eine Übersicht über die wichtigsten heute üblichen Klassifizierungen (vgl. KUTSCHERA 1982, 39–86).

(1) *Kognitivismus und Nonkognitivismus* (lat. *cognito* = Erkenntnis). Sind moralische Aussagen *Behauptungssätze,* die wahr oder falsch sein können? Kognitivisten bejahen diese Frage; sie meinen, daß moralische Aussagen das Bestehen moralischer Sachverhalte behaupten. Nonkognitivisten sind der Auffassung, moralische Aussagen hätten lediglich den Charakter von subjektiven Gefühlsäußerungen, Präferenzen, Befehlen, Empfehlungen oder Wünschen.

Für eine konsequent nonkognitivistische Position ist eine ihrem Anspruch nach intersubjektiv verbindliche Normenethik unmöglich, da es weder moralische Sachverhalte noch Möglichkeiten rationaler Begründung moralischer Aussagen gibt. Darum sind die wichtigsten ethischen Ansätze, die wir erörterten (ARISTOTELES, THOMAS, KANT, Utilitarismus, Diskursethik etc.) kognitivistisch.

Philosophische Ethik	**- allgemeine (Fundamental-)Ethik**	**- Metaethik** (logisch-linguistische Analyse des moralischen Diskurses)	**- Kognitivismus** **- Nonkognitivismus** (Emotivismus)
		- allgemeine Moraltheorie (philosophisch-systematische Klärung der Grundlagenprobleme)	- praktische Vernunft, freier Wille - Moralprinzip, Gut und Böse - Gewissen, Verantwortung - Norm, Ethos, Sittlichkeit - Tugend, Lebensführung - Glück und Sinn
	- spezielle (Normen-)Ethik	**- Individualethik** (Normierung individuell zurechenbarer Handlungen und Haltungen in diversen Praxisbereichen)	- Pflichten gegen sich selbst - Mitmensch als Nächster - Sexualität-Ehe-Familie - Medizin (Abtreibung, Euthanasie, Humangenetik) - Ökologie, Technik, Ökonomie - Dritte Welt - künftige Generationen - Verhalten gegenüber Tieren etc.
		- Sozialethik (Kriterien und Beurteilung der Gerechtigkeit sozialer Gebilde, Institutionen, Strukturen, Gesetze etc.)	- Recht - Staat, Politik - Wirtschaft - Kultur - Fürsorge etc.

Abb. 29: Gliederung der Ethik

(2) *Naturalismus und nichtnaturalistische Theorien.* Gibt es eine eigenständige Bedeutung des Moralischen oder läßt sich das Moralische auf einen anderen Phänomenbereich *reduzieren?* Naturalistische Theorien sind der Auffassung, man könne moralische Terme (z. B. »gut«, »soll«, »geboten«) durch nichtmoralische definieren bzw. normative Aussagen in nichtnormative übersetzen. Naturalisten sind insofern Reduktionisten. Nichtnaturalistische Theorien lehnen den Reduktionismus ab und betonen die eigenständige Bedeutung des Moralischen.

Naturalisten reduzieren moralische Aussagen auf empirisch-deskriptive Aussagen. Wir diskutierten im Abschnitt 8 *(Relativierungen)* Beispiele des soziologischen, genealogischen, psychologischen und biologischen Reduktionismus. In gewisser Hinsicht ist jede konsequent *hedonistische* Position naturalistisch, da sie das moralische Prädikat »gut« durch das empirisch-deskriptive Prädikat »lustvoll« definiert; darin liegt eine psychologische Reduktion des Moralischen.

(3) *Subjektivismus und Objektivismus.* Subjektivistische Theorien sind *naturalistisch;* sie sind der Auffassung, man könne alle moralischen Aussagen in Aussagen über *subjektive Präferenzen* übersetzen. Dagegen vertreten objektivistische Theorien den Standpunkt, das Moralische habe nichts mit subjektiven Präferenzen zu tun, sondern es sei *eine von subjektiven Einstellungen unabhängige Qualität von Handlungen und Zuständen.*

Hier geht es um die Gegenüberstellung konträrer Extrempositionen. Eine differenzierte ethische Theorie wird zwar den subjektivistischen Naturalismus als Reduktionismus ablehnen, aber nicht behaupten, das Moralische habe nichts mit subjektiven Präferenzen zu tun. Wir erinnern uns an unsere Überlegungen über die vielfältige (soziale, kontextuale, biographische) Vermitteltheit unseres subjektiven Motivationshorizonts bzw. Gewissens (vgl. 4.1.1, 5.1.3, 8.1.4, 8.3.5). Die moralische Motivation, von der aus wir Handlungen und Zustände moralisch beurteilen, ist eingebettet in ein Gefüge subjektiver Präferenzen. Damit ist einerseits die eigenständige Bedeutung des Moralischen gewahrt und der Reduktionismus abgewiesen; andererseits können die berechtigten Motive Berücksichtigung finden, die den im Abschnitt 8 erörterten reduktionistischen Tendenzen zugrunde liegen.

(4) *Teleologische und deontologische Theorien* (vgl. 2.5.1, 2.5.2, 3.2.5). In teleologischen Theorien hängt der Wert einer Handlung ausschließlich ab vom Wert der *Handlungsfolgen.* Dagegen sind deontologische Theorien der Auffassung, der Wert einer Handlung hänge ausschließlich ab vom Wert der *Handlungsweise,* die in der Handlung realisiert wird.

Da wir diese Unterscheidung bereits mehrfach erörterten, ist es nicht nötig, genauer darauf einzugehen. Auch hier geht es zunächst um konträre Extrempositionen. Jede differenzierte Ethik wird bestrebt sein, beide Motive zu berücksichtigen. Eine Ethik, die nicht in der Lage ist, die Folgen der Handlungen zu berücksichtigen, ist ebenso unhaltbar wie eine solche, die schlechthin alles zur Frage einer konsequentialistischen Güterabwägung macht. Dazu zwei Hinweise:

- Häufig wird KANT als Papst der Deontologen charakterisiert. Wir sahen in 3.2.5, daß diese Interpretation nicht haltbar ist. Nach KANT haben zwar *Maximen* deontologischen Charakter, da sie als allgemeine Leitprinzipien im Hinblick auf Lebensbereiche dazu verpflichten, den unverfügbaren Wert der Personen anzuerkennen und sie als Zwecke an sich selbst zu achten. Die in Funktion der Maximen stehenden situationsbezogenen praktischen *Regeln* jedoch und erst recht die Einzelhandlungen setzen teleologische Überlegungen voraus, da sie nur so die durch die bestimmte Maxime vorgegebene Aufgabe zu erfüllen vermögen.
- Wir charakterisierten in 2.5 den Utilitarismus als eine teleologische Theorie. Aber *nicht jede teleologische Ethik ist utilitaristisch.* Die nähere Bestimmung einer teleologischen Position hängt davon ab, nach welchen Kriterien sie die Handlungsfolgen bewertet, d. h. welchen Wertmaßstab sie verwendet. Es scheint allerdings, daß nicht-utilitaristische teleologische Positionen gewisse deontologische Voraussetzungen machen müssen, um ihre Kriterien zu fixieren.

(5) *Intentionalistische und nichtintentionalistische Theorien.* Hängt der Wert einer Handlung von der *Absicht des Handelnden* oder von den *tatsächlich eintretenden Handlungsfolgen* ab? Intentionalisten binden die moralische Qualifikation an die Intention, den Willen, die Absicht bzw. die Gesinnung des Handelnden. Nichtintentionalisten beurteilen Handlungen allein aus ihren tatsächlichen Resultaten.

Eine konsequent nichtintentionalistische Theorie löst die eigenständige Bedeutung des Moralischen auf, da sie die Bewertung der Handlung abkoppelt von der Zurechenbarkeit der Handlung, von der Verantwortung des Handelnden und von seiner Gewissenssituation. Die eigenständige Bedeutung des Moralischen läßt sich nur rechtfertigen durch die Annahme KANTS, es könne nichts ohne Einschränkung als moralisch gut bezeichnet werden, als allein in *guter Wille* (3.2.6). Die Optimierung der tatsächlichen Handlungsfolgen ist aus moralischer Sicht eine Frage der *Gewissensbildung* (5.1) sowie der Entfaltung der *Klugheit* als Tugend der praktischen Vernunft (6.4). Allerdings gerät auch eine konsequent intentionalistische Position in unabweisbare Probleme; einige dieser Probleme erörterten wir, als wir in 4.5 *Unschärfen* aufwiesen. – Es ist zu beachten, daß sowohl teleologische als auch deontologische Theorien sowohl intentionalistisch als auch nichtintentionalistisch vertreten werden können.

10.2 Der Intuitionismus (Moore)

Der Intuitionismus ist eine *nichtnaturalistische* Ethiktheorie. Seine Hauptvertreter sind George Edward MOORE (1873–1958), William David ROSS und Harald Arthur PRICHARD. Wir gehen im folgenden auf die Position MOORES ein, der mit seinen *Principia ethica* (1903) einen entscheidenden Anstoß für die Entwicklung der analytischen Ethik gab. MOORE löste vor allem zwei Diskussionen aus: die über die intuitive Grundbedeutung von »gut« und die über den naturalistischen Fehlschluß.

10.2.1 Die Bedeutung von »gut«

Die Frage, wie »gut« zu definieren sei, ist nach MOORE die fundamentalste Frage der ganzen Ethik. Dabei versteht er unter »Definition« die Explikation der Elemente, aus denen sich der Begriff einer Sache zusammensetzt. Darum können nur *komplexe* Begriffe definiert werden, also solche, die aus mehreren Elementen bestehen.

MOORE denkt dabei primär an die *deskriptive* Definition, in welcher es um das Aufzählen empirisch-deskriptiver Elemente geht. So etwa kann »Pferd« definiert werden, indem man die relevanten deskriptiven Eigenschaften a, b, c, d des Pferdes aufzählt.

Die entscheidende These ist folgende: Der Begriff »gut« *weist keinerlei Komplexität auf.* Darum ist »gut« völlig undefinierbar. Im Fall von »gut« handelt es sich um einen *einfachen, intuitiv erfaßbaren Inhalt.*

> Ich will sagen, daß »gut« ein einfacher Begriff ist, so wie »gelb« ein einfacher Begriff ist; daß man, so wie man unmöglich jemanden, der es nicht schon kennt, erklären kann, was gelb ist, diesem auch nicht erklären kann, was gut ist. (1,7) Darum ist »gut« einer jener zahllosen Gegenstände des Denkens, die selbst der Definition unfähig sind, weil sie die letzten Begriffe sind, mit denen alles, was definierbar ist, definiert werden muß. (1,10)

Allerdings kann nach MOORE die Substantivierung »das Gute« sehr wohl definiert werden, da hier eine Komplexität vorliegt. Das Gute ist *das, was gut ist*; insofern enthält »das Gute« zumindest zwei Elemente: *etwas* und die Eigenschaft »gut«. Dabei wäre es möglich, daß das Gute außer »gut« noch andere Eigenschaften *immer und notwendig* bei sich hat, etwa »erfreulich« oder »nützlich«. Insofern ist »das Gute« ein mehr oder weniger komplexer und darum definierbarer Begriff. Dagegen ist »gut« wie »gelb« einfach, undefinierbar und nur intuitiv faßbar.

10.2.2 Der naturalistische Fehlschluß (naturalistic fallacy)

Ist »gut« undefinierbar und »das Gute« definierbar und kommt dem Guten außer »gut« noch wenigstens eine andere Eigenschaft immer und notwendig zu, dann legt sich folgender *Fehlschluß* nahe: Man meint, *»gut« könne definiert werden durch die Eigenschaft, die dem Guten (außer der Eigenschaft »gut«) immer und notwendig zukommt.* Auf Grund ihrer Auffassung, alles Gute sei außer gut auch noch nützlich, kommen etwa die Utilitaristen zu dem Fehlschluß, man könne »gut« durch »nützlich« definieren. Ein analoger Fehlschluß verführt die Hedonisten dazu, »gut« durch »lustvoll« zu definieren.

> Es mag sein, daß alle Dinge, die gut sind, auch etwas anderes sind, so wie alle Dinge, die gelb sind, eine gewisse Art von Lichtschwingungen hervorrufen.

> Und es steht fest, daß die Ethik entdecken will, welches diese anderen Eigenschaften sind, die allen Dingen, die gut sind, zukommen. Aber viel zu viele Philosophen haben gemeint, daß sie, wenn sie diese anderen Eigenschaften nennen, tatsächlich »gut« definieren; daß diese Eigenschaften in Wirklichkeit nicht »andere« seien, sondern absolut und vollständig gleichbedeutend mit der Gutheit. Diese Ansicht möchte ich den »naturalistischen Fehlschluß« nennen. (1,19)

Dieser Fehlschluß ist nach MOORE *naturalistisch,* weil der Begriff, durch den »gut« definiert wird, immer *empirisch-deskriptiv* ist, also eine »Eigenschaft von Dingen« bezeichnet, »die in der Zeit existieren« (2,27).

Im Sinne von MOORE läge ein naturalistischer Fehlschluß vor, wenn man »gut« definierte durch »Stammesgeschichte kompensierend« (LORENZ), »Komplexität reduzierend« (LUHMANN), »lebenssteigernd« (NIETZSCHE), aber auch durch »von der Heiligen Schrift und der Kirche geboten«. In allen derartigen Fällen reduziert die Definition die intuitiv-einfache, eigenständige Bedeutung von »gut« auf eine empirisch-deskriptive Eigenschaft.

MOORE bringt gegen den naturalistischen Fehlschluß ein merkwürdiges und verblüffendes Argument: Immer wenn ich »gut« durch ein empirisches Prädikat definiere, ergibt sich folgende Sachlage: Ich kann das Definiens verallgemeinern und fragen, *ob es gut sei;* ich erhalte dann immer eine alltagssprachlich sinnvolle und keineswegs triviale Frage. Die Nicht-Trivialität derartiger Fragen zeigt, daß die betreffende naturalistische Definition falsch ist. Definiert der Utilitarist »gut« durch »nützlich«, so ist die Frage »Ist alles Nützliche gut?« eine Frage, die uns sinnvoll und keineswegs trivial erscheint.

> Wer jedoch sorgsam prüft, was er sich vorstellt, wenn er fragt »Ist Lust (oder was immer es sein mag) letzten Endes gut?« wird sich leicht vergewissern, daß er sich nicht bloß fragt, ob Lust lustvoll ist. Und wenn er diesen Versuch der Reihe nach mit jeder vorgeschlagenen Definition anstellt, so wird er wohl genügend Erfahrung sammeln, um zu erkennen, daß er in jedem Fall einen einzigartigen Gegenstand im Sinne hat, bei dessen Verknüpfung mit allen möglichen anderen Gegenständen sich eine gesonderte Frage stellt. Jeder versteht sehr wohl die Frage »Ist dies gut?« Wenn er daran denkt, ist sein Geisteszustand anders, als wenn er gefragt würde »Ist dies lustvoll oder erwünscht oder bewährt?« Es hat eine eigene Bedeutung für ihn, auch wenn er vielleicht nicht erkennt, worin diese Eigenheit besteht. (1,13)

10.2.3 Kritische Überlegung

Die referierten Darlegungen von MOORE lösten eine jahrzehntelange, intensive Diskussion aus. Allerdings mangelt es ihnen in mancher Hinsicht an Klarheit. Vielleicht kann man das Positive der Theorie MOORES folgendermaßen ausdrücken: MOORE weist darauf hin, daß alle Versuche, »gut« naturalistisch (z. B. hedonistisch als »lustvoll« oder utilitaristisch als »nützlich«) zu definieren, am alltäglichen Vorverständnis des Moralischen scheitern. Denn alltagssprachlich erweisen sich Fragen, in welchen derartige Definitionen umgekehrt werden (z. B. »Ist alles Lustvolle gut?«, »Ist alles Nützliche gut?«) stets als sinnvoll und nie als trivial. Im Grunde argumentiert MOORE also *empirisch* gegen derartige naturalistische Äquivalenzbehauptungen. Auch wenn man seine Annahme nicht teilt, »gut« sei ein intuitiv-einfacher, undefinierbarer Begriff wie »gelb«, bleibt doch folgender Hinweis wichtig: Gegenüber allen bloß naturalistischen Definitionen ist zu betonen, daß moralische Wörter eine *eigenständige Bedeutung* haben, die sich nicht auf empirisch-deskriptive Bestimmungen reduzieren läßt, selbst dann nicht, wenn diese Bedeutung immer und notwendig mit derartigen Bestimmungen verbunden wäre.

Die Scholstiker sprachen (im Anschluß an ARISTOTELES) von *drei Eigentümlichkeiten des Guten (proprietates boni),* d. h. von drei Bestimmungen, die immer aus dem Begriff des moralisch Guten folgen. Die erste ist das *Ehrbare (honestum),* das mit dem tugendgemäßen Sittlichen identisch ist, die zweite das *Nützliche (utile),* welches die Mittelbewandtnis des Guten auf das übergeordnete Ziel hin betrifft, und die dritte das *Erfreuliche (delectabile* oder *commodum),* wobei es um die Freude geht, das erstrebte Gute erreicht zu haben. Die drei Proprietäten wurden architektonisch aufeinander bezogen, wobei das *honestum* als die vorrangige Bestimmung gefaßt wurde, in welcher es um die eigentliche Moralitätsbewandtnis geht (vgl. THOMAS VON AQUIN Sth II.II. 145, 3).

Auf zwei Schwächen der Position MOORES ist besonders hinzuweisen:

(1) MOORE behauptet, »gut« sei ein schlechthin einfacher, undefinierbarer Begriff. Dazu ist folgendes zu bemerken (vgl. KUTSCHERA 1982, 52ff.): Ein Prädikat kann Grundterm einer Sprache S und darum in S undefinierbar sein. Damit ist aber nicht ausgeschlossen, daß es eine Sprache S^1 gibt, in welcher über S gesprochen wird und in der dieses Prädikat kein Grundterm, sondern definierbar ist. So etwa versuchten wir in der Sprache der transzendentalen Reflexion das alltagssprachliche moralische »gut« zu definieren (3.2.6).

(2) Es gelingt MOORE nicht, die moralische Bedeutung von »gut« so zu präzisieren, daß sie gegen die Bedeutung von »gut« im außermoralischen Sinne (z. B. gutes Wetter, gutes Auto, guter Tormann) abgegrenzt wird. Eine metaethische Theorie müßte in der Lage sein, eine derartige Abgrenzung präzise vorzunehmen.

10.2.4 Das Humesche Gesetz

Das Problem des naturalistischen Fehlschlusses bei MOORE hängt eng zusammen mit dem sogenannten Humeschen Gesetz. Es geht dabei um folgenden Text HUMES:

In jedem Moralsystem, das ich bisher angetroffen habe, stellte ich immer fest, daß der Verfasser eine Zeit lang in der üblichen Weise des Überlegens vorgeht, indem er das Dasein Gottes annimmt oder Beobachtungen macht, welche die menschlichen Angelegenheiten betreffen. Auf einmal stelle ich überrascht fest, daß statt der üblichen Kopulae der Sätze »ist« und »ist nicht« sich kaum ein Satz findet, der nicht verbunden wäre mit »soll« oder »soll nicht«. Diese Veränderung erfolgt unmerklich, aber sie ist die letzte Konsequenz. Wenn dieses »soll« oder »soll nicht« eine neue Beziehung oder Affirmation ausdrückt, ist es notwendig, daß man es beachtet und erklärt. Zugleich sollte ein Grund angegeben werden, denn es scheint ganz und gar nicht einsichtig, wie diese neue Beziehung von anderen abgeleitet werden könne, die offensichtlich von ihr verschieden sind. (Traktat III, 211)

HUME formuliert hier kein Gesetz. Er will aber folgendes sagen: *Es ist logisch unmöglich, aus deskriptiven, indikativischen Aussagen* (Tatsachensätzen) *normative, imperativische Konklusionen* (Sollenssätze) *abzuleiten.* Aus dem, *was ist,* kann nicht auf das geschlossen werden, *was sein soll.* Man spricht insofern von der *Sein-Sollen-Problematik.*

Im Deutschen hat sich für MOORES *naturalistic fallacy* die Übersetzung »naturalistischer Fehlschluß« eingebürgert, obwohl es sich bei MOORE nicht um einen Fehl*schluß,* sondern um einen einfachen Irrtum handelt, nämlich um die irrtümliche Behauptung, das moralische Prädikat »gut« könne durch ein naturalistisch-deskriptives Prädikat definiert werden. Bei HUME geht es um die Frage, ob aus Tatsachensätzen auf Sollenssätze *geschlossen* werden könne.

Wir wollen uns im Anschluß an das von HUME aufgeworfene Problem mit einem wichtigen Lehrstück der *Logik ethischen Argumentierens* beschäftigen, das von Richard M. HARE (*The language of Morals,* 1952, dt. 1972) präzisiert wurde. HARE zeigt, daß wir logisch korrekt *imperativische Konsequenzen* aus einer Prämissenmenge ableiten können, die *wenigstens eine imperativische Prämisse* umfassen muß, während *die anderen indikativisch* sein können. Das folgende (außermoralische) Beispiel macht deutlich, worum es geht (1972, 49):

Imperativische Prämisse:	Bring alle Kisten zum Bahnhof!
Indikativische Prämisse:	Dies ist eine der Kisten.
Imperativische Konsequenz:	Bring dies zum Bahnhof!

Nach HARE hat HUME insofern recht, als gilt: »*Kein Schlußsatz im Imperativ kann gültig aus einer Prämissenmenge gefolgert werden, die nicht mindestens einen Imperativ enthält.*« (50) Aber die notwendige Imperativprämisse schließt mit *Indikativprämissen* zu einer Imperativkonsequenz. Insofern können Imperative durchaus aus Indikativen logisch folgen, allerdings *nicht aus Indikativen allein.* Selbstverständlich gilt dieser logische Sachverhalt auch für die Logik des eigentlichen *moralischen* Schließens. Dazu ein einfaches Beispiel:

Du sollst gestohlenes Gut zurückgeben.
Der Pelzmantel, den du trägst, ist gestohlenes Gut.
Du sollst den Pelzmantel, den du trägst, zurückgeben.

HARE bezieht die im Anschluß an das Humesche Gesetz formulierte Regel in interessanter Weise auf ARISTOTELES und KANT:

> Aristoteles berief sich indirekt auf diese Regel, als er seinen entscheidensten Bruch mit dem Platonismus vollzog: in seiner Verwerfung der Idee des Guten; er führte u. a. den Grund an, daß, wenn es eine solche Idee gäbe, Sätze über sie nicht handlungsleitend wären (»es wäre nicht ein Gutes, das man durch sein Handeln herbeiführen könnte« [NE I 1096b 32]). Anstelle eines tatsächlichen existierenden Guten, das einer Art außersinnlicher Beobachtung zugänglich ist, setzt Aristoteles ein »Gutes, das durch Handeln erreicht wird« oder, wie er es gewöhnlich nennt, einen »Zweck«; mit anderen Worten, er erkennt *implicite* an, daß das Gutheißen von etwas, wenn es handlungsleitend ist, nicht nur eine Tatsachenbehauptung über die Welt sein kann. [. . .] Auch Kant verfuhr bei seiner Polemik gegen »die Heteronomie des Willens als der Quelle aller unechten Moralprinzipien« nach dieser Regel. Dort sagt er: »Allenthalben, wo ein Objekt des Willens zum Grunde gelegt werden muß, um diesem die Regel vorzuschreiben, die ihn bestimme, da ist die Regel nichts als Heteronomie.« [GMS BA 93] Heteronome Moralprinzipien sind unecht, weil aus einer Reihe von Indikativsätzen über »das Wesen irgendeines der Gegenstände des Willens« kein Imperativsatz über das, was getan werden soll, abgeleitet werden kann, und deshalb kann auch kein moralisches Urteil daraus abgeleitet werden. (551)

Wir weisen im Anschluß an diese Überlegungen auf einen weiteren Gesichtspunkt hin: Wir bezogen uns in unserer fundamentalethischen Systematik vor allem auf die Positionen von KANT und THOMAS VON AQUIN. Beide Positionen vertreten (wenn auch in unterschiedlicher Akzentuierung) die Auffassung, die praktische Vernunft sei *a priori* (bzw. im Sinne eines *habitus naturalis*) durch ein *imperativisches Moralprinzip* bestimmt, von welchem die gesamte moralische Argumentation abhänge (vgl. 3.2.1 und 4.2.2). In logischer Hinsicht fungiert also ein Imperativ als erstes Prinzip und axiomatisch als erste Prämisse der ganzen moralischen Argumentation. In beiden Positionen ist es nötig, die *Konkretisierung über indikativische Prämissen* zu leisten; wir denken an die Zwecke, die an sich Pflichten sind, bei KANT (7.2.3) und an den thomanischen Rekurs auf das natural Unbeliebige der *inclinationes naturales* (4.2.2). Dieses Operieren mit indikativischen Prämissen führt jedoch in keiner der beiden Positionen zu logisch illegitimen, dem Humeschen Gesetz widersprechenden Schlüssen vom Sein auf das Sollen, da das imperativische Moralprinzip logisch korrekt mit Indikativsätzen immer neue, konkretere Imperative erschließen kann.

10.3 Der Positivismus

Als philosophische Richtung ist der Positivismus die szientistische Variante des Empirismus. Er entstand im 19. Jahrhundert und wurde während der ersten Hälfte des 20. Jahrhunderts als *Neopositivismus* oder *logischer Empirismus* bedeutsam. Eines seiner Zentren war zwischen den Weltkriegen der *Wiener Kreis* (EP 4.4.3), dessen Mitglieder 1938 größtenteils emigrierten und im angelsächsischen Raum eine große Rolle spielten.

Der Wiener Kreis verstand Philosophie als logisch-wissenschaftstheoretische Analyse der wissenschaftlichen Sprache. Seine szientistische Einstellung war an den exakten Naturwissenschaften orientiert. Man strebte nach einer von diesem Paradigma her bestimmten *Einheitswissenschaft* und wissenschaftlichen *Einheitssprache.* Ziel war die wissenschaftliche Rekonstruktion des »logischen Aufbaus der Welt« (R. CARNAP) aus empirischen Basisdaten und deren formallogischen Verknüpfungen. Als eines der zentralen Themen stellte sich dabei die Frage nach dem *empirischen Sinnkriterium* von Aussagen. So vertrat CARNAP die Auffassung, alle Aussagen seien sinnlos, also weder wahr noch falsch, in welchen Wörter vorkommen, für welche keine empirischen Kennzeichen angegeben werden können. Es ist klar, daß in diesem Kontext auch der Status der moralischen Wörter diskutiert werden mußte. Wir beziehen uns im folgenden auf zwei besonders wichtige metaethische Positionen, die von Ludwig WITTGENSTEIN und die von Alfred Jules AYER.

10.3.1 Wittgenstein

Ludwig WITTGENSTEIN (vgl. 3.1.1, EP 4.4.2) gehörte zwar nicht dem Wiener Kreis an, beeinflußte ihn aber durch seinen *Tractatus logico-philosophicus* (1921) maßgeblich. Er erörterte das Problem der Ethik folgendermaßen:

Wir bilden in unseren Gedanken die Tatsachen der Welt ab und drücken sie in Sätzen aus. Sinnvolle Sätze enthalten ausschließlich zwei Elemente:

- *empirische Begriffe,* die für Dinge oder Eigenschaften stehen, und
- *logische Funktionen,* welche die empirischen Begriffe verknüpfen.

Daraus folgt für WITTGENSTEIN: »Die Gesamtheit der wahren Sätze ist die gesamte Naturwissenschaft.« (4.11) Damit aber erweisen sich *moralische* Wörter zwangsläufig als *sinnlos,* da sie nicht für empirische Dinge oder Eigenschaften stehen und auch keine logischen Funktionen ausdrücken. Allerdings sieht WITTGENSTEIN, daß hier ein Problem vorliegt. Er trivialisiert dieses Problem nicht, aber er grenzt es aus dem Raum der Wissenschaft bzw. der wissenschaftlichen (positivistischen) Philosophie aus:

6.41 Der Sinn der Welt muß außerhalb ihrer liegen. In der Welt ist alles wie es ist und geschieht alles wie es geschieht; es gibt *in* ihr keinen Wert – *und wenn* es ihn gäbe, so hätte er keinen Wert. / Wenn es einen Wert gibt, der Wert hat, so muß er außerhalb alles Geschehens und So-Seins liegen. Denn alles Geschehen und So-Sein ist zufällig. / Was es nicht-zufällig macht, kann nicht *in* der Welt liegen; denn sonst wäre dies wieder zufällig. / Es muß außerhalb der Welt liegen.

WITTGENSTEIN spricht hier das gleiche Motiv an, das HARE im Anschluß an das Humesche Gesetz in seinem Hinweis auf ARISTOTELES und KANT herausstellt (10.2.4). Wäre das Moralische etwas empirisch-faktisch-objektiv Gegebenes, so wäre seine eigenständige Bedeutung gerade nicht erklärbar. Mit diesem Motiv hängt eng WITTGENSTEINS Bild von Auge und Gesichtsfeld (3.1.1) zusammen. Wenn die Welt in Analogie zum Gesichtsfeld gedacht wird, dann gehören Sinn und Wert nicht zum Gesichtsfeld, sondern zum Auge, das kein Teil des Gesichtsfeldes ist.

6.42 Darum kann es auch keine Sätze der Ethik geben. Sätze können nichts Höheres aussagen. / 6.421 Es ist klar, daß sich die Ethik nicht aussprechen läßt. / Die Ethik ist transzendental. [. . .] 6.423 Vom Willen als dem Träger des Ethischen kann nicht gesprochen werden. / Und der Wille als Phänomen interessiert nur die Psychologie.

WITTGENSTEIN versucht, die eigenständige Bedeutung des Moralischen dadurch vor dem psychologisch-naturalistischen Reduktionismus zu retten, daß er es nonkognitivistisch als ein *Unaussprechliches* faßt.

6.52 Wir fühlen, daß selbst, wenn alle möglichen wissenschaftlichen Fragen beantwortet sind, unsere Lebensprobleme noch gar nicht berührt sind. Freilich bleibt dann eben keine Frage mehr; und eben dies ist die Antwort. / 6.521 Die Lösung des Problems des Lebens merkt man am Verschwinden dieses Problems. [. . .] 6.522 Es gibt allerdings Unaussprechliches. Dies zeigt sich, es ist das Mystische. [. . .] 7 Wovon man nicht sprechen kann, darüber muß man schweigen.

10.3.2 Ayer

Auch Alfred Jules AYER geht in seinem Werk *Language, Truth and Logic* (1940, dt. 1970) von einem empiristisch-positivistischen Voraussetzungsrahmen aus. Im Unterschied zu WITTGENSTEIN vertritt AYER jedoch einen radikal reduktionistischen Standpunkt. Moralische Wörter haben nach AYER keinerlei Bedeutung; sie haben lediglich eine *emotionale Ausdrucksfunktion*. Wir drücken in ihnen bestimmte Gefühle aus und versuchen darüber hinaus, bei anderen ähnliche Gefühle hervorzurufen.

Das Vorhandensein eines ethischen Symbols in einer Proposition fügt ihrem tatsächlichen Inhalt nichts hinzu. Wenn ich daher zu jemandem sage: »Du tatest Unrecht, als du das Geld stahlst«, dann sage ich nicht mehr aus, als ob ich gesagt hätte, »Du stahlst das Geld«. Indem ich hinzufüge, daß diese Handlung unrecht war, mache ich über sie keine weitere Aussage. Ich zeige damit

> nur meine moralische Mißbilligung dieser Handlung. Es ist so, als ob ich »Du stahlst das Geld« in einem besonderen Tonfall des Entsetzens gesagt oder unter Hinzufügung einiger besonderer Ausrufezeichen geschrieben hätte. Der Tonfall oder die Ausrufezeichen fügen der Bedeutung des Satzes nichts hinzu. Sie dienen nur dem Hinweis, daß sein Ausdruck von gewissen Gefühlen des Sprechers begleitet wird. (141)

Demnach ist »gut« Ausdruck einer moralischen Empfindung, wie etwa »au weh« Ausdruck einer Schmerzempfindung ist. Dabei ist zu beachten: Moralische Wörter und Sätze sind nach AYER unmittelbare *Empfindungsausdrücke* und nicht Aussagen *über* Empfindungen; letztere wären sinnvolle Propositionen der Psychologie, während diese bedeutungslos sind.

Damit wird das Problem der Ethik *positivistisch trivialisiert.* Der moralische Diskurs erweist sich als sinnlos und ist nur noch als Thema der Psychologie und der Soziologie von Interesse.

> Wir entdecken, daß die Moralphilosophie einfach in der Aussage besteht, daß ethische Begriffe Pseudo-Begriffe und deshalb nicht analysierbar sind. Die weitere Beschreibung der verschiedenen Empfindungen, zu deren Ausdruck die verschiedenen ethischen Begriffe verwendet werden, und der verschiedenen Reaktionen, die sie gewöhnlich hervorrufen, ist eine Aufgabe für den Psychologen. Es kann nicht so etwas wie ethische Wissenschaft geben, wenn man unter ethischer Wissenschaft die Ausarbeitung eines »wahren« Moralsystems versteht. Wir haben ja gesehen, daß es, da ethische Urteile nur Empfindungsausdrücke sind, keinen Weg geben kann, die Gültigkeit eines ethischen Systems zu bestimmen, und es – in der Tat – keinen Sinn gibt, danach zu fragen, ob ein solches System wahr ist. Alles, wonach man mit Recht in diesem Zusammenhang fragen kann, ist: Welches sind die moralischen Gepflogenheiten einer bestimmten Person oder einer Menschengruppe und was veranlaßt sie, ebendiese Gepflogenheiten und Gefühle zu haben? Und diese Untersuchung fällt völlig in den Bereich der bestehenden Gesellschaftswissenschaften. Somit zeigt sich, daß die Ethik als Zweig des Wissens nichts als Teilgebiet von Psychologie und Soziologie ist. (148 f.)

10.3.3 Kritische Überlegung

(1) Der Positivismus als metaethische Position *setzt einen empiristisch-szientistischen Rationalitätstypus absolut* und unterwirft alles, was sich nicht in diesen Rationalitätstypus fügt, seinem Sinnlosigkeitsverdikt. Diese Absolutsetzung resultiert häufig aus einer naiven, am Fortschritt der exakten Naturwissenschaften orientierten Wissenschaftsgläubigkeit und erweist sich philosophisch als willkürlich. Tatsächlich erleben wir in unseren alltäglichen Sprachspielen ständig, daß sich unser Vorverständnis des Moralischen als sinnvoll bewährt; gegenüber dieser Erfahrung erweist sich eine Kritik von der Art, wie sie AYER vertritt, als merkwürdig anachronistisch.

(2) Die positivistische Position bringt aber auch einen berechtigten Gesichtspunkt ins Spiel: Wird die Rede von Objektivität, Tatsache, Sachverhalt, Sinn bzw. Rationalität im Sinne dieses Rationalitätstypus empiristisch-szientistisch fixiert, dann *fällt die eigenständige Bedeutung des Moralischen notwendigerweise aus dem so begrenzten Rahmen heraus.* In diesem Rahmen ist Moralität prinzipiell nicht rekonstruierbar und alle Versuche, eine solche Rekonstruktion empirisch-einzelwissenschaftlich zu leisten, sind zum Scheitern verurteilt. In der Perspektive dieses Rationalitätstypus muß sich das Moralische als sinnlos und irrational erweisen, als etwas also, worüber man bestenfalls im Sinne WITTGENSTEINS schweigen kann.

(3) WITTGENSTEINS aporetischer Versuch, dieses Schweigen so zu fassen, daß es die eigenständige Bedeutung des Moralischen als eines Unsagbaren abdeckt, macht deutlich, daß er – im Unterschied zu AYER – das Problem sieht. Hier stellt sich die Frage, wie (als Alternative zu diesem Schweigen) etwas philosophisch zur Sprache gebracht werden kann, was als solches kein empirisch gegebenes Objekt ist. Diese Frage haben wir im Zusammenhang mit der transzendentalen Reflexion (3.1.1) erörtert.

(4) Heute wird die positivistische Position im Rahmen der metaethischen Diskussion kaum mehr vertreten. Die Entwicklung der Philosophie, nicht zuletzt die der Wissenschaftstheorie, führte dazu, daß der szientistische Rationalitätstypus jenen Monopolanspruch verlor, den ihm die Neopositivisten zusprachen. Der postmoderne Trend (8.2.6) läuft vielmehr auf eine tolerante Pluralität von Rationalitätstypen hinaus.

Trotz dieser Entwicklung besteht in weiten Bereichen der Öffentlichkeit eine *quasipositivistische Mentalität,* die zumeist darauf verzichtet, sich philosophisch zu artikulieren. Diese Mentalität läßt sich verdeutlichen, wenn man die Rationalität des naturwissenschaftlich-technologisch-ökonomischen Komplexes von Forschung, Anwendung und Verwertung mit den großen moralischen Fragen der Gegenwart konfrontiert, etwa mit den Problemen Dritte Welt, Ökologie, Zwei-Drittel-Gesellschaft, Humangenetik etc. Häufig entsteht der Eindruck, daß fundierte moralische Forderungen hoffnungslos an der immanenten Rationalität dieses Komplexes abprallen, der sich auch politisch durchzusetzen vermag. Aus der Sicht dieses Rationalitätstypus, so scheint es oft, nehmen sich einschlägige moralische Forderungen ähnlich sinnlos und irrational aus wie bei AYER; sie werden zu Themen für Psychologen und Soziologen. Allerdings gibt es auch starke Tendenzen, die dem Monopolanspruch dieses Rationalitätstypus kritisch gegenüberstehen.

10.4 Der Emotivismus (Stevenson)

Man könnte die Position AYERS ebensogut dem Emotivismus zuordnen wie dem Positivismus, da seine nonkognitivistische Destruktion der Ethik die moralischen Wörter auf Gefühlsausdrücke reduziert. Wir beziehen uns hier auf die weit differenziertere Position von Charles L. STEVENSON, die er in *Ethics and*

Language (1944) darlegte. Im folgenden zitieren wir seinen Aufsatz *The Emotive Meaning of Ethical Terms* (1937) in deutscher Übersetzung (GREWENDORF/ MEGGLE 1974, 116–139).

Auch bei STEVENSON haben moralische Wörter keine deskriptiv-mitteilende, sondern nur eine dynamisch-emotive Funktion. Allerdings legt er (anders als AYER) bei der Analyse dieser Funktion den Schwerpunkt auf die Frage, wie wir durch die Verwendung moralischer Wörter *andere beeinflussen* können. Nach STEVENSON haben moralische Wörter primär eine *appellative, suggestive, persuasive Funktion.* Wir verwenden sie, um emotiv auf andere einzuwirken.

> Die wesentliche Verwendung von Moralurteilen besteht nicht darin, auf Tatsachen zu verweisen, sondern darin, jemanden zu *beeinflussen.* Moralurteile beschreiben nicht bloß die Einstellung von Menschen, sondern *verändern* oder *intensivieren* sie. Viel eher *empfehlen* sie eine Einstellung zu einem Gegenstand, als daß sie feststellen, die Einstellung sei bereits gegeben. Ein Beispiel: Wenn man jemandem sagt, er solle nicht stehlen, so will man ihm nicht bloß zu verstehen geben, daß die Leute Diebstahl mißbilligen. Vielmehr versucht man, ihn dazu zu bringen, Diebstahl zu mißbilligen. Dieses Moralurteil hat quasi-imperative Kraft. Wird diese Kraft durch Suggestion wirksam und durch den Tonfall intensiviert, so gestattet sie einem ohne weiteres, mit der Beeinflussung der *Modifikation* seiner Einstellung zu beginnen. (121f.)

Wörtern ist ihre *emotive Bedeutung,* also ihre Tendenz, »affektive Reaktionen in Menschen zu bewirken«, in der Geschichte ihres Gebrauchs zugewachsen. Die emotive Bedeutung ist »die unmittelbare Aura des Gefühls, das sich in der Nähe eines Wortes herumtreibt« (127). Das gilt auch und besonders für die moralischen Wörter, etwa für »gut«, das eine lobende emotive Bedeutung hat und sich darum für die Suggestion positiver Einstellungen eignet. Nach STEVENSON basiert das *soziale Ethos* primär auf der emotiven Funktion moralischer Wörter.

> Da sie für den Gebrauch zur Suggestion geeignet sind, stellen sie ein Mittel dar, durch das die Einstellungen der Menschen in diese oder jene Richtung geleitet werden können. Daß in *einer* Gemeinschaft eine größere Ähnlichkeit der moralischen Einstellungen vorliegt, als dies in *verschiedenen* Gemeinschaften der Fall ist, liegt weitgehend an folgendem: Moralurteile pflanzen sich selbst fort. Einer sagt »Dies ist gut«; das mag jemand anderen beeinflussen, es wertzuschätzen; dieser äußert nun dasselbe Moralurteil, welches wiederum eine andere Person beinflußt, und so weiter. (124)

Die emotive Funktion der moralischen Sprache zeigt sich auch darin, daß diese »moralischen« Suggestions- oder Überredungsversuche dazu tendieren, stark *emotiv besetzte Wörter* zu verwenden. Die *emotive Etikettierung* von Wörtern, die Personen, Handlungen, Einstellungen etc. bezeichnen, erhält in moralischen Diskursprozessen eine eminente strategische Bedeutung.

Wir können das Gemeinte leicht illustrieren: Personen bzw. Einstellungen werden emotiv etikettiert als »spießig«, »altmodisch«, »verklemmt« oder aber als »fortschrittlich«, »modern«, »prima«, »voll geil«. Für Rassisten wird der Schwarze zum »Nigger«, für Feministen der Mann zum »Macho«, für Grüne der Holzfäller zum »Baummörder«, Linke charakterisieren Unternehmer als »profitgeil« Rechte Bürgerrechtler als »Chaoten«, Pazifisten Soldaten als »potentielle Mörder« etc. Dabei eignen sich Wörter aus dem Fäkalbereich besonders gut zur Verstärkung derartiger negativer Etiketten. Entscheidend ist, daß derartige emotive Besetzungen lediglich eine *suggestive* Funktion, aber *keinerlei argumentative Bedeutung* haben.

Wie verhält sich das Emotive zum Rationalen? STEVENSON unterscheidet zwischen

- Divergenzen in den (rationalen) *Überzeugungen;* diese Divergenzen sind typisch für die Wissenschaft; und
- Divergenzen in der (emotiven) *Einstellung;* diese sind nach STEVENSON typisch für die Ethik.

> Divergenz in den Überzeugungen tritt auf, wenn A glaubt, daß p, und B nicht glaubt, daß p. Divergenz in der Einstellung besteht, wenn A eine positive Einstellung zu X hat und B eine negative. (131)

Die für die Ethik typische Einstellungsdivergenz führt zwangsläufig in Strategien von Suggestion und Gegensuggestion, also in gegensätzlich-emotiv aufgeladene, irrationale Diskurse. Da aber Einstellungen manchmal ihren Grund in Überzeugungen haben, können *Einstellungsdivergenzen durch Überzeugungsdivergenzen verursacht* sein. In solchen Fällen ist ein rational-argumentativer Diskurs möglich. Allerdings bezieht er sich ausschließlich auf die (strittigen) theoretischen Überzeugungen als solche; er ist also ein rationaler, kein ethischer Diskurs. Ein solcher Diskurs *kann* nach Überwindung der Überzeugungsdivergenz dazu führen, daß auch die Einstellungsdivergenz überwunden wird. Dabei gilt nach STEVENSON folgendes:

- Nicht alle Einstellungsdivergenzen gründen in Überzeugungsdivergenzen. Es gibt Einstellungsdivergenzen, die völlig irrational sind.
- Wo Einstellungsdivergenzen in Überzeugungsdivergenzen gründen, ist oft praktisch kein rationaler Diskurs möglich, weil die divergierenden Einstellungen den rationalen Diskurs blockieren.

Rationale Diskurse sind also niemals ethische Diskurse im strikten Sinn, sondern immer Diskurse über (theoretische) Überzeugungsdivergenzen. Ethische Einstellungen sind als solche nicht rational diskursfähig. Ihre Divergenzen führen in emotiv aufgeladene Scheindiskurse von Suggestion und Gegensuggestion.

Zweifellos spricht STEVENSON in dieser nonkognitivistischen Position wichtige Probleme an. Wir wollen dazu einige *kritische Überlegungen* anstellen:

(1) Es ist nicht klar, wie STEVENSON in seiner metaethischen Theorie *das Moralische vom Nichtmoralischen abgrenzt.* Dieser Einwand betrifft STEVENSON ebenso wie MOORE (10.2) und AYER (10.3.2).

Es gibt vielerlei Einstellungen, die vielfältig mit Emotionen verbunden sein können; außer moralischen Einstellungen etwa religiöse, ästhetische, aber auch einfach geschmacksbedingte (z. B. gastronomische). Die Wörter, in denen wir sie äußern, können fast immer emotiv etikettiert und appelativ, suggestiv und persuasiv verwendet werden. STEVENSON zeigt nicht, wie unter all diesen Einstellungen die *moralische* Einstellung zu charakterisieren ist.

Eine Abgrenzung des Moralischen ist nur möglich, wenn das Moralische *begrifflich* bestimmt wird. Eine derartige begriffliche Bestimmung brächte allerdings die Fragestellung der *Fundamentalethik* ins Spiel.

(2) STEVENSON konzentriert sich auf die Frage, wie im moralischen Sprechen *Einfluß auf andere* genommen wird. Die emotive Funktion der Einflußnahme auf andere ist nach STEVENSON eine *notwendige* Bestimmung des moralischen Sprechens. Nun gehört aber zum Phänomen des Moralischen zweifellos auch der (ebenfalls sprachgestaltige) Bereich des *Gewissens* mit seiner *subjektiven* Moralitätsproblematik. Hier geht es nicht um Beeinflussung *anderer,* sondern um mein moralisches Urteil, das *meine* Praxis betrifft. Soll man die Überlegung des Gewissens *(consilium rationis)* als emotiv besetzte, irrationale Autosuggestion charakterisieren? Kann STEVENSON im Rahmen seiner Position erklären, wer hier wen wozu überreden möchte?

(3) STEVENSON hat (wie MOORE, WITTGENSTEIN und AYER) darin recht, daß er den prinzipiellen *Unterschied zwischen empirisch-deskripitiven und moralisch-evaluativen Wörtern* betont. Allerdings identifiziert er auf Grund einer (letztlich willkürlichen) empiristischen Vorentscheidung den Bereich des rational Diskursfähigen mit dem empirisch-wissenschaftlicher Überzeugungen. Damit wird alles, was diesem Bereich nicht zugehört, zu einer Angelegenheit irrationaler Einstellungen. Das gilt nicht nur für den moralisch-evaluativen Bereich, sondern auch für alle philosphischen Diskurse, die als solche nicht empirisch-wissenschaftlich sind. Es scheint, daß hier eine extreme Engführung des rational Diskursfähigen vorliegt. Die tatsächlichen Diskurse, die sich mit der philosophischen Theorie des Moralischen befassen, sowie die eigentlichen normenethischen Diskurse zeigen, daß der Rahmen des rational Diskursfähigen weiter gefaßt werden muß.

Modifizieren wir im Sinne dieser Kritik die Unterscheidung von Theoretischem (Überzeugungen) und Ethischem (Einstellungen) so, daß wir den Rahmen des Theoretischen weiter fassen und auch das Ethische als diskursfähig betrachten, so können wir im Anschluß an STEVENSON folgendes sagen: Der thematisch eigenständige Bereich des Ethischen als solcher ist ziemlich eng; er beschränkt sich auf jene Grundlegungsfragen, die Thema der Fundamentalethik und der Metaethik sind. In der normenethischen (individual- und sozialethischen) Ausdifferenzierung (Genetivethiken, angewandte Ethik) geht es darum, die Resultate dieser allgemein-ethischen Grundlegung auf die diversen Praxisfelder zu beziehen. Die Hauptschwierigkeiten dieser normenethischen Anwendung liegen meist weniger im eigentlich ethischen Bereich als vielmehr in der theoretischen Interpretation der Praxisfelder. So liegt der springende Punkt der umstrittensten Vorschläge SINGERS (9.4.5) in der (theoretisch-anthropologischen) Frage, ob alles menschliche Leben personal sei, und angesichts der moralischen Herausforderung, welche die Not der Dritten Welt darstellt, zeigt sich rasch, wie schwierig es ist, diese Not (soziologisch, politologisch, ökonomisch) so zu diagnostizieren, daß theoretisch fundierte Therapievorschläge möglich werden.

(4) Auch der Kognitivist muß zugeben, *daß das Emotive in ethischen Diskursen eminent bedeutsam ist.* Warum ist es so bedeutsam, obwohl doch, wie wir zu zeigen suchten, auch dieser Bereich rational diskursfähig ist? Dazu einige Antworten:

- Wir erinnern uns an die Erörterungen in 9.1.3. Wir sahen dort, daß das Moralische in uns emotional gestimmten Sinnenwesen *emotionale Resonanzen* (Abscheu, Widerwillen, Zorn, Mitleid, Achtung, Ehrfurcht etc.) hervorruft. Das Moralische geht zwar nicht darin auf, wie wir gegen STEVENSON betonen, aber seine emotiven Resonanzen tendieren dazu, sich in Diskursen auszuwirken.
- In unseren *Lebensentwürfen* haben wir uns auf bestimmte moralische Einstellungen festgelegt, die wir nur ungern und mühsam ändern. Darum reagieren wir oft emotional, wenn andere uns zumuten, unsere Einstellung zu ändern.
- Mit unseren moralischen Einstellungen sind oft *Interessenlagen* verschränkt. Einstellungsdivergenzen werden als Angriffe auf Besitzstände und Chancenlagen verstanden und darum emotionalisiert.
- Rational-argumentative Diskurse sind schwierig und setzen *Kompetenzen* voraus, die wir oft nicht oder nur beschränkt besitzen. Die emotive (appellative, suggestive, persuasive) Strategie versucht, Divergenzen auf einfachere Weise zu überwinden und sich so den rationalen Diskurs zu sparen.

(5) Man wird mit den Diskursethikern (9.3) folgende Aufgabe betonen müssen: *Wir sollten darauf hinarbeiten, daß ethische Diskurse möglichst sachlich, möglichst rational und emotionslos geführt werden.* Es geht um die besseren Argumente, nicht um die effektivere Suggestion.

Das Operieren mit emotiv besetzten bzw. etikettierten Wörtern und Phrasen hilft in der Sache nicht weiter und bewirkt nur Kommunikationssperren. Die Emotionalisierung ethischer Diskurse ist eine Defizienzerscheinung. Vernünftige erwachsene Personen sollten sie vermeiden.

10.5 Der Deskriptivismus (Austin, Searle)

Wir weisen im folgenden auf einige Probleme hin, welche die sogenannte *Sprechakttheorie* der Ethik stellte. Die Theorie wurde von John L. AUSTIN (1911–1960) grundgelegt und von Peter F. STRAWSON, Richard M. HARE und John R. SEARLE weiterentwickelt. Die Theorie geht davon aus, daß wir im Sprechen nicht nur *Tatsachen konstatieren,* sondern daß das Sprechen auch *Handlungsbewandtnis* hat.

AUSTIN unterschied zunächst zwischen *konstativen* Äußerungen, die Fakten konstatieren und wahr oder falsch sein können, und *performativen* Äußerungen, die den Vollzug einer Sprechhandlung bedeuten und glücken oder mißglücken können. Er erkannte allerdings, daß diese Unterscheidung so nicht gültig ist. Auch konstative Äußerungen sind Sprechhandlungen, die glücken oder mißglücken können, und auch performative Äußerungen können konstative Implikationen haben. Darum entwickelte AUSTIN (*How to do things with Words,* 1962, dt. »Zur Theorie der Sprechakte«, 1972) eine *allgemeine Theorie des Sprechakts.* An jedem Sprechakt können *drei Gesichtspunkte* unterschieden werden:

- Der *lokutionäre* Akt. Hier geht es darum, daß man Wörter des Vokabulars einer bestimmten Sprache gemäß der betreffenden Grammatik sinnvoll äußert; es ist der »Akt, *daß* man etwas sagt« *(act of saying).*
- Der *illokutionäre* Akt. Hier geht es darum, in welcher Funktion die lokutionäre Äußerung gebraucht wird; es ist der Akt, »den man vollzieht, *indem* man etwas sagt« *(act in saying).* So etwa kann die Lokution als Frage, Antwort, Information, Versicherung, Warnung, Entscheidung, Absichtserklärung, Urteil, Beschreibung etc. gebraucht werden.
- Der *perlokutionäre* Akt. Hier geht es um die Wirkung, die der lokutionär-illokutionäre Akt auf den Hörer oder Sprecher hat; es ist der Akt, »den man vollzieht *dadurch, daß* man etwas sagt« *(act by saying).* Das folgende Beispiel illustriert die drei Gesichtspunkte:

Akt (A), Lokution

Er hat zu mir gesagt: »Schieß sie nieder!« und meinte mit »schieß« wirklich Schießen und mit »sie« wirklich sie.

Akt (B), Illokution

Er hat mich gedrängt (hat mir geraten, hat mir befohlen), sie zu erschießen.

Akt (C), Perlokution

(C.a) Er hat mich überredet, sie zu erschießen.

(C.b) Er hat mich dazu gebracht, sie zu erschießen; er hat mich sie erschießen lassen. (117)

SEARLE (*Speech Acts,* 1969, dt. 1971) modifizierte diese Differenzierung und unterschied an jeder Aussage zwei Elemente: den *propositionalen Gehalt* und den *illokutionären Akt.* Ein und derselbe propositionale Gehalt kann in völlig verschiedener Weise illokutionär verwendet werden.

Ein Beispiel: Wir können den propositionalen Gehalt »Dein Schließen der Türe – sofort« formulieren. Diesen Gehalt können wir vielfältig illokutionär verwenden, z. B. als Befehl (»Schließe sofort die Türe!«), als Prognose (»Du wirst sofort die Türe schließen.«), als Bitte (»Bitte, schließe sofort die Türe.«) oder als

Warnung (»Wehe, du schließt sofort die Türe!«). – In ähnlicher Weise unterschied HARE zwischen dem *phrastischen* und dem *neustischen* Element einer Aussage.

Es gibt eine Fülle verschiedener (illokutionärer) *Sprechakte* (z. B. feststellen, behaupten, zweifeln, fragen, befehlen, versprechen, schwören, wünschen, danken, grüßen, taufen etc.). Sie alle haben eine *kommunikative Funktion* und können darum nur *glücken,* wenn sie einigermaßen *konventionell geregelt* sind. Nach SEARLE ist jeder Sprechakttypus durch eine Anzahl konventioneller Regeln bestimmt, durch die er die in der Kommunikation nötige *Eindeutigkeit* gewinnt. Sprechakte haben insofern den Charakter *institutioneller Tatsachen.* Sie glücken nur, wenn wir die Regeln einhalten, durch die sie konventionell bestimmt sind.

So etwa ist der Sprechakt »Grüßen« konventionell geregelt. Beachte ich die Regeln nicht, so glückt der Gruß nicht; man versteht dann nicht, was mein Verhalten soll. Zur konventionellen Regelung des Sprechakts »Behauptung« gehört die Bereitschaft, das Behauptete zu begründen, sonst ist die Behauptung »bloß« eine »leere« Behauptung. Diese Bereitschaft gehört jedoch nicht zur institutionellen Tatsache des Sprechaktes »Märchenerzählen«.

AUSTIN war der Meinung, man könne mittels der Sprechakttheorie zwei zentrale Themen der traditionellen Philosophie als Scheinprobleme entlarven: die Differenz von *Wahr und Falsch (true/false fetish)* und die Differenz von *Tatsache und Wert (value/fact fetish).* Beide lassen sich nach AUSTIN auf die Frage zurückführen, *ob Sprechakte glücken oder nicht glücken.* Sagen wir, die Behauptung p sei wahr, so meinen wir im Grunde nur, daß diese Behauptung geglückt sei; der Sprechakt »Behauptung« impliziert, wie wir sahen, die Bereitschaft der Begründung. Glückt die Behauptung einschließlich dieser Implikation, so nennen wir p wahr; glückt sie nicht, so sagen wir, p sei falsch. In diesem Sinne meinen die Wörter »wahr«, »falsch«, »gut«, »böse« lediglich das Glücken oder Mißglücken unterschiedlicher Sprechakte, die wir *beschreiben* können *(Deskriptivismus).*

Diese Motive AUSTINS ließen sich gut mit der Theorie der *institutionellen Tatsachen* von SEARLE verbinden. Das Glücken oder Nichtglücken von Sprechakten hängt davon ab, ob Sprechakte den konventionellen Regelungen entsprechend verlaufen, die wir als institutionelle Tatsachen beschreiben können. Auf diesem Hintergrund erschien nun allerdings die Geltung des *Humeschen Gesetzes* (10.2.4) fragwürdig: Es scheint, daß wir aus dem Bestehen *(Sein)* institutioneller Tatsachen korrekterweise ein *Sollen* ableiten können. SEARLE bietet folgendes Beispiel (264):

Betrachten wir folgende Reihe von Aussagen:
1. Jones hat geäußert, »Hiermit verspreche ich, dir, Smith, fünf Dollar zu zahlen«.
2. Jones hat versprochen, Smith fünf Dollar zu zahlen.

3. Jones hat sich der Verpflichtung unterworfen (sie übernommen), Smith fünf Dollar zu zahlen.
4. Jones ist verpflichtet, Smith fünf Dollar zu zahlen.
5. Jones muß Smith fünf Dollar zahlen.

Aus der deskriptiven Analyse des in (1) institutionell geregelten Sprechaktes »Versprechen« läßt sich für Jones logisch die Pflicht ableiten, an Smith fünf Dollar zu zahlen. Der Schluß vom Sein auf das Sollen ist also - entgegen dem Humeschen Gesetz - möglich.

Insofern eignet dem Deskriptivismus eine *naturalistische* Tendenz: Moralische Wörter haben keine eigenständige Bedeutung, sondern sie sind reduzierbar auf Funktionen konventionell geregelter, beschreibbarer Eigenschaften institutionalisierter Sprechakte. Sie sind lediglich *umgangstechnische* Ausdrücke, deren Gehalt sich ablesen läßt an den herrschenden Konventionen. In diesem Sinne erweisen sich viele sogenannte moralische Gebote oder Verbote einfach als *Tautologien:*

Zum Beispiel »Du sollst nicht stehlen«, kann man [. . .] folgendermaßen auffassen: Wer anerkennt, daß etwas das Eigentum einer anderen Person ist, anerkennt damit notwendig, daß jede Person ein Verfügungsrecht über die betreffende Sache hat. Das ist eine konstitutive Regel für die Institution des Privateigentums. »Du sollst nicht lügen« kann man folgendermaßen auffassen: Wer eine Behauptung aufstellt, verpflichtet sich damit, die Wahrheit zu sagen. Eine andere konstitutive Regel: »Du sollst deine Schulden bezahlen«, läßt sich folgendermaßen auffassen: Wer etwas als eine Schuld anerkennt, anerkennt damit notwendig die Verpflichtung, sie zu bezahlen. (276f.)

Dabei ist allerdings zu bemerken, daß SEARLE die deskriptivistische Position weit weniger stark vertritt als AUSTIN. SEARLE weist lediglich darauf hin, daß es im Zusammenhang mit institutionellen Tatsachen Probleme gibt, die bisher im Rahmen der Sein-Sollen-Frage nicht ausreichend erörtert wurden.

Meine Darlegung setzt weder voraus, daß man Institutionen für logisch unanfechtbar hält, noch daß man der Ansicht ist, bestimmte Institutionen seien anzuerkennen oder zu verurteilen. Worauf es allein ankommt, ist, daß, wenn man unter Voraussetzung der für eine bestimmte Institution geltenden Regeln eine Handlung ausführt, man sich damit notwendig auf bestimmte Verhaltensweisen festlegt, unabhängig davon, ob man die betreffende Institution anerkennt oder verurteilt. Bei sprachbezogenen Institutionen wie beim Versprechen (oder dem Behaupten) ist man lediglich durch die aufrichtige Äußerung der Wörter zu bestimmten durch die Bedeutung der Wörter festgelegten Verhaltensweisen verpflichtet. Bestimmte, in der ersten Person stehende Äußerungen berichten, daß die und die Verpflichtung übernommen wurde. (281f.)

Wir stellen dazu *drei kritische Überlegungen* an:

(1) HUME und die Metaethiker, die wir bisher besprachen, faßten Tatsachensätze bzw. Deskriptionen meist als Aussagen über einfache und

insofern problemlose empirische Sachverhalte. Der Deskriptivismus zeigt mit Recht, daß die Deskription institutioneller Tatsachen besondere Probleme aufwirft, weil institutionelle Tatsachen den Charakter von Tatsachen haben, *welche Regeln bzw. Verpflichtungen einschließen.* Ein Widerspruch zum Humeschen Gesetz entsteht allerdings dadurch nicht. HUME ging es um einfache Tatsachensätze, nicht um solche, die Regeln implizieren. Er hätte gewiß nicht die Tautologie bestritten, daß aus Tatsachensätzen, die Regeln implizieren, Regeln abgeleitet werden können.

(2) Es ist fraglich, ob die in einer institutionellen Tatsache implizierte Regel differenzlos identisch ist mit der *moralischen* Regel, die den verpflichtet, der sich auf diese institutionelle Tatsache einläßt.

Mit Recht spricht RICKEN (1983, 45) in diesem Zusammenhang von einer Mehrdeutigkeit von »Verpflichtung«. Betrachten wir SEARLES Beispiel! Es geht um den Schritt von Aussage (3) zu Aussage (4). Die Verpflichtung in (3) folgt aus der institutionellen Regelung des Sprechakts »Versprechen«; Jones kann nicht versprechen, ohne die Verpflichtung zu übernehmen bzw. die Absicht zu haben, Smith die fünf Dollar zu zahlen. In (4) »ist« Jones dazu »verpflichtet«, d.h. offenbar: moralisch gehalten, die fünf Dollar zu zahlen. Es scheint, daß sich die moralische Verpflichtung, die im Versprechen geäußerte Absicht zu verwirklichen, nicht auf eine institutionelle Regel des Sprechakts »Versprechen« reduzieren läßt. Es könnte sein, daß Umstände eintreten, die es Jones nahelegen, seine Absicht zu ändern. RICKEN schreibt:

> Daß ich die Absicht äußere, ein Versprechen zu erfüllen, schließt die Möglichkeit nicht aus, diese Absicht zu ändern. (4) und (5) folgen aus (3) erst unter der Voraussetzung der deontischen Prämisse, daß die Pflicht besteht, eine übernommene Verpflichtung zu erfüllen. [. . .] Es ist [zwar] nicht möglich, ein Versprechen zu machen, ohne die Absicht zu äußern, sich an die Regeln des Versprechens zu halten. Aber es läßt sich aus den Regeln des Versprechens nicht folgern, daß es [moralisch] verboten wäre, sich nicht mehr an diese Regeln zu halten; sie schließen den Entschluß nicht aus, sich nicht mehr an sie zu halten. Dazu bedarf es einer eigenen Norm, die nicht analytisch aus dem Begriff des Versprechens folgt. (46f.)

Es geht hier um eine Sachlage, die sich analog zu jener verhält, die wir in 9.3.3 unter dem Titel *Gewissen und Kommunikation* erörterten. Wie konsensuelle normative Diskursresultate nicht aus sich selbst moralisch-subjektiv verpflichten können, so können es auch jene Regeln nicht, die als Implikate institutioneller Tatsachen beschreibbar sind. Der Status des individuellen Gewissens als letzter Instanz der Moralitätsbewandtnis sperrt sich in beiden Fällen gegen die Zumutung, äußerlich Vorgegebenes könne aus sich selbst moralisch verpflichten.

(3) Schließlich ist darauf hinzuweisen, daß es Aufgabe der Ethik ist, *vorgegebene institutionelle Gebilde und die in ihnen implizierten Regeln kritisch dahingehend zu untersuchen, ob sie gerechtfertigt sind,* d.h. ob sie jenen Bedingungen genügen, die sich vom Moralprinzip her aufweisen

lassen. Im Wahrnehmen dieser Aufgabe übersteigt die Ethik alle funktionellen Einbindungen in bestimmte (beschreibbare) institutionelle Vorgaben.

10.6 Der Präskriptivismus (Hare)

Wir beziehen uns im folgenden auf zwei der bekanntesten Lehrstücke von Richard M. HARE (geb. 1919), auf den wir bereits im Zusammenhang mit dem Humeschen Gesetz (10.2.4) zu sprechen kamen. Wir beziehen uns dabei im folgenden auf *The language of Morals* (1952; dt. Die Sprache der Moral, 1972) und *Freedom and Reason* (1962; dt. Freiheit und Vernunft, 1973).

10.6.1 Die Bedeutung von »gut«

HARES Position des *universellen Präskriptivismus* stellt einen vieldiskutierten Versuch dar, den Naturalismus zu überwinden. Wir skizzieren einige Grundgedanken in drei Schritten:

(1) *Deskriptive und präskriptive Komponente.* Die Bedeutung von »gut« umfaßt in der moralischen und in der außermoralischen Verwendung des Wortes zwei Bedeutungskomponenten, eine *deskriptive* und eine *präskriptive.*

- Die *deskriptive* Komponente ist *variabel* und betrifft die beschreibbaren Eigenschaften der diversen Gegenstände, die wir gut nennen, z. B. die Eigenschaften von Autos, Suppen, Handlungen, Tormännern, Krimis etc.
- Die *präskriptive,* vorschreibende, wertende bzw. im weiteren Sinn imperative Komponente ist *konstant;* sie hat immer *Empfehlungscharakter* und bezieht sich auf ein Wählen. Sie besteht in der Empfehlung, etwas im Fall einer möglichen Wahl etwas anderem vorzuziehen.

HARE legt eindringlich dar, daß es unmöglich ist, die präskriptive Komponente in »gut« auf eine deskriptive zurückzuführen, wie das in den naturalistischen Positionen versucht wurde. Er zeigt aber auch, daß die präskriptive Komponente wesentlich auf die deskriptive bezogen ist, da sich die *Kriterien* der Präskription nur im Hinblick auf die deskriptive Komponente bestimmen lassen. Die Kriterien, die uns veranlassen, eine Suppe zu empfehlen, sind andere als die, auf Grund derer wir ein Auto empfehlen. HARE betont aus zwei Gründen den *Vorrang* der präskriptiven vor der deskriptiven Komponente in der Bedeutung von »gut«:

> Erstens ist die wertende Bedeutung für jede Klasse von Gegenständen, auf die das Wort angewendet wird, konstant. Wenn wir ein Auto oder ein Chronometer oder einen Tennisschläger oder ein Bild gut nennen, empfehlen wir sie.

Doch da wir sie alle jeweils aus verschiedenen Gründen empfehlen, ist die beschreibende Bedeutung in jedem Fall eine andere. [...] Der zweite Grund [...] ist der, daß wir den wertenden Gehalt des Wortes gebrauchen können, um seinen beschreibenden Gehalt für jede beliebige Klasse von Gegenständen zu ändern. Genau das tut der moralische Reformator oft in moralischen Angelegenheiten; doch denselben Vorgang gibt es außerhalb von moralischen Angelegenheiten. Es ist möglich, daß Autos in der nahen Zukunft ihre Gestalt beträchtlich verändern [...]. Es kann sein, daß wir den Namen »ein gutes Auto« nicht mehr einem Auto geben würden, dem gegenwärtig zu Recht und mit der Übereinstimmung aller dieser Name zugesprochen werden kann. (1972, 152f.)

(2) *Universalisierbarkeit.* Wollen wir Kriterien bzw. Maßstäbe bestimmen, auf Grund derer wir etwas als gut empfehlen, so müssen wir uns, wie wir sahen, auf die *deskriptiven Eigenschaften* der Dinge beziehen, um die es geht. Ist ds Ding X eine Element der Klasse Y, so können wir sagen: X ist ein gutes (empfehlenswertes) Y, weil es die Eigenschaften a und b hat. Eigenschaften drücken wir logisch durch *Prädikatoren* aus; diese sind immer *universell* (vgl. EP 5.1.2). Das heißt: Auf Grund der deskriptiven (variablen) Bedeutungskomponente ist »gut« ein *universeller Prädikator.* Damit ergibt sich folgende Sachlage: Wenn ich X auf Grund der Eigenschaften a und b ein gutes Y nenne, dann muß ich logisch notwendig jedes Element von Y insofern ein gutes Y nennen, als es wie X die Eigenschaften a und b hat.

Nehmen wir an, die Eigenschaften »gute Straßenlage« (a) und »geringer Benzinverbrauch« (b) seien Kriterien dafür, daß wir ein Auto (Y) ein gutes Auto nennen. Empfehle ich nun dieses bestimmte Auto (X) als ein gutes Auto, weil es diese Eigenschaften besitzt, so folgt logisch, daß ich jedes Auto insofern als ein gutes Auto empfehlen muß, als es wie X diese Eigenschaften besitzt.

Das heißt: *Präskriptionen sind auf Grund ihrer deskriptiven Bedeutungskomponente universalisierbar.*

(3) *Die Bedeutung von »gut« im moralischen Sinn:* Die bisherigen Überlegungen betreffen den moralischen und außermoralischen Gebrauch von »gut«. Worin liegt das Spezifikum des moralischen Gebrauchs? Nach HARE liegt es in der *variabel-deskriptiven* Bedeutungskomponente, also im Gegenstand, um den es geht. Verwenden wir »gut« im moralischen Sinn, so empfehlen wir *Menschen als Menschen* bzw. *menschliche Handlungen als Handlungen von Menschen.*

Sprechen wir vom guten Tormann, vom guten Koch oder vom guten Einbrecher, so sprechen wir zwar von Menschen, aber nicht von Menschen *als Menschen,* sondern von Menschen, die auf Grund bestimmter Fähigkeiten oder Fertigkeiten empfehlenswert sind. Insofern verwenden wir »gut« gerade nicht im moralischen Sinn.

Wenn wir das Wort »gut« gebrauchen, um in moralischen Zusammenhängen zu empfehlen, empfehlen wir immer direkt oder indirekt *Personen.* Auch wenn

> wir den Ausdruck »gute Tat« oder ähnliche Ausdrücke gebrauchen, beziehen wir uns indirekt auf Personen. [...] Wenn ich also von moralischer Güte spreche, werde ich deshalb nur von dem Ausdruck »guter Mensch« und ähnlichen Ausdrücken sprechen. (1972, 182)

In der moralischen Verwendung von »gut« (oder »sollte«) geht es also darum, im Hinblick auf den Menschen als Menschen Kriterien bzw. Eigenschaften (Handlungsweisen, Haltungen) anzugeben, auf Grund derer wir einen Menschen gut nennen. Mit dem Maßstab, den wir dabei wählen, kommt der Gesichtspunkt der *Universalisierung* ins Spiel. Präskriptivität und Universalisierbarkeit sind nach HARE die springenden Punkte im moralischen Diskurs bzw. im moralischen Argumentieren.

> Es gibt im Grund nur zwei Regeln für das moralische Begründen; sie entsprechen den beiden Merkmalen moralischer Urteile [...], nämlich Präskriptivität und Universalisierbarkeit. Wenn wir uns in einem konkreten Fall in der Frage, was wir tun sollten, zu entscheiden versuchen, dann halten wir dabei [...] nach einer Handlung Ausschau, auf die wir uns selbst festlegen können (Präskriptivität), von der wir aber auch zugleich bereit sind, sie als Beispiel für einen Handlungsgrundsatz zu akzeptieren, der auch für andere in ähnlichen Umständen als Vorschrift zu gelten hat (Universalisierbarkeit). Wenn wir uns irgendeinen Handlungsvorschlag ansehen und finden, daß seine Universalisierung Vorschriften ergibt, die wir nicht akzeptieren können, weisen wir diese Handlung als eine Lösung für unser moralisches Problem zurück - wenn wir die Vorschrift nicht universalisieren können, kann sie kein »sollte« werden. (1973, 108 f.)

Worum es geht, können wir illustrieren durch die Interpretation, die HARE zum Gleichnis Mt 18,21-35 bietet:

> A schuldet B Geld, und B schuldet C Geld, und nach dem Gesetz steht es den Gläubigern frei, ihre Schulden dadurch einzutreiben, daß sie ihre Schuldner ins Gefängnis stecken. B fragt sich: »Kann ich behaupten, daß ich diese Maßnahme gegen A ergreifen sollte, um ihn dadurch zum Zahlen zu bringen?« Ohne Zweifel ist er *geneigt,* dies zu tun, oder er *will* es tun. Würde es infolgedessen keine Frage des Universalisierens von seinen Vorschriften geben, dann würde er bereitwillig der *singulären* Vorschrift zustimmen: »Laß mich A ins Gefängnis stecken«. Wenn er aber versucht, diese Vorschrift in ein Moralurteil umzuwandeln und also zu sagen: »Ich *sollte* A ins Gefängnis stecken, weil er mir nicht zahlen will, was er mir schuldet«, dann wird ihm deutlich, daß das auch die Annahme des Grundsatzes einschließt: »Jeder in meiner Lage sollte seinen Schuldner ins Gefängnis stecken, wenn er nicht zahlt.« Danach bemerkt er, daß C ihm (B) gegenüber in der gleichen Lage eines Gläubigers ist, der sein Geld noch nicht zurückerhalten hat; und daß die Fälle sonst identisch sind; und daß dann, wenn jeder in dieser Lage seine Schuldner ins Gefängnis stecken sollte, somit auch C ihn (B) ins Gefängnis stecken sollte. Die moralische Vorschrift »C sollte mich ins Gefängnis stecken« anzunehmen, würde ihn darauf festlegen (da er [...] das Wort »sollte« dabei präskriptiv gebrauchen muß), auch die singuläre Vorschrift anzunehmen: »Laß C mich ins Gefängnis stek-

> ken«; und dies zu akzeptieren, ist er nicht bereit. Ist er es aber nicht, dann kann er auch nicht das ursprüngliche Urteil annehmen, daß er (B) A wegen dessen Schulden ins Gefängnis stecken sollte. (109f.)

10.6.2 Dezisionismus

Die bisher erörterten Überlegungen HARES lassen die Frage offen, nach welchem Maßstab bzw. nach welchen Kriterien wir bestimmen können, wann wir einen Menschen bzw. seinen Handlungen oder Einstellungen empfehlen bzw. als gut bezeichnen sollen. Es ist die Frage nach den moralischen Prinzipien oder Grundsätzen als der Basis der gesamten moralischen Präskriptivität; denn moralische Urteile setzten moralische Prinzipien oder Grundsätze voraus. HARE löst dieses Problem *dezisionistisch* und bezieht damit eine (zumindest tendenziell) *nonkognitivistische* Position: Moralische Prinzipien oder Grundsätze sind *subjektive Festsetzungen,* die wir wählen, bzw. für die wir uns entscheiden. Den Vorgang dieser Festsetzung beschreibt HARE *regelutilitaristisch* (2.5.2, vgl. 9.4.2):

> Genauso wie die Wissenschaft, wenn sie ernst betrieben wird, ein Suchen nach Hypothesen und ein Testen dieser Hypothesen durch Falsifikationsversuche ihrer einzelnen Konsequenzen ist, genauso besteht die Moral, wenn man sie ernst nimmt, in der Suche nach Grundsätzen und im Testen dieser Grundsätze durch ihre Anwendung auf einzelne Fälle. Jede rationale Tätigkeit hat ihr eigenes Verfahren, und dies ist das Verfahren des moralischen Denkens: Teste die moralischen Grundsätze, die sich dir anbieten, indem du auf ihre Konsequenzen schließt und dann nachsiehst, ob du diese akzeptieren kannst. (1973, 111)

Der Dezisionismus HARES gründet in folgender Überlegung: Präskriptive (imperativische) Sätze lassen sich nicht ohne präskriptive Prämissen ableiten (10.2.4); diese setzen wieder präskriptive Prämissen voraus, die nicht aus einer ausschließlich deskriptiven (indikativischen) Prämissenmenge gefolgert werden können. Also muß es erste, nicht weiter begründbare Präskriptionen geben. Diese jedoch können keine (empirisch-deskriptiven) Tatsachen sein; denn (in Übereinstimmung mit ARISTOTELES, KANT und WITTGENSTEIN) betont HARE; »daß das Gutheißen von etwas, wenn es handlungsleitend ist, nicht nur eine Tatsachenbehauptung über die Welt sein kann« (1972, 51, vgl. 10.2.4). Damit aber, so HARE, bleibt nur die dezisionistische Konsequenz.

HARE weist selbst darauf hin, daß diese Lösung nicht dem alltäglichen Vorverständnis entspricht, da der Dezisionismus nicht die Autorität bzw. den unbedingten Anspruch erklären kann, die moralischen Wörtern bzw. Imperativen anhängen:

> Man könnte sagen, daß es den »sollte«-Sätzen [dann] irgendwie an der »Autorität« ermangelt, die den »sollte«-Sätzen in der gewöhnlichen Sprache anhängt. Wenn ich »sollte« gebrauchen würde, würde nur ich den Leuten sagen, eine

> bestimmte Art von Handlung sei auszuführen; doch wenn ich in der gewöhnlichen Sprache sage, daß sie eine bestimmte Art von Handlungen tun sollten, bin nicht nur ich es, der ihnen das sagt; ich berufe mich auf ein Prinzip, das in gewissem Sinne schon besteht; es ist, wie Moralphilosophen ständig sagen, objektiv. (1972, 241)

HARE sieht hier keine Lösung; nach seiner Auffassung steht die Ethik vor der Alternative zwischen dezisionistischem Präskriptivismus und Naturalismus:

> Moralphilosophen können nicht beides haben; entweder müssen sie das unreduzierbar vorschreibende Element in moralischen Urteilen anerkennen, oder aber sie müssen gestatten, daß moralische Urteile, wie sie sie interpretieren, Handlungen nicht in der Weise leiten, wie sie es nach gewöhnlichem Verständnis offensichtlich tun. (241)

Dabei bezweifelt HARE nicht, daß allgemeinen, sozial weitgehend akzeptierten, überlieferten moralischen Prinzipien eine Autorität zukommt, die nicht einfachhin meine eigene ist. Ebensowenig bezweifelt er, daß wir spontan Gewissensbisse haben können, wenn wir gegen derartige Prinzipien verstoßen. Aber er betont folgendes:

> Gleichwohl müssen wir sorgfältig zwischen zwei Bestandteilen im Urteil unterscheiden. Daß das Prinzip fest besteht (d. h. daß jedermann ihm zustimmen würde) und daß ich Gewissensbisse habe, wenn ich gegen es verstoße, sind Tatsachen; doch wenn ich ein Prinzip anerkenne [Dezisionismus!], stelle ich keine Tatsache fest, sondern fälle eine moralische Entscheidung. Selbst, wenn ich sie nachlässig fälle - selbst wenn ich die Maßstäbe, nach denen ich erzogen wurde, ohne Nachdenken akzeptiere -, mache ich mich gleichwohl in einem wichtigen Sinne für das Urteil verantwortlich. Und das bedeutet, daß ich, was im geringsten ein Werturteil ist, nicht einfach als gegeben hinnehmen kann. (242)

HARE beruft sich dabei auf KANT (GMS BA 95):

> Wie Kant gesehen hat, müssen Urteile, die im eigentlichen Sinne moralisch sind, auf der »Tauglichkeit der Maxime eines jeden guten Willens, sich selbst zum allgemeinen Gesetz zu machen« beruhen; sie »ist selbst das alleinige Gesetz, das sich der Wille eines jeden vernünftigen Wesens selbst auferlegt, ohne irgendeine Triebfeder und Interesse derselben als Grund unterzulegen«. (242)

Hier nivelliert HARE allerdings die prinzipielle Differenz seiner Position gegenüber KANT. Nach KANT ist der Kategorische Imperativ, auf den sich HARE bezieht, jenes formale Sittengesetz, das als Imperativ angibt, wie die Maximen rational aufzuweisen sind, nach denen wir handeln sollten. Diesen Kategorischen Imperativ jedoch setzen wir nicht dezisionistisch fest, sondern wir wissen ihn als apriorisch-transzendentales »Faktum der Vernunft«, als ein Faktum also, das nicht den Charakter einer empirisch-deskriptiven Tatsache hat, aber die unverfügbar-unbeliebige Basis aller moralischen Präskriptivität ist. Die Autonomielehre KANTS gründet auf dieser Basis und überprüft auf dieser Basis Maximen und Regeln im Anspruch rationaler Objektivität; sie ist also gerade nicht dezisionistisch.

10.6.3 Kritische Überlegung

Es ist HARES Verdienst, eine Reihe metaethischer Fragen bezüglich der Semantik moralischer Wörter und der logischen Struktur moralischen Argumentierens geklärt zu haben. Auch seine Naturalismuskritik brachte in der metaethischen Diskussion eine wichtige Klarstellung. Wir beschränken uns hier auf zwei kurze kritische Anmerkungen.

(1) *Universalisierung.* Moralische Urteile sind nach HARE wesentlich *präskriptiv und universalisierbar.* Allerdings ist er sich darüber im klaren, daß die Notwendigkeit des Universalisierens eine *logische* ist, die von der *moralischen* Notwendigkeit unterschieden werden muß.

> Verstöße gegen die These der Universalisierbarkeit sind logischer, nicht moralischer Art. Wenn jemand sagt: »Ich sollte so und so handeln, aber kein anderer sollte in einer relevant ähnlichen Lage ebenso handeln«, dann macht er sich nach meiner These eines Mißbrauchs des Wortes »sollte« schuldig; implizit widerspricht er sich damit selbst. (1973, 47)

HARE betont die prinzipielle Differenz zwischen einem *logischen Fehler* und einem *moralischen Fehler.* Damit aber scheint die Universalisierbarkeitsthese ihre moralische Relevanz zu verlieren. Da ein konsistenter moralischer Diskurs nur bei Anerkennung der These möglich ist, *steht der moralische Diskurs überhaupt zur Disposition.* Warum soll das logisch Korrekte moralisch Pflicht sein? Der Dezisionismus bezieht sich nicht nur auf die Wahl der moralischen Grundsätze, sondern auch auf die Frage, ob wir uns überhaupt um Moral kümmern sollten.

> Hares Behauptung, gegen den, der nicht argumentieren wolle, lasse sich nicht argumentieren, dürfte sich kaum bestreiten lassen. Aber führt sie notwendig zu der These, Moral sei letztlich Sache einer willkürlichen Dezision, die keiner Rechtfertigung mehr fähig und bedürftig sei? Ist die Enscheidung für oder gegen den Eintritt in das moralische Sprachspiel selbst jeder Beurteilung entzogen? (RICKEN 1983, 110)

Dieser Konsequenz wird man letztlich nur durch den Aufweis entgehen, daß der Mensch *wesentlich* moralisches Subjekt ist, d. h. daß seine Vernunft aus sich selbst wesentlich praktisch sein kann und im Sinne eines apriorischen Sittengesetzes (Kategorischer Imperativ, *lex naturalis*) bestimmt ist. Dieser Aufweis ist allerdings ohne metaphysische Implikationen unmöglich.

(2) *Dezisionismus.* Fassen wir HARES Dezisionismus so, daß er nicht die Wahl »Moral, ja oder nein«, sondern die Wahl der moralischen Prin-

zipien betrifft, so wurde bereits deutlich, daß dieser Dezisionismus die Konsequenz *empiristischer* Voraussetzungen ist. Auf Grund dieser Voraussetzungen sind Sätze nur dann *objektiv,* wenn sie sich *deskriptiv* auf empirische Tatsachen beziehen. Kommt Objektivität nur Tatsachensätzen zu und sind Präskriptionen keine Tatsachensätze, so folgt, daß Präskriptionen als solche nicht objektiv sein können; sie sind dann letztlich subjektiv-dezisionistische Festsetzungen. Auch dieser Konsequenz wird man nur entgehen, wenn man die empiristischen Voraussetzungen revidiert und auch *transzendentale Sachverhalte* als objektive Tatsachen faßt, die sich allerdings wesentlich von jenen unterscheiden, die Gegenstand empirischer Deskriptionen sind.

Zusammenfassung 10

- Die analytische Ethik (Metaethik) analysiert die moralische Sprache in logischer, semantischer, pragmatischer oder linguistischer Hinsicht.
- Nach G. E. MOORE ist »gut« ein einfacher, undefinierbarer Begriff, dessen Bedeutung intuitiv erfaßt wird (Intuitionismus). Da »gut« in notwendiger Verbindung mit anderen, deskriptiven Eigenschaften auftritt, wurde oft versucht, »gut« durch diese Eigenschaften zu definieren. Darin besteht der naturalistische Fehlschluß.
- Die positivistische Variante der analytischen Ethik hält moralische Aussagen für sinnlos, weil es für moralische Wörter keine empirischen Kennzeichen gibt.
- Der Emotivismus faßt moralische Äußerungen als Ausdrücke irrationaler moralischer Gefühle, wobei Ch. L. STEVENSON die appellative, suggestive und persuasive Funktion dieser Äußerungen analysiert.
- Der Deskriptivismus versucht, moralische Äußerungen als bestimmte Typen illokutionärer Akte zu erklären. Nach J. R. SEARLE folgen moralische Imperative aus beschreibbaren, institutionell geregelten Sprechakten.
- Im Präskriptivismus bei R.M. HARE besitzen moralische Wörter eine deskriptive und eine präskriptive Komponente. Auf Grund der deskriptiven Komponente sind moralische Äußerungen logisch universalisierbar. Nach HARE setzen wir die obersten Präskriptionen (Prinzipien) frei fest (Dezisionismus).

Hauptwerke der Ethik
(Auswahl)

Die folgende Liste bietet einen Überblick über die wichtigsten Werke der philosophischen Ethik bis etwa 1950. Am Rand sind die im Text verwendeten Abkürzungen der häufig zitierten Werke angegeben.

PLATON (427–347)
- Der Staat (10 Bücher) — Staat
- Die Gesetze (12 Bücher)
- Dialoge: Politeia, Phaidros, Symposion, Gorgias, Apologie, Kriton, Phaidon

ARISTOTELES (384–322)
- Nikomachische Ethik — NE
- Politik — Pol
- Eudemische Ethik

CICERO (106–43)
- De officiis
- Tusculanae disputationes

AURELIUS AUGUSTINUS (354–430)
- De libero arbitrio
- De vera religione
- De civitate Dei

PETRUS ABAELARDUS (1079–1142)
- Ethica seu liber dictus scito te ipsum

THOMAS VON AQUIN (1225–1274)
- Summa Theologiae (vor allem I.II. und II.II.) — STh
- Expositio in decem libros ethicorum Aristotelis ad Nicomachum
- Quaestiones disputatae de veritate — Verit
- Summa contra gentiles — CG

Thomas HOBBES (1588–1679)
- De cive (1642)
- Leviathan (1651)
- De homine (1658)

Benedictus de SPINOZA (1632–1677)
- Ethica ordine geometrico demonstrata (1677)

John LOCKE (1632–1704)
- Essays on the Law of Nature (1663/64)
- Two Treatises of Government (1690)

David HUME (1711–1776)
- A Treatise of Human Nature (1739–40, vor allem Buch III: Of Morals)
- An Enquiry concerning the Principles of Morals (1751)

Jean Jacques ROUSSEAU (1723–1790)
- Du Contrat Social (1762)

Adam SMITH
- The Theory of Moral Sentiments (1759)

Immanuel KANT (1724–1804)
- Grundlegung zur Metaphysik der Sitten (1785) — GMS
- Kritik der praktischen Vernunft (1788) — KpV
- Die Religion innerhalb der Grenzen der bloßen Vernunft (1793) — Rel
- Die Metaphysik der Sitten (1797): Rechtslehre — MSR
- Tugendlehre — MST

Jeremy BENTHAM (1748–1832)
- An Introduction to the Principles of Morals and Legislation (1789)

Johann Gottlieb FICHTE (1762–1814)
- Das System der Sittenlehre nach den Prinzipien der Wissenschaftslehre (1798)

Georg Wilhelm Friedrich HEGEL (1770–1831)
- Phänomenologie des Geistes (1807) — Phän
- Grundlinien der Philosophie des Rechts (1821) — RPh

Arthur SCHOPENHAUER (1788–1860)
- Die beiden Grundprobleme der Ethik (Preisschrift über die Freiheit des Willens. Preisschrift über die Grundlage der Moral) (1841)

John Stuart MILL (1806–1873)
- Utilitarianism (1861)

Sören KIERKEGAARD (1813–1855)
- Entweder - Oder (1843)
- Unwissenschaftliche Nachschrift zu den philosophischen Brosamen (1849)
- Die Krankheit zum Tode (1849)

Karl MARX (1818–1883)
- Zur Kritik der Hegelschen Rechtsphilosophie. Einleitung (1844)
- Zur Judenfrage (1844)
- Ökonomisch-Philosophische Manuskripte (1844)
- Deutsche Ideologie (1845/46)

Friedrich NIETZSCHE (1842–1900)
- Also sprach Zarathustra (1883–1885) — Z
- Jenseits von Gut und Böse (1886)
- Zur Genealogie der Moral (1887) — GM

Franz BRENTANO (1838–1917)
- Grundlegung und Aufbau der Ethik (1952)

Sigmund FREUD (1856–1939)
- Jenseits des Lustprinzips (1920)
- Das Unbehagen in der Kultur (1930)

Max WEBER (1864–1920)
- Die protestantische Ethik und der Geist des Kapitalismus (1905)
- Politik als Beruf (1919)

George Edward MOORE (1873–1958)
- Principia Ethica (1903)

Max SCHELER (1874–1928)
- Der Formalismus in der Ethik und die materiale Wertethik (1913–1916)

Bruno BAUCH (1877–1942)
- Grundzüge der Ethik (1935)

Nicolai HARTMANN (1883–1950)
- Ethik (1926)

Karl JASPERS (1883–1969)
- Philosophie (3 Bde., 1932)

Martin HEIDEGGER (1889–1969)
- Sein und Zeit (1927)
- Brief über den Humanismus (1947)

Theodor Wiesengrund ADORNO (1903–1969)
- Minima Moralia (1951)

Literaturverzeichnis

Adler, M., Kant und der Sozialismus (1904), in: Sandkühler, H. J./Vega, R. de la (Hg.), Marxismus und Ethik. Texte zum neukantianischen Sozialismus, 1974

Adorno, Th. W., Gesammelte Schriften, hg. von Adorno, G. und Tiedemann, R., 1970 ff.

Albert, H., Traktat über rationale Praxis, 1978

Anzenbacher, A., Einführung in die Philosophie, [4]1992

ders., Was ist Ethik? Eine fundamentalethische Skizze, 1987

Apel, K.-O., Transformation der Philosophie, 2 Bde., 1976

ders. u. a. (Hg.), Reader zum Funkkolleg Praktische Philosophie/Ethik, 2 Bde., 1980

ders., Die Konflikte unserer Zeit und das Erfordernis einer ethisch-politischen Grundorientierung, in: Apel, K.-O. u. a. (Hg.), Reader I, 1980, 267–292

Aristoteles, Nikomachische Ethik, hg. v. Bien, G., [4]1985 (PhB 5)

ders., Politik, hg. v. Bien, G., [4]1981 (PhB 7)

Auer, A., Autonome Moral und christlicher Glaube, [2]1984

Aurelius Augustinus, De Civitate Dei, in: Corpus Christianorum, Series Latina (CCL), Bde. 47/48, 1955 (dt. Der Gottesstaat, 3 Bde., übers. v. Perl, C. J., 1953)

ders., De vera religione, in: CCL, Bd. 32, 1962 (dt. Die wahre Religion, übers. v. Perl, C. J., 1957)

ders., De libero arbitrio, in: CCL, Bd. 22, 1970 (dt. Der freie Wille, übers. v. Perl, C. J., 1962)

Austin, J. L., How to do Things with Words, hg. v. Urmson, J. O., 1962 (dt. Zur Theorie der Sprechakte, 1972)

Ayer, A. J., Language, Truth and Logic, 1940 (dt. Sprache, Wahrheit und Logik, 1970)

Bayertz, K. (Hg.), Praktische Philosophie. Grundorientierungen angewandter Ethik, 1991

Bender, W., Ethische Urteilsbildung, 1988

Bentham, J., An Introduction to the Principles of Morals and Legislation, 1789 (dt. Einführung in die Prinzipien der Moral und der Gesetzgebung, hg. v. Dumont, E., 1966)

Bien, G., Die Grundlegung der politischen Philosophie bei Aristoteles, [3]1985

Bloch, E., Das Prinzip Hoffnung, in: Gesamtausgabe der Werke, Bd. 5, 1959

Bochenski, J.M., Autorität, Freiheit, Glaube. Sozialphilosophische Studien, 1988

Böckle, F., Fundamentalmoral, [4]1985

Boff, C., Teologia e Prática, 1978 (dt. Theologie und Praxis. Die erkenntnistheoretischen Grundlagen der Theologie der Befreiung, 1983)

Boff, L., Befreiende Theologie, 1977

Böhler, D., Rekonstruktive Pragmatik, 1985

Brandt, R. B., Ethical Theory. The Problems of Normative and Critical Ethics, 1959

Brentano, F., Grundlegung und Aufbau der Ethik. Nach den Vorlesungen über »Praktische Philosophie« aus dem Nachlaß hg. v. Mayer-Hillebrand, F., unveränd. Ndr. d. 1. Aufl. 1952 (PhB 309)

Buber, M., Werke, 3 Bde., 1962–1969

Buchanan, J. M., The Limits of Liberty. Between Anarchy and Leviathan, 1975 (dt. Die Grenzen der Freiheit. Zwischen Anarchie und Leviathan, 1984)

Carnap, R., Der logische Aufbau der Welt, ⁴1974

Cicero, Tusculanae disputationes (dt. Gespräche in Tusculum, lat./dt. hg. v. Gigon, O., ⁵1984)

Deleuze, G., Nietzsche et la philosophie, 1962 (dt. Nietzsche und die Philosophie, 1976)

Derrida, J., L'écriture et la difference, 1967 (dt. Die Schrift und die Differenz, 1972)

Descartes, R., Discours de la Méthode (franz.-dt. Von der Methode des richtigen Vernunftgebrauchs und der wissenschaftlichen Forschung, hg. v. Gäbe, L., Nachdruck 1990, PhB 261)

Deutsches Institut für Fernstudien an der Universität Tübingen (Hg.), Funkkolleg: Praktische Philosophie/Ethik, Studienbegleitbriefe 1–13, 1980

Dussel, E., Ethica communitaria (dt. Ethik der Gemeinschaft, 1988)

Engels, F., in: K. Marx/F. Engels, Werke (MEW), 1974 ff.

Epikur, Briefe, Sprüche, Werkfragmente, hg. v. Krantz, W., 1985

Feyerabend, P., Against Method. Outline of an anarchistic theory of knowledge, 1975 (dt. Wider den Methodenzwang. Skizze einer anarchistischen Erkenntnistheorie, 1976)

Fichte, J. G., Gesamtausgabe (Bayerische Akad. d. Wiss.), 1964 ff.

Finance, J. de, Éthique Générale, ²1988

Fleischer, H., Ethik ohne Imperativ. Zur Kritik des moralischen Bewußtseins, 1987

Forschner, M., Mensch und Gesellschaft. Grundbegriffe der Sozialphilosophie, 1989

Foucauld, M., Les mots et les choses, 1966 (dt. Die Ordnung der Dinge, 1971)

Fraling, B. (Hg.), Natur im ethischen Argument, in: Studien zur theologischen Ethik, Bd. 31, 1990

Frankl, V. E., Logotherapie und Existenzanalyse. Texte aus fünf Jahrzehnten, 1987

Freud, S., Studienausgabe in 10 Bänden, hg. v. Mitscherlich, A./Richards, A./Strachey, J., 1989

ders., Abriß der Psychoanalyse. Das Unbehagen in der Kultur ⁴²1990 (Fischer Tb. des Wiss. 6043)

Frey, Ch., Theologische Ethik, 1990

Fromm, E., Haben oder Sein. Die seelischen Grundlagen einer neuen Gesellschaft, 1979

ders., Psychoanalyse und Ethik. Bausteine zu einer humanistischen Charakterologie. ³1990 (DTV)

Furger, F., Was Ethik begründet. Deontologie oder Teleologie, 1984

Garaudy, R., Aufruf an die Lebenden, 1981
ders., Gott ist tot. Das Problem, die Methode und das System Hegels, ^{2}1984
Gillen, E., Wie Christen ethisch handeln und denken. Zur Debatte um die Autonomie der Sittlichkeit im Kontext katholischer Theologie, 1989
Glucksmann, A., Die Meisterdenker. Die politische Mitverantortung der Philosophen, 1989
Gripp, H., Jürgen Habermas. Und es gibt sie doch. Zur kommunikationstheoretischen Begründung von Vernunft bei Jürgen Habermas, 1984
Günther, K., Der Sinn für Angemessenheit. Anwendungsdiskurse in Moral und Recht, 1988
Gutiérrez, G., Theología de la liberacíon, 1972 (dt. Theologie der Befreiung, neubearb. Ausg. 1991)

Habermas, J., Erkenntnis und Interesse, 1968
ders., Wahrheitstheorien, in: Fahrenbach, H. (Hg.), Wirklichkeit und Reflexion (Festschrift für Walter Schulz) 1973, 211–265
ders., Theorie des kommunikativen Handelns, 2 Bde., 1981
ders., Moralbewußtsein und kommunikatives Handeln, 1983
ders., Vorstudien und Ergänzungen zur Theorie des kommunikativen Handelns, 1984
ders., Moral und Sittlichkeit, in: Merkur 39 (1985), 1041–1052
ders., Einen unbedingten Sinn zu retten ohne Gott, ist eitel. Reflexionen über einen Satz von Max Horkheimer, in: Lutz-Bachmann, M. und Schmid-Noerr, G., Kritischer Materialismus. Für Manfred Schmidt zum 60. Geburtstag, 1991, 125–143
Hare, R. M., The Language of Morals, 1952 (dt. Die Sprache der Moral, 1972)
ders., Freedom and Reason, 1962 (dt. Freiheit und Vernunft, 1973)
Hartmann, N., Ethik, ^{4}1962
Hegel, G. W. F., Sämtliche Werke. 26 Bde. Jubiläumsausgabe, neu hg. v. Glockner, H., ^{4}1961–68
ders., Phänomenologie des Geistes, hg. v. Wessels, H. F. u. a., 1988 (PhB 414)
ders., Grundlinien der Philosophie des Rechts, hg. v. Hoffmeister, J., 1967 (PhB 124a)
Heidegger, M., Werke, Gesamtausgabe, 1977ff.
Heimbach-Steins, M., Naturrecht im ethischen Diskurs, in: ICS-Schriften, Bd. 21, 1990
Heintel, E., Gesetz und Gewissen, in: Schwartländer, J. (Hg.), Modernes Freiheitsethos und christlicher Glaube, 1981, 214–245
ders., Grundriß der Dialektik, 2 Bde., 1985
Herms, E., Gesellschaft gestalten. Beiträge zur Sozialethik, 1991
Hildebrand, D. von, Gesammelte Werke, 1971ff.
Hilpert, K., Ethik und Rationalität. Untersuchungen zum Autonomieproblem und zu seiner Deutung für die theologische Ethik, 1980
Hobbes, Th., Leviathan, 1651 (dt. übers. v. Mayer, P., 1980)
ders., De cive, 1642/De homine, 1658 (dt. Vom Menschen – Vom Bürger, hg. v. Gawlick, G., 1977, PhB 158)
Höffe, O. (Hg.), Einführung in die utilitaristische Ethik. Klassische und zeitgenössische Texte, 1975
ders., Naturrecht ohne naturalistischen Fehlschluß. Ein rechtsphilosophisches Programm, 1980

ders., (Hg.), Lexikon der Ethik, 31986
ders., Politische Gerechtigkeit. Grundlegung einer kritischen Philosophie von Recht und Staat, 1987
ders., Immanuel Kant, 21988
ders., Kategorische Rechtsprinzipien. Ein Kontrapunkt der Moderne, 1990
Hoerster, N., Utilitaristische Ethik und Verallgemeinerung, 21977
Hofmeister, H., Philosophisch denken. Eine Einführung, 1991
Hösle, V., Die Krise der Gegenwart und die Verantwortung der Philosophie. Transzendentalpragmatik, Letztbegründung, Ethik, 1990
Huber, W., Konflikt und Konsens. Studien zur Ethik der Verantwortung, 1990
Hume, D., A Treatise of Human Nature, 1739/40 (dt. Ein Traktat über die menschliche Natur, 2 Bde., hg. v. Lipps, Th., 1978/1989, PhB 283 a/b)
ders., An Enquiry concerning the Principles of Morals, 1751 (dt. Eine Untersuchung über die Prinzipien der Moral, übers. v. Winkler, C., Nachdruck 1972, PhB 199)
Husserl, E., Gesammelte Werke (Husserliana) 1950 ff.

Jaspers, K., Philosophie, 3 Bde., 41973
Jonas, H., Das Prinzip Verantwortung, 1979

Kant, I., Werke in zehn Bänden, hg. v. Weischedel, W., 1968
Kaulbach, F., Immanuel Kants »Grundlegung zur Metaphysik der Sitten«: Interpretation und Kommentar, 1988
Kautsky, K., Die materialistische Geschichtsauffassung, 2 Bde., 1927
Kierkegaard, S., Gesammelte Werke, 31 Bde., hg. v. Hirsch, E./Gerdes, H., 1980 ff.
ders., Entweder - Oder (1843); Unwissenschaftliche Nachschrift zu den philosophischen Brosamen (1849); Die Krankheit zum Tode (1849); in: Schriften, hg. v. Diem, H./Rest, W., 1956 f.
Kluxen, W., Philosophische Ethik bei Thomas von Aquin, 21980
Kohlberg, L., Gesammelte Schriften, hg. v. Noam, G./Oser, F., Bd. 1, 1985
Korff, W., Norm und Sittlichkeit. Untersuchungen zur Logik der normativen Vernunft, 1973
ders., Wie kann der Mensch glücken? Perspektiven der Ethik, 1985
ders., Rückgriff auf die Natur. Eine Rekonstruktion der thomanischen Lehre vom natürlichen Gesetz, in: Philos. Jb. 94 (1987) 285–296
Kraut, R., Aristotle on the Human Good, 1989
Kuch, M., Wissen - Freiheit - Macht. Kategoriale, dogmatische und (sozial-) ethische Bestimmungen zur begrifflichen Struktur des Handelns, 1991
Kuhlmann, W., Reflexive Letztbegründung. Untersuchungen zur Transzendentalpragmatik, 1985
Kuhlmann, W./Böhler, D. (Hg.), Kommunikation und Reflexion. Zur Diskussion der Transzendentalpragmatik. Antworten auf Karl-Otto Apel, 1982
Kuhn, Th. S., The Stucture of Scientific Revolutions, 1962 (dt. Die Struktur wissenschaftlicher Revolutionen, 1976)
Kutschera, F. von, Grundlagen der Ethik, 1982

Langthaler, K., Kants Ethik als »System der Zwecke«, 1991
Leist, A. (Hg.), Um Leben und Tod. Moralische Probleme bei Abtreibung, künstliche Befruchtung, Euthanasie und Selbstmord, 1990

Lenin, W. I., Werke, dt. nach der 4. russ. Ausgabe 1955/69
Locke, J., Essays on the Law of Nature, ed. by Leyden, W. v., 1954
ders., Two Treatises of Government, 1690 (dt. Zwei Abhandlungen über die Regierung, hg. v. Euchner, W., [4]1989)
Lorenz, K., Das sogenannte Böse. Zur Naturgeschichte der Aggression, 1984
ders., Der Abbau des Menschlichen, [3]1985
Luhmann, N., Soziale Systeme. Grundriß einer allgemeinen Theorie, 1984
ders./Pfürtner, St. (Hg.), Theorietechnik und Moral, 1977
Lukács, G., Geschichte und Klassenbewußtsein, [6]1979
Luther, M., Vorlesung über den Römerbrief 1515/1516, 2 Bde., lat./dt. hg. v. Hofmann, M., 1960
Lyotard, J.-F., La condition postmoderne, 1979 (dt. Das postmoderne Wissen, 1986)

Mackie, J. L., Ethik. Auf der Suche nach dem Richtigen und Falschen, 1981
Marcel, G., Être et Avoir, 1935 (dt. Sein und Haben, [2]1968)
McIntyre, A., After Virtue. A Study in Moral Theory, 1981 (dt. Der Verlust der Tugend. Zur moralischen Krise der Gegenwart, 1987)
ders., A Short History of Ethics, 1966 (dt. Geschichte der Ethik im Überblick, 1991)
Mieth, D., Die neuen Tugenden. Ein ethischer Entwurf, 1984
Mill, J. St., Utilitarianism, 1863 (dt. Utilitarismus, 1976)
Milner-Irinin, J. A./Dahm, H., Ethik, hg. v. Ehlen, P., 1986
Moore, G. E., Principia ethica, 1903 (dt. 1975)

Nagel, Th., Mortal Quaestions, 1979 (dt. Über das Leben, die Seele und den Tod, 1984)
Narr, W.-D., Ethik und Politik, in: Fetscher, I./Münkler, H. (Hg.), Politikwissenschaft. Begriffe, Analysen, Theorien, 1985
Newman, J. H., Ausgewählte Werke, 8 Bde., hg. v. Laros, M. u. Becker, W., 1951–59
Nietzsche, F., Sämtliche Werke in 15 Bänden, hg. v. Colli, G. und Montinari, M., 1980
Nozick, R., Anarchy, State and Utopia, 1974 (dt. Anarchie, Staat und Utopie, 1976)

Pascal, B., Pensées, 1669/70 (dt. Gedanken. Über die Religion und über einige andere Gegenstände. Pensées, hg. v. Wasmuth, E., 1987)
Peffer, R. G., Marxism, Morality and social Justice, 1990
Pesch, O. H. (Komm.), Gesetz, Bd. 13 d. dt. Thomas-Ausgabe, 1977
ders., Thomas von Aquin. Grenze und Größe mittelalterlicher Theologie, 1988
Peter Abaelard's Ethics. An Edition with Introduction, ed. by Luscombe, D. E. (Oxford Medieval Texts), 1979
Pfürtner, St., Zur wissenschaftstheoretischen Begründung der Moral, in: Luhmann, N./Pfürtner, St. (Hg.), Theorietechnik und Moral, 1978
Piaget, J., Le jugement moral chez l'enfant, 1932 (dt. Das moralische Urteil beim Kinde, 1973)
Pieper, A., Ethik und Moral. Eine Einführung in die praktische Philosophie, 1985
Pieper, J., Das Viergespann, 1964
Plessner, H., Die Stufen des Organischen und der Mensch, in: Gesammelte Schriften, Bd. IV, hg. v. Dux, G., 1981

Platon, Sämtliche Werke, hg. v. Grassi, E., [8]1965
Popper, K. R., Falsche Propheten, [6]1958
Popper, K. R./Eccles, J. C., Das Ich und sein Gehirn, [3]1991
Prauss, G., Kant und das Problem der Dinge an sich, [3]1989

Rahner, K., Grundkurs des Glaubens, [6]1991
Rawls, J., A Theory of Justice, 1971 (dt. Eine Theorie der Gerechtigkeit, 1979)
Reiner, H., Die Grundlagen der Sittlichkeit, [2]1974
Rhonheimer, M., Natur als Grundlage der Moral. Die personale Struktur des Naturgesetzes bei Thomas von Aquin. Eine Auseinandersetzung mit autonomer und teleologischer Ethik, 1987
Ricken, F., Allgemeine Ethik, 1983
Ricoeur, P., Die Interpretation. Ein Versuch über Freud, 1974
Ritter, J., Metaphysik und Politik. Studien zu Aristoteles und Hegel, 1969
Rohracher, H., Persönlichkeit und Schicksal, 1926
ders., Einführung in die Psychologie, [13]1988
Rousseau, J. J., Du Contrat social, 1762 (dt. Über den Gesellschaftsvertrag, hg. v. Weinstock, H., 1966)

Sandkühler, H. J./Vega, R. de la (Hg.), Marxismus und Ethik. Texte zum neukantianischen Sozialismus, [2]1974
Sartre, J.-P., L' Etre et le Néant, 1943 (dt. Das Sein und das Nichts. Versuch einer phänomenologischen Ontologie, 1980)
ders., L' Existentialisme est un humanisme, 1946 (dt. Ist der Existentialismus ein Humanismus?, in: Drei Essays, 1975)
Scheler, M.: Der Formalismus in der Ethik und die materiale Wertethik, Gesammelte Werke Bd. II, hg. v. Scheler, M., [6]1980
Schild, W., Die Vielfalt der Handlungslehren und die Einheit des Handlungsbegriffs, in: Zsifkovits, V./Weiler, R. (Hg.), Erfahrungsbezogene Ethik, FS für Johannes Messner, 1981, 241–292
Schiller, F., Werke, 1967f. (Nationalausgabe)
Schnoor, Chr., Kants kategorischer Imperativ als Kriterium der Richtigkeit des Handelns, 1989
Schopenhauer, Sämtliche Werke, hg. v. Löhneysen, 1962
Schrader, W. H., Ethik und Anthropologie in der englischen Aufklärung. Der Wandel der moral-sense-Theorie von Shaftesbury bis Hume, 1984
Schüller, B., Zur Problematik allgemein verbindlicher ethischer Grundsätze, in: Theologie und Philosophie 45 (1970) 1–23
ders., Die Begründung sittlicher Urteile, [3]1987
Schwemmer, O., Philosophie der Praxis, 1980
ders., Ethische Untersuchungen. Rückfragen zu einigen Grundbegriffen, 1986
Seanor, D./Fotion, N. (Hg.), Hare and critics. Essays on Moral Thinking, 1990
Searle, J. R., Speech Acts. An Essay in the Philosophy of Language, 1969 (dt. Sprechakte. Ein sprachphilosophischer Essay, 1971)
Sidgwick, H., Methods of Ethics, 1874 (dt. Die Methoden der Ethik, 1909)
Singer, P., Practical Ethics, 1979 (dt. Praktische Ethik, 1984)
Skinner, B. F., Beyond Freedom and Dignity, 1971 (dt. Jenseits von Freiheit und Würde, 1973)
Smart, J. J. C./Williams, B., Utilitarianism: For and Against, 1973

Smith, A., The Theory of Moral Sentiments, 1759 (dt. Theorie der ethischen Gefühle, hg. v. Eckstein, W., Nachdruck der 2. Aufl., 1985, PhB 200 a/b)
Sosoe, L. K., Naturalismuskritik und Autonomie der Ethik, 1988
Stevenson, Ch. L., The Emotive Meaning of Ethical Terms, 1937 (dt. Die emotive Bedeutung ethischer Ausdrücke, in: Grewendorf, G./Meggle, G. (Hg.), Seminar: Sprache und Ethik, 1974, 116–139)
ders., Ethics and Language, 1944
Strawson, P. F., Intention und Konvention bei Sprechakten, in: Schirm, M. (Hg.), Sprachhandlung - Existenz - Wahrheit, 1974
Sullivan, R. J., Immanuel Kants Moral Theory, 1989

Thomas von Aquin, Summa theologiae, (Marietti) 3 Bde., 1952–1962) (lat./dt. Die deutsche Thomasausgabe, 1933 ff.)
ders., Summa contra gentes, (Marietti) 3 Bde., 1961–67 (dt. Des heiligen Thomas von Aquin Summa contra gentiles oder die Verteidigung der höchsten Wahrheiten, übers. v. Fahsel, H., 5 Bde., 1942–1960)
ders., Quaestiones disputatae de vertitate, (Marietti) 1964 (dt. Des heiligen Thomas von Aquin Über die Wahrheit, in deutscher Übertr. v. Stein, E., 2 Bde., 1970)
ders., In decem libros ethicorum Aristotelis ad Nicomachum, (Marietti) 1964
Trapp, R. W., »Nicht-klassischer« Utilitarismus. Eine Theorie der Gerechtigkeit, 1988

Urmson, J. O., The Emotive Theory of Ethics, 1968

Weber, M., Politik als Beruf, in: Gesammelte politische Schriften, hg. v. Winckelmann, J., ^{5}1988
ders., Die protestantische Ethik und der Geist des Kapitalismus, in: Die protestantische Ethik I, hg. v. Winckelmann, J., ^{8}1991
Welsch, W., Unsere postmoderne Moderne, ^{3}1991
ders., Und sie bewegt sich doch. Vernunft nach ihrer Kritik, in: Universitas 46 (1991), 1130–1146
Williams, B., A Critique of Utilitarianism, 1973 (dt. Kritik des Utilitarismus, 1979)
ders., Moral Luck, 1981 (dt. Moralischer Zufall, 1984)
Wils, J.-P./Mieth, D. (Hg.), Ethik ohne Chance? Erkundungen im technologischen Zeitalter, 1989
Wittgenstein, L., Tractatus logico-philosophicus. Logisch-philosophische Abhandlung (Edition Suhrkamp, Nr. 12), 1964
Wolf, U., Das Problem des moralischen Sollens, 1984

Sachregister

Personenregister